suhrkamp taschenbuch 1527

Dieter Groh, geboren 1932, studierte Rechtswissenschaften, Geschichte, Slavistik und Philosophie. Er hat heute einen Lehrstuhl für Neuere Geschichte an der Universität Konstanz.

Wie schätzten europäische Diplomaten, Politiker, Wissenschaftler, Philosophen, Angehörige der Intelligenz, die Zukunft des russischen Reiches im Verhältnis zu Europa seit Beginn der Neuzeit ein? Nach dem Eingreifen Rußlands in die europäische Politik, spätestens seit den Napoleonischen Kriegen also, weitet sich die Perspektive zu einer globalen. Am Horizont der Zukunft taucht eine weitere »Weltmacht« auf: die Vereinigten Staaten von Nordamerika. Die Herausforderung von zwei Seiten setzt im Europa der 1. Hälfte des 19. Jahrhunderts ein einmaliges Prognosepotential frei. Hier liegt der Schwerpunkt der Untersuchung. Vertreter aller politischen Richtungen, von den extrem Konservativen bis zu den Linkshegelianern, stellen sich die Frage nach der Zukunft Europas. Wird Europa überhaupt – und wenn, dann auf welche Weise – den künftigen Wettbewerb mit den zwei Weltmächten bestehen? Die Antworten in ihrer Vielfalt – theologische, geschichtsphilosophische, ökonomische, soziale, politische – lassen sich kaum ideologisch eindeutig zuordnen.

Das Buch erschien 1961 unter dem Titel *Russland und das Selbstverständnis Europas* und wird hier in einer noch im selben Jahr erweiterten Fassung wieder vorgelegt.

Dieter Groh
Rußland im Blick Europas

300 Jahre historische Perspektiven

Suhrkamp

Das Buch erschien 1961 unter dem Titel *Russland und das Selbstver-*
ständnis Europas. Ein Beitrag zur europäischen Geistesgeschichte
im Hermann Luchterhand Verlag, Neuwied. Es wurde 1961/62 für
die italienische Ausgabe, die 1981 bei Einaudi in Turin erschienen ist,
erweitert. Diese Fassung liegt hier vor, vermehrt um Exkurs VII,
Rußland als Weltmacht, erstmals abgedruckt in *Orbis scriptus*. Festschrift für Dmitrij Tschižewskij zum 70. Geburtstag, 1966.

suhrkamp taschenbuch 1527
Erste Auflage 1988
© 1961 by Hermann Luchterhand Verlag GmbH
Neuwied am Rhein und Berlin-Spandau
Alle Rechte vorbehalten durch Suhrkamp Verlag, Frankfurt am Main, 1988,
insbesondere das des öffentlichen Vortrags, der Übertragung durch
Rundfunk und Fernsehen sowie der Übersetzung, auch einzelner Teile.
Suhrkamp Taschenbuch Verlag
Satz: Hümmer, Waldbüttelbrunn
Druck: Nomos Verlagsgesellschaft, Baden-Baden
Printed in Germany
Umschlag nach Entwürfen von
Willy Fleckhaus und Rolf Staudt

1 2 3 4 5 6 – 93 92 91 90 89 88

Rußland im Blick Europas

Inhalt

Dem Andenken meines Vaters

Vorwort zur Taschenbuchausgabe

Seit Beginn des 18. Jahrhunderts hat Rußland in steigendem Maße das Interesse europäischer Beobachter auf sich gezogen, insbesondere seit der Französischen Revolution, als die Krise des europäischen Selbstbewußtseins sich verschärfte. Gebannt blickten europäische Philosophen, Politiker, Publizisten auf das rätselhafte Großreich im Osten, das sich immer mehr nach Asien ausdehnte. Die geschichtsphilosophischen Reflexionen, mit denen sie – als Antwort auf die russische Herausforderung – die Position Europas im Ganzen der Geschichte zu bestimmen suchten, bilden den Hauptgegenstand dieses Buches. Heute ist das Zeitalter expliziter Geschichtsphilosophien vergangen.

Das gegenwärtig erneuerte Interesse an Rußland äußert sich denn auch nicht mehr in solchen systematisch-spekulativen Formen, sondern in weltpolitischen, ökonomischen und weltanschaulichen Überlegungen. Trotz des zunehmenden Pragmatismus im Verhältnis Europas zur Sowjetunion finden sich jedoch auch in zeitgenössischen Positionsbestimmungen und Prognosen immer noch Spuren der geschichtsphilosophischen Erörterungen aus der Zeitspanne von Leibniz bis Toynbee.

Aus einem Abstand von dreißig Jahren betrachtet wohl jeder Autor seinen Erstling mit zwiespältigen Gefühlen, zumal wenn sich das eigene wissenschaftliche Interesse weit von dessen Gegenstand entfernt hat. Entstanden in Heidelberg Ende der fünfziger Jahre, erschien die Arbeit 1961 bei Luchterhand in der Reihe Politica unter dem Titel: *Rußland und das Selbstverständnis Europas*. Mein Doktorvater Johannes Kühn hatte das Thema angeregt, Dmitrij Tschižewskij, mein Lehrer im Fach Slavistik, hatte mich zu dem Unternehmen ermutigt, meine Freunde mich darin bestärkt. Nach meiner Promotion im Februar 1959 wandte ich mich von dieser Art Geschichte ab und unter dem Einfluß Werner Conzes und anderer der Sozialgeschichte zu. Unmittelbar nachdem Einaudi 1961 die italienischen Rechte erworben hatte, habe ich das Buch leicht überarbeitet. Die damals hergestellte Fassung – die Übersetzung erschien 20 Jahre später – liegt auch dem jetzigen Neudruck unverändert zugrunde. Der Versuch einer Überarbeitung hätte schon aus Zeitgründen ein Wiedererscheinen möglicherweise verhindert. Zudem haben Texte ihre eigene Geschichte, die durch inhaltliche oder stilistische Verjüngungskuren mit Sicherheit verfälscht würde.

Reinhart Koselleck hat den Neudruck angeregt, der Suhrkamp Verlag dankenswerterweise die Anregung aufgenommen.

Konstanz, im März 1988   *Dieter Groh*

Einleitung

»Dieses Volk mit dem Antlitz des Menschen und mit dem Leib des Löwen ist die Sphinx, die vor dem jetzigen Europa steht und ihm die Aufgabe gestellt hat, das Rätsel der Zukunft zu deuten. Die Augen des Ungetüms sind unverwandt und lauernd auf Europa gerichtet, seine Löwentatze ist erhoben und zum Schlage bereit; Europa beantworte die Frage und es ist gerettet; – es höre auf an der Frage zu arbeiten, es lasse die Antwort auf sich beruhen oder gebe sie dem Zufall anheim und es wird die Beute der Sphinx, die es mit eiserner Gewalt niederhalten wird.«

Bruno Bauer, Die russische Kirche. 1855

»Solange das occidentale Europa den vollen Glauben in sich hatte, und solange die Zukunft sich ihm nicht anders darstellte, als wie Fortsetzung seiner Entwicklung, konnte es sich mit dem orientalischen nicht beschäftigen; jetzt befindet es sich in einer ganz anderen Lage.«

Alexander Herzen, Vom anderen Ufer. 1850

Der heutige Gegensatz von Ost und West war bereits im 19. Jahrhundert in dem von Rußland und Europa angedeutet. Seine Ausweitung zum Weltgegensatz liegt in derselben Linie wie die Ausweitung der europäischen Revolution als einer zugleich politischen und industriellen zur Weltrevolution. Die gegenwärtige Weltsituation kann so im wesentlichen als Auseinanderfaltung der Impulse des europäischen 19. Jahrhunderts verstanden werden. Von diesem Bezugspunkt aus gewinnt das vorliegende Thema unmittelbar Aktualität. Das Europäischwerden der Welt – die Vollendung der europäischen globalen Expansion, die im 16. Jahrhundert begann, durch die Industrialisierung des 19. und 20. Jahrhunderts – endet damit, daß Europa weltgeschichtlich überholt wird und bedeutet so das Ende der Weltgeschichte als europäischer. In diesem Sinne war Europas Sieg Europas Niederlage. Die Tragik der Situation liegt darin, daß Europa, da es mit dem bisherigen politischen System seine ausgezeichnete weltgeschichtliche Stellung erworben hatte, gerade deswegen den Anruf der neuen geschichtlichen Stunde nicht verstanden hat, ja gar nicht verstehen konnte.

Unsere Analyse wird bestätigt durch Raymond Aron, der von »La contradiction entre… le nationalisme politique et le système industriel« als »la cause ultime du suicide de l'Europe« spricht[1],

1 Les guerres en chaîne, 1951 S. 83.

und von Ludwig *Dehio,* der den Umschlag von 1945, der »plötzlich erfolgte, wenn auch lange vorbereitet«, ähnlich erklärt: »Dieser Zeitpunkt rückte um so rascher heran, je rascher sich die Weltmächte mit der expansiven modernen Zivilisation erfüllten, die in der Kleinteiligkeit ihres europäischen Ursprungsgebietes keine angemessene Entfaltung finden konnte.«[2]

Auch die Hegelexegese von Alexandre *Kojève*[3] sei in diesem Zusammenhang erwähnt. Dort wird bekanntlich die »Phänomenologie des Geistes« im Sinne des Endes der Geschichte ausgelegt. Insofern das, was sich nach Hegel ereignete, nur die Entfaltung der bereits vorhandenen Impulse war, stand in der posthegelschen Zeit die Geschichte nicht mehr unter dem Diktum der geschichtlichen Notwendigkeit, sondern es herrschte schlechthinnige Beliebigkeit. Als Historiker sind wir aber gerade auf diese Entfaltung, die für den Philosophen eine quantité négligable darstellt, verwiesen. Diese Entfaltung, oder besser ihre prognostische Vorwegnahme, wird das eigentliche Thema unserer Arbeit bilden.

Der heutige Weltdualismus läßt sich jedoch noch weiter als bis ins 19. Jahrhundert zurückverfolgen. Bereits in dieser Zeit wurde der Versuch unternommen, den europäisch-russischen Gegensatz als den von Land und Meer zu bestimmen, oder es wurde etwa betont, daß der Unterschied zwischen der russischen Landnahme in Asien und der europäischen Landnahme in Übersee im Laufe der letzten Jahrhunderte für den Gegensatz von Europa und Rußland konstitutiv sei. Diese Andeutung konkretisierend kommt man zu dem Ergebnis, daß damals, als die Russen in die weiten Räume Innerasiens und die Westeuropäer in die Weite der Weltmeere vorstießen, der Grund zu dem heutigen Dualismus von Ost und West gelegt wurde. Damit dieser Dualismus sich voll ausbilden konnte, war es nötig, daß Europa seine Weltgeltung verlor. Dies geschah in dem Augenblick, als nach Wegfall des transuralischen und des transozeanischen Entlastungsraumes die Energien zweier Länderkontinente auf dem Boden Europas aufeinandertrafen.

Vielleicht kann man sagen, daß die Russen das europäische 19. Jahrhundert beim Wort genommen haben. Auch dieses Phä-

---

2 Das sterbende Staatensystem, 1953, in: L. Dehio, Deutschland und die Weltpolitik, München 1955, 128.

3 Introduction à la lecture de Hegel, 1947.

nomen gehört zur globalen Expansion Europas und ihrer Rück-
läufigkeit. Dieses Beim-Wort-Nehmen bedeutet die Radikalisierung des in der europäischen Geschichte Angelegten und war in
Rußland deshalb möglich, weil hier die geschichtlichen Wider-
stände sehr schwach waren. So konnten sich in Rußland die
utopischen Implikationen der westeuropäischen Geschichtsphilosophie voll entfalten. Hinzu kommt noch, daß in der russischen
Geschichte die politische mit der industriellen Revolution ungefähr zusammenfiel. Lenin hatte 1920 mit seiner Definition so
unrecht nicht, »Kommunismus ist Sowjetmacht plus Elektrifizie-
rung des ganzen Landes«.[4] Der mit der Oktoberrevolution in
Gang gesetzte Prozeß mußte sich beinahe mit Notwendigkeit gegen Europa richten, als das dialektische Verhältnis des Marxismus
zu Europa aufgelöst wurde. Trotzdem blieb der Leitbildcharakter
der europäischen Geschichte sowohl für die Vergangenheit als
auch für die Zukunft Rußlands bestehen.[5]

Wichtig ist für unser Thema, daß ohne die Verbindung von Russentum und Sozialismus, d.h. ohne die Tatsache, daß Rußland
dem europäischen Sozialismus 1917 gleichsam seine Geschichte
und der europäischen Linken ihre Heimat genommen hat[6], Rußland heute vielleicht zu den unterentwickelten Ländern gehörte,
oder zumindest doch die Tocquevillesche Prognose nicht verifi-
ziert worden wäre. Gab es um die Mitte des letzten Jahrhunderts
zwei Prognosen, die als Gespenster durch die Zeitungen und
Schriften geisterten, nämlich das kommunistische und das russische Gespenst, so kann man heute sagen, daß das kommunisti-

4 Polnoe sobranie sočinenij, 4. Aufl., Bd. 31, 484.
5 Zur Illustration dieser These sei Robert E. F. Smith zitiert: »But the triumph of
Europeanisation since 1917 has, paradoxically, been accompanied by a break of
varying intensity with Western Europe.« Russian History and the Soviet Union,
Comparative Studies in Society and History 4, 1962, 378.
6 Leider fehlt bis heute eine Untersuchung über die Auseinandersetzung der europäischen linken Intelligenz und der Arbeiterbewegung mit der Sowjetunion. Ansätze dazu wären etwa zu finden in der No. 41 des Survey, Journal of Soviet and
East European Studies vom April 1962, die unter dem Titel: The Western Image of
the Soviet Union 1917–1962, zahlreiche Beiträge vereint; bei Gerhard A. *Ritter,*
The British Labour Movement and its Policy towards Russia from the First Russian
Revolution until the Treaty of Locarno, Oxford, B. Litt. These 1959, sowie
bei Ursula *Kretzschmar,* Der Aufbau des Sozialismus in der UdSSR im Urteil
fortschrittlicher deutscher Intellektueller, Zschr. f. Geschichtswiss., Sonderh.
1962, 238 ff.

sche[7] nur durch das russische und das russische nur durch das kommunistische Wirklichkeit geworden ist; und zwar deshalb, weil die Russen die letzte Konsequenz der westlichen Sozialphilosophie zu realisieren versuchten. Lieferte Tocqueville sozusagen die politische, so Donoso Cortés, Julius Fröbel, Joseph Edmund Jörg und andere die ideokratische Prognose, indem sie die Verbindung von Slaventum und Sozialismus vorhersagten.

Mit der Geschichte des Verhältnisses von Europa und Rußland, oder besser mit der ihrer geistigen Auseinandersetzung befinden wir uns somit im Vorraum des heutigen Weltgeschehens. Damit ist es nötig und möglich, den Versuch zu unternehmen, die Geschichte dieser Auseinandersetzung auf westeuropäischer Seite zu schreiben. Sie hat die Antwort der westeuropäischen Intelligenz auf die konkrete geschichtliche Herausforderung durch Rußland zum Inhalt. Die vorliegende Untersuchung ist somit Geistesgeschichte in einem spezifischen Sinn. Sie folgt nicht etwa der immanenten Entwicklung der Ideen, sondern sie will die geschichtsphilosophischen Konzeptionen der jeweiligen politischen und soziologischen Situation zuordnen.

Diese politische und soziologische Fragestellung bringt den Vorteil der Konzentration auf bestimmte geschichtliche Ereignisse mit sich, die gleichsam den Hintergrund bilden, vor dem sich die Auseinandersetzung abspielt: Die Situation der Aufklärung im 18. Jahrhundert einerseits und die Epoche Peters des Großen und die Türkenkriege Katharinas II. andererseits; die Französische Revolution und die mit ihr beginnende europäische Revolution – die Napoleonischen Kriege, Napoleons Niederlage in Rußland und der Einzug Alexanders I. in Paris; die Revolution von 1830 und die Lage bis zur Revolution von 1848 – der polnische Aufstand,

7 Der berühmte erste Satz des Kommunistischen Manifestes – »Ein Gespenst geht um in Europa, das Gespenst des Kommunismus« – gibt einen Topos der Publizistik der 40er Jahre wieder. Wahrscheinlich war es Lorenz *Stein,* der 1842 als erster vom »Communismus, ein finstres drohendes Gespenst« sprach (Der Socialismus und Communismus des heutigen Frankreich, 4). Weiter haben wir dieses Schlagwort gefunden bei Theodor *Oelckers,* Die Bewegung des Socialismus und Communismus, 1844, 109; Wilhelm *Schulz,* Art. Communismus, in: Rotteck-Welcker, Staatslexikon, Suppl. z. 4. Aufl. 1846, II, 23; Der Pauperismus und die Volksschule, 1847, 1 f.; Karl *Marlo (Winkelblech),* Untersuchung über die Organisation der Arbeit, 1848, 477, meint dasselbe, wenn er vom »Gespenst des Socialismus« spricht.

die sich verschärfende Orientalische Krise; die Revolution von 1848 und ihr Scheitern – der Krimkrieg und seine Folgen. Kurz und für das 19. Jahrhundert gesagt, handelt es sich um die geistige Auseinandersetzung Europas mit Rußland auf dem Hintergrund der europäischen Revolution und im Zeichen der »großen Parallele« – der Parallele mit dem beginnenden Verfall des römischen Reiches und der Zeit des ersten Christentums –, die in vielerlei Varianten vorgetragen wurde. Ihr Inhalt bezog sich entweder auf den europäischen Bürgerkrieg oder auf die globale Revolution der Mächte. Im ersten Falle waren die Kommunisten bzw. Sozialisten die »neuen Christen«, im zweiten die Russen die »neuen Germanen«. Die damit implizierte außenpolitische Prognose erschien dann publizistisch unter dem Stichwort russisches und die innenpolitische unter dem Stichwort kommunistisches Gespenst. Das Zusammenschießen beider Revolutionen, das mit dem Jahre 1917 begann, erweiterte den europäischen Bürgerkrieg zum Weltbürgerkrieg.

An Hand dieser Vorgänge wird nun die Reaktion bestimmter Geschichtsphilosophen und Publizisten nicht als Selbstzweck verfolgt, sondern es wird versucht, ihre Stellungnahmen, auch noch in ihren oft individuell oder biographisch bedingten Nuancen, auf das Phänomen des europäischen Selbstverständnisses hin durchsichtig zu machen. Selbstverständnis meint hier eine soziologisch-historische Kategorie, die das Lagebewußtsein der Intelligenz als europäischer im Ganzen der Geschichte ausloten soll. Vielleicht könnte man sagen, daß das Selbstverständnis einer bestimmten Gruppe dort seinen Ursprung hat, wo ihre Position sich nicht mehr von selber versteht. Ist die Position nicht mehr selbstverständlich, d. h. unmittelbar, so muß sie vermittelt werden, d. h. sie wird zum Selbstverständnis. Vermittelt wird sie in unserem Falle durch Geschichtsphilosophie und durch das andere historische Gebilde, welches durch sein Anderssein die Erkenntnis des eigenen Soseins ermöglicht. Das Andere, das Fremde schlechthin ist hier Rußland – wenn systematisch erforderlich, wurde auch Nordamerika mitbehandelt. Bildet Rußland also den Anlaß, so Europa den eigentlichen Gegenstand der Reflexion.

Es sei noch angemerkt, daß weder mit dem Begriff Selbstverständnis, noch mit der Zusammenstellung Selbstverständnis Europas ein Bezug zu Dilthey reklamiert werden soll. Europa soll bedeuten: den eigentlichen Gegenstand der Reflexion und eine

Metapher zur Bezeichnung der Herkunft der Geschichtsphilosophen, Publizisten und Politiker, nicht aber, daß Stimmen aus allen
europäischen Ländern vernehmbar gemacht werden.

Die Geschichte des europäischen Selbstverständnisses ist wesentlich Geschichte der Krise des Selbstverständnisses, die letzteres erst eigentlich konstituiert. Den Beginn dieser Krise, von der
sich Europa bis heute noch nicht erholt hat, können wir einerseits
mit Leibniz datieren, der die geschichtsphilosophische Vorbedingung für die Geschichtslehren vom Untergang Europas und vom
Aufgang einer neuen Welt dadurch schafft, daß die Geschichtslosigkeit, die tabula rasa zum Positivum wird gegenüber dem geschichtsträchtigen, von Krisen bedrohten Europa. Das andere
Datum wäre etwa die Mitte des 18. Jahrhunderts, wo das Selbstbewußtsein der europäischen Intelligenz sich dualistisch aufzu-
spalten beginnt. Europas Bestimmung konnte man nur noch
geschichtsphilosophisch, d. h. entweder aus der Vergangenheit
oder von der Zukunft her konstruieren.

Auch auf eine zeitliche Begrenzung sei hier bereits ausdrücklich
hingewiesen. Der Schwerpunkt der Untersuchung liegt zwischen
1789 und 1856. Dies ist kurz zu begründen. Die genannten Jahres-
zahlen markieren ungefähr den ersten Abschnitt der großen europäischen Revolution, die als politische und industrielle verstanden
werden muß. Daß die Revolution nicht nur die Formen der Gesellschaft, sondern auch die der Staaten und der Staatenwelt grundlegend verändern sollte, wurde in dieser Zeit sehr klar gesehen,
klarer noch als in der zweiten Hälfte des 19. Jahrhunderts, in welcher der industrielle und wirtschaftliche Fortschritt alle düsteren
Zukunftsahnungen weit in den Hintergrund schob und sich die
Vitalität des »alten Europa« noch einmal zu verjüngen schien.
Doch diese Verjüngung war nur eine scheinbare, denn der ihr zugrundeliegende Prozeß ist nur als dialektischer zu verstehen: Er
wirkte einerseits retardierend, also positiv für Europa, andererseits aber besiegelte er endgültig sein Geschick, nachdem sich auch
in den außereuropäischen Länderkontinenten die industrielle Revolution und mit ihr die europäische Zivilisation im weitesten
Sinne voll entfaltet hatte. Nun liegt die Bedeutung der Prognose
aus der ersten Hälfte des 19. Jahrhunderts gerade darin, dieses
erwähnte zweite Moment bereits antizipiert zu haben. Von hier
aus erscheint fast alles, was seit 1856 bis heute zu unserem Thema
geäußert wurde, als zweiter Aufguß einer geschichtlichen Ein-

sicht, die in ihrem Ursprung wohl am meisten Eindringlichkeit besitzt. Der letzte Teil, der bis in die Gegenwart führt, soll im wesentlichen dazu dienen, diese Behauptung zu belegen.

Der Schritt von Hegel zu Tocqueville war – verkürzt gesprochen – der entscheidende geistesgeschichtliche Durchbruch von einer europäisch verstandenen Weltgeschichte zu einer globalen. Hieran sei noch eine Bemerkung geknüpft. Genauso wie eine Prognose auf Grund der Projektion alter geschichtlicher Möglichkeiten, wie etwa der des alten europäischen Staatensystems auf die Weltebene, von der geschichtlich neu entstandenen zu trennen ist, wie etwa der eines weltpolititschen Dualismus, so muß auch zwischen der Vorhersage des Niederganges Europas angesichts des Aufstieges Rußlands und Amerikas, die mehr oder minder im geopolitischen Bereich verbleibt, und einer, die die neuen Entwicklungsmöglichkeiten mit einschließt – Verkehr, Industrie, Bevölkerungsvermehrung – unterschieden werden. Als Kriterium kann dann gelten, ob auf neue geschichtliche Fragen auch neue Antworten gegeben werden.

Wir hörten, daß aus dem Gegensatz Europa–Rußland sich der heutige von Ost und West entfaltete. Wird dieser auch noch für die Zukunft konstitutiv sein?

Dreierlei zeichnet sich heute gleichsam unter der Decke der ideologischen und realen Zweiteilung der Welt ab. Die ideologisch postulierte Einheit der Welt scheint sich andeutungsweise trotz der feindlichen und sich gegenseitig ausschließenden Ideologien – zu dieser Ausschließlichkeit gehört gerade die postulierte Einheit – materiell zu realisieren. Das Hauptmerkmal dieses Trends zur Einheitlichkeit, um nicht zu sagen Einförmigkeit wäre die implizit demokratische industrielle Arbeitsgesellschaft und die ihr eigenen Modi des Produzierens und Verteilens, deren Entwicklung mehr und mehr von strukturinhärenten Prozessen gesteuert wird und die zunehmend den Charakter eines »sekundären Systems«[8] annimmt.

Doch die Industrialisierung entfaltet als globales Phänomen ihre eigene Dialektik. Neben dem Trend zur Einheitlichkeit können wir einen dualistischen wahrnehmen, der gerade im ersteren gründet und dessen erste weltweite Manifestation der Punkt 4 der Truman-Doktrin vom 20. Januar 1949 darstellt: die Teilung der

8 Diesen Begriff verwende ich hier im Sinne von Hans *Freyer,* Die Theorie des gegenwärtigen Zeitalters, Stuttgart 1955.

Welt in entwickelte und unterentwickelte, d. h. hochindustrialisierte und nichtindustrialisierte Länder. Diese konkrete Zweiteilung der Welt ist unabhängig vom Ost-West-Dualismus, obwohl sie mit in diesen Dualismus hineingezogen wird. Sie könnte aber dessenungeachtet vielleicht die Möglichkeit einer neuen Raumordnung bergen[9], die seit dem Ende des Zweiten Weltkrieges, seit der endgültigen Niederlage Europas längst fällig ist.

Während der erste Trend auf Vereinheitlichung zielt, zielt der zweite auf eine neue dualistische Raumordnung. Die dritte Tendenz dagegen liefe auf eine pluralistische Aufweichung des heutigen Dualismus durch eine »dritte Kraft« hinaus. Zum Wesen dieser dritten Kraft würde es aber gehören, noch weitere Kräfte auf den Plan zu rufen. Dieser Pluralismus ginge darauf aus, die zwei konkurrierenden geschichtsphilosophischen Selbstauslegungen von Ost und West nicht als global verbindliche Alternative anzuerkennen.

9 Diese Möglichkeit sehen Carl *Schmitt* und Alexandre *Kojève*. Siehe Carl *Schmitt*, Verfassungsrechtliche Aufsätze, Berlin 1958, 385; ders. El orden del mundo despues de la segunda guerra mundial, in: Revista de estudios politicos, no. 122 (1962), 33 f.

Teil I
Westeuropa und Rußland
bis zu Peter dem Großen

Eine wenn auch nur stichwortartige Geschichte der Begegnung und geistigen und religiösen Auseinandersetzung der Kievskaja Rus' und des aufstrebenden Moskauer Rußland mit der mittelalterlichen Respublica Christiana, wie sie sich ohne Rußland gebildet hatte, zu geben, kann nicht unser Anliegen sein. Um dies zu begründen, möge ein Zitat von Julius Fröbel aus dem Jahre 1859 dienen. Fröbel stellt fest, daß dem »europäischen Abendlande bisher der Gegensatz einer ebenbürtigen Außenwelt fehlte« und fährt fort: »Aber das christliche Europa entstand auf den Trümmern der ganzen alten Welt, wie eine Gruppe von Hütten auf den Trümmern eines Tempels oder Palastes in der Wildnis. Der Gegensatz der mohammedanischen Welt hatte in den Kreuzzügen und der Türkengefahr seine Wirkung, aber sie war einseitig und vorübergehend, und die spätere schrankenlose Ausbreitung der Kolonialherrschaft, welche eine Zeitlang für die Politik alle geographischen Grenzen auszuwischen schien, ließ den europäischen Geist nicht dazukommen, sich auf sich selbst zu konzentrieren. Denn auch die asiatischen Erwerbungen Rußlands konnten nur in dem allgemeinen Lichte aller auswärtigen Besitzungen europäischer Staaten erscheinen, und wenn Rußland selbst ursprünglich dem Abendlande fremd war, so bestand seine neuere Geschichte, mit der es erst anfing für dieses letztere zu existieren, gerade in dem Bestreben sich ihm zu nähern und mit ihm zu verschmelzen. Das europäische Abendland war die zivilisierte Welt selbst, und hatte keinen Grund, sich noch besonders als solche zu konstituieren.«[1] Die Geschichte des Rußlandbildes wird erst in dem Augenblick für die Geschichte des Selbstverständnisses Europas relevant, in dem Europa oder die Christenheit im Sinne von Christianitas der mittelalterlichen heilsgeschichtlichen Konzeption sich nicht mehr wie selbstverständlich als die Mitte der Welt und als Kat-echon, als Aufhalter des Endes der Welt, versteht. Als Antwort auf die Herausforderung, die unter anderem das Auftauchen Moskaus an der Ostgrenze des damaligen Europa für sein Raum- und Geschichtsbild darstellte, konstituierte sich recht verstanden erst das europäische Selbstverständnis im Denken seiner Geschichtsphilosophen –, denn wie wir sehen werden, handelt es sich in erster Linie um Geschichtsphilosophie.

1 Julius *Fröbel:* Amerika, Europa und die politischen Gesichtspunkte der Gegenwart, Berlin 1859, 65.

Nun gab es etwa um 1490, als sich der Gesandte Maximilians N. V. Poppel um ein Bündnis mit Ivan III. gegen die Jagiellonen bemühte, weder den geographischen Begriff Europa noch »Geschichtsphilosophie«. Um aber den Ansatz unseres eigentlichen Themas zu gewinnen, sei es erlaubt, kurz auf zwei wichtige Aspekte hinzuweisen. Einmal auf die geistige Arbeit, die dazu gehörte, daß ein geographischer Begriff, nämlich Europa, Rußland gegenübergestellt werden konnte, – wobei sich sofort zeigen wird, daß dieser geographische Begriff alles andere als neutral ist und je nach Lage und Situation affektiv besetzt werden kann. Zum zweiten darauf, wie sich die »Rückkehr« Rußlands nach Europa in der und seit der Mitte des 15. Jahrhunderts[2] in den zeitgenössischen Quellen spiegelt. Doch wäre es den geschichtlichen Tatsachen unangemessen, von einer damals erfolgten »Wiederentdeckung« Moskaus – etwa seit dem Florentiner Unionskonzil von 1439 – zu sprechen[3]; haben doch gerade neuere Forschungen die engen Verbindungen des damaligen Kiever und Moskauer Rußland mit Westeuropa seit den varägischen Herrschaftsgründungen aufgewiesen.[4] Andererseits wäre es falsch, die Bewußtseinslage Westeuropas gegenüber Moskau im 15. und 16. Jahrhundert unter dem Gesichtspunkt dieser Kontinuität zu sehen. Durch diese Rationa-

2 »Rußland kehrte in der Mitte des 15. Jahrhunderts wieder als eigener Teil nach Europa zurück, nachdem es sich vom Tatarenjoch gelöst hatte…« Eduard *Winter:* Rußland und das Papsttum, Teil I: Von der Christianisierung bis zu den Anfängen der Aufklärung. Berlin 1960 (Quellen und Studien zur Geschichte Osteuropas VI, 1). Wir möchten hier auf dieses Buch auch als Darstellung der Beziehungen Westeuropas und Rußlands in der behandelten Zeit verweisen. Die einseitigen Urteile verstehen sich aus der Situation der Geschichtswissenschaft in Mitteldeutschland und sind leicht von der eigentlichen Leistung des Verfassers zu trennen.

3 In diesem Sinne auch mit Recht Erich *Hassinger:* Das Werden des neuzeitlichen Europa 1300–1600. Braunschweig 1959 S. 87. Zur Florentiner Union und Rußland jetzt am besten, wenn auch teilweise einseitig, *Winter* a. a. O. 133 ff.

4 Vgl. die einschlägigen Kapitel bei *Winter* a. a. O.; Dmitrij *Tschiżewskij:* Das heilige Rußland. Russische Geistesgeschichte I. 10.–17. Jahrhundert, Hamburg (rde 84) 1959 (mit kurzer Bibliographie); Francis *Dvorník:* The Making of Central and Eastern Europe. 1949; ders.: The Kiev State and its relations with Western Europe, in: Transactions of the Royal Historical Society, 4th series, XXIX (1947), 27 ff.; *Platonov:* Moskva i Zapad (Moskau und der Westen), Leningrad 1925; zu den Beziehungen der Habsburger zum Moskauer Rußland seit dem Ende des 15. Jahrhunderts Hans *Übersberger:* Österreich und Rußland seit dem Ende des 15. Jahrhunderts. 1. Bd. Wien–Leipzig 1906.

lisierung aufgrund des Faktischen bliebe das Verhalten zu Moskau in der damaligen Zeit, die maßlose Über- oder auch Unterschätzung sowie die abenteuerlichen Vorstellungen, die man von diesem Lande hatte, unverständlich.[5]

Die Überschätzung Moskaus und vor allem seiner militärischen und strategischen Möglichkeiten sollte auf dem geschichtlichen Hintergrund der Türkengefahr besondere Aktualität gewinnen. Da aber nicht alle europäischen Mächte von der Türkengefahr direkt berührt waren, blieb es vor allem der päpstlichen und der kaiserlichen Diplomatie vorbehalten, die Verbindung mit Moskau zu knüpfen. War die Annäherung zwischen Kaiser und Zar, die auf gemeinsamer Feindschaft gegen die Jagiellonen beruhte, nur von kurzer Dauer, so sind die Bemühungen der päpstlichen Diplomaten – aber auch der kaiserlichen –, Moskau als Bundesgenossen gegen die Türken zu gewinnen, das ganze 16. Jahrhundert hindurch zu beobachten. Aber man verfolgte von kurialer Seite aus noch ganz andere Pläne: Moskau sollte sich der geistlichen Oberhoheit des Papstes unterstellen.[6]

Gerade die Türkengefahr war es also, die die Notwendigkeit, Moskau in den Kreis der damaligen Mächte aufzunehmen, dringlich erscheinen ließ. Eine der geistigen Voraussetzungen dazu war die, den Begriff der Christianitas aus seiner Verortung im Bereich der römischen Kirche loszulösen, so daß er auch das Gebiet der griechischen Kirche mitumfassen konnte. Doch war die Türkengefahr nur einer der Faktoren, der die Ausdehnung des Begriffes der Christianitas auf außereuropäische Gebiete – europäisch meint hier das Gebiet des mittelalterlichen Corpus Christianum – gleichsam erzwang und damit den *geographischen* Begriff Europa allmählich unersetzlich machte. Die Entortung der Respublica Christiana wurde darüber hinaus durch die Landnamen in Übersee, die konfessionelle Spaltung und die konfessionellen Bürgerkriege herbeigeführt. Es geht also darum, einen kurzen Abriß der Säkularisierung und Rationalisierung christlichen Gemeinschaftsgefühls für die Zeit zu geben, in der Rußland und Westeuropa sich

5 Bei *Winter*, der einerseits die Kontinuität der Begegnung und Auseinandersetzung aufweist, andererseits aber gerade auch die Tatsache der Fremdheit unterstreicht (etwa S. 172), werden diese zwei Aspekte zwar aufgezeigt, aber in ihrem Zusammenhang nicht deutlich herausgearbeitet.

6 Hierzu vor allem *Winter* a. a. O. Kap.: Der Wiedereintritt Rußlands in Europa und die päpstliche Diplomatie. S. 171 ff.

zum erstenmal mit dem vollen Bewußtsein ihrer Verschiedenheit geistig und politisch begegneten.

Aeneas Silvius Piccolomini entwickelt um die Mitte des 15. Jahrhunderts den Begriff Christianitas dahingehend, daß er die griechische Kirche und die Christen des Ostens miteinschließt — die Türkennot war hierfür das auslösende Moment. Sein Europabegriff ist völlig aus christlichen Gemeinschaftsvorstellungen erwachsen. Wie weit sich aber sein Europabegriff mit dem der Christenheit deckt, wird gerade an seiner Einstufung Rußlands offenbar: soweit der Osten von Christen bewohnt ist, gehört er zu Europa; und da ihm jeder Begriff von der räumlichen Ausdehnung Rußlands fehlt, rechnet er Rußland zu Europa und nicht zu Asien.[7] Doch werden wir weiter unten sehen, daß, wenn man Rußland aus Europa ausschließt, sogleich die Frage auftaucht, ob denn die Russen Christen seien. Bei *Luther* hat der Begriff Christianitas vollständig den der Ecclesia verdrängt, auch die griechische Kirche wird ersterer zugerechnet. So beruft er sich 1520 in einem Pamphlet gegen den Papst auf die »Reußen und Moskobiten«; diese seien doch auch Christen und nicht etwa deshalb Ketzer, weil sie sich nicht mit Ablaß schinden lassen wollen.[8] Doch bereits *Calvin* emanzipiert sich sogar von einem nur politisch verstandenen Gemeinschaftsbegriff der Christianitas, da ihm die Türken als geeignete Bundesgenossen des Protestantismus erscheinen.[9] Die alte Raumordnung scheint hier endgültig verlassen. Für *Francisco de Vitoria* bildet die europäische Landnahme in Übersee den Anlaß, die Raumordnung der Respublica Christiana mit ihrer Unterscheidung des Gebietes christlicher und nichtchristlicher Völker aufzuheben. Die seiner Argumentation zugrunde liegende Tendenz zur Neutralisierung und Rationalisierung, hervorgehend aus der ungeschichtlichen Spekulation des Scholastikers[10], führt

---

7 Vgl. Werner *Fritzemeyer:* Christenheit und Europa. Zur Geschichte des europäischen Gemeinschaftsgefühls von Dante bis Leibniz. = Beiheft 23 der HZ (1931), 22 ff.

8 WA VI, 287.

9 Vgl. *Fritzemeyer* a. a. O. 69.

10 »Vitoria liquida el orden de ideas que prevalecia en la Edad Media; liquida, en el campo del Derecho de gentes, de la concepción teológica, para dar paso a una concepción racionalista.« Alvaro *d'Ors:* Francisco de Vitoria, Intelectual, in: Revista de la Universidad de Oviedo, 1947, S. 12. Zitiert nach Carl *Schmitt:* Der Nomos der Erde im Völkerrecht des Jus Publicum Europaeum, Köln 1950, S. 83 A. Zur

trotz gegenläufiger Tendenzen letzten Endes zu einer Sprengung des europazentrischen Geschichtsbildes.

Die hier angedeutete Entwicklung findet ihren Höhepunkt in Thomas Campanella und Jean Bodin. *Campanella* scheidet den geistlichen und den weltlichen Begriff der Christenheit nicht mehr klar voneinander. Zum Türkenkrieg solle auch der Fürst von Moskau herangezogen werden; eine konfessionelle Eingliederung Moskaus hält er durchaus für möglich. Man kann feststellen, daß sich hier der Begriff einer Weltchristenheit abzuzeichnen beginnt, m. a. W. der Begriff der Christianitas ist ein globaler geworden. Wie sehr die Entdeckung Amerikas hier geistig bewußt geworden ist, geht aus der Tatsache hervor, daß Campanella im Falle einer Eroberung Europas durch die Türken das Papsttum nach Amerika verpflanzen wollte![11] – Für *Bodin* ist Europa nur ein Teil der Menschheit, die er in seinen Entwurf einer Universalgeschichte einbezieht. Christianitas dient ihm meist nur zur Bezeichnung der Glaubensgemeinschaft. Aber nicht nur in seinem geschichtsphilosophischen Entwurf von 1566, dem »*Methodus ad facilem historiarum cognitionem*«[12], in dem er gegen das heilsgeschichtliche Vierweltalter-Schema polemisiert, sondern auch mit Hilfe des in den »*Six livres de la République*« (1576) entwickelten Souveränitätsbegriffes, der als *der* Ordnungsbegriff des damals beginnenden Zeitalters der Staatlichkeit zu verstehen ist, wird die mittelalterliche Raumordnung endgültig aufgehoben. Beides, die Zerschlagung des Schemas der vier Weltmonarchien – hinter dem die Konzeption des Imperiums als Aufhalter des Antichristen steht – und der neue Souveränitätsbegriff – eine Leistung, die geschichtlich aus den konfessionellen Bürgerkriegen der Epoche erwächst – ermöglichen es ihm, den Moskauer Großfürsten in seinen Entwurf der Universalgeschichte und in die europäische Herrscherfamilie geradezu als Prototyp eines souveränen Fürsten aufzunehmen. Damit gewinnt er aber auch gleichzeitig die moralische Position, das Bündnis der Russen mit den Türken zu ver-

Interpretation Vitorias vgl. *Schmitt* a. a. O. 76 f., gegenläufige Tendenz etwa S. 84.

11 Die wichtigsten Stellen über Moskau in der Frankfurter Ausgabe der »De Monarchia Hispanica« von 1686, S. 265 ff.; vgl. auch *Fritzemeyer* a. a. O. 82 ff.

12 Hier benutzt in der Mesnardschen Ausgabe: Œuvres philosophiques de Jean Bodin. I, 1951 S. 101 ff., Text der Edition von 1572.

urteilen.[13] – Es sei nur noch angemerkt, daß der Souveränitätsbegriff es auch später ermöglichte, über den rangmäßigen Unterschied zwischen westeuropäischen Herrschern und dem Zaren hinwegzusehen. Zur Zeit Bodins ergaben sich allerdings noch Schwierigkeiten völkerrechtlicher Art bei Verträgen mit Rußland, da der Zar als alleiniger Vertragspartner galt, Verträge also nur zu Lebzeiten des Kontrahenten als gültig angesehen werden konnten. Erst mit der Teilnahme Moskaus an der »Heiligen Liga« (1686) änderte sich dies.[14]

Wenn auch die wiederholten, das ganze 16. Jahrhundert hindurch fortgesetzten Versuche, Rußland in eine gesamtchristliche Türkenliga einzubeziehen, scheiterten, so zeitigte doch die zweimalige Reise des kaiserlichen Gesandten Herberstain nach Rußland eine literarische Frucht, nämlich die vielgelesenen und in vielen Ausgaben verbreiteten *»Rerum Moscovitarum Commentarii«* (1549), die wohl nur von den englischen Darstellungen der Zeit über Rußland erreicht werden und heute noch eine unentbehrliche Quelle darstellen. Schon Herberstain stellte sich die die Tendenz seines Buches erhellende Frage – diese Tendenz dürfte z. T. auf seine Gewährsmänner, Mitglieder der Adelsopposition, zurückgehen[15] –, die immer wieder auftaucht und selbst noch bei Custine (1843) in direktem Bezug auf Herberstain aufgenommen wird: »Muß ein solches Volk eine so despotische Herrschaft haben, oder macht eine so grausame Herrschaft so untaugliches Volk?«[16]

Doch konnten sich die Informationen über Rußland, die man auf dem Kontinent erhielt, nicht mit denen messen, die den Eng

---

13 L. I, c. 7 der »Six livres« und 213 B des »Methodus«. Als Quelle für Rußland diente *Bodin* vor allem *Herberstain* (siehe unten), »Methodus« S. 471.

14 Vgl. Heinrich *Doerries:* Rußlands Eindringen in Europa in der Epoche Peters des Großen. Königsberg-Berlin 1936 (Osteuropäische Forschungen N. F. 36) S. 6 f.

15 Zum Hintergrund und zur Tendenz des Herberstainschen Buches vgl. Günther *Stökl:* Die Wurzeln des modernen Staates in Europa, in: Jahrbücher für Geschichte Osteuropas, N. F. I (1953), bes. 260 ff.

16 RMC jetzt zugänglich in: Historiae Ruthenicae scriptores exteri saeculi XVI. Ed. *Starczewski* I, II 1841; deutsche Übersetzung, herausgegeben von Wolfram von den *Steinen* in der Reihe: Der Weltkreis I, Erlangen 1926. August Ludwig *Schlözer* feierte Herberstain noch eineinhalb Jahrhunderte später als Wiederentdecker Rußlands.

ländern durch ihre Reisenden und die Agenten der 1553 gegründeten »Muscovy Company« – im gleichen Jahr wurde ein Handelsvertrag mit Moskau abgeschlossen – zugänglich waren.[17] Hier standen andere Interessen als etwa bei der Kurie oder am kaiserlichen Hof im Vordergrund, nämlich rein kommerzielle, deren oberstes Ziel die Schaffung von Handelsverbindungen mit Persien und China war. Als die zwei wichtigsten Autoren können wir Giles Fletcher mit seinem 1591 erschienenen »Of the Russe Commonwealth« und Jerome Horsey mit seinen »Travels«, die nach 1590 verfaßt wurden, nennen.[18] Uns interessiert hier in erster Linie das Bild, das man sich in England von Rußland machte, damit wir die Frage beantworten können, ob sich dieses Bild, in dem sich schon ein gewisses Maß europäischen Selbstbewußtseins spiegeln muß, mit dem deckt, das Reisende und Schriftsteller des europäischen Kontinents entwarfen. Festzuhalten ist, daß England einen ganz anderen Blickwinkel hatte: es blickte vom Norden und vom Meer aus auf Rußland!

Die Frage, ob Rußland zu Europa und zur Christenheit gehöre, wird auch in England meist auf verschiedene Weise beantwortet oder in der Schwebe gelassen. Für Fletcher und Speed bildet Moskau ein Reich, das sowohl zu Europa als auch zu Asien gehört.[19] Dem Urteil, daß Rußland wohl zur Christenheit zu zählen und ein Krieg gegen Rußland ein Krieg innerhalb der Christenheit, es aber andererseits ein exotischer Staat der Neuen Welt sei[20], steht das Fletchers gegenüber, daß Moskau »without true knowledge of

---

17 Diese Tatsache stellen übereinstimmend fest Fritz *Epstein* – in seiner Einleitung zu Heinrich von *Staden:* Aufzeichnungen über den Moskauer Staat. 1930 S. 26 f. – und Karl Heinz *Ruffmann:* Das Rußlandbild im England Shakespeares, Göttingen 1952 S. 172 – Über die frühe Zeit der Handelskompagnie unterrichtet am besten T. S. *Willan:* The early history of the Russian Company, Manchester 1956.

18 Die Werke beider Autoren in: Russia at the close of the 16th century ... 1856 (Works issued by the Hakluyt Society, 20).

19 *Fletcher* a. a. O. 16; John *Speed:* »Muscowia is the last region of Europe towards the East, and indeed stands a good part in Asia.« So in: A Prospect of the Most Famous Parts of the World, 1676 3. Aufl. S. 8, zitiert nach *Ruffmann* a. a. O. 175 f.

20 Vgl. *Ruffmann* a. a. O. 176; Christopher *Marlowe* schreibt etwa um 1590 in dem Drama »The Massacre of Paris«: »The greatest wars within our Christian bounds, – I mean our wars against the Muscovites, ...« (Heinrich von Anjou an eine polnische Adelsgesandtschaft). Zit. nach *Ruffmann* a. a. O. 167.

God« wäre.[21] Die weitverbreitete Rede vom »Barbarischen Moskowiter«[22] fand ihre staatsrechtliche Entsprechung in der Einord-
nung Rußlands als eines »tyrannical state«[23] durch Fletcher und
andere Reiseberichte. Hierher gehört auch die Tatsache, daß Sir
Walter Raleigh den Moskauer Staat des ausgehenden 16. Jahrhunderts als den Prototyp einer Tyrannis in seinem Traktat »*Maxims
of State*« darstellt.[24] Diese Meinung ist in England zu dieser Zeit
durchaus gängig. Für das Verhältnis Englands zu Rußland ist vielleicht noch bezeichnend, daß zu Beginn des 17. Jahrhunderts – um
1612 – ein Projekt ausgearbeitet wurde, Jakob I. den russischen
Thron zu verschaffen. Doch selbst hier scheinen Handelsinteres-
sen das Hauptmotiv gebildet zu haben: als in der Zeit der Wirren
(1598–1613) ausländische Thronkandidaten für den russischen
Thron auftauchten, glaubte man, die Interessen des englischen
Handels am besten durch die politische Abhängigkeit Rußlands
von England sichern zu können.[25]

Wir werden sogleich feststellen können, daß sich die Urteile auf
dem Kontinent über Rußland und seine Bewohner nicht von denen der Engländer unterschieden. Das Gefühl, daß Rußland
fremd und barbarisch sei, klingt deutlich heraus, wenn etwa gegen
Ende des 15. Jahrhunderts der Hochmeister des Deutschen Or-
dens, der damals gerade mit den Russen Krieg führte, um Hilfe bat
gegen die »abgesunderten Rewssen« oder 1502 »adversus impios
christiano nomine hostis«.[26] Auch der schwedische Reichsverwe-
ser Sten Sture sah 1517 in den Russen nichts anderes als »Schisma-
tici et christiani nominis inimici«.[27] Das Bild ist jedoch nicht
eindeutig, denn es fehlt auch von römischer Seite nicht das Gegenstück zu Luthers Bezugnahme auf Rußland. In der Schrift Albert
Pigghes von 1525 »*Adversus Graecorum errores*« wird der Moskauer Großfürst geradezu als Vertreter der Rechtgläubigkeit gegenüber Luther und der Reformation dargestellt.[28]

21 *Fletcher* a. a. O. Dedikation.
22 Vgl. *Ruffmann* a. a. O. 176.
23 *Fletcher* a. a. O.
24 Vgl. *Ruffmann* a. a. O. 161 ff.
25 Der Text des Projekts mit Erläuterungen bei Inna *Lubimenko:* A Project for the
Acquisition of Russia by James I., in: EHR XXIX (1914), 246 ff.
26 Zit. nach Eduard *Winter:* Rußland und das Papsttum. 1960 S. 182 ff.
27 G. *Wiselgreen:* Sten Sture, Lund 1948 S. 63.
28 Vgl. *Winter* a. a. O. 195 f.

Auch an der Kurie, wo man ja besonders hoffte, Rußland gegen die Türken zu gewinnen, war die Haltung durchaus nicht einheitlich. Man kann sagen, daß dort in der zweiten Hälfte des 16. Jahrhunderts zwei Anschauungen miteinander rangen; und zwar eine polnisch beeinflußte, die vor allem in Rußland den Feind der Christenheit sah, und eine, die in erster Linie von den Venezianern vertreten wurde, die einen Vertrag mit Rußland für die Vorbedingung eines erfolgreichen Kampfes gegen die Türken hielten.[29] Letztere Tendenz und die immer noch lebendigen Hoffnungen auf eine Kirchenunion führten den päpstlichen Gesandten *Antonio Possevino* 1581/82 nach Rußland. Wenn auch seiner Mission kein Erfolg beschieden war, so zählt doch sein 1586 erschienenes Buch »*Moscovia*...« zu den wichtigsten Berichten über das Moskauer Rußland. Bei allen Schwierigkeiten, so legt er im 10. Kapitel seines Buches dar, die einer Einführung des Katholizismus in Rußland im Wege ständen, dürfe man doch zur Erreichung dieses Zieles kein Mittel unversucht lassen, da Rußland aufgrund seiner geographischen Lage unvergleichliche Möglichkeiten böte, das Christentum in Asien zu verbreiten.[30] Wir werden diesem Motiv des Weges nach China bei Leibniz, wenn auch in säkularisierter Form, wiederbegegnen. Kurz soll noch angemerkt werden, daß bereits 1576 sehr klar gesehen wurde – und zwar durch den venezianischen Gesandten *Giacomo Soranzo* – welche Position gegenüber der Türkei Rußland die Tatsache verschaffe, daß ein großer Teil der Balkanbevölkerung der griechischen Kirche angehöre und deshalb dem Moskauer Großfürsten ergeben sei.[31]

Der livländische Krieg Ivans IV. seit 1558 sollte die potentiell in

29 Vgl. *Winter* a. a. O. 218.
30 Antonio Possevino ex Societate Jesu Moscovia... Wilna 1586. Siehe auch das bei *Winter* a. a. O. angeführte Schreiben an den Papst vom 12. IV. 1583. Zu *Possevino* und seiner Bedeutung für die Beziehungen der Kurie zu Rußland vgl. *Winter* 227 ff.
   Interessant ist, was Possevino in einem Brief 1582 über das Mißtrauen der Russen berichtet: »... sono stato tenuto in tanta custodia, che non potevo uscire almeno per andar a pigliar pur una gucchia, stando, più di persone alla mia custodia, sotto pretesto di honorar mi, ma la verità era, es che non volevano, ch'io parlasse, ne che mi fusse parlato.« Zit. nach *Platzhoff*: Das erste Auftauchen Rußlands und die russische Gefahr in der europäischen Politik, in: HZ 115 (1916), 82.
31 Nach *Zinkeisen*: Das 3. Stadium der orientalischen Frage, in: Historisches Taschenbuch. 3. Folge, IX (1858), 483.

den Ausgrenzungen Rußlands aus der christlichen Staatengemeinschaft Europas enthaltenen Abwehrreaktionen zum Thema der »russischen Gefahr« verdichten; und zwar mit dem Ergebnis, daß wir die ersten Prognosen über eine künftige russische Expansion in dieser Zeit feststellen können. So schreibt Hubertus Languetus im September 1558 an Calvin, auf Moskau Bezug nehmend: »Si ullus principatus in Europa crescere debet, ille erit.«[32] Sein politischer Korrespondent, Kurfürst August von Sachsen, verglich bereits die in Zukunft von Rußland drohende Gefahr mit der türkischen.[33] Die Überschätzung der Macht Rußlands, die bei den Plänen einer Türkenliga eine so große Rolle spielte, wirkte sich auch hier aus. Wie weit diese Moskowiterfurcht bereits angewachsen war, kann man daraus ersehen, daß man glaubte, Prognosen über die russische Gefahr als politisches Mittel vewenden zu können. Ferdinand I. hatte im November 1560 gerüchtweise aus Rom erfahren, daß man dort plane, dem Zaren den Königstitel zuzugestehen, wenn er sich dem Heiligen Stuhl unterwerfe. In dem Schreiben, das daraufhin aus der kaiserlichen Kanzlei an den Residenten in Rom abging, heißt es, daß sich der Moskauer Großfürst ganz Livland unterwerfen und sich dann der Herrschaft über die Ostsee bemächtigen werde. Deutschland, die Niederlande und England werde er angreifen und so den ganzen Seehandel an sich reißen. Zuletzt wird die Analogie mit der Völkerwanderung beschworen. Die Goten seien ja auch aus dem Norden gekommen, und sogar die Römer hätten ihnen nicht widerstehen können.[34] Wir können heute nicht mehr feststellen, ob der, der diese Sätze niederschrieb, daran glaubte oder nicht. Ist aber nicht schon allein die Tatsache bedeutsam, daß man im Jahre 1560 die russische Gefahr mit der Völkerwanderung in Parallele setzen konnte?

Weniger erstaunlich ist es, wenn in einer Schrift, die die vor Jahresfrist von Ivan IV. abgefallenen Ratgeber, die beiden livländischen Edelleute Johannes Taube und Eilert Kruse verfaßten, dem Großfürsten die Absicht untergeschoben wird, den »endtlichen Verderb vnd Vuntergange der gantzen Christenheit« zu betrei-

32 Zit. nach Albert *Waddington:* De Huberti Langueti Vita. Paris 1888 S. 123.
33 W. *Fröbe:* Kurfürst August von Sachsen und sein Verhältnis zu Dänemark bis zum Frieden von Stettin 1570. Phil. Diss. Leizig 1912 S. 52 f.
34 Das Schreiben abgedruckt bei *Sickel:* Zur Geschichte des Konzils von Trient. 1872 Nr. 72 S. 135 ff.

ben.[35] In diese Stimmung gegen Moskau in der zweiten Jahrhunderthälfte gehört auch der abenteuerliche Plan einer Invasion Moskaus, dem wir die Aufzeichnungen *Heinrichs von Staden* »*Moscowiter Land und Regierung*« verdanken. Der mit diesen Aufzeichnungen verbundene »*Anschlagk*« lag dem Invasionsprojekt zugrunde, das der Pfalzgraf Georg Hans von Veldez-Lützelstein dem Deutschordensmeister im September 1578 zusandte. Stadens Wirken gehört in den Zusammenhang der noch kaum erforschten Geschichte westeuropäischer Invasionspläne gegen Moskau am Ende des 16. Jahrhunderts. Er ist einer kleinen Gruppe von Abenteurern und Projektemachern zuzurechnen, die in dieser Zeit aufgrund ihrer Vertrautheit mit russischen und osteuropäischen Verhältnissen einen schwer abzuschätzenden Einfluß auf die Politik ausgeübt haben.[36] Staden propagierte einen Kreuz- und Missionszug der »Christenheit« gegen das orthodoxe Moskau. Kreuzzugsstimmung liegt auch über dem ganzen Plan und zeigt deutlicher als viele andere Belege, wie wenig man damals bereit war, Moskau als zur »Christenheit« gehörig anzuerkennen.

In der staatsphilosophischen Literatur des ausgehenden 16. und des beginnenden 17. Jahrhunderts fehlt auch die Erwähnung Rußlands nicht. *Giovanni Botero* nahm Moskau in seinen »*Relationi universali*« (1596) unter die europäischen Mächte auf, stellte es aber den Türken an die Seite. Eine zweite Völkerwanderung wird auch von ihm als möglich hingestellt und die »edle und köstliche Freiheit« den »servilia ingenia« der Moskowiter entgegengehalten. *John Barclay* charakterisierte in seinem »*Icon Animorum*« (1607), dem Sittenspiegel der europäischen Völker, Moskau folgendermaßen: »Servituti gens nata, ad omne libertatis vestigium ferox est; placida, si prematur.«[37] Den Unterschied zwischen

---

35 Zar Iwan der Grausame. Sendschreiben an Gotthard Ketteler 1572. Zit. nach Fr. v. *Adelung:* Kritisch-literärische Übersicht der Reisenden in Rußland bis 1700. 1846 I, 259 f. – Zu den beiden vgl. *Epstein* (siehe nächste Anm.), Anhang S. 25 ff.

36 Heinrich von *Staden:* Aufzeichnungen über den Moskauer Staat. Hrsg. v. Fritz Epstein. Hamburg 1930. Darin sind »Moscowiter Land und Regierung«, der »Anschlag und das Invasionsprojekt des Pfalzgrafen« neben einer ausführlichen Einleitung und Anmerkungen abgedruckt. Vgl. bes. S. 28 und 31 der Einleitung Epsteins.

37 Zit. nach *Doerries:* Rußlands Eindringen in Europa. 1936 S. 87.

Rußland und Europa betont auch der Plan einer Türkenliga, der in ausdrücklicher Ablehnung der Mitgliedschaft Moskaus entworfen wurde, so in der »*Association ou république très-chrestienne*« von Heinrichs IV. Minister Sully. Die Moskowiter seien Barbaren, mit denen die zivilisierten christlichen Völker nicht zusammenarbeiten könnten, heißt es dort. Polens Stellung als Bollwerk erscheint konsequent nicht nur gegen Türken und Tataren, sondern auch gegen Rußland gerichtet.[38] Damit wird deutlich, daß Rußland hier als außerhalb der Rechtsordnung Europas stehend betrachtet wurde, denn nur gegen »Erbfeinde« benötigt man ein Bollwerk, eine Vormauer. Gerade das Thema Polen als Antemurale des Abendlandes gegenüber dem »barbarischen« Rußland war damals politisch aktuell, denn der Kampf des Polenkönigs Stephan Bathory gegen die Russen, der siegreich durch den Frieden von Jam Zapol'skij 1582 – Possevino spielte hier die Rolle des Vermittlers – beendet wurde, galt für Rom durchaus als Aktion im Rahmen der Gegenformation. Man erwartete vom polnischen König, daß er »omnes Moscos et Tataros sub pedibus contereret«.[39]

Mit dem Frieden von Jam Zapol'skij, dem Beginn der Smuta und der damit verbundenen inneren Schwächung Rußlands, von der es sich nur langsam erholen sollte, waren die politischen Anlässe geschwunden, sich mit diesem Land geistig auseinanderzusetzen. Dafür, daß trotzdem das Interesse nicht nachließ, mag als Beleg die berühmte »Moscowitische und persianische Reisebeschreibung« (1646) des Adam Olearius dienen, die der Tendenz der Beurteilung der Russen nach durchaus in der Tradition Herberstains steht. Das ganze Jahrhundert hindurch begegnet uns die Gleichstellung Moskaus und der Türken, so etwa bei Johann Balthasar Schupp, der von dem Moskowiter sagt, daß er »wo er Lufft hat, ärger tyrannisiret als der Türck«[40], oder bei Hermann Conring, der sich 1650 die Frage stellt, worin denn der Unterschied zwischen europäischer absoluter Monarchie und der Machtkonzentration der großen Monarchen wie »Persa, Turca, Mogol, Moscus etc.« bestände. Er beantwortete sie dahingehend, hier

38 Nach *Zinkeisen:* Hist. Taschenbuch, 3. Folge, IX (1885), 498 f. und Doerries a. a. O. 13.

39 Zit. nach *Winter:* Rußland und das Papsttum. 1960 S. 226 f.

40 Ambrosii Mellilambii Sendschreiben ... 1657, hier nach Schriften J. B. *Schuppius*, 1644 S. 372.

gelte die Salus publica als oberster Staatsgrundsatz, während dort
der Herrscherwille allein maßgebend sei, nicht zuletzt deswegen,
weil jedes innere politische Gegengewicht fehle.[41]

Kaum hatte sich jedoch Rußland im 17. Jahrhundert innerlich
konsolidiert, da lebten die alten Pläne einer Türkenliga wieder auf.
So kommt es zum Beitritt Rußlands zur sogenannten »Heiligen
Liga« (1686), den sich aber der Zar hoch bezahlen läßt.[42] Von den
kaiserlichen Gesandten, die anläßlich der Verhandlungen über
den Beitritt in Moskau weilten, wird von dem »todtenfärbigen
Gesicht des Ottomanischen Reiches« und der »hageren Dürre seiner Macht«, die »Vorboten einer zum Tode geneigten Leiche«
seien, gesprochen[43] – der »kranke Mann am Bosporus« war damit, wenn auch nicht wörtlich, in das politische Vokabular eingeführt.

Der Schüler Jakob Boehmes, *Quirinus Kuhlmann* (1651–
1689), wurde durch den Beitritt Rußlands zur Türkenliga so in
seinen Hoffnungen befeuert, daß er glaubte, dort endlich den
Boden gefunden zu haben, auf dem seine »fünfte jesulitische Weltmonarchie« errichtet werden könne. Hier erhält Rußland zum
erstenmal den entscheidenden Platz in einem eschatologischen
Geschichtsbild. Gerade die Aussicht auf Vernichtung des osmanischen Reiches mußte ja eschatologische Stimmungen aktualisie-
ren. Die Fremdheit Rußlands, seine Abgeschlossenheit, mag ihn
veranlaßt haben, schon seit 1679 die Russen als das neue Gottes-
volk in Augenschein zu nehmen. Der Prophet selber – er betrachtete sich als denjenigen, der die von Boehme verkündete Verhei-
ßung erfüllen sollte – richtete an »Ihre Czarische Majestäten«
einen »*Kühl-Jubel*« (1687), in dem er ihnen sein Kommen verkündete und sie zur Erfüllung ihrer providentiellen Aufgabe aufrief,
Türken und Katholiken zu bekämpfen. Er selber fiel in Rußland –
wohin er 1689 reiste – dem »Konkurrenzneid« des protestantischen Predigers der deutschen Kolonie in Moskau zum Opfer, der

41 Zit. nach *Doerries* a. a. O. 91.

42 Vgl. Karl *Stählin:* Geschichte Rußlands. Bd. II 1930 S. 18.

43 Beschreibung des schau- und lesewürdigen Moscowitischen Einzugs und Tracte-
    ments derer beyder Römisch-Kayserliche Groß-Gesandten... s. l. 1684. Nach
    dem Zitat fährt der Redner fort: »In dem Raum eures Reichs-Schiffs steht noch
    viel Schlamm-Wassers, noch manche faule Pfütze einheimischer Feindschafft:
    durch einen Krieg wider die Türkei kann sie am füglichsten ausgeschöpfet wer-
    den.«

ihn bei den russischen Kirchenbehörden denunzierte. So endete Kuhlmann noch im gleichen Jahr als Ketzer auf dem Scheiterhaufen.[44]

Für die »Wiederentdeckung« Rußlands sollte es bedeutsam werden, daß diese und der endgültige Zerfall der Tatarenherrschaft ungefähr mit der Renaissance und dem Beginn der europäischen Landnahme in Übersee zusammenfiel. – Noch waren die christlich-universalen Ideen stark genug, um Rußland sofort in den Dienst einer politisch-religiösen Idee zu stellen: der Idee eines Kreuzzuges gegen die Türken. Andererseits war die Säkularisierung schon so weit fortgeschritten, daß Ende des 15. Jahrhunderts die schismatischen Moskowiter von habsburgischer Seite gegen die römischen Polen-Litauer als Bundesgenossen in Aussicht genommen werden konnten. – Die ungeheure Erweiterung des geographischen und damit auch bald des geschichtlichen Horizontes zwingt zu einer neuen Begriffsbildung, die durch den seit dem 13. Jahrhundert die Republica Christiana erfassenden Säkularisierungs- und Auflösungsprozeß erleichtert wird. Diese neuen Begriffe, d. h. Christianitas in spezifischer Erweiterung und Europa, bilden das notwendige geistige Werkzeug, die Erfahrung einer Macht jenseits der Grenzen des mittelalterlichen Corpus Christianum, die dennoch christlich genannt werden kann, begrifflich einzuordnen.

Doch die Bewältigung des Fremdartigen, das sich an Europas Ostgrenze zeigte, ist nur eine scheinbare. Schon um die Mitte des 16. Jahrhunderts ruft der Versuch eines Vorstoßes Moskaus an die Ostsee Reaktionen hervor, die das Verhalten eines Gliedes der alten Raumordnung nie zur Folge gehabt hätte. Die Prognose einer Wiederholung der Völkerwanderung bildete die nachhaltige Antwort auf den Vorstoß Ivans IV. Da aber Barbaren die Träger einer neuen Völkerwanderung sein mußten, Barbaren aber eigentlich nicht als Bewohner Europas gelten konnten, so war schon mit der Prognose einer Völkerwanderung die Zugehörigkeit Rußlands zu Europa verneint. Darüber hinaus konnten wir durchgängig feststellen, daß die Russen als Barbaren bezeichnet wurden,

44 Zu *Kuhlmann* vgl. Dmitrij *Tschižewskij:* Zwei Ketzer in Moskau. (Mit Auszügen aus dem »Kühl-Jubel«) und: Jakob Boehme in Rußland. Jetzt in der Aufsatzsammlung: Aus zwei Welten. 's-Gravenhage 1957.

unabhängig davon, ob man sie nun zu Europa zählte oder ob man den Begriff der Christenheit benutzte, um das Heterogene zusammenzubinden, falls man offen ließ, ob man sie Europa oder Asien zurechnen sollte. Wichtig ist, daß jegliche Form der Anerkennung durch den Begriff Barbaren sofort wieder mit einer Unzulänglichkeit zusammengespannt wurde, so daß die Anerkennung in jedem Fall nur eine sehr bedingte war.

In dem Moment aber, in welchem sich das religiöse Universalsystem völlig zu einem kulturellen und juristischen säkularisiert haben wird, kann sich die in dem Widerspruch von Anerkennung als Christen oder Europäer und der Denunzierung als Barbaren enthaltene Dialektik entfalten. Dann wird einerseits die Anerkennung als politisch gleichberechtigter Partner von der historischen Faktizität erzwungen werden, während andererseits der ideologische Graben zwischen Westeuropa und Rußland gerade aufgrund dieser Anerkennung sich vertiefen wird.

Als sich im 17. Jahrhundert eine gesamteuropäische Überwindung des konfessionellen Bürgerkrieges abzeichnete – innerhalb der politischen Einheiten durch die Ausbildung der Souveränität, in den äußeren Beziehungen durch das europäische Gleichgewicht – kam dies auch Rußland zugute, da seiner Aufnahme in die nun rein politisch bestimmte Gemeinschaft nichts mehr entgegenstand. Da aber Rußland außerhalb der eben genannten geschichtlichen Vorgänge und auch außerhalb der sich gleichzeitig ausbildenden europazentrischen globalen Ordnung, wie sie sich im Völkerrecht juristisch manifestierte, stand, war ihm dieses System, auch wenn es später in ihm seinen Platz fand, ein »äußerliches«. Damals aber konnte die Frage, wohin Rußland gehörte, nicht die Aktualität gewinnen wie später, gerade weil die Energien Europas in eine andere Richtung gelenkt waren.

Das europäische Gleichgewicht und damit die Hegung des Krieges hatte zur Voraussetzung, daß den europäischen Großmächten ein freier Raum zur globalen Expansion zur Verfügung stand. Rußland aber erweiterte seine Einflußsphäre und sein Herrschaftsgebiet auf andere Weise als die europäischen Mächte, nämlich auf dem Wege der direkten Ausdehnung seiner Souveränität. Diese Landnahme wirkte unmittelbar auf das europäische Gleichgewichtssystem zurück und zwar in dem Augenblick, in dem Rußland zu einem der Faktoren dieses Systems wurde. Die ganze Landmasse, in die hinein Rußland sich ausbreitete, war geschichtlich gesehen genau das Gegenstück zur europäischen Begründung der Herrschaft über die Erde mittels der Beherrschung der Weltozeane. Europäische Landnahme in Übersee und russische Landnahme in Asien gingen nicht nur nach zwei verschiedenen Himmelsrichtungen vor sich und hatten verschiedene technische Mittel zur Voraussetzung, sondern sie unterschieden sich auch – wie oben angedeutet – in ihren Rückwirkungen auf das europäische Staatensystem. Dazu kam noch, daß die Expansion des Zarenreiches sich in einem Raum abspielte, der für den Westen lange Zeit uninteressant war und daß sie somit kaum bemerkt wurde. Der Eindruck dieser räumlich ins Kolossale angewachsenen Macht mußte um so größer sein, als man sich ihrer Ausdehnung plötzlich bewußt wurde, ohne sie vorher begrifflich bewältigt zu haben. Denn dieser Länderkontinent sprengte allein schon mit seinen riesigen Dimensionen alle Vorstellungen, die man von einer »europäischen« Macht, d. h. von einem Mitglied des europäischen Staatensystems hatte.

Wir können abschließend feststellen, daß gegen Ende des 17. Jahrhunderts alle Elemente geschichtlich angelegt waren, die im 19. Jahrhundert eine Krise des europäischen Selbstverständnisses herbeiführen und im 20. Jahrhundert den Weltgegensatz zwischen Ost und West bestimmen sollten. Wir werden das erste Phänomen als die Prognose der Überflügelung Europas durch Rußland und Amerika und das zweite als die Konkretisierung dieser Prognose in einem globalen Dualismus zweier ihrer geschichtlichen Herkunft nach völlig verschiedener Systeme kennenlernen.

Teil II
Das Rußlandbild der Aufklärung

Kapitel 1
Rußland als tabula rasa zwischen Europa und Asien: Leibniz

Bei Leibniz erscheint Rußland zum erstenmal als zentraler Gegenstand geschichtsphilosophischen und politischen Denkens. Dies ist nicht zuletzt dem Wirken Peters des Großen zuzuschreiben. Andererseits ist aber auch der Widerhall, den Peters Vorgehen in Westeuropa fand, nur aus den Bedingungen Europas heraus zu verstehen. Mit anderen Worten: Peter I. unternahm seine Reform in einem Augenblick, in dem der Westen einen guten Resonanzboden für Ereignisse in Rußland abgab. Es mußte das Selbstbewußtsein eines ständig mit neuen geistigen Welten in Berührung kommenden Europa noch erhöhen, daß Peter sich um Europa bemühte und nicht umgekehrt! Damit war man zur Stellungnahme gegenüber Rußland und besonders Peters Werk herausgefordert und es genügte nicht mehr, das Fremdartige als barbarisch zu bezeichnen und sich damit der Mühe zu entheben, sich eingehend mit ihm zu befassen – sowie umgekehrt Rußland sich vor die Notwendigkeit gestellt sah, sich geistig mit dem Westen zu beschäftigen. Versuchte man von der einen Seite aus mit dem Schlagwort Barbaren die Fragestellung zu umgehen, so gab es auf der anderen die Möglichkeit – bis ins 20. Jahrhundert hinein –, den Westen als im Verfall befindlich zu begreifen, eine Denkhaltung des Außenstehenden, die ihn von dem Erfordernis befreit, sich die überlegene Kultur anzueignen. Die Reform Peters ist für das Verhältnis Europas zu Rußland deswegen ein epochales Ereignis, weil hüben und drüben von nun an das Problem Rußland und Europa nicht mehr aufgegriffen werden konnte, ohne zu Peters Reform Stellung zu nehmen.

Zum erstenmal erwähnt Leibniz Moskau in einer Schrift von 1669, dem »*Specimen demonstrationum*«. Anläßlich der polnischen Königswahl versucht Leibniz more geometrico als polnischer Edelmann zu argumentieren. Uns interessiert hier nur, daß Leibniz nachweist, daß der Moskauer Kandidat nicht gewählt werden sollte. Es ist zu bezweifeln, daß man die Argumentation ernst nehmen kann, denn kurz darauf vertritt er eine ganz andere

Meinung. Jedenfalls werden die ganzen Begriffsschemata der damaligen Zeit für Rußland ausgebreitet: »Moschus... Turca alter... Barbarus« so lauten einige der Prädikate, ja, die Moskowiter seien schlimmer als die Türken! Die Schrecken des livländischen Krieges werden beschworen und die Frage aufgeworfen, ob man von solchen Menschen überhaupt annehmen könne, daß sie Christen seien. Wehe uns, wenn wir ihnen den Weg nach Europa durch Einreißen der Vormauer Europas, Polen, öffnen! so lautet das entscheidende Argument.[1] Zwei Jahre später vertritt Leibniz bereits einen seiner späteren Hauptgedanken in bezug auf Rußland: »Quid si ergo posset Moscus quoque in Anti-Turcicum foedus pellici...«.[2] Wir sehen, daß Leibniz sich zu dieser Zeit noch völlig im Rahmen der damals gängigen Begriffe hielt. Die Idee eines gemeinsamen Türkenkrieges wird er immer festhalten, der Begriff der Barbarei wird in seiner Anwendung auf Rußland eine bedeutsame Wendung zum Positiven durchmachen.

In den folgenden Jahrzehnten verfolgt Leibniz alle Ereignisse, die mit Rußland im Zusammenhang stehen, besonders alle Schritte des jungen Zaren mit wachsender Aufmerksamkeit.[3] So schreibt er an H. W. Ludolf[4] im Jahre 1696, nachdem dieser ihm über Pater Grimaldis Chinamission und über die Weigerung der Russen, diesem die Durchreise zu gewähren, berichtet hatte: »Utinam sit, ut apud illos agat, quod tu apud Aethiopes! Si tanta Imperii illius moles regeretur ad morem culturioris Europae, majores inde fructus caperet res Christiana; sed spes est, paulatim evigilaturos. Tzar Petrus agnoscit vitia suorum et vellet barbariam illam paulatim aboleri.«[5] Aus der Begegnung mit Pater Grimaldi

1 Specimen demonstrationum politicarum pro eligendo rege Polonorum. Danzig 1669 = Sämtl. Schriften und Briefe (Akademieausgabe), 4 Reihe, I, 1 ff. hier 84 ff.

2 Consilium Aegyptiacum. Verfaßt im Winter 1671/72 = a.a.O. 215 ff. Zitat: 355.

3 Vgl. Liselotte *Richter:* Leibniz und sein Rußlandbild. Berlin 1946 S. 28.

4 Zu den Beziehungen Ludolfs, Speners und A. H. Franckes zu Rußland vgl. Eduard *Winter:* Halle als Ausgangspunkt der deutschen Rußlandkunde im 18. Jahrhundert. Berlin 1953 und die einschlägigen Aufsätze von Dmitrij *Tschižewskij in:* Aus zwei Welten. 1957. Zu den Berührungspunkten mit Leibniz vgl. *Winter* a.a.O. 38 ff.

5 W. *Guerrier:* Leibniz in seinen Beziehungen zu Rußland und Peter dem Großen. 1873 II. Teil: Briefe und Denkschriften S. 6. (Im folgenden zitiert: Guerrier mit Seitenangabe.)

erwuchs die »*Novissima Sinica*« (1697)[6], in deren Vorrede er
Moskau einen Platz in der Geschichte anwies: Europa und China
sind für ihn die Hauptträger der Kultur. Die Berührung zwischen
China und Rußland, von der Leibniz durch den Abschluß des
Friedens von Nipschau (1689) erfuhr, erregte in ihm die Hoffnung, Rußland könne das Bindeglied zwischen Europa und China
werden.[7] Deshalb muß Rußland kulturell von Europa aus erschlossen werden!

Die Reise Peters nach Europa 1697 versetzte Leibniz geradezu
in Aufregung. Er sammelte alle diesbezüglichen Nachrichten
(Guerrier, 18). Einen ihm bekannten Pädagogen versuchte er um
diese Zeit mit folgenden Worten auf Rußland aufmerksam zu machen: »…puisque le Czar veut débarbariser son pays, il y trouvera
Tabula Rasa comme une nouvelle terre, qu'on veut défricher…«
(Guerrier, 9). Damit war der entscheidende Begriff für das Rußlandbild Leibnizens geprägt. – Er bemühte sich, mit dem Zaren
selbst oder dessen Freund Lefort in Verbindung zu treten (Guerrier, 10 ff.). Im Zusammenhang mit diesen Bemühungen entwarf
er eine Denkschrift, die im wesentlichen besagt: Da Rußland und
China die europäische Wissenschaften und Künste bei sich einführen wollen, können sie sich gegenseitig in diesem Bemühen unterstützen. Um in Rußland die europäische Kultur Fuß fassen zu
lassen, bedarf es vor allem der Einrichtung einer Akademie und
der Einfuhr alles Nützlichen und Guten aus Europa, ohne dessen
Laster mit zu übernehmen! (Guerrier, 14 ff.)

In welchen Perspektiven Leibniz diese Pläne sieht, erfahren wir
aus einem Brief an August Hermann Francke, in dem er auf ihre
gemeinsamen Bemühungen um Rußland und China hinweist und
fortfährt: »Nostrae obligationis felicitatisque est, ut, quantum in
nostra potestate est promovatur regnum Dei, quod in vera virtute
sapientiaque latissime propagatur consistere dubium mihi non
videtur« (Guerrier, 20). Daher auch seine große Enttäuschung, als
es ihm nicht gelang, mit dem Zaren zu sprechen, der er in einem
Brief an Morell vom 1. 10. 1697 zwischen den Zeilen Ausdruck
gibt. Einem solchen Mann »un zèle pour la gloire de Dieu et pour
la perfection des hommes« einzuflößen, bedeute mehr als hundert
Schlachten zu gewinnen (Guerrier, 27). Um so mehr mußte er vom

6 So *Richter* a. a. O. 30.
7 Vorrede zur Novissima Sinica = G. G. Leibnitii Opera Omnia. Ed. L. Dutens. IV,
78 ff.

schwedisch-russischen Krieg berührt werden, durch den er geradezu in eine russenfeindliche Stimmung geriet, weil er den inner-
russischen Zivilisierungsprozeß verzögern und die russische
Expansionskraft nach Norden statt nach Süden lenken könne.
Dazu kamen Motive, die aus der deutschen Politik erwuchsen,
denn Leibniz befürchtete eine Schwächung der protestantischen
Partei durch eine eventuelle Niederlage Schwedens (Guerrier, 38,
49).

Wir sahen, wie Leibniz sich als erster aus den überlieferten Schemata der Beurteilung Rußlands löst, wie er als erster eine positive
Stellung bezieht, und zwar gerade auf dem Boden einer Argumentation, die Rußland als barbarisch begreift. Dies wird dadurch
ermöglicht, daß er den Begriff der tabula rasa ins Positive wendet.
Daß der Begriff der tabula rasa eine Kritik an Europa impliziert,
brauchen wir nicht erst zu erarbeiten. Leibniz selbst gibt uns den
entscheidenden Hinweis durch die Formulierung, man solle nicht
die Laster Europas nach Rußland übertragen. Diese Kritik, dem
Bewußtsein einer Krise entspringend, die, wie Leibniz 1712 sagen
wird, Europa in dieser Heftigkeit seit Karl dem Großen nicht mehr
gekannt hat (Guerrier, 227 f.), geht mit dem von ihm konzipierten
Gedanken der geschichtlichen Entwicklung eine eigenartige Synthese ein. Der Glaube, daß man auf einer tabula rasa alles besser
machen könne, heißt mit anderen Worten: man kann aus der Geschichte lernen. Dies ist der eine Ansatzpunkt der Leibnizschen
Utopie, während der andere der Glaube an die Machbarkeit der
Institutionen und der an ihre Macht, das Bessere zu bewirken, ist.
Die starke Betonung pädagogischer Zielsetzung gehört auch in
diesen Zusammenhang. Der Entwicklungsgedanke, in gewissem
Sinne eine Form des aufklärerischen Fortschrittsglaubens, erlaubt
es ihm, trotz Krisenstimmung an seinem Kulturoptimismus festzuhalten. Sein Optimismus und sein Harmoniegedanke beziehen
ihre Kraft aus seiner religiösen Haltung, denn Höherentwicklung
der Menschen und Vergrößerung der Gloire de Dieu sind – wie wir
hörten – ein und dasselbe.

Im folgenden werden wir sehen, wie sich Leibniz' Gedanke einer kulturellen Missionierung Rußlands immer mehr aus seiner
Verbindung mit dem chinesischen Projekt löst und aus einem Mittel zu einem Selbstzweck wird. – Nach 1702 tritt neben das Ziel
der Einführung europäischer Bildung und Kultur in Rußland ein
politisches: die Erhaltung des politischen Gleichgewichtes, d. h.

die Ausbalancierung des übermächtigen französischen Einflusses durch ein deutsch-russisches Bündnis. – In immer neuen Varianten wird in der Folgezeit der Begriff der tabula rasa abgewandelt[8], immer neue Denkschriften entwirft Leibniz über die Erziehung in Rußland und die Einführung europäischer Bildung.[9] Die Sorge, daß der Nordische Krieg das so notwendige Erziehungswerk verzögere, läßt ihn nicht mehr los (Guerrier, 69, 75). Auf die Nachricht vom Sieg Peters bei Poltava schreibt er in einem Brief vom 27. 8. 1709 an den russischen Geschäftsträger in Wien, Urbich: »Le Czar doresnavant s'attirera la considération de l'Europe, et aura très grande part aux affaires générales.« (Guerrier, 118 ff.) Er untersucht anschließend die Frage, ob Rußland gefährlich für Europa werden könne. Dieser Fall kann nach Leibniz nur dann eintreten, wenn dieses Land daran gehindert werde, sich nach westlichem Vorbild zu entwickeln. Und so ist es nur konsequent, wenn er auch hier wieder seinen Lieblingsgedanken formuliert, daß der Zar eine russische Akademie gründen solle, deren Leitung Leibniz übernehmen wolle.

Im Oktober 1711 ging endlich Leibniz' langgehegter Wunsch in Erfüllung: es fand eine Zusammenkunft zwischen ihm und Peter dem Großen statt, über deren Inhalt wir leider nur auf Vermutungen angewiesen sind, bis auf die Tatsache, daß der Zar Leibniz die Kodifizierung des neuen russischen Gesetzbuches übertragen wollte.[10] Doch wird man nicht fehl gehen in der Annahme, daß dem Zaren Vorschläge, die das Unterrichtswesen und die Akademiegründung betrafen, unterbreitet wurden. Durch diese persönliche Begegnung zwischen Selbstherrscher und Philosophen wurden die Hoffnungen des letzteren ungemein bestärkt. Leibniz glaubte, endlich jenen Fürsten gefunden zu haben, der es ihm ermöglichte, alle seine Pläne in die Wirklichkeit umzusetzen. Da wo die Künste und Wissenschaften am besten gepflegt werden, da wird mein Vaterland sein, so lautet die Quintessenz eines Briefes vom Januar 1712 an den russischen Kanzler Golovkin, denn, so fährt er fort, »les vrais trésors du genre humain sont les arts ou les siences. C'est ce qui distingue le plus les hommes des bêtes et les peuples cultivés des barbares.« (Guerrier, 199 ff.) In einem Brief

8 *Guerrier*, 76, 95, 121, 175, 178, 217.

9 ebd. 95 ff., 175 ff., 217.

10 Am. 28. oder 29. X. 1711. Vgl. *Guerrier* I. Teil, 108 ff., 114 ff. Wegen der Kodifizierung vgl. den Brief an die Kurfürstin Sophie bei *Guerrier*, 272.

aus der gleichen Zeit an den Zaren faßt er alle seine Argumente zusammen: »Es hat mir auch nichts anderes gefehlt, als ein großer Herr, der sich eben der Sach genugsam annehmen wollen... E. Cz. M. wird durch solche Heroische Vorhaben unzehlicher nicht nur jetziger, sondern auch künftiger Menschen Nuzen und Wohlfahrt befördern... Es scheint es sey die Schickung Gottes, daß die Wissenschaft den Kreis der Erden umbwandern und nunmehr auch nach Scythien kommen solle und daß E. M. diesfalls zum Werkzeug ersehen, da sie auf der einen Seite aus Europa, auff der andern aus China das Beste nehmen und was beyde getan durch gute Anstalt verbessern können. Denn weil in dero Reich großen Theils noch alles die Studies betreffend neu und gleichsam in weiß papier, so können unzehlich viel Fehler vermieden werden die in Europa allmählig und unbemerkt eingerissen, und weiß man, daß ein Palast, der ganz von neuem aufgeführet wird besser herauskommt, als wenn daran viele Secula über gebauet, gebessert, und auch viel geändert worden... ich halte den Himmel für mein Vaterland und alle wohlgesinnten Menschen für dessen Mitbürger und ist mir lieber bey den Russen viel Gutes auszurichten, als bey den Teutschen oder anderen Europäern wenig...« (Guerrier, 207 f.) Man sieht hier besonders deutlich, wie sehr sich Leibniz von seinem ursprünglichen Gedanken, Rußland als Mittler zwischen Europa und China, an dem er noch bis 1707 festhielt[11], entfernt hat. Rußland ist der Punkt geworden, in dem sich seine Pläne konkretisieren sollen. Auch seine politischen Projekte beziehen sich immer mehr auf Rußland und diese bilden auch den Hauptinhalt der Gespräche, die er in den nächsten Jahren mit Peter führte.[12] Nach der zweiten Begegnung mit dem Zaren im Jahre 1712 in Karlsbad kam er seinen politischen Plänen am nächsten: Ein deutsch-russisches Bündnis bildete den Gegenstand der Verhandlungen zwischen dem Kaiser und einem russischen Gesandten. Zwar machte der Friede von Utrecht 1713 die Verhandlungen gegenstandslos, doch die Tatsache bleibt bestehen, daß Leibniz es war, der als erster die Aufnahme Rußlands in die politische Konstellation Europas betrieb.

Wir werden jetzt versuchen, die für Leibniz' Interesse an Rußland charakteristischen Motive herauszulösen. Eines von ihnen ist der

11 Vgl. Brief an Huyssen: *Guerrier*, 69.
12 Vgl. *Guerrier* I. Teil, 132 ff., 146 ff., 174.

Gedanke eines Türkenkrieges. Am Anfang durchaus in traditioneller Weise gefaßt, dann durch seine persönliche und die politische Entwicklung Europas immer mehr zu einer ausschließlichen Aufgabe Rußlands in seiner Vorstellung werdend, richtet er sich nicht mehr allein gegen die Feinde der Christenheit, sondern auch gegen die der Kultur.[13] Man kann nicht behaupten, daß Leibniz mit dem Türkenkrieg die Wunschvorstellung verbunden hätte, den Zaren fern von Europa zu beschäftigen, denn es war ihm durchaus klar, wie sehr Eroberungen nach dieser Seite die Macht Rußlands stärken würden (Guerrier, 38). Gerade an dem Motiv des Türkenkrieges kann man sehr gut beobachten, wie sich sein Christenheitsbegriff immer mehr zu dem eines Kultursystems wandelt. An die Stelle des mittelalterlichen Universalsystems ist bei Leibniz ein neues getreten.[14] Christentum und Kultur sind identisch geworden und damit für ihn Christenheit und Europa sich deckende Begriffe. Dabei ist die religiöse Seite dieses Begriffs stark genug, der europäischen Kultur, trotz der Hochschätzung Chinas, den ersten Platz in einer Weltkultur einzuräumen. Andererseits ist der Kulturbegriff so erstarkt, daß Rußland nicht ohne weiteres Europa zugerechnet wird, sondern daß ihm zwischen der europäischen und der chinesischen Kultur ein eigener Platz zugewiesen wird. Dies ist nicht etwa Ausdruck einer Erkenntnis des Eigenwertes oder der Eigentümlichkeit Rußlands, sondern hier weist der Wissende einem Lande seine Funktion innerhalb der kommenden Weltkultur zu. Rußland soll ja erst zur Übernahme dieser Rolle durch die Einführung der europäischen Kultur vorbereitet werden! – Angemerkt sei hier nur noch, daß Leibniz' ganzes historisches und geographisches Denken nicht global, sondern kontinental, d. h. auf den eurasischen Kontinent ausgerichtet ist.

Im Laufe der Jahre tritt die Vermittlerfunktion Rußlands immer mehr in den Hintergrund, und Leibniz' Kraft und Aufmerksamkeit konzentriert sich auf die Einführung europäischer Kultur in Rußland als selbständige Aufgabe. Das zunehmende Bewußtsein, daß sich Europa in einer Krise befindet, das durch die politischen Ereignisse und durch persönliche Enttäuschungen verstärkt wird,

13 »Que le Czar tourne ses grandes forces contre les barbares, car en les soumettant il étendra l'Empire de Dieu.« (Aus einem Brief an Huyssen von 1707, *Guerrier*, 69.) »Reich Gottes« bezeichnet aber bei Leibniz diese Einheit von Religion und Kultur.

14 Vgl. *Fritzemeyer:* Christenheit und Europa, 1931 S. 136.

läßt vor ihm das Wunschbild eines besseren »Europa«, nämlich Rußland, so wie er es für die Zukunft konzipiert, entstehen. An diesem Punkt wird deutlich, wie ähnlich sich Philosoph und Selbstherrscher sind. Rußland ist ihnen beiden ein zu formender Gegenstand, unterliegend ihrer planenden und berechnenden Vernunft. Nur sind die Pläne des Zaren konkreter, die Leibniz' dagegen mangels Berührung mit der russischen Wirklichkeit hochfliegender. Leibniz war zwar die ganze Zeit, in der er sich mit Rußland beschäftigte, bemüht, Informationen über dieses Land zu erhalten. Diese waren aber so spärlich, daß er sich unmöglich eine angemessene Vorstellung von Rußland hätte machen können. Es ist aber stark zu bezweifeln, ob er subjektiv in der Lage war, die wirklichen Verhältnisse Rußlands zu erfassen, denn es hatte ja eine bestimmte Funktion in seinem Geschichtsbild zu erfüllen. Diese bestimmte in erster Linie die Sicht Rußlands.

Die ungeheure Aufgabe wird Leibniz immer mehr bewußt, aber auch die Einmaligkeit der Gelegenheit, die er durch die Person des Zaren gegeben glaubt. Deshalb auch sein ständiger Hinweis auf die Kürze der Zeit, die noch zur Verfügung stehe. Seit September 1712 taucht immer wieder diese Wendung auf (Guerrier, 217). Der alternde Leibniz wird sich mehr und mehr der Spannung bewußt zwischen der Größe seiner Aufgabe, dem Ausmaß der Krise und der ihm noch verbleibenden Zeit. »Momenta temporum pretiosissima sunt in transitu rerum. Et l'Europe est maintenant dans un état de changement et dans une crise, où elle n'a jamais été depuis l'Empire de Charlemagne« (Guerrier, 227 f.), heißt es in einem Brief vom September 1712.

Noch ist der Monarch derjenige, an den sich die bessere Einsicht halten und der die Verbesserungen durchführen kann, und damit auch derjenige, der im Rahmen der Geschichtskonzeption zum Akteur der Weltgeschichte und damit zum Träger utopischer Hoffnungen wird. Noch ist die »Intelligenz« äußerlich Diener des Fürsten, doch in ihrem Bewußtsein ist die Gleichwertigkeit schon erreicht. Der Bund von Einsicht und Macht scheint nur der von Philosoph und Herrscher sein zu können. Bei Leibniz erscheint aber bereits, wenn auch in religiöser Verhüllung, der Gedanke, daß der Zar Werkzeug der Sendung des Philosophen ist und nicht umgekehrt.

Aber erst die tabula rasa gibt die Möglichkeit, alles besser zu machen. Hier erscheint das barbarische Wesen Rußlands in positiver Wendung, einer Wendung, die blitzartig aufleuchten läßt, wo Leibniz' geschichtlicher Standort ist: an der Schwelle jenes Jahrhunderts, dessen konsequentes Ende die Französische Revolution sein wird. Noch gelingt es, die Utopie zu verorten, noch steht er zu sehr unter dem Eindruck dessen, was »Staat« und europäisches Gleichgewicht als Ordnungsfaktoren zu leisten vermögen. Noch hat die alte Ordnung ihre Legitimation nicht verspielt und steht noch nicht augenfällig unter dem Gesetz ihres Anfangs: daß das, was sich aus der Krise legitimiert, nur bis zur nächsten Krise halten kann. Daß diese sich ankündigt, hörten wir bereits aus Leibniz' Mund.

Gerade in diesem Zusammenhang scheint es angebracht, die Leibnizsche Konzeption einer Akademie der Wissenschaften etwas näher zu betrachten. Es fällt auf, wie sehr sie sich von allen bestehenden »Akademien« der damaligen Zeit abhebt. Als Wesen dieser Akademie erscheint nicht geistiger Austausch, sondern die Planung der Erziehung und des »commune bonum« – der Zusammenhang von Geschichtsphilosophie und Planung sei hier nur angedeutet. Sie soll mehr »Planungsstelle« als eine Gesellschaft von Gelehrten sein, wie sie etwa in Frankreich oder England bestanden. Dies soll nur beispielhaft aus dem Konzept einer Denkschrift an Peter den Großen von 1708 belegt werden, in der es im Zusammenhang mit den Akademieplänen heißt: »Der wahre der Studien ist die menschliche Glückseligkeit, das ist zu sagen eine beständige Vergnügung, so viel bei Menschen tunlich, und zwar also daß sie nicht in Müßiggang und üppigkeit leben, sondern durch eine ungefärbte Tugend und rechtschaffene erkenntnis zur Ehre und Gottes und gemeinem Nutzen das ihrige nach eines jeden Talent beytragen. – Das Mittel die Menschen auff diesen Tugend- und glücksweg zu bringen, ist eine guthe Erziehung der jugend...«. (Guerrier, 95)

Wie stark neben diesen in die Moderne weisenden noch religiöse Motive bei Leibniz wirksam waren, erhellt aus der Tatsache, daß sein Plan zur Wiedervereinigung der christlichen Konfessionen auch ein Anlaß für seine Beschäftigung mit Rußland war. Er glaubte in Peter I. den geeigneten Mann für die Verwirklichung der Einheit des Christentums gefunden zu haben.[15] Daß dieser Plan erst als Ergebnis einer gewissen Säkularisierung entstehen kann,

---

15 Dazu Ernst *Benz:* Leibniz und Peter der Große. 1947 S. 30 ff.

ist wieder für die geschichtliche Stellung von Leibniz charakteristisch. Auch die Missionsidee muß hier erwähnt werden. An ihrer Wandlung läßt sich sehr gut nachweisen, wie Rußland immer mehr zum zentralen Thema seiner Pläne wird: zuerst gewinnt Rußland Interesse als Durchgangsland der Missionare nach China und als Tätigkeitsgebiet der protestantischen Mission, am Ende steht der Plan einer russisch-orthodoxen Mission.[16]

Die Motive der Leibnizschen Rußlandprojekte lassen sich wohl in erster Linie aus seinem Sendungsbewußtsein ableiten. Dieses gründet im Bewußtsein der Krise, in die die religiösen, geistigen und politischen Ordnungen geraten sind. Inmitten dieser Krise übernimmt der Philosoph die Aufgabe, die »zukünftige Seinsverfassung des aufgeklärten Menschen zu begründen«.[17] Im Horizont der Krise wird die Universalität zur unabdingbaren Forderung, der Harmoniegedanke das Mittel sie philosophisch, der Gedanke der stetig fortschreitenden Entwicklung sie geschichtsphilosophisch zu konstituieren. – Für Leibniz unterliegen alle Vorgänge stetigen Veränderungen, die als Entwicklung gefaßt werden. Dies läßt sich in der Vorstellungsfähigkeit der Monaden, im geistigen Grundgeschehen der Welt als rein logischer Prozeß ohne zeitliches Moment ebenso nachweisen wie in der Geschichte, wo die Zeit mit der Entwicklung zusammengebracht wird. Deswegen lehnt Leibniz auch den Gedanken einer ewigen Wiederkehr ausdrücklich ab, denn dieser widerspräche dem Wesen Gottes, der die Welt zu allmählich anwachsender Harmonie vorherbestimmt hat.[18] An einer anderen Stelle heißt es: »Il se peut même que le genre humain parvienne avec le temps à une plus grande perfection que celle que nous pouvons nous imaginer présentement.«[19] So gewinnt Leibniz aus dem Entwicklungsgedanken den des historischen Fortschritts, und zwar einen Fortschrittsbegriffes, der religiös gebunden bleibt und auf ein Ziel hin, nämlich auf die Realisation des »Bien général« und der »Gloire de Dieu« ausge-

16 Vgl. *Benz* a. a. O. 82.
17 R. *Meyer:* Leibniz und die europäische Ordnungskrise. 1948 S. 25. – Zum Begriff der Krise im 18. Jahrhundert vgl. Reinhart *Koselleck:* Kritik und Krise. Ein Beitrag zur Pathogenese der bürgerlichen Welt. Frankfurt 1973, bes. S. 132 ff.
18 In den Fragment »Apokastasis panton«. Angeführt bei M. *Ettlinger:* Leibniz als Geschichtsphilosoph. 1921 S. 8.
19 Philosophische Schriften. Hrsg. v. Gerhardt, VI. 317 (Theodicée, 341).

richtet ist; für den, anders gesprochen das Neue nicht das schlechthin Bessere ist. Die These, daß auch zeitweilige Rückschritte
letzten Endes den Fortschritt befördern werden, zeugt nur um so
stärker von seinem historischen Optimismus. Besonders deutlich
wird dies aus seiner Revolutionsprognose, die wir in den »Nouveaux Essais« (IV, 16, § 4) finden. Dort spricht Leibniz von der
»allgemeinen Revolution ... von der Europa bedroht ist«. Die Vorsehung werde aber die Menschen »durch die Revolution selbst«
heilen. »Denn was auch geschehen möge, so wird alles in allem
genommen, sich alles schließlich zum besten wenden.« So dürfte
für seine Geschichtsauffassung das Bild der Spirale am zutreffend-
sten sein. Die Kulturmenschheit, die nur durch geistig-sittlichen
Fortschritt verwirklicht werden kann, wird hier wohl zum erstenmal als notwendiges Ziel der Geschichte begriffen.

Wenn wir zwei Grundtypen religiösen Verhaltens gegenüber der
Geschichte aufstellen können, so besteht der eine darin, das Göttliche als zeitlos und transzendent, alles Irdische jedoch als Abfall
und Sündenfall anzunehmen, der andere in der Anschauung, daß
sich im zeitlichen Werden das Göttliche verwirklichen kann. Leibniz müssen wir dem letzteren zurechnen. So kann man sagen, daß
die »Gloire de Dieu« nicht mehr nur der Sphäre des Immer-
soseienden, sondern auch der des natürlichen Werdens zuzurechnen ist.[20] Die »Gloire de Dieu« und das »Empire de Dieu« gelangt
in die Reichweite menschlichen Planens. »... la raison est une lu-
mière suffisante pour guider nos actions ordinaires et pour nous
mener à la connaissance de Dieu et à la pratique des vertus...«[21]
schreibt Leibniz. M. a. W. die Ratio im Sinne Leibniz' kann die
»Gloire de Dieu« – identisch mit »connaissance de Dieu« – und
das »Bien général« zugleich verwirklichen helfen, denn mit Recht
hat man bemerkt, daß das »Bien général« darin besteht, in allen
Menschen die »Gloire de Dieu« zu verwirklichen.[22] Diese religiöse Verwirklichung des »Bien général« ist wohl das letzte Motiv

20 Vgl. Jean *Baruzi:* Leibniz et l'organisation religieuse de la Terre. 1907 S. 446.
21 Aus einem Fragment, zitiert nach *Baruzi* a. a. O. 487.
22 Vgl. *Baruzi* a. a. O. 498. Auf S. 433 schreibt er: »En effet, réaliser le ›Bien général‹
   c'est rendre les hommes plus parfaits et plus heureux. Mais d'où leur peuvent
   venir cette perfection et cette bonheur? Uniquement de la connaissance de Dieu.
   Moment décisif de la dialectique leibnizienne: L'action s'échappe directement de
   la connaissance; mais la connaissance nous conduit elle-même à saisir un Dieu qui
   agit, et qui est le Bien général.«

seiner Pläne für die Zukunft der Menschheit. Warum gerade Rußland ihm besonders geeignet erschien, diese zu realisieren, versteht sich aus der historischen Situation. Bei Leibniz wird eine Krise des europäischen Selbstverständnisses deutlich, die durch seinen Glauben an die endliche Wendung zum Guten und seine aufklärerische Anthropologie genauso verdeckt wird, wie sein Utopismus durch seine Religiosität.

Hier darf vielleicht auf den Unterschied seiner Anthropologie zu der der französischen Aufklärung hingewiesen werden. Ihr Kern besteht bei beiden in der Annahme einer konstanten menschlichen Natur. Aber im Unterschied zu den Franzosen konzipiert Leibniz einen Fortschritt von Anfang an, während bei diesen oft die Zweiteilung der Geschichte in eine durch die Ratio zu bewältigende Zukunft und eine irrationale Vergangenheit vorgenommen wird. Der Unterschied resultiert soziologisch aus der Angewiesenheit der Geschichtsphilosophen der französischen Aufklärung auf die Zukunft schlechthin, womit diese Geschichtsphilosophie ihre Funktion als Kritik und als Sinngebung der Krise in einem viel radikaleren Sinn enthüllt als die von Leibniz.

Seine Anthropologie hindert ihn auch daran, Rußland als etwas im Grunde Fremdartiges zu begreifen, und verschleiert so die Krise des europäischen Selbstverständnisses, die sich bei Leibniz zum erstenmal zeigt. Seine Geschichtsphilosophie bringt eine entscheidende Wende: die Geschichtslosigkeit Rußlands, bisher negativ bewertet, wird zum Positivum. Damit antizipiert sie den Blickwinkel, unter dem im 19. Jahrhundert die Propheten des Unterganges Europas, seien sie nun westlicher oder russischer Provenienz, das Verhältnis Europas zu Rußland zum Thema ihrer Geschichtsphilosophien machen werden. – Aber wenn auch die geographischen und naturwissenschaftlichen Entdeckungen wesentlich dazu beitragen, das christliche Weltbild und das Schema der Heilsgeschichte, wie es ja noch in Bossuets »Discours sur l'histoire universelle« (1681) vorherrscht, zu erschüttern, so darf man doch nicht annehmen, daß etwa dadurch schon das europazentrische Weltbild ins Wanken geraten oder daß man in der Lage gewesen wäre, fremde Kulturen und Völker in ihrer Eigenart zu begreifen. Allen Schilderungen und Lobpreisungen fremder Völker und Kulturen lag doch meist ein ganz konkreter Anlaß zugrunde: die Kritik an den Zuständen des eigenen Landes. Trotz dieser Kritik war der optimistische Fortschrittsglaube so stark, daß an der europazentrischen Weltanschauung kaum gerüttelt wurde.

Aus den angeführten Gründen kann Leibniz am Anfang Rußlands kulturelle und geschichtliche Aufgabe nur geographisch konstruieren. Nach Beseitigung der konfessionellen Schranken durch die fortschreitende Säkularisierung, nach Beseitigung, oder besser: positiven Wendungen des Begriffes der Barbarei kann man einen Gegensatz zu Rußland einzig auf politischem Wege gewinnen. Für Leibniz war dies schon deshalb unmöglich, weil er als erster gerade Rußland zur Aufrechterhaltung des europäischen Gleichgewichts in seine politischen Pläne einbezog. Doch zur gleichen Zeit gab es in Europa Mächte und Kreise, in deren Interesse es lag, Rußland als den Störenfried des europäischen Gleichgewichts anzuprangern.

Kapitel 2
Die Reaktion Westeuropas auf den
Nordischen Krieg

Noch vor Beginn des Nordischen Krieges, ein Jahr nachdem Leibniz zum erstenmal originelle Erwägungen über die Aufgabe Rußlands angestellt hatte, erschien in Augsburg Acxtelmeiers »Muscowittisches Prognosticon« (1698), eine Schrift, in der sich hinter einer astrologischen Einkleidung ganz konkrete Prognosen verbergen. Die Eroberung der Türkei scheint ihm für Peter aus geopolitischen und konfessionellen Gründen ein leichtes (37, 42 ff.). Peter wird als der beste der bisherigen russischen Großfürsten bezeichnet, als der einzige in seinem Reich, der den Zustand der Sklaverei, in dem sich alle seine Untertanen befinden, beheben will. Acxtelmeier konstruiert einen sittlichen Fortschritt von dem Tiefpunkt Ivan des Schrecklichen an[1] und fährt fort: »...wann dieser Czaar von Gott ein langes Leben erhaltet, so wird derselbige das russische Land und Sittenwesen gantz umkehren...« Die Energie Peters, seine Erfolge gegen die Türken und seine Flotte erscheinen dem Verfasser als ausreichend, die Prognose zu wagen, daß »die Ottomanische Pforte... auf dem Rand ihres Verderbens und Untergangs« steht (41 ff.). Wir sehen, wie die ersten Erfolge Peters gegen die Türken und sein Auftreten die Hoffnungen auf eine Vernichtung der Türkei wieder aktivieren, ebenso wie der Eindruck entsteht, daß Peter Rußland aus seinem bisherigen Zustand befreien wolle.

Man bemühte sich damals von russischer Seite sehr, ein günstiges Bild des »neuen« Rußland in Europa entstehen zu lassen. Zu diesem Zweck wurden Zeitschriften beeinflußt[2] und Broschüren

---

1 Hier ist zu bemerken, daß der Göttinger Professor *Treuer* eine Apologie Ivan des Schrecklichen verfaßte (erschienen Wien 1711), in der er dessen Taten historisch rechtfertigen wollte.

2 So beeinflußte der russische Kriegsrat und Korrespondent von Leibniz *Huyssen* die »Europäische Fama« und den »Welt- und Staats-Spiegel« zugunsten Rußlands (vgl. *Guerrier*. Leibniz in seinen Beziehungen zu Rußland... 1873 I. Teil, 42 ff.). Derselbe *Huyssen* wurde Erzieher des Zarewitsch *Aleksis* als Nachfolger Martin *Neugebauers*. Dieser trat in schwedische Dienste. Hierauf entspann sich zwischen

»in Auftrag gegeben«.[3] Dabei konnte es nicht ausbleiben, daß es zwischen Anhängern und Gegnern Rußlands zu »literarischen« Fehden kam. Wir möchten hier nur auf die zwischen Huyssen und Neugebauer hinweisen, in welcher der erstere, um das Verständnis der Westeuropäer für russische Verhältnisse zu wecken, den Begriff einer chronologisch erfaßbaren Kulturproportion zwischen der europäischen Kultur und Rußland anwandte. Der Göttinger Professor Treuer präzisierte diese Proportion dahingehend, daß das Rußland des 18. Jahrhunderts dem Deutschland der Karolinger entspreche.[4] Diese typisch aufklärerische und völlig unhistorische Argumentation zeigt wieder einmal sehr deutlich, wie weit man davon entfernt war, Rußland als eigenständiges Gebilde zu erfassen und wie ungebrochen der Europazentrismus noch war.

Es konnte auch nicht ausbleiben, daß die Erfolge der Russen gegen die Schweden die auf das europäische Gleichgewicht eingeschworenen Diplomaten aufscheuchten. Keyserlingk[5], der Gesandte Preußens in Rußland, vertrat schon zur Zeit der Karlsbader Besprechungen (1711), an Gedanken des Schweden Cederhielm[6] anknüpfend, die Ansicht, daß man einen weiteren Ausbau der Ostseestellung des Zarenreiches befürchten müsse, und daß deswegen ein Bündnis mit Dänemark und König August dem bedenklichen »agrandissement« der Macht des Zaren am besten begegnen könne.[7] Die schwedische Propaganda ließ natürlich keine Gelegenheit ungenutzt, die angeblichen Expansionsabsichten Pe-

den beiden ein richtiggehender Pamphletkrieg 1704–1707, der viel Staub aufwirbelte und weite Kreise auf die russischen Verhältnisse aufmerksam machte.

3 So wurde die Schrift von Christian *Stieff*: Relation von dem gegenwärtigen Zustand des Moskowitischen Reiches. Frankfurt 1706, die für das Rußlandbild der damaligen Zeit grundlegend wurde (so L. *Richter*: Leibniz und sein Rußlandbild, 1946 61), von Huyssen angeregt (so *Doerries*: Rußlands Eindringen in Europa.1936 S. 62 A. 162).

4 Die These *Treuers* nach *Doerries* a.a.O. 110.

5 Zu *Keyserlingk* – seit 1702 Gesandter Preußens in Rußland – und seinem Bericht an Friedrich siehe Erich *Hassinger*: Brandenburg – Preußen, Schweden und Rußland. 1953 S. 259.

6 Josias *Cederhielm*, schwedischer Staatsekretär, der von den Russen nach der Schlacht bei Poltava gefangengenommen worden war, konnte mit *Keyserlingk* Verbindung aufnehmen und ihm zwei Denkschriften zukommen lassen. Diese sind abgedruckt von *Hassinger* in: Karolinska Förbundets Ärsbok, 1938, S. 259 ff. und in: Brandenburg – Preußen… S. 283 ff.

7 *Hassinger* a.a.O. 259.

ters und seine Pläne in bezug auf die Beherrschung des Ostseehandels anzuprangern. Nur Schweden könne alle schlimmen Folgen verhindern.[8] Auf wie fruchtbaren Boden diese Argumente vor allem in England fielen, zeigte sich bald, besonders weil man hierdurch in die Lage versetzt wurde, auch noch die eigene Regierung zu kritisieren. So fordert ein 1711 in London erschienenes Pamphlet zur Unterstützung Schwedens und zur Zurückdrängung Rußlands auf, wobei die Erhaltung des Nordischen Gleichgewichts als Leitbild diente. Eine Flugschrift desselben Jahres »The Balance of Europe« fordert, daß der Norden Europas außerhalb der Gleichgewichtsbetrachtungen bleiben solle.[9] Die Idee des Nordischen Gleichgewichts, eine Schöpfung der damaligen Zeit, verdankt ihre Entstehung dem Bestreben, Rußland außerhalb der europäischen Gleichgewichtsbetrachtungen zu halten. Eine völlige Außerachtlassung des Nordens, wie ihn die obige Schrift vorsieht, war aufgrund des Vorrückens Rußlands an die Ostsee unmöglich geworden. Dazu kam, daß die europäischen Mächte begannen, im baltischen Raum ihre Gegensätze auszutragen. So konstruierte man ein Nordisches Gleichgewicht, das man mit dem »europäischen« verknüpfte. Mit der Idee des Nordischen Gleichgewichts und seiner Verbindung mit dem europäischen war die Erhaltung des Status quo im Ostseeraum eine allgemeineuropäische Aufgabe geworden. Aber man gewann noch mehr mit diesem neuen Begriff: der Kampf um das dominium maris baltici konnte von nun an mit einem neuen Schlagwort geführt werden, das sich konkret gegen Rußland richtete. Die englische Publizistik ließ sich natürlich diese Möglichkeit nicht entgehen. Zum erstenmal kollidierten englische und russische Interessen. Gegen Ende des Nordischen Krieges wurde es immer mehr das Bestreben Englands, Rußland von der Ostsee abzudrängen. In diesem Zusammenhang stehen auch die englischen Bemühungen, 1720 eine europäische Koalition gegen Ruß-

8 Als Beispiel der Beweisführung sei auf die bei *Hassinger* a. a. O. abgedruckten Denkschriften hingewiesen. Die These von *Otto Haintz* (König Karl XII. von Schweden, 3 Bde., Berlin 1958), daß der Schwedenkönig der erste war, der die russische Gefahr in ihrem ganzen Umfange erkannt hat und ihr im letzten Augenblick entgegentreten wollte, soll hier wenigstens erwähnt werden, obwohl ich ihr nicht ganz zuzustimmen vermag.

9 Nach E. *Kaeber:* Die Idee des europäischen Gleichgewichts in der publizistischen Literatur vom 16. bis zur Mitte des 18. Jahrhunderts. 1906 S. 78 ff.

land zu bilden, und das Auslaufen dreier englischer Geschwader in die Ostsee im Jahre 1727.[10]

Man war so wenig wählerisch in seinen Argumenten, daß man Schwedens Aufgabe zugleich in der Aufrechterhaltung des Nordischen Gleichgewichts und in der Bildung eines Schutzwalls gegen Rußland sah.[11] Auch in Deutschland war die schwedische Agitation rührig. So erschienen anläßlich der schwedisch-türkischen Allianz von 1711 mehrere Broschüren, die beweisen sollten, daß Karl XII. mit seinem Vertragsabschluß, im Hinblick auf die furchtbare Bedrohung durch Rußland, selbst christliche Prinzipien nicht verletzt habe. Wie stark der Nordische Krieg und das Wirken Peters dazu beigetragen hatte, Rußland im Westen politisches Ansehen zu verschaffen, kann man daraus ersehen, daß Abbé St. Pierre in seinen geplanten Völkerbund (1713) auch den Zaren aufnehmen wollte. Er begründete dies damit, daß man von Rußland soviel Sicherheiten fordern müßte, um die Kosten für eine bewaffnete Sicherung zu sparen, daß es praktischer wäre, wenn es dem Bund gleich beiträte.

Symptomatisch für die damalige Auffassung ist der Titel des verbreitetsten Werkes über Rußland: »*Das veränderte Rußland…*« Verfaßt von *Chr. F. Weber,* dem hannoveranischen Gesandten in Rußland, erschien es 1721 in Frankfurt.[12] Es ist eines der ersten Bücher, die den Namen »Rußland« statt »Moskau« im Titel führen.[13] Weber zitiert in seinem 1. Teil eine Rede Peters, die,

10 Inhaltsangaben und Zitate aus englischen Pamphleten dieser Zeit findet man z. B. bei Karl *Marx:* La Russie et l'Europe. Ed. B. Hepner. 1954 S. 43 ff., 128 ff.; *Kaeber* a. a. O. 79; *Doerries* a. a. O. 111 f.

11 Die Barriereideologie stammt ja noch aus einer Zeit, in der man, gegen den die Barriere gebildet war, als außerhalb des umhegten Gebietes Stehenden und damit als »Erbfeind« ansah. Da man aber Rußland in das System des Nordischen Gleichgewichts einbezogen hatte, war dies in gewissem Sinne ein Widerspruch.

12 Es besteht aus drei Teilen und erlebt bis 1744 sieben weitere Ausgaben. Die späteren wurden bis 1730 fortgeführt. Der erste Teil erschien 1722/23 in englischer, 1725, 1729 und 1737 in französischer Übersetzung. In diesem Werk (Vorwort) wurde wohl zum erstenmal der Begriff »nordische Macht« für Rußland geprägt. Der Verfasser hielt sich von 1714 bis 1720 in Rußland auf. Sein Werk wurde von vielen Kompilatoren ausgenützt, nicht zuletzt von *Voltaire,* und wurde noch in den 50er Jahren des 19. Jahrhunderts zitiert.

13 Dies ist nicht nur ein Reflex der territorialen Expansion Rußlands und der Verlegung der Hauptstadt, sondern auch ein Erfolg der Propaganda Peters I., die gegen

falls sie erfunden ist, den Verfasser als Vertreter einer typisch aufklärerischen Denkweise ausweist. Die Ähnlichkeit mit uns schon bekannten Ausführungen Leibniz' ist verblüffend. Wir erwähnen nur: Kulturoptimismus, der Gedanke, daß die Kultur auf ihrer Wanderung nun auch nach Rußland kommen wird, der Fürst als Kulturbringer, Rußland als das Kulturland der Zukunft, das sich hüten muß, die Laster Europas zu übernehmen.[14]

Die wie auch immer geartete Aufnahme Rußlands in das europäische Staatensystem war mit dem Ende des Nordischen Krieges und dem Tode Peters zur Tatsache geworden. Während des Nordischen Krieges waren europäische Mächte Verbündete Rußlands – in diesem Zusammenhang gehört auch das Auftauchen russischer Truppen 1715 in Mecklenburg. In seiner zweiten Hälfte und kurz danach rief man dem aufstrebenden Rußland ein Halt zu, indem man auf das Nordische Gleichgewicht verwies. Damit war aber Rußland schon in das europäische System einbezogen! Nachdem aufklärerisches Denken den Begriff der Barbarei in einer chronologischen Proportionalität neutralisiert hatte – dies war nur auf dem Hintergrund der abstrakten Anthropologie möglich –, konfessionelle Unterschiede nicht mehr die Kraft besaßen, einen Gegensatz Europa–Rußland zu konstruieren, nachdem Peter in Rußland durchaus im Sinne der Aufklärung zu wirken schien und durch die »Europäisierung« einerseits Westeuropas Selbstbewußtsein stärkte, andererseits den Abstand zwischen seinem Reich und dem Westen verkleinerte, nachdem die russische Despotie durch die Intentionen Peters des Großen scheinbar ihren

die Bezeichnung Moskau oder Moskowien ankämpfte, und der russischen Diplomatie.

Die Bezeichnung Rußland wird in einem Titel nach Fletcher (s. o. 29) zum erstenmal verwendet von J. *Perry:* The State of Russia under the present Czar. 1716, und dann von dem Übersetzer des Buches von *Wartis* »Der jetzige Staat Rußland...«, das aus dem Italienischen ins Deutsche übertragen wurde und in dessen Originaltitel (1713) noch »Moscovia« steht.

14 Besonders die Ähnlichkeit zu den Ausführungen von *Leibniz* in seinem Brief vom 16. 1. 1712 (S. 46). Die Rede findet man in der von mir benutzten Ausgabe von 1744 im 1. Teil, 10 ff. Diese »Rede« Peters wird später u. a. von *Voltaire, Leclerc, Lévesque,* Ph. P. de *Ségur* und noch 1853 von *Diezel* zitiert. In den 50er Jahren des 19. Jahrhunderts findet man sie häufiger im Westen, aber auch 1852 in Ivan *Kireevskijs* Aufsatz »Über das Wesen der europäischen Kultur und ihr Verhältnis zur russischen«. (Deutscher Text in: Europa und Rußland. Hrsg. v. *Tschiẑewskij-Groh,* 1959 S. 248 ff.)

Schrecken verloren hatte, gab es eigentlich nur noch politische Gegensätze.

Wie wenig der Unterschied zwischen Westeuropa und Rußland als solcher empfunden wurde, geht aus dem Gedicht »*The Northern Star*« des Engländers *Aron Hill* hervor, das Peter I. gewidmet war und zur Zeit des englisch-russischen Gegensatzes (1718) geschrieben wurde, wie auch aus *Gottscheds Klageode auf den Tod Peters,* in dem der typische Vergleich des russischen Zaren mit Prometheus auftaucht. Alle Motive aufklärerischer Russophilie sind hier versammelt.

>»Briton and Russian differ but in name:
>In nature's sense all nations are the same.
>One world divided, distant brothers share,
>And man is reason's subject – every where.«

Und Gottsched:

>»Und wie Prometheus dort aus Erden,
>Ein Heer beseelter Menschen schuff,
>So läßt sein Krafft-erfüllter Ruff,
>Ein unbelebtes Volk, so gleich begeistert werden.
>Daß fremde Länder selbst gestehn:
>Seht! Rußland kann mit uns in einem Paare gehn.«[15]

Daß Peter in den Augen der Aufklärung zum Idealbild eines Fürsten – zu seinem Lebzeiten und auch später – erhoben wurde, ist in zwei Annahmen begründet; daß er seinem Handeln nur rationale Pläne zugrunde lege und daß Rußland tabula rasa sei, daß man also dort unbelastet von aller Tradition etwas schlechthin Neues aufbauen könne. Diese Vorstellungen mußten natürlich mit der Verschärfung der Krise des Ancien Régime, mit der die Kritik der Aufklärung in einem wechselseitigen Verhältnis zusammenhängt, zunehmende Bedeutung erlangen.

Wenn wir auf die Stellung des 16. und auch noch des 17. Jahrhunderts gegenüber Rußland zurückblicken, so wird der große Einschnitt deutlich, der für Europas Verhältnis zu Rußland die Aufklärung und die Gestalt Peters des Großen bedeutete.

---

15 Vgl. auch das Gedicht des jungen Herder von 1765 auf Peter I. unten S. 79.

Kapitel 3
Die französische Aufklärung und
Friedrich der Große in ihrer Stellung zu Rußland

Bevor wir auf die Stellung der französischen Aufklärung zu Rußland eingehen, müssen wir kurz die Lage Polens, die schließlich zur ersten polnischen Teilung führte, erwähnen. Denn Polen spielte, wie wir sehen werden, in den Argumentationen eine große Rolle, die nach dem Ausbruch der Französischen Revolution noch gewichtiger werden sollte. Polen als der letzte intakte Pfeiler der »barrière de l'est« war Rußlands Druck seit 1733 in verstärktem Maße ausgesetzt.[1] Die »Umkehrung der Allianzen« von 1756 sollte für das Schicksal Polens mit entscheidend sein. Der Schwächezustand der polnischen Republik, von Frankreich für seine Zwecke immer ausgenutzt, wurde dem Land in dem Augenblick verderblich, in dem Frankreich zu schwach wurde, um Polen in sein System voll einzugliedern. Das sichtbare Zeichen dieser Konstellation war der russisch-preußische Vertrag von 1764 – Ausschaltung des Einflusses einer dritten Macht auf die polnische Königswahl.

Die Tatsache der russischen Macht und ihres wachsenden Einflusses, wenn auch vorerst noch am Ost- und Nordrand Europas, ließ sich nicht mehr hinweginterpretieren. Aus dieser Situation heraus entstand das Wort von Rußland, dem »colosse aux pieds d'argile«. Der Sache nach läßt es sich wohl zuerst in einer 1736 anonym erschienenen Schrift, den »*Lettres Moscovites*« nachweisen. Der Verfasser ist Rußland nicht günstig gesinnt: Peter der Große wird sehr schlecht gezeichnet, russische Expansions- und Vorherrschaftspläne werden als aus den Ereignissen erwiesen betrachtet. Die Frage, woher denn der große Einfluß stamme, wird dahingehend beantwortet, daß man sich in Europa von Rußland ein »phantôme de puissance« zurechtgemacht habe. In Wirklichkeit sei die große Flächenausdehnung für Rußland nur eine Last und könne ihm sogar gefährlich werden (194 f.). Diderot soll es gewesen sein, der diesen Tatbestand in die oben erwähnte Formel brachte.[2] In der publizistischen Literatur läßt sich bezeichnender-

---

[1] Vgl. E. v. *Puttkamer:* Frankreich, Rußland und der polnische Thron 1733. 1937.
[2] Vgl. Gonzague de *Reynold:* Le Monde Russe. 1950 S. 379.

weise dieses Schlagwort zum erstenmal in größerem Maße während und nach der zweiten polnischen Teilung nachweisen. Es ist mit ihm eine einzigartige Lösung des Dilemmas erlaubt, vor das man sich jedesmal gestellt sah, wenn man einerseits die russische Bedrohung aufzeigen wollte, andererseits aber auch nicht zugeben wollte – und konnte! –, daß Rußland eine absolute Bedrohung für das westliche Europa sei. Dies erklärt, warum es eine solche Verbreitung erfuhr.

Dem Gedanken, daß eine zu große Flächenausdehnung einen Staat schwäche – ein Lieblingsgedanke der damaligen Zeit –, gab auch *Montesquieu* etwa um die gleiche Zeit Ausdruck. Rußland diente ihm zur Illustration seiner Behauptung.[3] Unter dem Eindruck von Berichten über die Grausamkeit des Zaren, bezeichnete er Peter als »le plus barbare de tous les hommes«. Peters Entschuldigung, die Russen wollten und müßten so behandelt werden, läßt er nicht gelten, denn »les hommes se ressemblent partout... C'est la faute du législateur s'ils ne valent pas mieux.«[4] Doch ändert er später in den vierziger Jahren seine Meinung. Der Zar, so sagt Montesquieu, hat keine Politik zugunsten seines Reiches, sondern zugunsten der Menschheit getrieben, denn »il seroit impossible que cet empire, s'il étoit policé, habité, cultivé, pût subsister«.[5] Nur die despotische Gewalt hält heute die großen Räume noch zusammen, aber da sie notwendigerweise – so können wir interpretierend fortfahren – eines Tages verschwinden wird, so wird auch jede Gefahr von seiten Rußlands aufhören. Aus seinen Formulierungen geht hervor, daß er Rußland zwar ablehnend gegenübersteht, aber aufgrund seiner anthropologischen Ausgangsposition Rußland nicht von seiner Fortschrittskonzeption ausschließen kann. Seine Abneigung gegen Rußland hängt mit seiner Staatslehre aufs engste zusammen, denn der russische Despotismus mußte ja für ihn der Prototyp des bekämpften Systems, des Absolutismus sein, gegen den er seine Lehre von den »pouvoirs intermédiaires« und der Balance der Gewalten richtete. Dadurch steht Montesquieu in Gegensatz zu Voltaire, für den Korporationen nur eine Störung des rationalen Schemas bedeutet hätten und

3 Réflexions sur la Monarchie universelle (um 1730), Œuvres compl. (Pléiade) II, 34 f.
4 Spicilège (um 1730), ebd. 1364, 1366.
5 Pensées (zwischen 1740–50), ebd. 1045 f.

der deswegen zu einer ganz anderen Einschätzung Rußlands gelangen konnte.

In seiner ersten Schrift, in der von Rußland die Rede ist, der »*Histoire de Charles XII*« (1731), sehen wir *Voltaire* die gängigen Urteile über Rußland und Peter wiedergeben. In Peter mischten sich Grausamkeit und die Qualitäten eines Reformators, aber leider fehle ihm »la principale vertu« der Reformatoren »*l'humanité*«.[6] Auch bis 1748 hat sich seine Einstellung gegenüber Peter I. kaum geändert.[7] In seinen »*Pensées sur le Gouvernement*« von 1752 prophezeit er, daß das ottomanische Reich, wenn es wirklich einmal fällt, nur durch Rußland fallen wird.[8]

Dem »*Contrat social*« des Genfers stellte er noch in dessen Erscheinungsjahr eine Kritik gegenüber, die »*Idées Républicaines*«, in denen er auch auf Rousseaus Rußlandprognose (siehe unten) zu sprechen kommt. Er versucht diese ins Lächerliche zu ziehen. Wie kann man nur, wundert sich Voltaire, behaupten, daß »ces misérables hordes de Tartares … subjugeront incessamment un empire défendu par deux cent mille soldats …«[9] Ein Jahr später, im Vorwort zur »*Histoire de l'Empire de Russie sous Pierre le Grand*« preist er die ungeheuren Fortschritte Rußlands unter Zuhilfenahme der Formel: Wer hätte das vorhergesagt? um so eine Position – legitimiert durch die Geschichte – zu gewinnen, von der aus er mit um so größerer Heftigkeit auf den »visionnaire« herunterstoßen kann. »Les étonnants progrès de l'impératrice Cathérine II et de la nation russe sont une preuve assez fort que Pierre le Grand a bâti sur un fondement ferme et durable.«[10] Hier sehen wir die »Semiramis des Nordens«, wie sie Voltaire nannte, als Nachfolgerin Peters I. eingeführt. Aber sie ist mehr als Nachfolgerin, ihre Taten sind der Beweis, daß ihres großen Vorgängers Werk in der tabula rasa Wurzeln geschlagen hat. Im »*Dictionnaire philosophique*« widmet er der »prophétie de Jean-Jacques« etliche Seiten.[11] Zuerst macht er ihn persönlich lächerlich: Man tröstet sich leich-

6 Œuvres XVI, 164.
7 Z. B. in den »Anecdotes sur Pierre le Grand« = Œuvres XVI.
8 Œuvres XXIII, 523.
9 Œuvres XXIV, 422 f.
10 Der erste Teil der »Histoire …« erschien 1760, der zweite 1763 mit dem ersten zusammen, versehen mit einem Vorwort. Zitat: Œuvres XVI, 378 f.
11 Artikel »Pierre le Grand et J. J. Rousseau« = Œuvres XX, 218 ff.

ter über seine eigene Kleinheit hinweg, wenn man den Fall großer Reiche vorhersagen kann. Über die Tataren, die, wie er verstanden zu haben glaubt, Europa unterjochen werden, kann er sich immer noch nicht beruhigen. Aber daß J. J. sich erlaubt, Peter – »le Grand« wie er ihn im Gegensatz zu Rousseau nennt! – »le vrai génie« abzusprechen, empört ihn aufs tiefste. Er glaubt, Rousseau durch folgende Argumente widerlegen zu können: Wenn J. J. meine, die Russen werden nie kultiviert sein, nun, er kenne genügend kultivierte Russen; wenn er meine, Peter »n'avait pas le génie qui fait tout de rien«, so glaubt Voltaire, diese Fähigkeit nur Gott zusprechen zu können; wenn Rousseau Peter vorwerfe, daß Rußland noch nicht reif genug für die Einführung der Kultur war, so schließt Voltaire, daß darin gerade sein Verdienst läge, daß er es reif »machte«. Der Behauptung seines Gegners, daß der Zar die Russen gehindert habe, das zu werden, was sie werden könnten, setzt er die militärischen Erfolge der Russen entgegen. Hier ist es besonders die Fahrt des baltischen Geschwaders in das Mittelmeer, die der Seeschlacht von Tschesme (1770) voranging – die im damaligen Europa großen Eindruck hervorrief und als Beginn einer neuen Epoche empfunden wurde –, auf welche Voltaire hinweist.

Man könnte nun versucht sein, die ganze Polemik Voltaires mit Tatsachen in Zusammenhang zu bringen, die mit der Abfassung der »Histoire de l'Empire de Russie« verbunden sind. Daß er darin die Geschichte vor Peters Erscheinen nicht düster genug schildern kann, ergibt sich aus seiner aufklärerischen Haltung der Geschichte gegenüber, daß sein Urteil über Peter wesentlich positiver ist als in seinen früheren Schriften, läßt uns aufhorchen, daß ihm in Elisabeths und Katherinas Auftrag Exzerpte aus russischen Dokumenten übermittelt wurden, wie er selber schreibt[12], und außerdem wertvolle Medaillen und Pelze[13], die er natürlich nicht erwähnt, läßt den Verdacht aufkommen, daß wir es hier mit einem »bestellten« Werk zu tun haben. So erscheinen alle Äußerungen über Rußland von diesem Zeitpunkt an für uns in einem zwiespältigen Licht, so wenn er sagt, daß »l'établissement de cet empire est peut-être la plus grande époque pour l'Europe, après la découverte du nouveau monde«[14], oder wenn er 1767 anläßlich des Eindrin-

12 Œuvres XVI, 379.
13 Vgl. R. *Minzloff:* Pierre le Grand dans la Litérature étrangère. 1872 S. 64.
14 Œuvres XVI, 389.

gens russischer Truppen in Polen, das unter dem Vorwand der Dissidentenfrage erfolgte, eine Schrift verfaßt, in der das Vorgehen Katharinas verteidigt wird.[15]

Aber ein Brief an die Marquise du Deffand vom 18. 5. 1767, in dem Voltaire zu demselben Ereignis Stellung nimmt, entkräftet den geäußerten Verdacht. Er gibt darin seiner Bewunderung für die »Sémiramis du Nord« Ausdruck, »qui fait marcher cinquante mille hommes en Pologne pour établir la tolérance et la liberté de conscience. C'est une chose unique dans l'histoire de ce monde et je vous réponds que cela ira loin.«[16] Dieses »cela ira loin« enthüllt mit einem Schlage, daß Voltaire der seiner eigenen Haltung impliziten Dialektik nicht gewahr wird, und entzieht auch unseren Vermutungen den Boden. Die angedeutete Dialektik gründet in dem Hang zur ideologischen Verschleierung politischer Tatbestände. Dies wird ganz offensichtlich, wenn wir die angeblichen Motivationen für Katharinas Handeln betrachten: Toleranz und Gewissensfreiheit!

Vielleicht wird uns die Haltung Voltaires gegenüber Rußland und ihr geistiger Hintergrund noch deutlicher, wenn wir jetzt einmal Rousseau zu Wort kommen lassen, um anschließend beide einander gegenüberzustellen. – Im 2. Buch des »*Contrat social*« behandelt *Rousseau* den Souverän, das Gesetz, den Gesetzgeber und das Volk. Zum letzten Stichwort gehört das 8. Kapitel, in dem er seine Ansicht über Rußland und dessen Zukunft entwickelt.[17] Die Gesetzgebung muß der Natur des Volkes angemessen sein, so lautet die These. Andererseits könne man durch Gesetze nur beschränkt einwirken, denn allein in der Jugend seien die Völker formbar. Die einzige Ausnahme für diese Regel sieht er in einer Revolution gegeben, die gewissermaßen die Unumkehrbarkeit der Abfolge der Altersperioden durchbricht und die betroffenen Völker erneuert oder verjüngt. Um den Völkern Gesetze zu geben, müsse man einen ganz bestimmten Reifegrad abwarten, den richtig zu erfassen dadurch erschwert werde, daß »tel peuple est disciplinable en

---

15 Essai historique et critique sur les dissentions des églises de Pologne. Basel 1767 – Von den schmeichlerischen Komplimenten, die man in den Briefen an *Katharina* II. findet (z. B. XLV, 137; XLVII, 201), müssen wir natürlich ganz absehen.

16 Œuvres XLV, 267 f.

17 Hier benutzt: Contrat social. Avec introduction, des notes et un commentaire par M. Halbwachs (Aubier) 1943, Zitate: 199 f.

naissant, tel autre ne l'est pas au bout de dix siècles. Les Russes«, so fährt er fort, »ne seront jamais vraiment policés, parce qu'ils l'ont été trop tôt. Pierre avait le génie imitatif; il n'avait pas le vrai génie, celui qui crée et fait tout de rien... Quelques-unes des choses qu'il fit étoient bien, la plupart étoient déplacées. Il a vue que son peuple étoit barbare, il n'a point vu qui'l n'étoit pas mûr pour la police; il l'a voulu civiliser quand il ne falloit que l'aguerrir... il a empêché ses sujets de devenir jamais ce qu'ils pourroient être, en leur persuadant qu'ils étoient ce qu'ils ne sont pas.« Die hier entwickelte Theorie ist durchaus originell, im »*Emile*« hatte Rousseau sie für die Individualentwicklung aufgestellt[18], hier wendet er sie auf ganze Völker an. Die aufklärerische Neutralisierung der Kulturunterschiede aufgrund einer chronologischen Korrelation wird hier aufgehoben, indem den Völkern spezifische Unterschiede zugedacht werden. Damit wird auch die aufklärerische Anthropologie, die ich im Anschluß an Collingwood »statisch« nennen möchte[19], zum erstenmal durch Andeutung einer »dynamischen«, d. h. historischen ins Wanken gebracht. Die Auflösung der bisherigen Zweiteilung der Geschichte – Zeit der Finsternis und der Aufklärung – wird durch eine Analogie aus der Individualentwicklung geleistet. Die Geschichte wird zum Fortschritt im Sinne einer stetigen Fortentwicklung, das Volk, bisher Material, das der aufgeklärte Herrscher zu formen hatte, gewinnt individuelle Züge und wird das Vehikel des Fortschritts. Der Herrscher, begriffen als Gesetzgeber, kann es verderben, so wie Peter das russische Volk verdarb, eben weil er das »génie imitatif« hatte an Stelle des »vrai génie«: Er übernahm seine Maßstäbe vom Ausland, anstatt sie aus seinem eigenen Volk zu gewinnen, was bedeutet hätte, sie aus dem »Nichts« zu schaffen. In seiner Entwicklung gestört durch die Tat Peters, wird das russische Volk für immer im Zustand der Barbarei verbleiben. Diese Diagnose ist die Basis seiner Prognose: »L'Empire de Russie voudra subjuguer l'Europe et sera subjugué lui-même. Les Tartares, ses sujets et ses voisins, deviendront ses maîtres et les nôtres. Cette révolution me paroît infaillible. Tous les rois de l'Europe travaillent de concert à l'accélérer.« Das heißt nicht etwa, wie Voltaire meinte, daß ein paar

---

18 »La nature veut que les enfants soient enfants avant que d'être hommes.« (Ed. Garnier S. 73.) Auch die Regel der »éducation négative« wird auf die Völker übertragen: keine Gesetzgebung, bevor die Völker reif dazu sind!

19 Vgl. The Idea of History. 1949 S. 82.

Tausend Tataren Rußland unterwerfen werden, sondern daß die asiatischen Elemente – für die er Tataren als Synonym verwendet – in Rußland die beherrschenden werden, eben weil das Land aus seinem Zustand der Barbarei nicht herauskommen kann. Der Begriff der Barbarei wird damit zum erstenmal wieder aus seiner chronologischen Neutralisierung herausgenommen und geographisch konkretisiert. Verstärkt wird dies dadurch, daß Rußland eine asiatische Zukunft prophezeit wird.

Die Barbaren aber werden auch unsere Herren werden, und zwar mit Notwendigkeit, weil alle Könige Europas durch ihre Taten ungewollt dazu beitragen. Die Prognose dieser Umwälzung ist nur eine von vielen, die Rousseau aufstellte. Im zweiten »*Discours*« malt er die politische und soziale Revolution an die Wand, im »*Emile*« spricht er von den »révolutions inévitables«, die weder genau vorherzubestimmen, noch aufzuhalten seien: »Nous approchons de l'état de crise et du siècle de révolutions.« Und in Anmerkung dazu schreibt er – aus den damaligen Zensurverhältnissen erhellt der Stellenwert! –: »Je tiens pour impossible que les grandes monarchies de l'Europe aient encore longtemps à durer.«[20] Diese Prognosen sind nicht etwa Ausdruck eines »Pessimismus«, sondern Ausdruck der Hoffnung, daß das Ancien Régime bald zertrümmert werde; sie sind Zeichen der Krise, die sie hervorriefen, und der Kritik, die wiederum für die Krise konstitutiv war. Gerade die Kritik wird uns hier in ihrer Funktion sichtbar, denn die Könige sind es, die am Untergang Europas arbeiten! Die Vorstellung, daß der Herrscher sein Volk formen könnte, taucht hier noch einmal auf, aber als Waffe der Kritik: Was habt ihr aus euren Völkern gemacht! In dem Moment, in dem die Völker selbst als providentielle Träger des Fortschritts begriffen werden, hat die Revolution schon latent begonnen – oder vielmehr werden sie als dessen Träger erkannt, weil die Herrscher das gegenwärtige, das Ancien Régime präsentieren, das nur aufgrund einer Reform verändert werden könnte, weil sich aber die Regierungen dazu nicht bereit finden, nur aufgrund einer Revolution verändert werden kann. Diese Revolution kann aber nur vom »Volk« gemacht werden.

In diesen Zusammenhang muß auch die Rußlandprognose

20 Emile (Ed. Garnier) S. 216. – Zu dem Zusammenhang von Revolutionsprognose und Krise bei Rousseau vgl. jetzt Reinhart *Koselleck:* Kritik und Krise. 1973 S. 133 f. Zum Revolutionsbegriff im 18. Jh. ebd. 208 f.

Rousseaus gestellt werden. In Beantwortung unserer oben ange-
schnittenen Frage müssen wir sagen, daß die Polemik Voltaires
gegen Rousseau einem Nichtverstehenkönnen entspringt, das in
seinem eigenen Standpunkt begründet ist. Er kennt ja nur die
chronologische Abfolge der Nationen und Kulturen, die zur gegenwärtigen europäischen in eine bestimmte zeitliche Relation
gebracht werden können. Barbaren kann es für ihn deshalb nicht
in dem Sinne geben wir für Jean-Jacques. Aus demselben Grund
kann er die Frage nach der Zukunft Rußlands: europäisch oder
asiatisch? nicht verstehen, es ist ihm nicht einmal möglich, sie zu
stellen. Rousseaus Anthropologie läßt einen Unterschied zwischen Europa und Rußland zu, die Voltaires dagegen nicht. Das
demokratische Element in Rousseaus Geschichtsphilosophie erlaubt es ihm, das Volk, bei Voltaire nur Material für die planende
Vernunft des Herrschers, als Größe einzubeziehen, nach der sich
der Plan zu richten, auf die er sich abzustimmen hat. Zehn Jahre
später, in seinen »Considérations sur le Gouvernement de la Pologne et sur sa Réformation projeté en Avril 1772«[21], rät Rousseau
Polen zu einem Bündnis mit der Pforte. Dies würde Polen sein
Reformwerk ermöglichen und gleichzeitig den Interessen der europäischen Mächte entsprechen, weil dadurch Polen seiner Aufgabe, eine Barriere zwischen Europa und Rußland zu bilden,
besser nachkommen und so Europa vor der russischen Knute bewahren könnte. Rousseau zeichnet in seiner Schrift ein Idealbild
der polnischen Nation und ihrer Verfassung und hält dem ein
Zerrbild der russischen gegenüber. Es ist wichtig festzuhalten, daß
diese Auffassung der großen Majorität seiner Zeitgenossen wider-
spricht und den Anfang dessen darstellt, was man später Polonophilie nennen sollte. Wir werden die »Polenfreunde« gerade unter
denen finden, die von den Ideen des Genfer beeinflußt sind. Wir
dürfen uns dadurch, daß Rousseau hier scheinbar in der Tradition
der französischen Polenpolitik steht und den Begriff der Barriere
aufgreift, nicht dazu verführen lassen, das Neue an diesem Begriff
zu übersehen. Die »Knute« führt uns hier weiter: Sie ist das Symbol des russischen Despotismus. Polen soll also Europa vor dem
russischen Despotismus bewahren. Dieser russische Despotismus
ist etwa ganz anders als der, den Herberstain und seine Zeitgenossen in Rußland feststellten. Er gewinnt hier ideologische Relevanz

21 Veröffentlicht 1782. Hier benutzt die im Anhang an den Contrat social (Ed.
   Garnier), 1867 erschienene Ausgabe. Bes. S. 420 f.

als Widerpart des Demokratismus. Die Fronten des Bürgerkriegs, der mit der französischen Geschichtsphilosophie um die Jahrhundertmitte latent begonnen hatte, fangen an, sich abzuzeichnen: Rußland wird im Lager der Gegner der Revolution stehen.

Doch ohne unbedingt die Meinung Rousseaus zu teilen, ist man in den Kreisen der Aufklärer schon früh skeptisch gegenüber Rußland. Der Grundgedanke ist derselbe wie bei einer positiven Beurteilung. Rußland sei tabula rasa, man könne dort alles besser machen. Nur meint man, daß man dort nichts besser gemacht habe, sondern, daß zu den Lastern der Russen auch noch die Laster Europas gekommen seien. Die Aufmerksamkeit, die gerade Rußland wegen seiner vermeintlichen Traditionslosigkeit auf sich gezogen hatte, war hier nahe daran, aus Enttäuschung in Feindschaft umzuschlagen. An diesem Punkt steht z. B. *Abbé de Mably* in seiner Schrift »*De l'Etude de l'Histoire.*«[22] Nicht ganz so skeptisch ist der *Marquis d'Argenson,* der in seinen »*Considérations sur le gouvernement ancien et présent de la France*« auf die so dringend notwendigen inneren Reformen hinweist, die man nicht zugunsten äußerer Erfolge aufschieben dürfe.[23] Doch ist er sich mit *Diderot* darin einig, daß Peter einer der größten Herrscher der Weltgeschichte ist. Was die Dauerhaftigkeit der Reformen Peters I. anbelangt, sind Diderot und de Mably sehr skeptisch.[24]

Wir können aus diesen wenigen Änderungen entnehmen, daß die gängige Auffassung von der Petrophilie und Russophilie der Aufklärung, der man dann als Ausnahme die Haltung Rousseaus gegenüberzustellen pflegt, zumindest einer einschränkenden Korrektur bedarf. Ohne Einschränkung kann man diese Meinung allenfalls gelten lassen, wenn man die Stellung der Aufklärung zu Rußland mit den Auffassungen vergleicht, die man im 16. und 17. Jahrhundert von diesem Land hatte.

Bei *Friedrich dem Großen* fiel die Beurteilung Rußlands ganz anders aus als etwa bei seinem Korrespondenten Voltaire. Die geopolitische Lage seines Landes und seine Berührung mit den Russen lassen es nicht zu einer Russenschwärmerei kommen. Schon im

22 Abgedruckt in den Œuvres seines Stiefbruders Condillac, XXI, 344 ff.
23 Considérations... (verfaßt Anfang der 30er Jahre), Amsterdam 1765, bes. S. 88 ff.
24 Dictionnaire Encyclopédique. 3. A. 1778/79 Bd. XXIX, 580.

»*Antimachiavell*« (1740) beschäftigt er sich mit Rußland. Leitlinie seiner Betrachtung ist die merkantilistische These, daß die Kraft eines Staates nicht in seiner Ausdehnung, sondern im Reichtum seiner Bewohner und in der Bevölkerungsdichte liege. Daß bei einer solchen Betrachtung Rußland schlecht abschneidet, enthebt ihn nicht der Warnung, die er im Anschluß an Machiavelli ausspricht, die Russen nie als Bundesgenossen in die Angelegenheiten des Westens hineinzuziehen.[25] In seinem »*Politischen Testament*« von 1768 argumentiert er von einer ähnlichen Grundlage aus. Geschichtliche Erfahrungen machen sich geltend: Die Volkszahl Rußlands »muß« zunehmen und genauso auch der Anteil des bebauten Bodens! Rußland ist heute das größte Reich an Umfang, ist aber einmal die Bevölkerungszahl entsprechend gewachsen und der Boden urbar gemacht – was als sicher zu erwarten steht – dann wird es zum gefährlichsten. Im Moment ist Rußland außenpolitisch stark durch die Schwäche und Zwistigkeiten der europäischen Mächte, heißt es weiter.[26] Die Unangreifbarkeit Rußlands, seine ständige Expansion, die nach dem Weltlauf wahrscheinlich eintreten »muß« und seine Fortschritte seit Peter I. lassen ihn befürchten, daß Europa zur Erhebung eines Volkes und Landes beigetragen hat, das ihm eines Tages zum Verhängnis werden wird.[27] Die Niederlage der Türken in einem türkisch-russischen Krieg wagt er mit Sicherheit vorauszusagen. Seine Bemühungen, mit Österreich ein Bündnis einzugehen, müssen nicht zuletzt unter dem Aspekt gesehen werden, daß Friedrich es für nötig, ja für das einzige Mittel hielt, um Rußland aufzuhalten, eine »ligue des plus grands souverains pour s'opposer à ce torrent dangereux« zu bilden. »C'est une terrible puissance«, so fährt er in einem Brief an seinen Bruder Heinrich aus dem Jahre 1769 fort, »qui dans un demi-siècle fera trembler toute l'Europe. Issus de ces Huns et Gépides... ils pourraient bien dans peu entamer l'Occident...«[28] Auch in seiner Unterredung mit Kaiser Joseph im August desselben Jahres kommt er wieder auf die russische Gefahr zu sprechen.[29] Zwar benützt er hier seine Rußlandprognosen als politisches Mit-

25 Œuvres VIII, 85 f., 267 f.
26 Die politischen Testamente Friedrichs des Großen. Ergänzungsband zur Politischen Correspondenz Fr. d. Gr. Berlin 1920 S. 196 f.
27 a. a. O. 213, 221 f.
28 An Heinrich v. 8. III. 1769 = Polit. Corresp. Fr. d. Gr. XXVIII, 169.
29 a. a. O. XXIX, 46.

tel – er wollte ja Österreich auf seine Seite ziehen –, daß sie ernst gemeint sind, erhellt aber aus dem Brief an seinen Bruder.

In der »*Histoire de mon temps*« (1775) erweitert er seine Prognose – die Teilung Polens und der erfolgreiche Türkenkrieg der Russen liegen dazwischen! – um eine wesentliche Nuance: Nicht nur ein Angriffskrieg gegen die Russen sei verhängnisvoll, sondern auch ein Krieg, in dem man sich auf die Verteidigung beschränke, denn ihre berittenen Hilfstruppen könnten in kürzester Zeit die blühendsten Provinzen vernichten. Der Schluß daraus ist der, daß die Russen heute die »arbitres du Nord« sind. Friedrich gibt anschließend eine Charakteristik der Russen, aus der sich seine Ablehnung des östlichen Nachbarn nur allzu deutlich herauszulesen läßt. Das schon von Rousseau bemerkte »génie d'imitation« stellt auch der Preußenkönig fest, die Russen haben »l'adresse de copier, mais non le génie de l'invention. Les grands sont factieux;... le peuple est stupide, ivrogne, superstitieux et malheureux.«[30]

War man zur Zeit Peters I. stolz darauf, daß die Russen die überlegene westliche Kultur übernahmen, so machte sich in der zweiten Hälfte des Jahrhunderts, unter dem Eindruck geschichtlicher Erfahrungen, eine zunehmende Kritik an der Weise breit, in der die Russen westliche Ideen und Methoden aufnahmen. Man bemerkte keine inneren zivilisatorischen Fortschritte, statt dessen aber eine mehr und mehr anwachsende russische Macht, die das Gleichgewicht Europas zu stören begann. Diese Stimmung mußte bei dem Preußenkönig auf einen um so fruchtbareren Boden fallen, als er vielleicht wegen der Teilung Polens ein schlechtes Gewissen hatte, und – wahrscheinlich bewußt – die russische Gefahr betonte, um seine politische Maßnahme zu legitimieren.

Welche geschichtsphilosophischen Anschauungen liegen nun den Prognosen Friedrichs zugrunde? Der häufige Gebrauch des Wortes »muß« spricht eigentlich für eine entwicklungsgesetzliche Anschauung, die sich gut in sein aufklärerisch-neostoizistisches Weltbild einfügt. Angesichts der heraufziehenden Krise, die auch er spürt, wird er immer skeptischer. Was bleibt zu tun, wenn es Lebensgesetze der Staaten gibt und wenn Entwicklungsgesetze die Geschichte bestimmen? Anders gewendet: wenn der Glaube an eine göttliche Vorsehung nicht mehr möglich, der an Vernunft und

30 Œuvres II, 26 f. Zum Gleichgewicht des Nordens S. 56.

Fortschritt fraglich wird, so bleibt als letzte Position der Glaube an eine gesetzmäßige Entwicklung, die dem Willen des Handelnden weitgehend entzogen ist. Friedrichs Skeptizismus erlaubt es ihm, in bezug auf Rußland weiter zu sehen als seine Zeitgenossen, Rousseau ausgenommen. Während aber bei dem Genfer die Beschwörung der Gefahr doch mehr Instrument der Kritik ist, scheint Friedrich II. das künftige Schicksal Europas mit echtem Pessimismus zu erfüllen.

Kapitel 4
Von der ersten polnischen Teilung und dem russisch-türkischen Krieg bis zum Ausbruch der Französischen Revolution

Die russischen Truppen, die bisher in Europa aufgetaucht waren, waren nie selbständig, sondern immer als Verbündete irgendeiner Partei aufgetreten. Anders wurde dies mit der Umseglung Europas durch ein russisches Flottengeschwader, das dem Seesieg der Russen über die Türken bei Tschesme (1770) vorausging. Dieses Ereignis, das in Europa großes Echo fand, ist mit Recht als »eines der großen symbolischen Ereignisse der Staatengeschichte«[1] bezeichnet worden. Bahnten sich dort im Südosten Entscheidungen an, die in ihrer Tragweite nicht unmittelbar relevant wurden, so war dies anders mit der ersten Teilung Polens im Jahre 1772. Polen, das das feudale Stadium nie überwunden hatte und deshalb die Form eines modernen Staates nicht erreichte, konnte nur mangels dieser Staatlichkeit geteilt werden. Die Teilungen, praktisch Landnahmen innerhalb des umhegten völkerrechtlichen Raumes des Jus Publicum Europaeum, hatten aber nicht nur zur Folge, daß die »zwischenstaatliche Raumordnung des europäischen Völkerrechts durch das ganze 19. Jahrhundert hindurch«[2] in Frage gestellt wurde, sondern sie brachten auch die vollständige Gleichberechtigung Rußlands innerhalb des europäischen Staatensystems. Rußland war nicht als Bündnispartner irgendeiner anderen europäischen Macht aufgetreten, sondern hatte *selbständig* die Barriere, die es von Mitteleuropa trennte, überstiegen. Das Nordische Gleichgewicht war damit hinfällig geworden. Man mußte also Rußland wohl oder übel in das europäische Gleichgewicht einbeziehen.

Wurden die Erschütterungen des europäischen Staatensystems durch die polnischen Teilungen unmittelbar für die mitteleuropäischen Staaten spürbar, so das Fußfassen Rußlands am Schwarzen Meer durch den erfolgreichen Abschluß des russisch-türkischen Krieges, der 1768 begann, mit dem Frieden von Kütschük-Kai-

1 Dietrich *Gerhard:* England und der Aufstieg Rußlands. 1933 S. 23.
2 Carl *Schmitt:* Der Nomos der Erde. 1950 S. 137.

nardschi im Jahre 1774 für England. Der russische Handel, dessen Export bisher zur Hälfte von den Engländern abgenommen wurde[3], machte sich zusehends selbständig. Damit aber auch die russische Politik. Ein weiterer Faktor, der Ansehen und Einfluß Rußlands mächtig hob, war seine Garantie des Friedens von Te-schen (1779), der den Bayerischen Erbfolgekrieg beendete. Der erste völkerrechtliche Ausdruck dieser politischen und ökonomi-schen Emanzipation von England und der Tatsache, daß Rußland durch die Ereignisse der letzten zehn Jahre und auch durch die des Amerikanischen Unabhängigkeitskrieges einen großen Schritt auf dem Wege zum Status einer Großmacht getan hatte, war die Erklä-rung der bewaffneten Seeneutralität durch Katharina im Jahre 1780. Diese Deklaration war aber auch gleichzeitig der Ausdruck des russischen Bestrebens, den diplomatischen Erfolg von Teschen durch den Versuch zu krönen, eine Vermittlerrolle zwischen den zwei großen westlichen Mächten zu spielen.[4] Handelte es sich hier noch mehr um Ambitionen als um Realitäten, so weniger drei Jahre später. Das Jahr 1783 sah nämlich Rußland im Besitz der Krim. Die Existenz der Türkei war nun endgültig zum Problem geworden.

Der Friede von Kütschük-Kainardschi (1774) war insofern ein epochemachendes Ereignis, als die europäische Diplomatie und Publizistik, die es jahrhundertelang als ihre Aufgabe betrachtet hatte, die Einbeziehung Rußlands in die Front gegen die Türken zu fordern oder zu betreiben, einen Frontwechsel vollzog und die Integrität der Türkei als Schutzmauer gegen ein weiteres russi-sches Vordringen zu einem ihrer Leitsätze erhob.[5] Dafür mußten vor allem zwei Bedingungen erfüllt sein: eine zunehmende Schwä-chung des türkischen Reiches und eine vollständige religiöse Neu-tralisierung der Politik.

Das Echo, das die erste Teilung Polens in Europa auslöste, war im Vergleich mit dem der folgenden Teilungen gering. Von einer Polonophilie konnte damals noch keine Rede sein. Das lag nicht

3 *Gerhard* a. a. O. 78.

4 Den »weltpolitischen« Aspekt der Erklärung betont auch Isabel *de Madariaga*, Britain, Russia and the armed Neutrality of 1780, New Haven 1962.

5 Vgl. z. B. die Depesche *Thuguts*, des österreichischen Internuntius in Konstantino-pel, v. 3. IX. 1774, abgedruckt bei *Hammer*: Geschichte des osmanischen Reiches. 1832 VIII, 577 ff. Diese Depesche wurde noch von *Marx* in einem Artikel der New York Daily Tribune v. 12. VIII. 1853 zitiert.

zuletzt daran, daß Polen in den Augen der Aufklärung ein Residuum vergangener Zeiten war, das zu beseitigen schon der Fortschritt gebot. Rousseau war, wie wir sahen, einer der wenigen, die für die Adelsrepublik eintraten.

Einer dieser wenigen war auch *Edmund Burke* (1729–1797). Er verband seine Kritik an der Teilung mit der an der gleichgültigen Haltung der englischen Regierung. In dem von ihm herausgegebenen »*Annual Register*« schreibt er 1772, daß die Teilung Polens »the first very great breach in the modern political system of Europe« ist, und daß sie die Axt an dessen Wurzeln lege. Das europäische Gleichgewicht, so fährt er fort, »though the result of barbarism, was founded upon the most enlarged principles of the wisest policy. It is owing to this policy, that this small part of the western world has acquired so astonishing a superiority over the rest of the globe«. Burke sieht – im Gegensatz zu der Mehrheit seiner Zeitgenossen – sehr klar, was hier vorgeht. Die Zerstörung der »natural barriere« läßt »the overwhelming power and ambition of Russia« ungehindert auf Mitteleuropa einwirken (2 ff.). Dieses Gleichgewicht ist für Burke keine Propagandaphrase, sondern eine Wirklichkeit, die seinem Denken ohne weiteres präsent ist, weil ihm dessen Auswirkung, die Überwindung des »barbarism«, d. h. der Bürgerkriegsanarchie, noch vollkommen bewußt ist. Dieses Gleichgewicht kann aber nur – hier liegt der Kernpunkt seiner Argumentation – in einem geschlossenen Raum, dessen Grenzmauer eben Polen darstellt, funktionieren. Sein Konservativismus, der ihn später gegen die Französische Revolution Stellung nehmen läßt, ist auch hier in seinen Ausführungen wirksam. Mag auch der Ursprung des Gleichgewichts im »barbarism« liegen und damit illegitim sein, die wohltuende Wirkung und die Dauer legitimieren es. Das longum tempus als letzter Rechtsgrund rechtfertigt jeden Zustand.[6] Damit steht jeder Störer nicht mehr wie früher gegen den Willen Gottes, sondern – das ist die bezeichnende

6 Mit dieser Argumentation steht *Burke* in der Tradition *Bossuets,* der nicht nur der letzte große Geschichtstheologe (Discours sur l'histoire universelle), sondern auch der erste Konservative war und den Traditionalismus (siehe unten bei *de Maistre* und *de Bonald*) maßgeblich beeinflußte. Zu *Bossuets* Legitimationstheorie und seinem Einfluß auf *Burke* vgl. Kurt *Kluxen:* Politik und Heilsgeschehen bei Bossuet, in: HZ 179 (1955), 449 ff., bes. 462 f. Zu seiner Geschichtstheologie vgl. Karl *Löwith.* Weltgeschichte und Heilsgeschehen. 1953 S. 129 ff.

Wendung dieses Konservativismus, der sich von Bossuet herleitet –
gegen die Geschichte!

1778 konstatiert Burke, wohl unter dem Eindruck der außenpolitischen Erfolge Rußlands und des momentanen Niedergangs
seines Landes, daß Rußland, dieser »newcomer among the great
nations stood supreme between Europe and Asia, and looks as if
she intended to dictate to both. We see in her a great but still
growing empire.«[7] Für einen Engländer bedeutete diese Feststel-
lung nichts anderes, als daß Rußland nun auch der Rivale Englands in Asien werden würde. Zum erstenmal wird hier die
Tatsache der asiatischen Ausdehnung Rußlands klar erfaßt. Es ist
nicht von ungefähr, daß ein Engländer als erster die Bedeutung der
Stellung Rußlands in Asien erkannte.

Chr. Fr. D. Schubart (1739–1791), den die Teilung Polens und die
Gesetzesprojekte Katharinas – die in Westeuropa ungemessene
Hoffnungen erregten – gleichermaßen beeindruckten, gibt uns in
seiner *»Teutschen Chronik«* ein Bild Rußlands, das aus Furcht
und maßloser Bewunderung gemischt ist. Gerade in seiner scheinbaren Widersprüchlichkeit ist es typisch. Mußte nicht das bisher
verachtete Rußland, reformiert durch die bewunderte Katharina,
der man nicht zögerte den Beinamen »die Große« zu geben, in
Zukunft zu einer Europa – mit dessen Nationen man sich identifizierte, dessen Herrscher man aber ablehnte – immer mehr bedrän-
genden Gefahr werden? Diese konnte um so größer erscheinen, als
man wenig von den tatsächlichen Verhältnissen Rußlands wußte
und somit versucht war, die Resultate, die einer Verwirklichung
der eigenen Konzeption entsprochen hätten – man hatte gehört,
daß sich die Gesetze Katharinas »auf die Grundsätze der bürgerlichen Freyheit« gründen –, in die Zukunft Rußlands zu projizie-
ren und diese gleichsam auf eine andere geographische Ebene
übertragenen Wunschbilder mit der europäischen Wirklichkeit zu
konfrontieren. Der Kritik der politischen Wirklichkeit Europas
entspricht die Prognose der russischen Gefahr. Beides entspringt
dem gleichen Motiv. Einerseits war das idealisierte Bild Katharinas noch zu stark, andererseits war eine politische Situation, die
zeigen mußte, auf wessen Seite Rußland stand, noch nicht eingetreten; so schwankte man zwischen Furcht »vor der schrecklichen

7 Zit. nach J. C. *Miller:* Triumph of Freedom. 1948 S. 586. Dort leider ohne Quellenangabe.

Macht der barbarischen Russen« und dem Lobpreisen Katharinas, deren Reform aus Rußland »einen gänzlich europäischen Staat« und »das erste Volk in der Welt« machen würden (II/1775, 9 f.; III/1776, 138 f.). Wie im Brennpunkt einer Linse sammeln sich in einer derartigen Situation alle überkommenen Ansichten und Prognosen über Rußland, um beim geringsten äußeren Anlaß die eine oder die andere Seite gleich überscharf zu beleuchten. So ist es einmal »der jetzigen Kaiserin von Rußland vorbehalten, aus ihren Russen gute Menschen zu machen, ohne die ganze Brühe der Verfeinerung über sie auszugießen« (III, 306), dann ist wieder – zwei Monate später – Rußland ein Reich »über dem der Dämon der Revolution immer mit schwarzen Flügeln hängt...« (III, 451) – er hatte inzwischen von Pugačevs Aufstand gehört. Im nächsten Jahr ist es eine »fürchterliche Macht, ein ungeheurer Koloß! Wo er hinstürzt, muß unter ihm alles zertrümmern...«, aber kurz darauf ruft er aus: »Gott segne Dich, Kaiserin – Mutter Katharina« (IV, 393 f., 539). Dem Kritiker der politischen Realität seines Landes erscheint Katharina als das Leitbild, an dem er seine Kritik orientieren kann, dem Deutschen, oder vielmehr Schwaben, erscheint die wachsende Macht Rußlands als Bedrohung dessen, was Europa jenseits der damaligen politischen Wirklichkeit ausmacht. Diese doppelte Frontstellung ist das Motiv, dem die Widersprüche seiner Stellungnahmen entspringen.

Der zweite russisch-türkische Krieg (1787–1791) und die ihm vorausgehenden politischen Spannungen hatten vor allem deswegen eine große Wirkung, weil man jetzt einsah, daß das Vorrücken Rußlands ans Schwarze Meer keine Episode gewesen war. England, am meisten und zuerst betroffen, reagierte auch zuerst. In einer Flugschrift, kurz vor Ausbruch des 2. Türkenkrieges erschienen, wird auf die Gefahr der ökonomischen Abhängigkeit von Rußland – naval stores! – hingewiesen, die Gefahren der weiteren Expansion werden aufgrund Rußlands günstiger geographischer Lage und der gegenwärtigen politischen Situation aufgezeigt. Als Trost verkündet der Autor seinen Landsleuten: »The greater that other nations are, of the less comparative importance must France become, our natural enemy.«[8] Deutlicher kann kaum gesagt wer-

8 William *Eton:* General observations regarding the present state of the Russian Empire. 1787 S. 47 zit. nach *Gerhard:* England und der Aufstieg Rußlands. 1933 S. 361 A. 262.

den, welcher Gegensatz für die politischen Verhältnisse der damaligen Zeit wirklich konstitutiv war. Obwohl der englische Gesandte in Kopenhagen die Ostsee schon als russisches mare clausum sah[9], war das Gefühl einer gemeinsamen Bedrohung nicht stark genug, um innereuropäische Gegensätze auch nur im geringsten aufzuweichen.

Im März 1788 veröffentlichte *Constantin de Volney* (1757–1820) seine Schrift »*Considérations sur la guerre actuelle des Turcs*«, in der er eine originelle These verfocht: »Les russes font la guerre pour acquérir, les Turcs pour ne pas perdre.« Daß die russische Expansion in Richtung Konstantinopel zum Stehen kommen könne, hält er für unwahrscheinlich, denn dies widerspräche den allgemeinsten »Bewegungsgesetzen«, ja dem den Russen von der Natur vorgezeichneten Weg. Gibt es denn auch ein schöneres Vorhaben, als Griechenland und Kleinasien von den Barbaren zu befreien, dort Wissenschaften und Industrie einzuführen? fährt er fort. Dem Ganzen scheint ein Plan »formé avec réflexion et suivi avec constance« zugrunde zu liegen.[10] In Volney begegnet uns der letzte Vertreter jener aufklärerischen Haltung gegenüber dem »neuen Rußland« Peters, das in der Türkei und in Asien die Zivilisation verbreiten wird. Barbarische Überreste, die man nicht ganz leugnen kann, verändern sich unter der Hand in Vorteile, wenn es gilt, Kriege zur Verbreitung der europäischen Kultur zu führen. Die Tatsache eines in kurzer Zeit wiederholten Krieges gegen die Türken, verbunden mit der Wunschvorstellung, die Russen würden in Asien eine Kulturmission im Sinne der Aufklärung erfüllen, führt hier bei de Volney zu der Annahme, daß die Russen einem Plan folgen, der schon seit langem entworfen ist. Es ist festzuhalten, daß dieses Argument zum erstenmal bei einem Aufklärer auftaucht, der Rußland durchaus positiv sieht.

Die Angst, daß die Erfolge Rußlands im Süden ihm auch im Norden neuen Auftrieb verleihen können, ließ *Gustav III. von Schweden* zur Feder greifen. Das europäische Gleichgewicht ist in Gefahr, so verkündet schon der Titel seiner 1789 erschienenen Schrift »*Du péril de la balance politique de l'Europe*«.[11] Um diese

9 Hugh Eliot an Carmarthen, nach Gerhard ebd.
10 Diese Schrift wurde in Paris von der Zensur verboten und erschien deshalb in London. Hier benutzt: Œuvres II, 345 ff., bes. 371 ff.
11 Die Schrift erschien in London. Weitere Ausgaben: Stockholm 1790, engl. Übersetzung 1790, deutsche Übersetzung Leipzig 1791.

These zu stützen, werden alle gängigen rußlandfeindlichen Argumente aufgeboten. Da ist der »plan général« (2), dem der russische Ehrgeiz folgt – hier wohl zum erstenmal von rußlandfeindlicher Seite verwendet –, die bedrohte »liberté Germanique« (10) zu finden; da wird auf die russischen Wühlereien an allen europäischen Höfen – hier konnte der Schwede aus eigener Anschauung urteilen! –, den russischen Despotismus (136), die furchtbaren Einfälle der Barbaren, die die europäischen Länder bedrohen (142), verwiesen. Neu ist die Behauptung, daß der innerste Antrieb der russischen Expansion in der Absicht der russischen Herrscher zu finden sei, durch Ablenkung ihrer Untertanen mittels auswärtiger Unternehmungen im Innern desto ungestörter ihre Macht ausüben zu können (50). Sichtbar an die englische Adresse ist der Hinweis gerichtet, daß eine Festsetzung am Mittelmeer, wenn sie Rußland gelänge, unabsehbare Folgen hätte. Darauf folgt das Argument der Notwendigkeit innerer Reformen statt äußerer Eroberungen in charakteristischer Abwandlung: Rußland verrate seine eigenen Interessen, wenn es den Weg der Expansion beibehalte, statt den der Zivilisation einzuschlagen (146). Die geschichtliche Evidenz der russischen Eroberungen konnte nun nicht mehr mit der Hoffnung hinweginterpretiert werden, daß die russischen Herrscher das als Maxime ihres Handelns erkannten, was man im Westen dafür hielt.

Kapitel 5
Herder: Wird die europäische Kultur
nach Rußland wandern?

Das Thema Rußland sollte Herder von seinem ersten literarischen Versuch, einer *Ode an Peter III.* anläßlich der Rückgabe Ostpreußens[1], bis in seine letzten Lebensjahre beschäftigen. Zum erstenmal begegnet uns hier das Problem Europa–Rußland bei einem Westeuropäer, der eine materiale Geschichtsphilosophie konzipiert. Dies nur biographisch erklären zu wollen, wäre unzureichend, denn ohne bestimmte historische und systematische Voraussetzungen hätte Rußland nie zum Problem werden können. Der junge Herder, der von seinem vierzehnten bis achtzehnten Lebensjahr unter russischer Verwaltung lebte, wandte schon in seiner Königsberger Zeit seine Aufmerksamkeit Rußland und der russischen Geschichte zu. Seine Berufung an die Domschule zu Riga (1764), durch die er russischer Untertan wurde, mußte diese Richtung seiner Interessen noch verstärken. Ein Entwurf einer *Ode auf Peter I.* aus dieser Zeit zeugt davon, wie sehr er sich noch in den Bahnen der gängigen Urteile der Aufklärung über Peter bewegte.[2] Wir sehen den Zaren als den, der seinem Land – den in tiefer Nacht liegenden »Scythiens Wäldern« – das Licht brachte und es einem neuen Eden entgegenführte. Auch in dem Aufsatz *»Haben wir noch jetzt das Publikum und Vaterland der Alten?«* (1765) erscheint ihm Peter I. als »Schöpfer eines neuen Vaterlandes« und als »großer Vater«.[3]

Doch bald sollten sich seine rückwärtsgewandten Schwärme-

---

1 Gesang an den großen König Cyrus... 1762 = Herders Sämtliche Werke, Ausgabe Suphan (im folgenden nach Band und Seite zitiert) XXIX, 3 f.
 Zu dem Themenkreis *Herder* und Osteuropa verweisen wir auf die Sammelschrift: Im Geiste Herders. Hrsg. von Erich Keyser. 1953, die darin enthaltenen einschlägigen Aufsätze und besonders die Bibliographie am Ende des Bandes sowie auf den Aufsatz Erich *Keysers:* Die Völker Osteuropas im Urteil Herders, in: Syntagma Friburgense. Festschrift für Hermann Aubin. 1956 S. 69 ff.
2 Dieser Entwurf entstand spätestens im Mai 1765. Abgedruckt bei Karl *Bittner:* Herders Geschichtsphilosophie und die Slaven. 1929 S. 137 ff.
3 I, 25.

reien konkretisieren und damit einen Bezug zur Gegenwart und Zukunft erhalten. Nur konsequent war es, daß im Laufe dieser Entwicklung an die Stelle Peters I. das Herrscherideal Katharinas II. trat. In einem Entwurf, der in die zweite Hälfte der 60er Jahre fällt und in dem er Gedanken zur Bildung der Völker niederlegt, kommt er zu dem Ergebnis, daß diese Aufgabe die »Philosophen nicht allein« zu bewältigen vermögen, sondern nur im Verein mit den Regierenden. Diese Erziehung muß »politisch-menschlich und zugleich religiös seyn... daß keines dem andern widerspreche – daß die ganze Menschheit ausgebildet werde. Sinne, Kräfte der Seele, Genies – kein Zwang – keine Vorrechte, dazu sehr enge oder sehr große Reiche: Freiheit oder Despotismus«. – Sich Rußland zuwendend fährt er fort: »Anstalten der Kaiserin von Rußland – Pläne. Vorschläge weiter etc. In Deutschland alles vollendet, aber da noch viel zu machen – Z. E. in Liefland – Hoffnung von der Ukraine etc.«[4] Hier begegnen wir schon der für Herder so charakteristischen Doppelbedeutung des Begriffs »Menschheit«, der einmal ein Kollektiv, dann wieder, wie hier, das Wesen des Menschen bezeichnet. Dieses Ganzheitsideal – »die ganze Menschheit« – ist im Grunde demokratisch, denn irgendwelche Vorrechte sind ihm nur abträglich. Da die staatliche Form, unter der es verwirklicht werden kann, nur Bedeutung in ihrer Korrelation zu geographischen Gegebenheiten gewinnt, wird der Begriff des Despotismus neutralisiert und Rußland kann ihm als Wirkungsfeld in den Blick kommen. Besonders die Reformprojekte Katharinas sind es, die auch seine Aufmerksamkeit auf Rußland lenken, dorthin, wo der planenden Vernunft noch Möglichkeiten offenstehen zu wirken, weil noch nicht alles vollendet ist. Schon jetzt gilt neben Livland sein besonderes Interesse der Ukraine.

Die Kritik an Europa, im Namen eines Ideals geführt, das Herder in die Nähe Rousseaus brachte – jedoch ohne dessen politische Intentionen nachzuvollziehen –, mußte einem damals in Riga Weilenden, der die beginnende Europäisierung Rußlands unmittelbar vor Augen hatte, die Frage nahelegen: Wird die europäische Kultur nach Rußland wandern? Für Herder war das keine müßige Theorie, sondern entscheidend für seine damalige Existenz. Wenn man überzeugt ist, daß bei »keiner Nation in der Welt... im eigentlichen Verstande das goldene Jahrhundert mehr als einmal

4 XXXII, 233.

gewesen ist«[5], wenn man das Ungenügen an einer rein intellektuellen Existenz – so betrachtete Herder damals wenigstens sein
Amt – als unerträglich empfindet, dann ist die Frage: *Wo* ist mein
Betätigungsfeld? die entscheidende. Diese »Heimatlosigkeit«
kann nur kraft eigener Reflexion überwunden werden, diese allein
kann die Legitimation des Handelns leisten. Nur ist der Tätigkeits-
drang auf der einen, die Bindung auf der anderen Seite so stark,
das Land der Hoffnung so nah und greifbar, die Kritik so wenig
politisch bestimmt, daß die Hoffnung nicht in ein zukünftiges Nir-
gendwo schweifen mußte, sondern sich unmittelbar räumlich
konkretisieren konnte.[6] Sehen wir hier, wenigstens der Intention
nach, die »Theorie« zur Verwirklichung drängen, so darf doch
nicht übersehen werden, wie sehr hier Einflüsse und Anschauungen anderer stark ins Religiöse umgebogen werden. Es mag nützlich sein festzustellen, welche Begriffe Herders von Montesquieu,
Rousseau, Iselin und anderen stammen, das Wesentliche und seine
eigentliche Leistung bleibt jedoch, daß er diese Begriffe in eine
religiöse Sphäre hob. Die Dialektik dieser »Aufwertung« enthüllte
sich jedoch erst, als diese Begriffe einer zunehmenden Ästhetisie-
rung und Politisierung unterlagen. Dies mag am Beispiel der
Geschichte kurz angedeutet werden. Die »Aufwertung«, die die
Geschichte bei Herder im Verhältnis zur Aufklärung dadurch erfährt, daß sie fortlaufendes Offenbarungsgeschehen ist, bringt es
mit sich, daß die Geschichte bei fortschreitender Säkularisierung
einen Stellenwert im Rahmen der Weltauslegung erhält, der ihr
ohne diese religiöse Interpretation nicht so leicht zugefallen
wäre. –

Im *»Journal«,* d.h. während seiner Reise von Livland nach
Nantes 1769, wird es Herder zur endgültigen Gewißheit, daß Europa bald im Schlafe liegen wird (402, 410 f.)[7], und daß »das große
Werk ›Kultur einer Nation zur Vollkommenheit‹« (356) im Osten
noch zu tun sei. Der, der sich »so stark als möglich vom Geist der
Schriftstellerei abwenden und zum Geist zu handeln gewöhnen«
will (408), muß, um wirken zu können, sich an der Geschichte
orientieren, »an der Lage der gegenwärtigen Welt, und der Analo-

---

5 Über die neueste deutsche Literatur = II, 152.
6 Vgl. die im folgenden Absatz zitierte Stelle aus dem »Journal« (IV, 408) und den
angeführten Brief an *Begrow* vom November 1769. Vgl. S. 83 f. Anm. 9.
7 Journal meiner Reise im Jahre 1769 = IV. Die im Text folgenden Seitenzahlen
beziehen sich auf diesen Band.

gie verflossener Jahrhunderte« (403). Mit welchen Vorstellungen über Rußland geht Herder an seine Aufgabe heran, »ein Werk zu stiften, das Ewigkeiten daure« (371) und den Inhalt seines Lebens »Geschichte, Arbeit« (478) darstellen soll? Geschichte ist hier »Geschichte des Fortgangs und der Kräfte des menschlichen Geistes in dem Zusammenfluß ganzer Zeiten und Nationen!«, Arbeit, das ist hier Anwendung des in der Geschichte Beobachteten und Gelernten auf die zukünftige, zu schaffende Wirklichkeit (ebd.). Diese Wirklichkeit ist keine allgemeine, sondern eine individuelle, da das Vorbild, das Fremde, sich erst »gleichsam nationalisieren« muß, bevor es angewandt werden kann, denn »kein Land, kein Volk, keine Geschichte…« sind einander gleich. Die Eigenheiten einer Nation sind zu kultivieren, das, »was in ihr schläft«, zu wecken (472 f.). Die Vorbedingungen dazu sind also Kenntnis einer Nation und ihrer Geschichte. Geschichte eines Volkes heißt für Herder aber immer auch Geschichte der Menschheit in der erwähnten Doppeldeutigkeit, weil Geschichte der Menschheit als Gesamtgeschichte sich nur in Völkern ereignet, in denen sich auch wieder nur die Menschheit – diesmal als qualitativer Begriff – entfalten kann.

Sein Urteil über Peter I. ist hier noch immer positiv (365, 473), obwohl er doch dem eben aufgezeigten Ideal gar nicht entspricht. Dies liegt nun nicht etwa an Herders Quellen[8], denn das Urteil

8 Nach dem schon erwähnten Brief an *Begrow* (Nachweis s. nächste Anmerkung) sind dies: August Ludwig *Schlözers* »Probe russischer Annalen« 1768. Eine Einführung in die alte russische Geschichte und ihre Quellen. Die Russen werden darin, da sie Slaven sind, den Europäern zugerechnet. Desselben »Neuverändertes Rußland oder Leben Catharinae der Zweyten… von I. I. Haigold«. 1769. In einer Vorrede – in der er direkt auf *Webers* »Verändertes Rußland« (siehe oben) Bezug nimmt – begründet er sein Vorhaben damit, daß Katharina die Fortsetzerin des Werkes Peters sei. Da das Funktionieren eines Staates nach Schlözer von den Verordnungen abhängt, bringt er im 2. Band erstmalig in deutscher Übersetzung die »Instruction zur Verfertigung eines neuen Gesetzbuches« Katharinas im vollen Wortlaut. Im 1. Band gibt er eine Beschreibung des »Etat von Rußland im Jahre 1770.« Zu Schlözers Rußlandbild jetzt: A. L. Schlözer und Rußland. Eingel. u. hrsg. v. Eduard Winter, Berlin 1961. – Gerhard Friedrich *Müllers* »Sammlung russischer Geschichte«, 9 Bände, 1733–64, ist wohl die erste deutsche Darstellung der gesamten Geschichte Rußlands. Müller war wie auch Schlözer russischer Professor und »kaiserlich-russischer Hofhistoriograph«. – Anton Friedrich *Büschings* »Magazin für die neuere Historie und Geographie« (1767 ff.) und »Neue Erdbeschreibung«, in deren erstem Band (1754) Rußland behandelt wird, Büschings

Rousseaus, das seiner Position entsprochen hätte – weil er ja von diesem abhängig ist –, war ihm bekannt, sondern ist im wesentlichen in seiner Lage begründet: daß Rußland sich auf einem ganz falschen Weg befindet, hätte seine eigenen Hoffnungen, dort wirken zu können, zerstören müssen. Erst als er persönlich Abstand von Rußland gewonnen hatte, war es ihm möglich, die Rolle Peters anders zu beurteilen. Für den, dessen Aufgabe es ist, Rußland zur Vollkommenheit zu führen (356), darf es keine Eigenschaften des russischen Volkes geben, die nicht Anlagen zum Guten sind. So wird die Nachahmungssucht zur »guten Anlage einer Nation, die sich... auf dem rechten Wege bildet« (355). Aus »vielen kleinen wilden Völkern... wird eine gesittete Nation werden«, die Ukraine »ein neues Griechenland« (402). In List, Faulheit und Leichtigkeit, überall findet er den Samen zum Guten. Doch eines bereitet ihm große Sorge. Katharina legt allen ihren Reformen »eine Triebfeder zugrunde, die ihre Nation nicht hat, Ehre«. Der Russe ist ehrlos »durch Natur«, er ist »Sklave um Despot zu werden«. Was nützt da Gesetzgebung? Ehre kann sie nicht einflößen, ohne Ehre ist sie unwirksam, der Staat hat also keine Triebfeder. Sollte aber wirklich einmal »das Gesetzbuch und nicht die Person eines Prinzen« regieren, so wird der Staat sich in »eine große Umwälzung hineinrollen« (419 f.). Doch die Hoffnung auf einen neuen Montesquieu (421), der er selber sein wird (402 ff.), läßt ihn auch über diese Schwierigkeiten hinwegkommen. Hier wird offenbar, daß Herder Montesquieu nur halb verstanden hat. Daß es auf die Tugend ankomme, stimmt, aber diese ist eben nicht machbar und planbar.

In Nantes angekommen, erfährt er von den Siegen der Russen über die Türken. Hoffnungen, die schon im »*Journal*« anklangen (403), erhalten dadurch neue Nahrung. Er plant, das Skizzierte zu einem Werk auszuarbeiten, das er an Katharina senden will und – so schreibt er an Begrow – »das sie und ihre Geschäfte in Allem Licht zeigte, als es der verstorbene Montesquieu nicht zeigen konnte, weil damals dies große Geschäft noch nicht existierte«. Er berichtet weiter, daß er sich auf Studien geworfen habe, »die sich auf nichts weniger als auf Bildung der Völker, der Zeiten, der Gesetze, der Regierungen, des Jahrhunderts erstrecken. Nicht

»Magazin« war maßgebend für das Rußlandbild seiner Zeit. – *Voltaires* »Histoire de l'Empire de Russie...« von 1763 und *Lomonosovs* »Alte russische Geschichte«, die 1768 in Riga erschien.

bloß der Geist der Zeit und Mode ist's, dem ich mich hierin bequeme, sondern vielmehr meine Situation in der Welt und der Ort, in den das Schicksal meine Lebenszeit geworfen, – die Regierung unter welcher ich lebe, und die großen Ausrüstungen, zu denen man ganz Europa aufbietet.«[9] Deutlicher konnte nicht gesagt werden, welchen Motiven seine Rußlandpläne entsprangen.

Die Veränderung, die mit Herder in Bückeburg vor sich ging[10], die wir als Epoche seines Lebens zwar nicht überbewerten wollen, deren Bedeutung für unser Thema aber schon daraus hervorgeht, daß nun nicht mehr die praktische Bildung der Völker im Mittelpunkt seines Denkens steht, wirkt dahingehend, daß er Rußland für einige Zeit aus den Augen verlor. Seine Bückeburger Geschichtsphilosophie von 1774 – »*Auch eine Philosophie der Geschichte zur Bildung der Menschheit*« – zeigt deutlich, daß er trotz aller Polemik gegen die Geschichtsphilosophie der Aufklärung, gegen die die Schrift vor allem gerichtet ist, dieser doch verhaftet bleibt. Die Bückeburger Geschichtsphilosophie Herders ist wohl die erste Geschichtsphilosophie, in der die Ausbreitung der europäischen Zivilisation über die Erde konkret zum Thema wird. Den Ansatz dazu bildet nicht Optimismus, sondern im Gegenteil seine Einsicht in das »Altern der europäischen Kultur«. Sein Fortschrittsglaube ist aber noch stark genug, den Gedanken des Verfalls durch den der Kulturwanderung gleichsam abzufangen. Das »Altern« Europas wird ihm immer mehr zur Gewißheit, doch der »schmale Streifen der Kultur« wird sich vielleicht zur Welt erweitern. Die Russen – bezeichnenderweise findet sich kein Hinweis auf sie oder die Slaven – werden so ein Volk unter anderen, die berufen sind, die europäische Kultur zu übernehmen und weiterzutragen in jenem Prozeß, den er als den »Gang Gottes über die Nationen« begreift.[11] Dadurch wird die Einsicht in die geschichtliche Fatalität zu einem Akt gläubiger Hinnahme umgewandelt. – Doch taucht immerhin 1779 die Ukraine wieder am Horizont

9 Brief vom November 1769 in: Herders Lebensbild. II. Bd., 1. Abt. 84 ff.
10 Vgl. den Brief an seine Braut Caroline Flachsland vom 11. V. 71 in: Herders Briefwechsel... I, 210.
11 V, 475 ff., bes. 538 f., 561 ff., 573, 579.
Der Ausdruck »schmaler Streifen der Kultur« stammt aus Isaak *Iselins* »Philosophische Muthmaßungen über die Geschichte der Menschheit«, 1764. Dieses Buch lernte Herder schon in Riga kennen und entnahm ihm die so oft angewandte Analogie historischer Gebilde mit Organismen.

seines Denkens auf: »vielleicht wird das Rad des Schicksals kehren, die Länder am Schwarzen Meer und weit umher und tief hinunter werden aufleben und in neuen griechischen Wissenschaften und Tänzen vergnügt seyn«, hofft Herder.[12]

Erst in den »*Ideen zur Philosophie der Geschichte der Menschheit*«, die zwischen 1784 und 1791 erschienen, sollte sich Herder wieder mehr mit Russen und Slaven beschäftigen. Hier ist die Stufe des Herderschen Denkens erreicht, auf der das Ziel der Geschichte geschichtsimmanent wird. Das »Reich der Humanität« wird zur »eigentlichen Stadt Gottes auf der Erde«, der »Genius der Humanität... zieht palingenetisch in Völkern, Generationen und Geschlechtern weiter«.[13] Die Geschichte, »eine reine Naturgeschichte menschlicher Handlungen, Kräfte und Triebe nach Ort und Zeit« (145)[14], wird in das Umgreifende der Naturgeschichte eingebettet. Hier wie dort offenbart sich Gott, der nur in den in Natur und Geschichte waltenden Kräften erfahren werden kann.[15] So kann er auch die naturgesetzliche Notwendigkeit auf die Geschichte übertragen, da »Alles, was seyn kann, ist: alles, was werden kann, wird«. »Das Gesetz der Notwendigkeit und Convenienz bringt überall andere Früchte.« (86) Diese Notwendigkeit

12 Vom Einfluß der Regierung auf die Wissenschaften und der Wissenschaften auf die Regierung. IX, hier 363.

13 Ideen... 4 Teile 1784–91, XIII, XIV, hier XIII, 395, 353.

14 Die folgenden Seitenzahlen beziehen sich auf XIV.

15 Auch für die modernen Naturwissenschaften war es von großer Bedeutung, daß die Welt als ens creatum eines transzendenten Gottes begriffen wurde. Am Anfang ist der religiöse Impuls nicht gering zu veranschlagen, und auch heute läßt er sich in abgewandelter Form im Ethos der Wissenschaft in Spuren nachweisen. Nach Abbau der Transzendenz, für den nicht zuletzt die Naturwissenschaft die Argumente lieferte, konnte eine ursprünglich als ens creatum verstandene Welt viel radikalerem Zugriff unterliegen. Eine analoge Entwicklung läßt sich für die Geschichtswissenschaft beobachten, nur ging hier der Säkularisierungsprozeß aus historischen Gründen viel schneller vor sich. Eben dadurch, daß die Geschichte bei *Herder* keine Heilsgeschichte, sondern vergöttlichte Geschichte ist, kann sie einen Wert gewinnen und mit einem Pathos ergriffen werden, das jede rein rationale Erfassung weit hinter sich läßt. Jedes geschichtliche Gebilde ist ja nach Herder eine Offenbarung der Kräfte Gottes und gewinnt dadurch seinen Eigenwert. Hier liegt die eine Wurzel des modernen Geschichtsglaubens, der im 19. Jahrhundert sowohl die ganze Vehemenz seiner politischen und ideologischen Stoßkraft als auch seine wissenschaftliche Wirksamkeit im ungeahnten Aufschwung der historischen Wissenschaften enthüllte. Beide Prozesse sind nur verschiedene Seiten eines einzigen, der Erfahrung der Welt als Geschichte, der in

ist aber keine ontologische Legitimation, sondern die Dinge sind als Seiende schon notwendig, weil von Gott bewirkt und weil diese Notwendigkeit Gott nicht als ein ihm Fremdes gegenübergestellt werden kann.[16]

Welche Stelle nehmen nun in der als Entwicklung aller Möglichkeiten begriffenen Geschichte die slavischen Völker ein, denen Herder im 1791 erschienenen vierten Teil ein ganzes Kapitel widmet; sie, die »auf der Erde einen größeren Raum einnehmen als in der Geschichte« (277) und deren Schilderung bei Herder mehr einer Idylle als einer historischen Beschreibung gleicht? Als friedliches Volk bewarben sich die Slaven nie »um die Oberherrschaft der Welt« und wurden von ihren Nachbarn grausam unterdrückt. Kein Wunder wäre es, wenn sie zu »grausamer Knechtsträgheit herabgesunken wären«, aber gerade die Tatsache, daß sie es nicht überall sind, spricht für sie. Der Wirklichkeit näher kommt seine Beschreibung der Ungunst ihrer geographischen Lage: auf der einen Seite nahe den Deutschen, auf der anderen offen zum Osten und den Einfällen seiner kriegerischen Reitervölker (278 f.). »Das Rad der ändernden Zeit dreht sich indessen unaufhaltsam ... so werdet auch ihr so tief versunkenen ... endlich einmal von eurem langen trägen Schlaf ermuntert, von euren Sklavenketten befreit, eure schönen Gegenden vom Adriatischen Meer bis zum karpathischen Gebirge, vom Don bis zur Mulda als Eigentum nutzen ...« (280) Die Erwähnung der »Sklavenketten« und die an dieser Stelle zu beobachtende Beschränkung auf einen Teil der Slaven – einige Seiten vorher nennt er ihr gesamtes Siedlungsgebiet (277) – läßt den zeitgeschichtlichen Hintergrund offenbar werden. Die hier aufgeführten Slaven sind nicht die Slaven schlechthin, sondern nur eine bestimmte Gruppe, auf deren Befreiung von den Türken Herder hofft. Der zweite Türkenkrieg der Russen erklärt auch die zu seiner Geschichtskonzeption in direktem Widerspruch stehende Hoffnung auf ein Wiederaufleben Griechenlands, denn das »griechische Projekt« Katharinas war in ganz Europa bekannt. Auch die Prognose des Unterganges des türkischen Reiches gehört in diesen Zusammenhang (283).

den Erschütterungen des ausgehenden 18. Jahrhunderts seinen Anfang nahm, oder besser, als solcher offenbar wurde.

16 Zum Herderschen Begriff der Notwendigkeit in der Geschichte vgl. H. P. *Bahrdt:* Die Freiheit des Menschen in der Geschichte bei J. G. Herder. Phil. Diss. Göttingen 1952 4. Kap.: Die Geschichte als Haushaltung Gottes.

Ist es die politische Konstellation dieser Zeit, die Herders Jugendträumen neuen Auftrieb verleiht, nachdem sie seit Bückeburg geschlummert hatten? Diese Frage zu bejahen, verbietet uns die Tatsache, daß uns hier ein ganz anderes Bild der slavischen Völker entgegentritt als vorher. Es sind nicht mehr die jugendstarken Barbaren – die Russen und ihre Staatlichkeit werden gar nicht erwähnt! –, die die zukünftigen Träger der europäischen Kultur sein werden, sondern ein friedliches, Handel und Ackerbau treibendes Volk, das uns Herder zeichnet. Von einer Wanderung der Kultur ist auch keine Rede mehr, sondern die europäische Gesittung und Kultur wird auch im Zuge ihrer Ausbreitung zu den Slaven kommen. Bedingung dafür ist jedoch, daß »in Europa die Gesetzgebung und Politik statt des kriegerischen Geistes immer mehr den stillen Fleiß und den ruhigen Verkehr der Völker untereinander« fördert. Das neue Humanitätsideal, Weiterentwicklung des schon in der Jugend Angelegten, die Utopie, daß »Kabinette miteinander hadern, Staatsmaschinen miteinander Krieg führen können, Vaterländer aber nie« (280), und die Utopie des absterbenden Staates (XIII, 456), die Konzeption der Geschichte als Fortschritt von anfänglichem Chaos zu immer höherer Ordnung, sie bestimmen im wesentlichen die Charakteristik der slavischen Völkerschaften und die Rolle, die ihnen Herder in der Geschichte der Zukunft anweisen will. Es erscheint alles abgeklärt, ruhig und die Zukunft der geschichtlichen Notwendigkeit, der Vorsehung Gottes anheimgegeben.

In den »*Briefen zur Beförderung der Humanität*« wendet sich Herder 1797 gegen alle diejenigen, die »Aus dem Ergrauen Europas den Verfall und Tod unseres ganzen Geschlechts«[17] vorhersagen wollen. »Warum sollte der westliche Winkel unser Nord-Hemisphärs die Cultur allein besitzen?« fragt Herder. Kann nicht gar in der Zukunft, durch heute unvorhersehbare Ereignisse »manche Colonie zum Mutterland werden?« – gemeint ist Nordamerika. Was schadet es, »wenn einige verdorrte Zweige und Blätter des saftreichen Baumes abfielen? Andere treten an der Verdorreten Stelle und blühen frischer empor«. Wird nun Rußland zu den »frischen Zweigen« am Baume der Kultur gehören?

Wir wollen sehen, wie Herder fünf Jahre später, in der »*Adrastea*«, diese Frage zu beantworten sucht. Peter I. sei »der größte

17 XVIII, 290.

Held, der je gelebt hat«, weil nicht der, »der zerstört, sondern der, der aufbaut, der aus einem verachteten Völkchen eine Nation zu machen weiß«, diesen Titel verdient. Doch zeigt sich trotz dieser hohen Einschätzung, obwohl er »diesem erhabenen Wilden« »Geniuskraft« zuschreibt (437)[18], in seiner Argumentation die ganze Entwicklung, die Herder seit seiner jugendliche Begeisterung ausdrückenden Ode auf Peter I. durchgemacht hat. Welch andere Gestalt hätte Rußland erhalten, so heißt es jetzt, wenn Peter Rußland nicht »auf diese neue Spitze« seines Reiches gestellt hätte, wenn er Asov statt Petersburg zur Hauptstadt gemacht, »eine Residenz in der glücklichsten Mitte des Reiches«? »Von hier aus hätte das ungeheure Reich Europa genützt, ohne ihm je beschwerlich werden zu können« (439 f.). Wieviel Mühe und Blut wäre Rußland erspart geblieben! Daß Peter aus seinem Volk »eine kunstreiche Nation« gemacht hat, läßt sich wohl nicht bestreiten, doch daß es das erste in »Aufklärung und Bildung« sei, aber auch nicht behaupten.[19] Kann es auch anders sein, meint Herder, da »jedes Gewächs seinen eigenen Kalender in sich« hat (444 f.) und »auch des Mächtigsten und Größten Fleiß... ein durch Gesetze engbegrenzter Kunstfleiß« (446) ist. Dadurch, daß Peter sein Reich auf die Spitze gestellt hat, hat er es und ebenfalls seine Nachfolger in eine falsche Richtung gebracht, denn Rußlands Herz liegt genau zwischen Europa und Asien (447) und nicht in Europa! Rußland ist »ein stehendes Meer der verschiedensten Völker in Sprache, Bildung, Sitten verschieden« (448). Wie wenn Rußland dieser Zwischenstellung gerecht würde, wenn es seinen Mittelpunkt am Schwarzen Meer fände! Diese Aussicht läßt Herder einen visionären Blick in die Zukunft tun: Handel und Gewerbe, Arbeit und Reichtum wären in Rußland, in den Gegenden um das Schwarze Meer und um das Mittelmeer eingezogen, in die Händel des »kleinen westlichen Europa« brauchte sich Rußland nicht zu mischen,

18 Adrastea. 3. Bd. 1802 = XXIII, 405 ff. Die Seitenzahlen im Text beziehen sich auf Bd. XXIII.

19 Der Begriff der »Aufklärung« wird bei *Herder* auf alle Völker und Zeiten ausgedehnt, also historisch relativiert, während er bei den Aufklärern eine zeitlich genau fixierbare und einmalige Qualität bezeichnet, und, wie Herder ihnen vorwirft, statt eines Mittels ein Selbstzweck ist. »Aufklärung und Bildung« läßt sich wohl am besten mit »Kultur« wiedergeben, denn sie ist es, die bisher durch die Zeiten von Volk zu Volk wanderte und weitergegeben wurde (vgl. auch V, 564) – »Kunstreich« bedeutet hier technisch versiert.

»in seiner prächtigen Mitte zwischen Europa und Asien geböte es der Welt friedlich«. Um das schöne Bild zu vollenden, gesteht er sogar Griechenland und Kleinasien eine zweite Kulturblüte zu (449 f.). Die mildesten Provinzen denkt er sich in einigen Jahrhunderten »als den freundlichen Mittelpunkt der alten Halbkugel«. Doch als Peter lebte, war die Zeit für ein Erneuerungswerk noch nicht reif, der »Nationalcharakter, die griechische Sitte und Lebensweise, endlich die griechische Kirche standen felsenvest da« (451). Um die geschichtliche Wirklichkeit wiederzugewinnen, bemüht er die geschichtliche Notwendigkeit: »Die Zeit führt ihre Entwürfe auf ihre Weise aus, der niemand vorgreifen darf; der bestehenden Convenienz der Ding indeß, also Naturabteilungen und Naturgrenzen muß sich zuletzt doch alles fügen.« (450)

Nur von der Herderschen Konzeption der geschichtlichen Notwendigkeit her kann man sein Urteil über Peter den Großen verstehen. Dieser hat Rußland aus seiner »natürlichen«[20] Richtung abgelenkt, er scheiterte, weil er der »natürlichen« Entwicklung seines Volkes vorgriff, weil er nicht dessen »Kalender« gemäß handelte. Um dies recht anschaulich zu machen, verwendet er auch das Bild der auf die Spitze gestellten Pyramide.[21] Durch geschichtliches Handeln dauerhafte Gebilde schaffen, kann für Herder nur der, der sich dem Strom der Geschichte, d.h. ihrer Notwendigkeit einfügt. Es scheint hier angebracht, kurz auf Herders Begriff der geschichtlichen Notwendigkeit einzugehen. Seine Auffassung von geschichtlicher Notwendigkeit, in der menschliches Handeln nur insofern historische Relevanz gewinnt, als es sich dieser Notwendigkeit einordnet, andernfalls aber früher oder später der rächenden »Nemesis« anheimfällt – in der eine Kausa-

---

20 Das Wort »natürlich« ist für *Herder* kein biologischer, sondern ein historischer Wertbegriff. »Natürlich« ist ein historisches Gebilde dann, wenn seine Entwicklung seinen inneren Anlagen entspricht, oder anthropologisch gewendet, wenn sich in ihm die »Natur« des Menschen verwirklichen kann. Da sich bei Herder das Individuum immer nur in der Gemeinschaft verwirklichen kann und somit auch »natürlich« entwickeln, fallen letztlich beide Seiten zusammen.

21 Dieses Bild ist bei ihm häufig anzutreffen, so bezeichnet er in »Auch ein Versuch...« die Verfassungen als »umgekehrte Pyramiden« (V, 579). Man muß hier unwillkürlich an *Hegels* Wort denken daß »der Mensch sich auf den Kopf, das ist, auf den Gedanken stellt und die Wirklichkeit nach diesem erbaut«, mit dem *Hegel* die Französische Revolution charakterisiert. (Phil. d. Gesch. IV, 926, hrsg. v. Lasson.) Nur ist die bei Herder vorliegende Wertung bei Hegel auf einer anderen Ebene »aufgehoben«.

lität aus Freiheit im Grunde also unmöglich ist – ist teleologisch. Darüber darf uns die Herdersche Polemik gegen die teleologische Geschichtsauffassung nicht hinwegtäuschen. Zwar stehen sowohl sein Kausalitätsbegriff als auch sein Gottesbegriff einer teleologischen Geschichtsphilosophie eigentlich im Wege, denn nach Herder kann der Mensch die Wege Gottes im vorhinein nicht erkennen. Andererseits beurteilt Herder aber historische Gebilde daraufhin, ob sie sich »natürlich«, ihren Anlagen gemäß entwickelt haben, oder ob sich ihre Herrscher gegen die »natürlichen« Anlagen vergangen haben. Die Möglichkeit des Urteils über falsche oder richtige Entwicklung kann aber nur, wenn es im Strom der Geschichte und nicht nach ihrem Abschluß gewonnen werden soll, aus einem Ziel sich ergeben, das derjenige, der die Geschichtsphilosophie konzipiert, im voraus entwirft; denn in der Rede von der »natürlichen« Entwicklung der Anlagen verbirgt sich ja nur ein in die Vergangenheit projiziertes Ziel. In diesem Moment begegnen sich übrigens auch Voluntarismus und Determinismus, wenn man beide als »subjektive« geschichtsphilosophische Kategorien enthüllt. Bei Herder ist dieser »Voluntarismus« sehr schwach entwickelt und wird nur rationalisiert, wenn er seine Wertkategorien wie »natürlich« etc. auf die geschichtliche Wirklichkeit anwendet. Deshalb finden wir bei ihm auch kein zwingendes Schema der Geschichte der Zukunft, das, um als Norm und Anweisung geschichtlichen Handelns gelten zu können, unmittelbar einsichtig sein muß. Dafür ist Herder zu vorsichtig, dazu besitzt die Vorstellung eines in der Geschichte wirkenden Gottes – nach Art eines historischen Okkasionalismus – noch unmittelbare Wirklichkeit für ihn, dazu ist er noch zu wenig darauf angewiesen, die Legitimation seiner Existenz in der geschichtlichen Aktion oder deren Planung zu suchen und sie durch Geschichtsphilosophie zu konstruieren.

Wenn wir uns nun in diesem Zusammenhang den obigen Zitaten von der »alten Halbkugel« und von der Kolonie, die zum Mutterlande werden könne, wieder zuwenden, so müssen wir zu der Ansicht gelangen, daß für Herder kaum ein Zweifel bestand, daß Nordamerika der Mittelpunkt der neuen Halbkugel werden wird. So können wir sagen, daß Herder einer der ersten Europäer ist, an dessen Horizont der Zukunftsgeschichte – wenn auch nur für einen kurzen Augenblick – Rußland und Nordamerika als die Länder auftauchen, die sich die Welt teilen werden, was für ihn gleichzeitig heißt, Europas kulturelles Erbe anzutreten. Nur wird diese Möglichkeit sich für Herder nicht als Weltgegensatz realisieren können, da seine Prognose der Menschheitszukunft durchaus utopischen Charakter hat. Wenn man sich seinen Begriff der geschichtlichen Notwendigkeit vor Augen hält und seine Zukunftsvision damit in Zusammenhang bringt, so wird man nicht am Ernst der Prognose zweifeln können. Das von ihm gezeichnete Rußland entspricht hier so vollkommen seinem Idealbild der Menschheitszukunft, daß seine Ausführungen subjektiv bestimmt keine müßigen Phantastereien sind.

Wohl klingt in der Herderschen Beurteilung Peters des Großen der Rousseausche Erziehungsgedanke an, der es ihm ja auch erlaubt, ein ähnliches Urteil wie der Genfer zu fällen, doch ist durch Herders Geschichtskonzeption die Wirkung der geschichtlichen Entscheidung Peters, weil sie nicht dauern kann, weitgehend abgeschwächt. Eine asiatische Gefahr, wie für Rousseau, ist für ihn aufgrund seines Humanitätsbegriffes undenkbar. Herder entwirft hier ein Bild Peters, das aus zwei Gründen von dem seiner Rigaer Zeit unterschieden ist. Erstens ist ihm Rußland kein unmittelbares persönliches Anliegen mehr, und zweitens erlaubt ihm jetzt seine Geschichtskonzeption, Peters Versuch eines Anschlusses Rußlands an den Westen zu verurteilen. Den Hintergrund dazu bildet der Gedanke, dem Herder zeit seines Lebens treu blieb: daß Rußlands natürliches Zentrum die Ukraine darstelle. Diese Vorstellung gibt ihm überhaupt erst die Möglichkeit, so etwas wie ein Abweichen von der »natürlichen« Richtung der russischen Geschichte festzustellen, denn dieser Begriff mußte ja erst durch eine Wertung konkretisiert werden. Noch ein Motiv ist durchgängig bei Herder: die hohe Einschätzung Peters I. als Schöpfer seines Reiches. Hier steht er noch im 18. Jahrhundert, ganz in der Nähe von Leibniz. Der Fürst »macht« Geschichte und nur auf dem Wege über seine Beeinflussung kann man auf sie einwirken! Auch die Konstruktion einer welthistorischen Aufgabe Rußlands aufgrund seiner geographischen Lage rückt Herder nahe an Leibniz. Nur ist es nicht diese allein, sondern auch die Zusammensetzung seiner Bewohner, deren asiatischen Anteil Herder nicht gering veranschlagt, die ihn Rußlands Mittlerstellung betonen läßt. Wenn man Herders Rußlandpläne und seine Motive mit denen von Leibniz vergleicht, kann man sagen, daß diese in der Rigaer Zeit stark den Leibnizschen ähneln. Für diese Zeit gilt auch, daß ihr Rußlandbild zwei Grundzüge gemeinsam hat: Rußland ist für beide die »Neue Welt« und das Bewährungsfeld und Anwendungsgebiet ihrer auf die Verbesserung der »Menschheit« gerichteten Pläne. Dies sind jedoch eigentlich formale Kriterien der Übereinstimmung. Ein grundlegender Unterschied inhaltlicher Art ist darin zu sehen, daß es Herder möglich ist, von seinem Ansatzpunkt der Auflösung der abstrakten aufklärerischen Anthropologie aus, Rußland als eigene Welt zu erkennen und zu werten. Rousseau hatte hier schon den ersten Schritt getan, doch Herder erweiterte ihn systematisch, indem er den Menschen als Angehörigen seines Volkes begriff, und für die Völker Geschichte und geographische Bedingungen als das betrachtete, was die wesentlichen Unterschiede konstituierte. Wir sahen, wie sich Herders Verhältnis zu Rußland aus soziologischen und geschichtsphilosophischen Gründen im Laufe seines Lebens veränderte. Am Anfang steht die konkrete Prophetie, gewonnen auf dem Boden des persönlichen Auftrags, entsprungen aus dem Protest gegen die Existenz jenseits der Geschichte. Hier ist das Rußlandbild, trotz der spezifisch Herderschen Züge, noch am meisten der Aufklärung verhaftet. Kritik an Europa, die aber noch nicht radikal genug ist, um den Untergang der Kultur überhaupt oder der europäischen als Gedanken aufkommen zu lassen, und deswegen auf den Begriff der Kulturwanderung verfällt, stellt ihn vor die Frage, wer denn der neue Träger der Kultur sein wird. Die naheliegende Antwort für den in Livland lebenden Herder war: Rußland. Dieses Land nimmt für ihn deshalb Züge an, die dem konstruierten Auftrag weitgehend entsprechen. Seine Kritik an Rußland darf darüber nicht hinwegtäuschen. Im Grunde glaubt er doch an die Formbarkeit und Machbarkeit der Institutionen und damit der Völker, wenn auch nach individuellen, und nicht wie seine Vorgänger, nach allgemeinen Maßstäben. In den »Ideen« und in der »Adrastea« entspricht das Bild, das er von der Zukunft der Russen und Slaven entwirft, dem, das er im »Journal« in bezug auf die Ukrainer angedeutet hatte. Seine Zentrierung Rußlands nach der Ukraine hin verstärkt diesen Eindruck und läßt offenbar werden, daß sein Rußlandbild sich hier völlig seiner Geschichtsphilosophie anpaßt. Die Geschichte, begriffen als Fortschritt auf das Ideal der Humanität hin – auch hier wieder, der Begriff der »Menschheit«, im kollektiven und qualitativen Sinn verstanden –, konnte, wenn ihr Ziel als durch Vielfalt zu erreichende Einheit gedacht wurde, die Rolle der slavischen Völker nicht außer acht

lassen; besonders, da sie dem neuen Humanitätsideal so sehr zu
entsprechen schienen, daß Herder Rußland als künftigen Mittelpunkt der »alten Halbkugel« in das Bild seiner Geschichte der
Zukunft einordnen konnte.

Vielleicht läßt sich aus dem ursprünglichen Herderschen Ansatz, nämlich in die Geschichte aktiv einzugreifen, und seinem
Scheitern erklären, warum Herder dem Individuum in der Geschichte eine so geringe Rolle zuerkennt. Ist nicht sein Begriff der
geschichtlichen Notwendigkeit, theologisch gewendet der Geschichte als Tatoffenbarung[22], die Projektion seiner stark empfundenen Ohnmacht, wirklich »geschichtlich« zu handeln, in die
Geschichte? Aber gerade diese Geschichte ist es auch, die ihm die
einzige Möglichkeit bietet, durch Erweiterung des Horizontes in
die Vergangenheit hinein auf sein Zeitalter erzieherisch einzuwir-
ken. Diese Erweiterung ist sowohl die Folge seines Scheiterns als
auch eine der Ursachen der eigentümlichen Unbestimmtheit seiner
Vorhersagen. Eine weitere ist Herders Konzeption der Geschichte
als fortlaufender Offenbarung Gottes, die es ihm verbietet, die
Zukunft streng deterministisch zu bestimmen.

Wir konnten im vorliegenden Abschnitt feststellen, daß es bei
Leibniz zu Beginn des 18. Jahrhunderts zum erstenmal zu einer
Krise des Selbstverständnisses Europas kommt, und zwar dadurch, daß Leibniz die Geschichtslosigkeit Rußlands, die tabula
rasa ins Positive wendet. Der Nordische Krieg und seine Folgen,
die erste polnische Teilung und die russisch-türkischen Kriege
führten sowohl die Gleichberechtigung Rußlands innerhalb des
europäischen Staatensystems als auch die ersten Anzeichen eines
neuen Bewußtseins einer russischen Gefahr herauf. Dies geschah
aber erst, nachdem die Aufklärung eine Neutralisierung der Unterschiede zwischen Westeuropa und Rußland zuwege gebracht
hatte, so daß antirussische Argumente im politischen Raum verblieben. Rousseau sprengte als erster die Neutralisierung, doch
blieb er unmittelbar ohne Nachfolger, da der politische Anlaß
fehlte, sich ausgesprochen für oder gegen Rußland zu entscheiden.
Herder bedenkt zum erstenmal die Stellung Rußlands auf dem
Hintergrund einer expliziten Geschichtsphilosophie. Stärker noch
als bei Leibniz wird hier in Rußland die Ablösung des »alten Eu-

22 Zum Begriff der Tatoffenbarung bei Herder vgl. H. P *Bahrdt:* a. a. O. 19 ff.

ropa« gesehen. Trotzdem kann bei ihm nicht von einer grundsätz-lichen Erschütterung des europäischen Selbstbewußtseins gespro-chen werden, denn die europäische Kultur wird ja nicht unterge-hen, sie wird sich allenfalls ausbreiten oder ihren Schwerpunkt nach Osten und Westen, d. h. nach Rußland und Nordamerika verlagern. Auch bei ihm wird wie bei Leibniz das Selbstverständ-nis Europas in seinem Kern nicht getroffen, weil ein wie immer gearteter Fortschrittsglaube dies verhindert und weil der konkrete geschichtliche Anlaß dazu fehlt oder, wie beim alten Herder, nicht in seiner vollen Bedeutung in das Bewußtsein tritt.

Wohl legte Herder mit die Grundlagen für eine Erfassung des Andersseins Rußlands, die ja die Bedingung für eine Krise des europäischen Selbstverständnisses war; denn nur ein Rußland, das nicht mehr als Ableger Europas oder künftiger Träger der europäischen Kultur unter dem Aspekt der Kulturwanderung ver-standen wurde, konnte als geschichtlich-geographische Einheit mit eigener Zukunft Europa gegenübertreten. Erst die Folgen der Französischen Revolution und ihre volle Bewußtwerdung ermög-lichten die Antwort auf die Herausforderung, die von Rußland an Europa erging.

Teil III
Das Problem Europa und Rußland von der Französischen Revolution bis zur Julirevolution

Kapitel 1
Rußland im beginnenden europäischen Bürgerkrieg und in der Sicht der Anhänger und Gegner Napoleons[1]

Die Zeit zwischen 1789 und 1830 stellt für das Selbstverständnis der europäischen Intelligenz und ihr Verhältnis zu Rußland eine Zeit des Übergangs dar. Damals werden die begrifflichen Grundlagen für eine Erfassung des Problems Europa und Rußland unter dem Zeichen des endgültigen Eintritt Rußlands in die politische Konstellation Europas und auf dem Hintergrund der europäischen Krise, die mit dem Ausbruch der Französischen Revolution manifest geworden war, gelegt. Andererseits bildete die Philosophie Hegels den letzten Höhepunkt des europäischen Selbstbewußtseins.

Wir werden sehen, daß das Verhältnis Westeuropas zu Rußland in den Jahren bis 1830 von drei politischen Gegensatzpaaren bestimmt war. Einmal von dem Gegensatz Freiheit gegen Despotie oder von der anderen Seite aus formuliert Legitimität gegen Revolution, dann von dem Gegensatz England–Rußland, der zu Beginn der 90er Jahre seinen ersten Höhepunkt erreichte. Zu diesen kam dann Mitte und Ende der 90er Jahre der aus dem traditionellen Gegensatz von Frankreich und England entwickelte, in dessen Linien Frankreich als »Vormacht des zivilisierten Europa« England *und* Rußland entgegentrat. Einesteils werden also diese Gegensätze durch die Ideen von 1789[2], andererseits durch den

1 Da üblicherweise von europäischer Revolution gesprochen wird, muß darauf hingewiesen werden, daß Bürgerkrieg durchaus ein zeitgenössischer Ausdruck und auch dazu geeignet ist, die Sache besser wiederzugeben. Für Beispiele aus dem französischen Bereich vgl. Roman *Schnur,* Weltfriedensidee und Weltbürgerkrieg 1791/92, Der Staat 2, 1963, 297 ff. Dann sprechen etwa *Marx* und *Engels* im Kommunistischen Manifest von dem »mehr oder minder versteckten Bürgerkrieg innerhalb der bestehenden Gesellschaft« (Werke IV, 473), und Karl *Marlo (Winkelblech)* ebenfalls 1848 von der ›Verewigung des Bürgerkrieges‹ (Untersuchungen über die Organisation der Arbeit, Kassel 1848, 238).

2 Wie sehr noch im Jahre 1840 der Gegensatz von Rußland und Frankreich in der hier gemeinten Weise präsent war, mag aus folgendem Zitat deutlich werden (Deutsche Vierteljahresschrift, 1840, H. 4, 340): »Als die äußersten Gegensätze sind

älteren Gegensatz von Land und Meer bestimmt. In welches Verhältnis beide Dualismen zueinander treten sollten, war damals noch nicht deutlich geworden. Aber die Frage war damit gestellt, welcher Dualismus für das zukünftige Verhältnis Europas zu Rußland konstitutiv sein würde. Eine Frage, die erst durch den Ost-West-Gegensatz der Gegenwart in einem anderen geographischen Horizont beantwortet werden sollte.

Wie sehr man im ausgehenden 18. und beginnenden 19. Jahrhundert Rußland als andere Welt erlebte, wenn auch noch selten rational erfaßte, geht schon aus der Tatsache, hervor, daß niemand mehr seine Hoffnungen darauf setzte, Rußland in irgendeiner Weise verändern zu können. Die Welt des »Ostens« – dieser Begriff wird an die Stelle des »Nordens« treten – flößte entweder Furcht oder Hoffnungen ein, man nahm sie als fertig und gegeben hin, die einen mit Bedauern, die anderen mit Bewunderung, je nachdem auf welcher Seite man stand. Die Tatsache, daß es diese »Seite« gab, war es auch, die aus einer Entscheidung für oder gegen Rußland, ja selbst noch aus dem Bemühen, seinen Eigenarten gerecht zu werden, eine politische Entscheidung machte.

Wie stark aber auch die Emanzipation Nordamerikas unter dem Eindruck der Revolution von 1789 auf das europäische Selbstbewußtsein wirkte, d. h. was für ein Licht auf sie von 1789 her fällt, wird klar, wenn wir in einem Brief, den der Baron Melchior *von Grimm* am 31. XII. 1790 an Katharina II. richtete, lesen, daß Europa im Gefolge der Revolution zusammenbrechen werde: »Zwei Reiche werden dann alle Vorteile des Geistes, der Wissenschaften, Künste, Waffen und Industrie unter sich teilen: Rußland von der östlichen Seite und Amerika, in unseren Tagen freigeworden, auf der westlichen, und wir anderen Völker des Kerns Europas, wir werden zu degradiert, zu erniedrigt sein, um durch eine vage und stupide Tradition etwas anderes zu wissen als das, was wir gewesen sind.«[3] Dies mag wohl das früheste Zeugnis sein, in dem die drei wichtigsten Elemente eines konservativen europäischen Pessimismus vereinigt sind, nämlich die Erschütterung durch die Revolution, die Emanzipation Nordamerikas und die vermeintliche Stärke Rußlands, das von der Revolution unberührt

Rußland und Frankreich zu bezeichnen, jenes (um den schärfsten Ausdruck zu nehmen) auf Aberglauben und Knechtschaft, dieses auf Unglauben und Gleichheit basiert.«

3 Sbornik imperatorskago istoričeskago obščestva, 1867, XXXIII, 293 f.

ist. Diese drei geschichtlichen Vorgänge haben das Selbstverständnis der europäischen Intelligenz – gleich welcher politischen Richtung – entscheidend verändert. Diese Veränderung hören wir bereits aus dem Brief Grimms heraus: Europa wird nicht mehr die Mitte der Welt und damit auch nicht mehr das Zentrum der Weltgeschichte sein.

Die Prognose Grimms ist um so erstaunlicher, als 1790 das säkulare Ereignis der Revolution noch gar nicht in seiner ganzen Bedeutung erkannt war und auch die extremen geschichtsphilosophischen Positionen noch nicht bezogen waren. Denn erst 1796 erschienen *Sylvain Maréchals* und *Gracchus Babeufs »Manifeste des Egaux«* und *de Maistres »Considérations sur la France«.*[4] Beide Seiten stießen durch die Tagesereignisse hindurch und wollten die Revolution durch den Versuch einer Sinngebung beenden. Doch dieser Versuch enthüllte sofort seine dialektische Struktur: in Wirklichkeit erklärten sie sie in Permanenz. Der eine, der Besiegte, stellte die Revolution in einen eschatologischen, die anderen, die noch nicht – oder nicht mehr – zu den Siegern gehörten, in einen utopischen Horizont.

Erst die polnischen Teilungen sollten den Zwiespalt, in den Rußland hineingerissen worden war, offenbar werden lassen. Noch vor diesen Ereignissen erreicht der englisch-russische Gegensatz seinen ersten Höhepunkt in dem sogenannten »Russian Armament« von 1791. Hinter diesem standen wohl in erster Linie handels- und geopolitische Erwägungen der englischen Regierung, die aber, da sie im Augenblick jeder realen Interessenverankerung entbehrten, sich nicht durchsetzen konnten. Die Unterstützung der Türkei, um einer Bedrohung Ägyptens und des Levantehandels durch Rußland zu begegnen, wurde in diesem Zusammenhang nicht nur in zahlreichen Pamphleten, sondern ab 1790 auch im Parlament gefordert. Nicht verwunderlich ist es, wenn die Türkei als Garant des europäischen Gleichgewichtes gegenüber Rußland bezeichnet wurde. Das Gespenst der Invasion Indiens durch Rußland, der »Alptraum« der rußlandfeindlichen englischen Publizistik des 19. Jahrhunderts, tauchte ebenso auf

4 *Babeuf* sehen als Vertreter der extremsten geschichtsphilosophischen und politischen Position: J. L. *Talmon,* The Origins of Totalitarian Democracy. 1952 Part III, und Gerhart *Niemayer,* Babeuf and the Total Critique of Society, in: Politische Ordnung und menschliche Existenz. Festschrift für Eric *Voegelin,* München 1962, 430 ff. Zu de Maistre s. unten 125 ff.

wie eine Voraussage über den Bau des Suezkanals.[5] Wir haben es hier mehr oder weniger mit geopolitischen Argumenten zu tun. Aber kurz darauf begegnen wir, gerade in England, einer Schrift, die anderen Motiven ihre Entstehung verdankt. In den »*Letters on the Subject of the Concert of Princes and the Dismemberment of Poland and France*«, die zwischen 1792 und 1793 erschienen, verficht der Verfasser die These, daß England auf die Seite Frankreichs treten müsse, um dem Dreibund der »despotischen« Mächte Rußland–Preußen–Österreich ausreichenden Widerstand entgegensetzen zu können. Dies wird gestützt durch die Prognose der Aufteilung Frankreichs durch die Dreibundmächte. Der Verfasser erkennt als erster die Möglichkeit eines russischen Einfalls in Indien von Norden her – statt von Kleinasien aus – und betont die russische Gefahr angesichts des Wegfalls der polnischen Barriere. Die barbarische Bevölkerung Rußlands stehe außerhalb der Menschheit, so lesen wir, da sie den Gedanken der Freiheit noch nicht einmal fassen könne. Rußland, dieses »Nordamerika in Europa«, unangreifbar aufgrund seiner geographischen Lage, ist von nun an zum Prototyp der Staaten geworden, die dem »Siegeszug der Freiheit« entgegenstehen.[6] Nicht von ungefähr stammt die erste Formulierung der Alternative Despotie oder Freiheit von

---

5 Die Verteidigung der Türkei durch England fordert *Sutherland:* Account of a Tour up the Straits from Gibraltar to Constantinople. 1790. Nach Gerald B. *Hertz:* British Imperialism in the 18th century. 1908 S. 181 ff. – Die Reden der Regierungsanhänger im Parlament: Parliamentary History of England. XXIX, 180 ff. – Prognose des Suezkanals und der Invasion Indiens bei W. A. *Miles:* Inquiry into the justice and expediency of prescribing bounds to the Russian Empire. 1791. »A canal of little more than a hundred miles in length will connect the Read Sea with the Mediterranean. The commerce of Asia will revert into the channels through which it passed before the discovery of the Cape of God Hope…« Zit. nach: Correspondence of W. A. Miles on the French Revolution. 1890. I, 36 A. 1. – Die Türkei als Garant des Gleichgewichts: A comparative Estimate of the Advantages Great Britain would derive from an Alliance with the Ottoman in preference to the Russian Empire. 1791 S. 10. Nach *Hertz* a. a. O. 81.

6 Zuerst im »Morning Chronicle« in Briefform zwischen 20. VII. 92 und 25. VI. 93 erschienen, sodann als Broschüre 1793. In deutscher Übersetzung: Briefe über das Fürsten-Bündnis zur Teilung von Polen und Frankreich. Köln 1794, die hier benutzt wird. Der Verfasser könnte mit dem Marquis of Lansdown identisch sein, der in einer Debatte bei den Lords am 17. II. 1794 über den Friedensschluß mit Frankreich ganz ähnlich argumentiert. Vgl. Parl. Hist. of England. XXX, 1397 f. – »Briefe…« bes. 104, 107, 117, 156, 175 ff., 499 ff., 505 ff.

einem Engländer, der ein Freund Frankreichs war. War man in Frankreich noch zu sehr mit eigenen Angelegenheiten beschäftigt, in Deutschland noch zu sehr in dem Gegensatz zu Frankreich befangen, um sehen zu können, was eine gemeinsame Front aller »fortschrittlichen« Kräfte gegen Rußland konstituierte, so trafen in England zwei wichtige Momente zusammen: Abstand vom Kontinent und die frische Erinnerung an den eben erst ins Bewußtsein gehobenen Gegensatz zu Rußland.

Die Formel, die hier Freiheit gegen Despotie hieß, lautete von der anderen Seite aus Legitimität gegen Revolution. Nach Bundesgenossen Ausschau haltend, war man schon früh auf Rußland gestoßen. *Wilhelm Freiherr von Byern* ist wohl der erste, der in einer Schrift aus dem Jahre 1794 *»Was kann man von Rußland in den jetzigen kritischen Zeitumständen zum Wohl der Menschheit hoffen?«* von Rußland die Rettung Europas vor den »französischen Horden« erwartet.[7] Zwar ist er ehrlich genug, Despotismus und Leibeigenschaft in Rußland zu kritisieren, doch gingen diese Dinge ihrem Ende entgegen, und bei wem sonst wäre Hilfe und Rettung vor dem »Terrorismus« zu finden, wenn nicht bei Rußland! Fünf Jahre später finden wir Ähnliches bei *E. A. W. von Zimmermann,* der im ersten Band seiner Schrift *»Frankreich und Amerika«* Europa auffordert, seine Blicke nach Norden zu wenden, dessen »erhabenstes Gestirn« der »Führer zum großen gemeinschaftlichen Werk, zum Vernichten des Ungeheuers (Revolution)« sein solle (601).

Die Teilungen Polens waren es, die die Blicke Europas verstärkt nach Rußland lenken sollten. Polenschwärmerei und Polenpoesie, die Umwandlung des Bildes der bewunderten Katharina in das einer von unersättlichem Ehrgeiz und Machthunger erfüllten Frau waren die literarischen Folgen. Für das »fortschrittliche« Europa hatte jetzt Rußland politisch eindeutig Stellung bezogen. Polonophilie und Russophobie gingen eine Synthese ein, in der beide Motive sich gegenseitig verstärkten. Die politische Stellung der Polonophilen war damit auch vorgezeichnet. Das Moment der politischen Anklage tritt schon in *Condorcets* Gedicht *»Un Polonais exilé en Sibérie«* hervor. Doch war damals die Verurteilung Rußlands nicht auf ein politisches Lager beschränkt. Es gab Argumente der Legitimität und des Gleichgewichts, die man gegen die

7 Zitiert nach B. v. *Bilbassoff:* Katharina II. im Urteil der Weltliteratur. 1897. I, 650f.

Teilungen ins Feld führte, wie es schon anläßlich der ersten Burke getan hatte. Auch der erwachende Nationalismus fand Anlaß zu antirussischen Kundgebungen. Diese Motive finden wir vor allem in einer Schrift von 1794 »*Versuch eines Beweises, daß die Kaiserin von Rußland den Westfälischen Frieden weder garantieren könne, noch dürfe*«. Der Verfasser, überzeugter Monarchist, malt die Gefahr einer Vernichtung der »teutschen Freiheit« durch Rußland an die Wand, die nach dem Wegfall des »Schlagbaums« Polen möglich geworden sei. Das Bild vom Koloß auf tönernen Füßen, der auf Deutschland und Europa fallen könnte, wenn er seiner Größe erliegt, ist eine zeitgemäße Variation des uns bereits bekannten (VII ff.). Die Behauptung, daß Rußland, die Macht des »Ostens« (VIII), das europäische Gleichgewicht gefährde, wird aus der erwähnten Schrift Gustavs III. übernommen. Er erweitert sie aber dadurch, daß er Rußland die Absicht unterschiebt, die »Universalmonarchie« anzustreben. Wenn wir auch die Revolution ablehnen, sollen wir uns deshalb »unsere Konstitution von Rußland garantieren lassen? Unsere Freiheit vielleicht dereinst von Kosaken und Tatarenschwärmen mißhandeln lassen? Nein, nimmermehr!« (133 f., 119 f.). Auch *Ludwig Timotheus Spittler* behauptet im gleichen Jahr den Drang Rußlands zur Universalmonarchie. Im zweiten Teil seines »*Entwurf der Geschichte der europäischen Staaten*« stellt er fest, daß es ein europäisches Gleichgewicht seit der Französischen Revolution nicht mehr gäbe. Wieder stoßen wir auf den Einfluß der Schrift Gustavs III. Für die Zukunft ist Spittler optimistischer, da er glaubt, daß der von der russischen Regierung für das Volk angestrebte Wohlstand dem Despotismus auf die Dauer gefährlich werden könnte (420 f., 427 f.). – Eine Schrift, die es unternimmt, den Basler Frieden von preußischer Seite aus zu rechtfertigen – »*Preußens Friede mit Frankreich*« (1795) – fordert ein gemeinsames Bündnis Preußens, Schwedens, Dänemarks, Frankreichs und der Türkei, um den »Blitz aus Osten« daran zu hindern, die Vormauern Europas zu zerschmettern und so die »Herrschaft der Erde« an sich zu reißen. Österreichs Lebensinteresse könne nur innerhalb des vorgeschlagenen Bundes gewahrt werden, ebenso das Englands, welches »bloß auf die Herrschaft der See sieht und nicht daran denkt, daß der Herr der Wiese auch bald ein Brett sucht, um über den Bach zu gehn...« (38, 59 f., 68 f.).

Bei den deutschen radikalen Publizisten, die Anhänger der

Ideen von 1789 waren, deckt sich die Parteinahme gegen Rußland genau mit der in der innereuropäischen Auseinandersetzung.[8] *Ernst Ludwig Posselt* (1763–1804) war es, der in seinen *»Europäischen Annalen«* 1795 den Schlüsselbegriff für die Freund-Feind-Situation des beginnenden europäischen Bürgerkrieges, das Schlagwort Despotie gegen Freiheit, auf Rußland und Frankreich konkretisierte und den Entscheidungskampf zwischen beiden – die übrigen europäischen Mächte wären bis dahin von der einen oder anderen Macht erobert – für das Ende des kommenden Jahrhunderts vorhersagte. Die gegenwärtige Geschichte, so ruft er aus, wird eine Epochenscheide bilden, so wie die Sintflut oder die Erbauung Roms (I, 6, 10). Unangreifbarkeit, kriegerischer Geist seiner Völker, »ungeheure Macht«, das sind nur einige Attribute, die er im Jahre 1796 dem »Koloß, der in fürchterlicher Mischung Stärke der Wildheit mit allen Künsten der Aufklärung paart...« zuschreibt. »Und wer möchte diesem weiland asiatischen Herkules, der sich schon so fürchterlich europäisiert hat, seine Grenzsäume setzen? Wer möchte gegen alle Natur der Dinge glauben, daß ein Staat von so ungeheuren inneren Kräften... mit einemmal stillstehen sollte?« Die These von Boissy d'Anglas (siehe unten), daß Rußland seiner eigenen Größe erliegen könnte, wird von Posselt ausdrücklich abgelehnt, und zwar mit dem Hinweis auf einen russischen Eroberungsplan: »das russische Kabinett hat seinen Plan nach so großen und festen Linien gezeichnet, daß eine Abirrung davon nicht erfolgen kann« (I, 5 ff.). Europa habe also zu wählen zwischen der »Gefahr der rothen Müze und des Knuts« (I, 97). – *Georg Friedrich Rebmann* (1768–1824), der das Symbol der Knute wieder verwendet, kennt keine Wahl zwischen roter Mütze und Knute. Er hat sich schon entschieden. In seinem *»Politischen Tierkreis«* (1798) erscheint Katharina als Menschenschlächterin, ihre Untertanen auf niedrigerer Stufe als Tiere stehend. Dieser Zustand könne aber nicht dauern, ein Aufstand sei »unvermeidlich« (323 ff.). In seinem *»Neuesten Grauen Ungeheuer«* (1797) bezeichnet er Rußland als asiatische Macht, deren »Schaaren... die Hunnen unserer Zeit« sind. »Immer nach Abend hin stürzten sie gegen die beßre Menschheit los... Rußland wollte das feste Land mit eisernem Zepter beherrschen, wie England die Meere.« Rousseaus Prognose, meint Rebmann, sei nahe daran,

8 Zu *Posselts* und *Rebmanns* Rolle als »deutsche Republikaner« vgl. Jacques *Droz*, L'Allemagne et la Révolution française. 1949, 128 f., 248 ff.

durch die Ereignisse bestätigt zu werden. Auch er greift zu der Vorstellung des Kolosses, der auf Europa stürzen wird (409 ff.). Doch bereits einige Jahre später können wir bei Rebmann als Reflex seiner tiefen Enttäuschung über die weitere Entwicklung in Frankreich folgende Sätze lesen: »Wahrheiten, die im Drängen der Leidenschaften, im Gebrause der Volkswut am Ufer der Seine verloren gingen, werden vielleicht am Gestade der Newa, in den beschneiten Steppen Sybiriens vernommen und tragen einst herrliche Früchte.«[9] Mit diesem unvermuteten Umschlagen des Russenhasses in die Hoffnung auf eine »russische Zukunft« treffen wir zum erstenmal auf ein Phänomen, das uns später gerade bei den – nicht unbedingt im politischen Sinne! – radikalsten Publizisten und Philosophen in ähnlicher Ausprägung noch öfter begegnen wird, so etwa bei Heinrich Heine, Ernest Coeurderoy und Bruno Bauer. Diese Option für Rußland bildet für sie einen Ausweg aus dem Dilemma, in das sie – für Heine gilt das nur für eine kurze Zeit – durch das »Scheitern« ihrer Ideale im Westen geraten waren. Die Hoffnung auf Rußland bot so die letzte Möglichkeit, von der Antizipation der Zukunft zu leben, zumal sie ihre intellektuelle Existenz als prophetische verstanden. – Man kann sie mutatis mutandis mit den französischen Traditionalisten in Parallele setzen, die – wie wir im nächsten Kapitel sehen werden – gerade als »extreme« Konservative Gegner Rußlands waren, und damit genauso die Zuordnung von konservativ und russophil durchbrechen, wie die ebengenannten die von fortschrittlich und russophob. Erst die Revolution von 1917 sollte beide Gruppen aus ihrem Dilemma befreien, aber nicht ohne die eine, die fortschrittliche, wieder in ein neues zu stürzen, in das zwischen Europäer und radikalen Intellektuellen, der in Moskau das neue Mekka erblickte.

Genauso wie Rebmann bezieht der junge *Joseph Görres,* der 1798 im Alter von 22 Jahren noch glühender Anhänger der Ideen von 1789 – »dieses glänzenden Triumphes des Jahrhunderts« – war, gegen Rußland und England in seinem *»Rothen Blatt«* zugleich Stellung. Er verkündet für die Zukunft »die Englisch-merkantilische, und die Russisch-politische Weltdespotie«; Rußland erscheint als »jener Kolosse, aus Schnee, Eis und Blut zusammengeknetet...«, den die »Knute und der Schrecken« zusammenhält,

---

9 Historisch-politische Miscellen. 1805, 272, zit. N. *v. Wrasky:* Andreas Georg Friedrich Rebmann. Phil. Diss. Heidelberg 1907.

der ohne diese bald in seine »heterogenen Elemente zerfallen würde«. Schon vor der Revolution, fährt Görres fort, krachte »das Staatsgebäude Europas unter den wiederholten Schlägen des asiatischen Unthiers in allen Fugen«, nach der Revolution warfen sich die Despoten dem Despotismus Rußlands in die Arme und fielen »vereinigt unter großem Gebelle und wildem Geheule über den neuen Freystaat her«, dessen Führer Napoleon das »Heil der Menschheit« bezweckt. Die Gestalt Napoleons scheint auch der historische Hintergrund für seine Geschichtskonzeption zu sein, die er einige Wochen später entwickelt. »Die Gegenwart ist die Tochter der Vergangenheit und die Mutter der Zukunft und wenn es festbestimmte, unwandelbare Gesetze gibt, nach denen sich die Menschheit aus dem dichten Nebel der Barbarei zum heiteren Äther der Kultur emporschwingt...«, dann müssen auch die Tage des Despotismus und der Barbarei gezählt sein, denn in allen »despotischen Staaten« finden sich »die unzweideutigen Symptome«, die »auf eine baldige Krise hinweisen«. »Ist einmal im Westen das System zur Reife gekommen, dessen Umrisse deutlich gezeichnet unserm Auge vorschweben, wer vermag ihm dann die Waage zu halten? Etwa der Koloß im Osten als Großmeister aller übrigen Trümmer des einst die Welt beherrschenden Despotismus?« Auch das verneint Görres.[10] In der Erhebung des Gegensatzes Despotie–Freiheit oder Barbarei–Fortschritt in eine romantische Geschichtskonzeption, in der die eine Seite notwendig siegen, die andere, und damit auch Rußland, notwendig unterliegen muß, besteht die Eigenart der Görreschen Stellungnahme.

In England stieß man immer wieder im Zusammenhang mit türkischen Problemen auf die russische Gefahr. Aus der Fülle der historischen Veröffentlichung um die Jahrhundertwende, die sich mit Rußland beschäftigen und die das starke Interesse beweisen, das man diesem Land entgegenbrachte, sei eine Broschüre herausgegriffen. In »*Sketches on the intrinsic strength, military and naval forces of France and Russia*« (1803)[11] wird ein bevorstehender Entscheidungskampf zwischen dem Zaren und dem »Konsul« prophezeit. Wenn diese ihre feindlichen Legionen gegeneinander

---

10 Das rothe Blatt = Ges. Schriften (Ausgabe der Görresgesellschaft) I, 130 ff., 157 ff.

11 Zitiert nach der französischen Übersetzung von Robert *Wilson:* A Sketch of the Military and Political Power of Russia in the year 1817. = Tableau de la puissance militaire et politique de la Russie. 1817 S. VI f.

aufbieten, dann werden Verhandlungen, Neutralitätsvereinbarungen, Demarkationslinien nur leere Worte sein. Die Kabinettskriege wird es dann nicht mehr geben, denn das letzte Motiv des Kampfes wird das Streben nach dem Bosporus und Hellespont sein, von denen heute die Beherrschung der westlichen Welt abhängt. In diesem Entscheidungskampf wird es nur Sieger und Besiegte geben, denn es wird um nichts weniger als um die »Weltdiktatur« gehen. Wenn auch nur in negativen Bestimmungen sich ausdrückend und wenn auch englische Spekulationen auf eine Auseinandersetzung zwischen Napoleon und Rußland verratend, hat der Verfasser doch klar erkannt, daß mit der Französischen Revolution neue Elemente des Krieges eingeführt wurden und daß das bisherige politische System zu zerbrechen begann.

In der Wendung Görres' und Rebmanns gegen die Despotie Rußlands *und* Englands deutet sich bereits an, was sich jetzt bei der Behandlung der französischen Publizistik zeigen wird: Es zeichnet sich gegen Ende der 90er Jahre in Frankreich eine Verdrängung der Bürgerkriegsfronten durch andere weltgeschichtliche Gegensätze ab. Durchaus gängige Argumente finden wir in einem französischen Pamphlet von 1796 »*Réflexions sur les causes naturelles de l'union entre la Porte Ottomane, la France, la Pologne, la Suède et le Danemark*«. Ohne dieses Bündnis wäre ganz Europa in Gefahr »à subir le joug de la monarchie universelle des barbares Moscovites (15 f.).[12] – Aber bereits am 22. 1. 1795 hatte *François Antoine Boissy d'Anglas* (1756–1826) in einer Rede vor dem Convent aus der politischen Situation seines Landes heraus eine Rußlandprognose aufgestellt. »La Russie ambitionne l'empire de la terre comme l'orgueilleuse Albion celui des mers..« heißt es in einer charakteristischen Formel. Der traditionelle französisch-englische Gegensatz wird hier unter dem Druck der politischen Konstellation zu einem größeren erweitert: Frankreich steht als Vormacht Europas gegen dessen wahre Feinde! Die Völker Europas, fährt er fort, mögen sich gegen die »peuples barbares« des russischen Reiches zusammenschließen, statt sich in einem Krieg gegen Frankreich zu erschöpfen, bei dem Rußland der einzige Gewinner sei. »Oubliéz-Vous, peuples, que les irruptions des Gothes et des Vandales renversèrent l'Empire Romain plus uni, plus re-

12 Zit. nach *Bilbassof* a. a. O. I, 690 f.

doutable que Vous?« ruft er ihnen zu. »Je sais qu'on peut dire avec fondement que l'empire Russe est un Colosse au pieds d'argile, que la corruption y a précédé la maturité, que l'esclavage qui y existe ôte toute solidité à sa force, toute énergie à ses ressorts: qu'il est immense, mais en grande partie désert; fastueux, mais pauvre; qu'il est déjà trop vaste pour être gouverné; qu'en s'étendant, il avance sa dissolution... mais ce géant, avant périr, vous écrasera... c'est sur vos ruines qu'il doit tomber, il ne démembrera qu'après vous avoir ravagés, dispersés, anéantis.«[13] Aus der These Boissy d'Anglas', daß Frankreich die Vormacht Europas gegen dessen Gegner, d. h. gegen Rußland und England sei, wird deutlich, daß man in Frankreich die Ideen von 1789 als nicht mehr allein für die politischen Gegensätze konstitutiv erachtete. Bediente man sich gegen Deutschland der Ideologie der »frontières naturelles«, so wandte man auf den traditionellen Gegensatz zwischen Frankreich und England den von Land und Meer an.[14] Nun entstand für die französische Publizistik das Problem, die Landmacht Rußland in diesen Dualismus einzuordnen.

Der Kampf Frankreichs gegen England, der im Zeichen dieses Gegensatzes gesehen wird, könne nur mit dem Sieg der einen oder der anderen Seite enden, denn »le gouvernement anglais ne peut *co-exister*[15] avec la République française«, heißt es in dem wohl

13 Zitiert nach *Posselt:* Europäische Annalen. Jg. 1796 S. 7 f.

14 Daß dies nicht nur eine ideologische Verbrämung darstellte, sondern auch konkrete politische Gegensätze ausdrückt, haben zu Beginn dieses Jahrhunderts schon Gustav *Schmoller* und Otto *Hintze* erkannt. *Schmoller* (Schmollers Jb. 24, 1900, 373) schreibt, daß die »großen Kriege, welche das 18. Jahrhundert schlossen, das 19. eröffneten... der Schlußakt in dem weltgeschichtlichen 150jährigen Drama des Kampfes zwischen England und Frankreich um den Besitz der besten Kolonien und um die Welthandelsherrschaft war«. *Hintze* sah 1907 (Staat und Verfassung. Ges. Abh. I, Göttingen 1962, 465) in den Revolutionskriegen den »gewaltigen Ausbruch« der »alten Rivalität zwischen Frankreich und England«, in denen »der in Napoleon wiederauflebende alte kontinentale Imperialismus mit dem britischen Anspruch auf die See- und Handelsherrschaft in weltgeschichtlicher Entscheidung zusammenstieß«.

15 Der Begriff Koexistenz und die Verwerfung des mit ihm gemeinten politischen Inhalts gehört in die nachrevolutionäre Zeit. Die von 1789 ausgehende extreme Ideologie bestritt damit die Möglichkeit einer konkreten politischen Ordnung, die auf grundsätzlicher Anerkennung des Feindes basierte und aus den konfessionellen Bürgerkriegen hervorgegangen war. Zu diesem Hintergrund vgl. auch die in Anm. 1 und Anm. 16 dieses Kapitels genannten Aufsätze von Roman *Schnur*.

großartigsten Pamphlet gegen die insulare Seemacht, in der Schrift *Bertrand Barère de Vieuzacs »La liberté des Mers ou le gouvernement anglais dévoilé«* von 1798.[16] Frankreich steht nun als Vertreter Europas nicht nur gegen England, sondern auch gegen Rußland, das sich zum Schaden Europas mit diesem verbunden hat:

16 Mein herzlicher Dank für den Hinweis auf die Schriften *Barères* und einiger anderer Franzosen gilt Herrn Dr. Roman *Schnur*; vgl. auch dessen Aufsatz: Land und Meer – Napoleon gegen England. Zeitschr. f. Politik 1961, 11 ff. – Die Zitate aus Barères Schrift: Originalausgabe III, 109, 72 ff., in der Auswahl von Jean *Marchand* 1942: 107, 104. Dort auch Literatur über Barère und kurze Skizze seines Lebens. Neuerdings: *Leo Gershoy,* Bertrand Barère. A Reluctant Terrorist. Princeton 1962. – Die französische Pamphletliteratur gegen England aus dieser Zeit ist nicht nur quantitativ, sondern auch qualitativ durchaus der Beachtung wert. Man gewann in dieser Situation aus dem Gegensatz zu England z. T. bedeutende geschichtliche Einsichten. Die Meinung, daß die englische Industrie eine Folge des Navigationssystems sei, findet man öfter ausgesprochen (etwa: *d'Hauterive:* De l'état de la France, à la fin de l'an VIII. 1800 S. 158 f.; De la guerre perpétuelle, et de ses résultats probables pour l'Angleterre. o. J. S. 5), ebenso die Einsicht, daß England zur insularen und maritimen Existenz gefunden habe (so *Barère* a. a. O. I, 64, 91) – das Meer sei gewissermaßen die Wohnung Englands geworden (*Barbault-Royer:* Résumé sur l'Angleterre. o. J. S. 9 f., ders.: Essai politique sur les puissances navales dans la guerre de la République. 1794 S. 9) –, aber *Morgues* blieb es vorbehalten, aus der Erkenntnis der gegenseitigen Abhängigkeit von Schiffahrt, Handel und Industrie 1797 die Prognose aufzustellen, daß die Industrie künftig das Schicksal der Völker bestimmen wird. Er geht aber noch weiter: Die Industrialisierung führe dazu, daß von England eine Revolution ausgehen wird, der französischen an historischer Bedeutung mindestens ebenbürtig, nämlich die »révolution industrielle«. (De la France, relativement à l'Angleterre et à la maison d'Autriche. 1797 S. 19, 11 [industr. Rev.].) Bereits einige Jahre später wird deutlich gesehen, daß die Industrie die Voraussetzung zur Entfesselung der Technik schafft, denn die englische Industrie, die auf der Kraft der Maschinen beruhe, kenne keine Grenzen als die Erzeugnisse der Arbeit, die sie ins Unendliche vermehre (De l'influence du système maritime de l'Angleterre sur le repos de l'Europe, son commerce er son industrie. 1815, 13). In diesem Zusammenhang kann noch *Hegels* Rechtsphilosophie (1821) erwähnt werden, in deren § 247 die industrielle Entwicklung wie bei den genannten Franzosen der maritimen Existenz zugeordnet wird, eine Zuordnung, die Carl Schmitt in seinem Aufsatz, Die geschichtliche Struktur des heutigen Welt-Gegensatzes von Ost und West, in: Festschrift für Ernst Jünger. 1955, 135 ff., zum Zentrum seiner Analyse der Industrialisierung macht. Neben dem § 247 der Rechtsphilosophie – »Wie für das Prinzip des Familienlebens die Erde, fester Grund und Boden, Bedingung ist, so ist für die Industrie das nach außen sie belebende Element, das Meer.« – sei noch auf die explizite Beschreibung der Eigentümlichkeiten des Meeres in der Geschichts-

»Le génie de Pierre le Grand le portrait vers la France: il visait à la civilisation de la Russie. L'ambition de ses successeurs les a portés vers l'Angleterre: ils aspirent à l'oppression de l'Europe.« Der angedeutete Gegensatz von Zivilisation und Barbarei wird noch weiter getrieben. »L'Anglais et le Russe sont hors d'Europe, les flots de la mer et les glaces du Nord entourent donc ses deux plus cruels ennemis.« Damit ist der Dualismus auf eine kurze und prägnante Formel gebracht. Das oben angedeutete Problem war insofern gelöst, als die »hors d'Europe«-Erklärung Rußlands zeigt, daß es jetzt um den Kampf des zivilisierten Landes gegen das Meer und das unzivilisierte Land ging. Ist England die Inkarnation der Barbarei auf dem Meer, so Rußland die der Barbarei auf dem festen Land. Dies ist nicht nur die Meinung Barrères, sondern auch die vieler seiner Landsleute. So die von *Eschasseriaux* in seiner Schrift »*Tableau politique de l'Europe au commencement du XIXe siècle, et moyens d'assurer la durée de la paix générale*« (1802), der Europa vom »empire des mers« und von »trois siècles de dévastation« bedroht sieht (61, 79). – Wie wenig diese ganzen Argumente als bloße Propaganda gewertet werden können, beweist wohl die Denkschrift *Talleyrands* vom September 1806, in der er darlegt, daß Rußland »toujours l'auxiliaire de l'Angleterre contre la France« und »étrangère à politique des autres états de l'Europe« sei, und daß es deshalb angebracht sei, Preußen als Bollwerk gegen dieses Land zu stärken.[17]

Der idelle Gegensatz zu Rußland sollte nach Verkündung der Kontinentalsperre (1806) Realität gewinnen. Nun schien Rußland, dem alle Hilfsmittel der Zivilisation in seiner Regierung und alle Kräfte der Barbarei in seinem Volke zur Verfügung ständen – eine uns schon bekannte Antithese –, nur noch eines Trotz bieten zu können: »Un grand capitaine et des armées incomparables«, die vielleicht »peuvent faire un moment trembler le colosse hyperboréen«. So heißt es in einer anonymen Broschüre aus dem Jahre 1807 »*De la politique et des progrès de la puissance russe*«

philosophie hingewiesen. (Sämtl. Werke, XVIIIa, 197 f.) Zum Schluß sei noch die Bemerkung angefügt, daß die politische und die industrielle Revolution, die aufeinander treffend ihre Wirungen gegenseitig steigerten, zuerst konkret in dem Dualismus von England und Frankreich, wenn wir die Erkenntnisse französischer Publizisten um 1800 verwerten wollen, können wir sagen: in dem Gegensatz von Land und Meer, feindlich sich begegneten.

17 Abgedruckt in Zeitschr. f. Osteurop. Gesch. I (1911), 216 ff.

(110 ff.). Damit war das Stichwort gefallen für die Situation zu Beginn des Feldzuges von 1812 gegen Rußland, die sich in der Schrift Montgaillards »*Seconde Guerre en Pologne, ou considéra-tions sur la paix publique du continent, et sur l'indépendance maritime de l'Europe*« (1812) am besten reflektiert. Der Kampf Napoleons wird interpretiert als der Kampf der Zivilisation gegen die Barbarei; Napoleon repräsentiere alle zivilisierten Nationen, die Zivilisation und die Wissenschaften, den Frieden des festen Landes und die Freiheit der Meere gegen die Barbarei Englands und Rußlands (6, 34). Der alte Feind, das seebeherrschende England, sei noch gefährlicher geworden durch sein Bündnis mit dem wilden Rußland, der Inkarnation der Barbarei auf dem festen Lande (16). *Widemann* hält in seiner Schrift »*Les Océanocrates et leurs partisans, ou la guerre avec la Russie en 1812*« mit der For-mierung des Dualismus Europa einerseits und England und Ruß-land andererseits, einen absoluten Gegensatz für erreicht. Es gäbe nur noch zwei große Parteien! (77)

In diesem Augenblick – als man erkannte, daß die öffentliche Meinung Europas nicht allgemein russophob war – lancierte die napoleonische Propaganda eine weitere Schrift, Lesurs »*Des pro-grès de la puissance russe depuis son origine jusqu'au commence-ment du XIXe siècle*« (1812), in der zum erstenmal das soge-nannte »*Testament Peters des Großen*«[18] veröffentlicht, d.h. in seinen wesentlichen Punkten abgedruckt wurde. Dieses angeb-liche Testament sollt in der Folge für die antirussische Publizistik eine steigende Bedeutung bis weit in die zweite Hälfte des 19. Jahrhunderts hinein gewinnen. Schon seine Entstehung einer pro-pagandistischen Absicht verdankend, eignete es sich vorzüglich für diesen Zweck.

Doch es wäre falsch anzunehmen, daß dieser Feindschaft der An-hänger Napoleons eine positive Einschätzung Rußlands von sei-ten seiner Gegner entspräche. *Friedrich von Gentz,* der schon 1804 vor einer Überbewertung der Möglichkeit eines russischen Eingreifens gewarnt hatte, schrieb 1807, daß die »große, verderb-liche und leider unheilbare Illusion, ...Hilfe von Rußland zu erwarten, ...Österreich, Preußen und England in alle jetzigen Ka-lamitäten gestürzt« hat.[19] Auch der *Freiherr vom Stein* ist skep-

18 Siehe Anhang: Exkurs I »Das Testament Peters des Großen«.
19 Gentz an Brinckmann vom 16. X. 1807 = Briefe II, 284.

tisch Rußland gegenüber. Ist Österreich erst einmal geschlagen, so prophezeit er in einer Denkschrift von 1808, dann wird Frankreich mit Hilfe ganz Europas gegen Rußland marschieren. Dieses Land, beherrscht von einer verderbten Bürokratie und bewohnt von Sklaven, »wird den Kampf mit dem gebildeten Europa nur kurze Zeit bestehen«, Rußland ist für ihn, wie er 1810 in einem Brief schreibt, »cette masse brute qui offre si peu Anziehendes für den Augenblick, so wenig Aussicht für die Zukunft«.[20]

Ernst Moritz Arndt, der seiner Dozentur in Greifswald wegen seiner Gegnerschaft gegen Napoleon verlustig ging und in Schweden Zuflucht suchen mußte, veröffentlichte dort in der Zeitschrift »Der Nordische Kontrolleur« 1808/09 einen Aufsatz »*Ein kurzes Wort über Rußland und sein Verhältnis und Verhalten gegen das übrige Europa vor und seit Peter dem Großen*«.[21] Arndt steht ganz unter dem Eindruck des französisch-russischen Gegensatzes, denn er schreibt, daß es »künftig auch der gerüstetsten Macht unmöglich seyn wird, diesen Koloß zu erschüttern. Wir sind wahrlich nicht weit von der Epoche, wo diese Frage und Katharinas Staat auf eine fürchterliche Probe gestellt werden wird« (364). Er scheint trotzdem diesem Koloß nicht sehr viel Festigkeit zuzutrauen, denn seine Beurteilung Rußlands ist fast durchgehend negativ. Rußland rechnet er zwar zu Europa – die Russen »sind bis auf den heutigen Tag von den *übrigen* Europäern nur von fern berührt« (246) –, aber der Russe bleibe doch »Barbar« (249) und werde niemals Angehöriger eines »edlen, freien und gesitteten Volkes« werden (127). »Offenbar sind die Russen gegen die übrigen europäischen Zeitgenossen noch in einem Barbarenzustande. So sind ihre Sitten, so ihre Verfassung, so ihre Regierung, so ihre Staatsstreiche und Revolutionen.« (121) Gründen dafür nachgehend, legt Arndt besonderes Gewicht auf »die Nähe und den Umgang von Barbaren«, anders gewendet ihre geschichtlich bedingte Absonderung von Europa (124 ff.), und die ungünstige geographische Lage. Wir können hier nicht auf Arndts »Anthropologie« (102 ff.) eingehen und müssen uns darauf beschränken

20 Denkschrift vom 8. IX. 1808 = Briefwechsel II, 512 f.; Brief an die Gräfin *Lanskoronska* vom 17. III. 1810 = a. a. O. III, 245.
21 Der vollständige Aufsatz erschien 1960 in Darmstadt nach dem in Deutschland nicht mehr vorhandenen Original neu hrsg. v. A. Dühr. Die Zahlen im Text beziehen sich auf die Seitenzahlen des »Nordischen Kontrolleurs«, die sich auch im Neudruck finden.

festzustellen, daß er als Kern des Unterschiedes von Rußland und Westeuropa, den von Land und Meer begreift. »Denken wir nur an die Thätigkeit und das Leben, die Rußland auf dem Meere bekommen, an die Bildung und Kraft, die es dadurch gewinnen kann, so begreift jeder leicht, wie gering seine Auswege sind und wie fern seine Wege sind, wenn man es mit den meisten anderen europäischen Ländern vergleicht.« (118) So lautet eine der vielen diesbezüglichen Stellen (116 f., 124). Rußland stagnierte deshalb, und so kam es, daß »kein Bürgerstand, kein Bürgersinn hat in dem unglücklichen Lande bis jetzt gedeihen wollen, Sklavenluft weht noch immer über das weite Reich...« (247). Vor die Frage gestellt, was Rußland in der Zukunft werden könne, antwortet Arndt: »Ich sage nicht, daß die Russen nichts anderes werden können durch eine Schlechtigkeit von Natur, ich sag damit nur, daß sie nichts anderes seyn werden, solange die Schlechtigkeit ihrer Verfassung dauert.« Ob letztere sich ändern werde, hänge an »Weisheit und Hochsinn« des russischen Adels: »Wird dieser seine gemeinsamen Interessen edel aufgeben, wird er sich von einem unsichern und üppigen Despoten zu einem sichern und kraftvollen Bürger erheben können, damit aus Sklaven ein edles und freies Volk werde? Darauf beruht alles.« (251) Wir sahen, auch Ernst Moritz Arndt faßte den Gegensatz von Westeuropa und Rußland nicht unter die Begriffe von Revolution und Gegenrevolution. Es ergab sich für ihn schon aus seiner politischen Position, die Verschiedenheit Westeuropas und Rußlands unter die Aspekte von Barbarei und Zivilisation zu stellen, konkret unter die von abgeschlossenem, ungegliedertem Land und zugänglichem, die Anliegerstaaten mit Handel und Kultur befruchtenden Meer. Eine Argumentation, die sich mit der französischen, die ja den Dualismus von Land und Meer anders interpretiert, in bezug auf Rußland in etwa deckt.

Am Vorabend des nicht nur von der rußlandfeindlichen französischen Publizistik vorhergesagten Kampfes zwischen Frankreich und Rußland, in dem sich für viele Zeitgenossen eine weltgeschichtliche Spannung zu entladen schien, äußerten sich auch einige deutsche Dichter zum Thema Rußland und Europa. *Jean Paul* wandte sich in seiner *»Dritten Nachdämmerung für Deutschland«*, die 1810 im »Deutschen Museum« erschien, spöttisch gegen die zeitgenössische Angst vor dem barbarischen Rußland. Immer sind, so lautet seine Meinung zur Bedrohung der europäischen Kultur durch die Russen, in der bisherigen Geschichte ungebildete, hereindringende Völker von den gebildeten »in sich aufgelöst« worden. Wäre dem nicht so, so hätte die Weltgeschichte, die ja »mit einer überwiegenden Barbarenzahl anfängt«, nicht von den »gebildeten Völkern« geprägt werden können. Sollte aber Rußland Europa nacheifern, dann wäre die Gefahr noch geringer. »Und wo liegt denn das große Unglück, wenn das Licht Völker nach Völkern durchwandert und von jedem weiterzieht, aber von keinem scheidet, ohne wenigstens Dämmerungen als Spuren zurückzulassen?« Fühlt man sich hier an Herder erinnert, so wird dieser Eindruck noch verstärkt durch seine Prognose über die Zukunft Amerikas: Wenn wirklich Europa der Barbarei einheimfallen sollte, so wird Nordamerika »unser historisches Schauspiel zum zweiten Male geben«, vielleicht wird dann die »alte Welt« einst sein Pflanzland werden.[22] In Jean Pauls Rußlandbild begegnet uns einer der letzten Ausläufer jener aufklärerischen Hoffnungen in bezug auf Rußland, die einen Pessimismus gar nicht wirklich akut werden lassen, weil er letztlich im Fortschrittsglauben wieder aufgehoben wird.

Eine andere Form nimmt der Pessimismus in *Eichendorffs* Roman »*Ahnung und Gegenwart*« an. Der Kampf zwischen Frankreich und Rußland – »Ich hatte denselben [Roman] vollendet, ehe noch die Franzosen in Moskau waren...« – scheint den Dichter zu seiner Vision des Entscheidungskampfes zwischen »Altem und Neuem« angeregt haben – das Vorwort legt zumindest diese Interpretation nahe. »Wunder werden zuletzt geschehen, um der Gerechten willen« und es wird wieder Frieden werden in Europa. Die Erwähnung Nordamerikas als einer besseren Welt verstärkt noch die pessimistische Stimmung, die über dem ganzen Roman liegt, und die sich auch auf Europa bezieht, das einem »ausgebildeten Heidensitze« gleiche.[23] Doch läßt Eichendorffs Katholizismus den Pessimismus nicht zur vollen Wirkung kommen. – Anders ist dies bei *Heinrich von Kleist*. Bei ihm scheint eine Erschütterung des europäischen Selbstbewußtseins Gestalt zu gewinnen, die eine Dimension erreicht, welche keiner Reflexion auf eine wie immer geartete Geschichtsdialektik, die sich selbst als Tiefpunkt, als Um-

---

22 Sämtl. Werke, 1. Abt. XIV. Dritte Nachdämmerung. Abschnitt: Über die Furcht künftiger Wissenschaftsbarbarei. S. 214 f.

23 Brief an *de la Motte Fouqué* vom 1. X. 1814 = Sämtl. Werke XII, 8 – Ahnung und Gegenwart. 1815 Kap. 24.

schlagpunkt versteht, mehr zugänglich ist. In Kleists Aufsatz
»*Über das Marionettentheater*« (1810)[24], in dem das Zukunfts-
bild einer vollkommen technisierten und rationalisierten Welt
erscheint, tritt ein Bär auf die Szene, der als eine Art mythisches
Symbol die Welt des Ostens, d. h. Rußland verkörpert. Er ist kraft
unfehlbaren Instinkts jeder Technik überlegen. Er ermüdet die
erfahrensten Florettfechter, weil er auf Finten einfach nicht rea-
giert. Ein Kampf gegen ihn ist sinnlos, ein Sieg unmöglich. Noch
bevor die Napoleonischen Heere sich nach Rußland ergossen, war
die Sinnlosigkeit solchen Tuns in einer prophetischen Vision ausgesprochen. Kleist, der Gegner Napoleons, optierte damals bewußt für den Osten gegen Napoleon, der den Westen verkörperte.
Vom Berlin des Anfangs des 19. Jahrhunderts aus, unter dem Eindruck des französisch-russischen Gegensatzes, neben den der
preußisch-französische trat, war eine solche Option natürlich
leichter zu vollziehen als 40 Jahre später für den Linkshegelianer
Bruno Bauer. In der Mitte des Jahrhunderts war der intellektuelle
Aufwand, dessen man zur Legitimierung einer solche Position bedurfte, ungleich größer geworden.

Daß der Kampf Rußlands an der Seite Österreichs und Preußens
gegen Napoleon zumindest in Deutschland antirussische Gefühl
für einen Augenblick zum Verstummen brachte, ist verständlich.
Alexander I. erschien vielen als Befreier von dem Joche Frankreichs. Die verschiedensten politischen und weltanschaulichen
Strömungen fanden sich in dieser Meinung zusammen. Rußlands
unzivilisierte Völkerschaften werden aus dem Westen, so meinte
man, »treffliche Keime zur höheren Kultur«[25] tief nach Asien hin-
eintragen. Deutschlands wahre Freunde wären in Rußland zu
finden, hieß es. Napoleon sei die Verkörperung des Despotismus,
Alexander die der Freiheit.[26] *Gentz* sah schon im Frühjahr 1814
weiter: »Was Rußland durch Napoleon erreichen konnte«, so
schrieb er an Metternich, »hat es (zum großen Nachteil für Europa) vollständig erreicht... Der Kaiser (Alexander) legt also,
indem er den Bourbons auf den Thron hilft, den Grund zu einem

24 Werke VII, 39 ff., bes. 46 f. Vgl. auch die Interpretation *Spenglers:* Untergang des
    Abendlandes, II, 23 (1941).
25 Rußlands glorreiche Selbstaufopferung zur Rettung der Menschheit. 1815
    S. 236.
26 L. V. *Baczko:* Rußland und Frankreich. 1814 bes. S. 139.

politischen System, welches unter allen denkbaren das vorteilhafteste für Rußland, aber... leider das gefährlichste für die übrigen Mächte ist.«[27] Auch *Castlereagh* bemerkte die Gefahr, die aus einer zu engen Abhängigkeit Österreichs und Preußens von Rußland erwachsen konnte, nämlich daß »one colossal military power holding two other powerful states in a species of dependence and subjection, and through them making their influence felt in the remotest parts of Europe.«[28]

Die Wiederherstellung des europäischen Gleichgewichts »ist es, was Noth thut« (137), forderte *Wilhelm Butte* (1772–1833) in seiner 1814 erschienen Schrift *»Ideen über das politische Gleichgewicht von Europa«*. Er ist optimistischer als die erwähnten Staatsmänner und Publizisten, weil er dem unmittelbaren Eindruck, daß Rußland, »um die Sklaverei zu verhüten«, Moskau aufgeopfert hat, erliegt. Zu sehr verbleibt er im ideologischen Raum, um sich in die Sphäre nüchternen politischen Räsonnements erheben zu können. 1815 trat Butte wiederum in *»Die unerläßlichen Bedingungen des Friedens mit Frankreich«* antirussischen Auffassungen entgegen. Sollte Rußland wirklich einmal nach einer Universalmonarchie streben, so würde es notwendig scheitern, »indem auch die Idee des Staates sich nicht anders als in einer Mehrheit von nebeneinander nacheinander und in gegenseitiger Beziehung stehenden Staaten offenbaren kann.« Eine bereits alte, gerade um diese Zeit wieder aufkommende Vorstellung aufnehmend, konstruiert Butte einen Kulturauftrag Rußlands in Kleinasien und auf dem Balkan (115 ff.). Man merkt deutlich, wie hier versucht wird, mit Hilfe überkommener Schemata einer sich abzeichnenden neuen politischen Wirklichkeit gerecht zu werden. 1814 veröffentlicht der *Baron de Bignon* sein *»Exposé comparatif de l'état financier, militaire, politique et moral de la France et des principales puissances de l'Europe«*. Er versucht darin nachzuweisen, daß die Teilung Polens an allem Nachfolgenden schuld sei. Polen müsse deshalb wiederhergestellt werden (225, 233 f.). Die nächste Motivationsschicht ist von dieser streng geschieden, denn es geht dem Verfasser darum zu beweisen, daß Rußland und Frankreich eigentlich nur gemeinsame Interessen haben. Des Guten zuviel tut Bignon, wenn er sich nun auch noch angelegen sein

27 Brief vom 15. II. 1814 = Briefe III, 251 f.
28 Depesche aus Wien vom 2. X. 1814 in *Webster:* British Diplomacy. 1921 S. 200.

läßt, Europa und besonders Österreich vor Rußland zu warnen. Dieses Durcheinander der Motive und Zwecke ist für die damalige Lage, die in bezug auf die Rolle Rußlands im europäischen Staatensystem völlig ungeklärt war, bezeichnend. Klar erkennt Bignon die spezifische Schwäche Österreichs gegenüber Rußland, nämlich die »nombreux auxilaires dont elle peut mettre en jeu le zèle et la bonne volonté... Toutes les nations slaves tiennent par de rapports plus ou moins directs à la Cour de Pétersbourg... Depuis les Bouches-du-Cattaro jusqu'au fond de la Hongrie, la commune observance du rit grec et une affinité de langage plus ou moins sensible fournit à la Russie des moyens agressifs toujours à ses ordres.« (223)

Wir glauben, eine etwas eingehendere Darlegung der verschiedenen Stellungnahmen zu Rußland – auch in ihrer zeitlichen Folge – für die Zeit bis 1815 durchaus rechtfertigen zu können und werden in den folgenden Kapiteln noch einige wichtige Erweiterungen dazu bringen. Wenn es auch im wesentlichen eine Leistung der 30er und 40er Jahre des 19. Jahrhunderts war, das Verhältnis Rußlands zu Westeuropa in bis ins 20. Jahrhundert hinein gültigen Formeln festzulegen, so wurde doch in den Jahren zwischen der Französischen Revolution und dem Wiener Kongreß auf dem Hintergrund einer sich anbahnenden historischen Umwälzung größten Ausmaßes eine neue Begrifflichkeit für die Erfassung des Phänomens Rußland geschaffen. Auf einige dieser Begriffe und Begriffswandlungen wollen wir kurz eingehen.

Daß die Barriereideologie im Zusammenhang mit den polnischen Teilungen auftaucht, war zu erwarten, daß man Rußland als Störer des Gleichgewichts anprangert, gehört in dieselbe politische Vorstellungswelt hinein, und wir dürfen diese Meinung den Verfassern nicht unbesehen als persönliche Überzeugung abnehmen –, daß man aber Rußland ungefähr zur gleichen Zeit in verschiedenen Ländern beschuldigte, die Universalmonarchie anzustreben, zeigt, welches Gewicht man Rußland zuerkannte. Diese Einsicht ist unabhängig davon, ob diese Beschuldigung ernst gemeint ist oder propagandistisch verwendet wird. Daß Rußland nach Wegfall der polnischen Barriere unmittelbar an Europas Grenze stand, daß das Osmanische Reich entscheidend geschwächt war, waren angesichts der stetig fortschreitenden Expansion Rußlands Tatsachen, die glauben machen konnten, nun wäre die Reihe an Westeuropa. Die Vorstellung, daß jetzt ein Land nach dem anderen an die Reihe käme, ist häufig anzutreffen. Wollte man das überkommene Bild vom »colosse au pieds d'argile« in dieser veränderten Situation noch benützen, so drängte sich die Vorstellung vom Koloß, der auf Europa stürzt, geradezu auf. Daß man diese Vorstellung überhaupt konzipieren konnte, wenn auch nur, um sie als Propagandawaffe zu benutzen, ist wohl das erste Anzeichen dafür, daß es ein verbreitetes europäisches Krisenbewußtsein gab, das als Resonanzboden der Propaganda in Frage kam. – In diesem Zusammenhang gehört auch die Formel von dem bereits vor der Reife verdorbenen Rußland. Sie war wohl die geeignetste, wenn man versuchte, Leibeigenschaft, Korruption und die unbestreibaren Fortschritte Rußlands auf dem Gebiete der Zivilisation und Technik in einem Schlagwort zusammenzufassen. Die Meinung der von Rußland enttäuschten Aufklärer, Rußland habe vom Westen nur die Laster übernommen, war sein Vorläufer.

Wollte die französische Politik unter Aufnahme traditioneller Barrierevorstellungen den europäischen Raum im Interesse ihrer Hegemoniebestrebungen gegen Rußland abschirmen, so wollten ihre weitblickenden Widersacher objektiv dasselbe Ziel erreichen, wenn auch aus ganz anderen Motiven heraus. Das Tragische der Situation bestand darin, daß man sowohl gegen Napoleon, als auch später gegen die allerorts aufflammenden Rebellionen und Revolutionen Rußlands Hilfe annehmen mußte. Man kämpfte also publizistisch mit dem Argument gegen Frankreich an, daß Napoleon das europäische Gleichgewicht aus den Angeln höbe – zum Teil beruhte die Argumentation auf ehrlicher Überzeugung, zum Teil auf berechnender Bequemlichkeit, weil sich die Gleichgewichtsideologie als gängigstes Schema für konservatives politisches Räsonnement anbot –, während man durch das Paktieren mit Rußland selber Hand an dieses Gleichgewicht legte. Auf der Seite der napoleonischen Partei war die gegen Rußland gerichtete Gleichgewichtsthese mehr oder weniger eine Waffe der Propaganda. Napoleon aber war es selber, der die in dieser – meist als Propaganda intendierten – Behauptung implizierte Prognose ganz gegen seinen Willen verifizieren sollte.

Mit in den Zusammenhang der Gleichgewichtsvorstellung gehört die Tatsache, daß der Begriff »Weltdiktatur«, der Ende der 90er Jahre zum erstenmal auftaucht, an die Stelle der »Universalmonarchie« tritt. Dieser Wandel weist auf einen Zerfall des bisherigen politischen Systems hin, der erst durch die Revolution ermöglicht wurde. 1796 stoßen wir bereits in der antirussischen Publizistik auf die Formel, Rußland strebe nach der »Diktatur Europas«. Die Formel von der Macht, die nach der Universalmonarchie strebe, meist als Propagandawaffe gegen die jeweils stärkste Macht innerhalb des europäischen Staatensystems gebraucht, kann ihren beiden Bestandteilen nach der zu subsumierenden Wirklichkeit nicht mehr gerecht werden. Erstens, weil »universal« auf das europäische Staatensystem in seiner Geschlossenheit Bezug nimmt und diese nicht mehr vorhanden ist, zweitens, weil Vorstellungen und Realitäten neuer Staatlichkeit den Begriff »Monarchie« für die Bezeichnung der souveränen Herrschaft schlechthin gesprengt haben. Als das Abnormale, das dem Begriff der Diktatur inhärent ist, durch historische Dauer diese Eigenschaft verlor, stand der Prägung des Begriffs »Weltherrschaft« nichts mehr im Wege. Der Begriff Weltdiktatur ist also ein Übergangsbegriff. War die Ersetzung des Begriffsteiles »Monarchie« im wesentlichen auf die Französische Revolution und ihre Folgen, so die des Bestandteiles »Universal« – durch »Welt« – im wesentlichen auf den Einbruch Rußlands in das europäische Staatensystem zurückzuführen. Daß sich bis in die Zeit des Krimkrieges hinein die Anwendung des Begriffes Universalmonarchie, oder besser die Behauptung, Rußland strebe nach der Universalmonarchie, halten konnte, ist nicht allein der Zähigkeit alter Vorstellungen, sondern auch der sich nach 1815 anbahnenden Konsolidierung zuzuschreiben.

In den behandelten Schriften wird zum erstenmal die Bezeichnung »Osten« statt »Norden« – wie bisher – für Rußland verwendet. Dies ist ein Indiz dafür, daß Europa sich anschickt, einen weltgeschichtlichen Richtungswechsel von Nord-Süd nach Ost-West zu vollziehen. Die Begriffe »Westen« und »Osten« – vorher auf ganz andere Bereiche angewandt – sollten künftig dazu dienen, den Unterschied zweier geistiger und politischer Welten auszudrücken. Der West-Ostgegensatz in dieser Form ist ein Ergebnis der mittelbaren und unmittelbaren Folgen der Französischen Revolution. Die Begriffe Despotie und Barbarei konnten von nun an mit dem »Osten« gleichgestellt werden. Man hatte mit dieser Bezeichnung die Möglichkeit gewonnen, Rußland, das politisch zu einer der bestimmenden Mächte Europas geworden war, ideologisch die Zugehörigkeit zu Europa streitig zu machen, besonders wenn man »Osten« mit »asiatisch« in Zusammenhang brachte. Ein Interesse daran hatte man später aber meist nur auf seiten einer bestimmten »Partei«, und hier taucht er dann auch regelmäßig auf. Bis jetzt aber konnten wir noch nicht feststellen, daß diese als Diskriminierung gemeinte geographische Bezeichnung etwa nur von den »fortschrittlichen« Kräften oder den Anhängern der Revolution verwendet worden wäre. Der Gegensatz von Ost und West war sogar einer der großen weltgeschichtlichen Gegensätze – wie auch der von Land und Meer –, die die eindeutige Stellung Rußlands innerhalb des europäischen Bürgerkrieges verhüllten; denn noch konnte man die Gleichsetzung von konservativ und russophil einerseits und fortschrittlich oder revolutionär und russophob andererseits nicht durchführen. Wir sahen gerade in Frankreich, daß die Auseinandersetzung mit England und Rußland nicht in erster Linie auf dem Boden der Ideen von 1789 geführt wurde, sondern im Zeichen des Gegensatzes von Land und Meer, wobei natürlich die Einbeziehung Rußlands die Aufteilung nach Land und Meer nicht ganz deutlich werden ließ. Jedenfalls wurde damals zum erstenmal ein globales Ausmaß dieses Kampfes erreicht. Nur hatte sich noch keine klare Zuordnung des Dualismus von Ost und West und Land und Meer ergeben, die man mit dem von Revolution und Gegenrevolution verbinden konnte. Als die Zuordnung evident geworden war, hatte sich der europäische Bürgerkrieg zum globalen Bürgerkrieg – oder die europäische Revolution zur Weltrevolution – und der Gegensatz von Ost und West und Land und Meer zum Welt-Gegensatz erweitert.[29]

Die Schwierigkeiten für eine adäquate Erfassung Rußlands waren natürlich mit seiner materiellen und ideologischen Einbeziehung in die europäische Politik, die nach 1789 mit einer unvergleichlichen Intensivität einsetzt, noch angewachsen. Die aus dem 18. Jahrhundert überkommenen oder neugeschaffenen Begriffe

29 Zum Gegensatz Land-Meer im allgemeinen vgl. die einschlägigen Arbeiten von Carl *Schmitt.* Vor allem: Nomos der Erde. 1950; Die geschichtliche Struktur des heutigen Welt-Gegensatzes von Ost und West, in: Festschrift für Ernst Jünger. 1955, 135 ff. Auch Ludwig *Dehio,* Gleichgewicht oder Hegemonie, 1948, sieht den englisch-französischen Gegensatz in erster Linie als einen Kampf des kontinentalen gegen das maritime Prinzip (126 ff.) und interpretiert den amerikanisch-russischen von heute in derselben Weise (231).

boten sich als Topoi an, die dadurch nicht weniger gängig wurden und Verbreitung erfuhren, daß die »russische Gefahr« dauernd aktualisiert wurde. So konnte eine Revision der Denkschemata gar nicht stattfinden. Dazu kam noch, daß sich die alten Begriffe mit neuen, aus anderen Motivationsschichten stammenden Bedeutungen aufladen ließen, ohne daß dies auf den ersten Blick erkennbar war. Sie schienen damit in einer Tradition zu stehen. Dies führte dazu, daß sie noch stärker mit Affekten besetzt werden konnten. Aus diesem Grund muß in jedem konkreten Fall nach der Bedeutung der benutzten Begriffe gefragt werden.

Neben der Tatsache, daß Rousseaus Prognose vielen Autoren gegenwärtig war, und neben der prophetischen Vision Kleists gab es viele andere Anzeichen dafür, daß die Reaktion auf die Bedrohung durch Rußland aus dem Bewußtsein einer sich verschärfenden Krise heraus erfolgte. Daß diese Krise auch eine Krise des Lagebewußtseins der Intelligenz als europäischer, mit anderen Worten des europäischen Selbstverständnisses war, wird bald deutlicher werden.

Kapitel 2
De Bonald und de Maistre:
Ist Rußland das Bollwerk der Legitimität?

Louis de Bonald (1754–1840) und *Joseph de Maistre* (1753–1821), beide Juristen und Politiker, als Aristokraten Verlierer der Revolution – sie mußten emigrieren –, verliehen ihrer Gegnerschaft gegen die Revolution im gleichen Jahre (1796) Ausdruck, wobei de Maistres »*Considérations sur la France*« die »*Théorie du pouvoir politique et religieux*« Bonalds darin übertraf, daß sie die radikalste Formulierung einer Antithese gegen die Revolution darstellte. Beiden gemeinsam ist die Ablehnung der Revolution als der Versuch, Geschichte zu »machen« – »l'homme peut tout modifier dans la sphère de son activité, mais il ne crée rien...«.[1] Sie, die von Bossuet die Rechtfertigung der Herrschaft aus ihrer Dauer übernahmen, also aus der Geschichte selbst[2], setzten der Revolution die Tradition, deren Geschichtsphilosophie die »Geschichte«, deren Utopie die Eschatologie entgegen. Die politische Eschatologie ist die Antwort der Traditionalisten auf die Revolution, die de Maistre in seinen »*Considérations*« als »combat à outrance du christianisme et du philosophisme« interpretierte. In diesem Kampf enthüllten sich dem Geschichtsphilosophen, der den richtigen Schlüssel besitzt, »les voies de la providence dans la révolution française«: »Enfin, plus on examine les personnages en apparance les plus actifs de la révolution, et plus on trouve en eux quelque chose de passif et de mécanique. On ne saurait trop le répeter, ce ne sont point les hommes qui mènent la révolution, c'est la révolution qui emploie les hommes. On dit fort bien, quand on dit *qu'elle va toute seule*. Cette phrase signifie que jamais la Divinité ne s'était montrée d'une manière si claire dans aucun événement humain. Si elle emploie les instruments les plus vils, c'est qu'elle punit pour régénérer.«[3]

Der Situation der kirchentreuen Verlierer entspricht die escha-

---

1 Considérations sur la France. (= Œuvres choisis IV) S. 57.
2 Siehe Exkurs II.
3 Considérations, S. 52, 7, 6. *Tocqueville* wird nach der Revolution von 1848 der Sache nach dasselbe sagen. Vgl. Teil IV, Kap. 2, Anmerkung 21.

tologische Prognose. Die Einheit von Religion und Politik, die man dem politisch gewordenen Atheismus entgegensetzt, dient mehr dazu, den Bannspruch über den Gegner zu verstärken, als dazu, ein Idealbild künftiger Gesellschaftsordnung aufzustellen. Es ist nicht die zukünftige Geschichte, mit der man seine Position legitimiert und die des Gegners diskriminiert, sondern die »politische Theologie«, die de Bonald als erster entwickelt, mit deren Hilfe man die eschatologische Prognose stützt. Indem man die Revolution als den offenen Ausbruch des Kampfes zwischen Atheismus und Christentum begreift, den politischen Gegensatz also ins Theologische erhebt, müssen alle politischen Kategorien zu theologischen werden – und umgekehrt! So könnte man auf Diskriminierungen mittels Geschichtsphilosophie verzichten, weil es angesichts der letzten Entscheidung zwischen Christentum und Atheismus, zwischen Gut und Böse, einer solchen nicht mehr bedarf. Aber man erliegt doch dem Gesetz des Gegners, – der ja auch den Gegensatz über das Politische hinausgetrieben hatte – denn indem man die politische Entscheidung zu einer theologischen machte, machte man auch die theologische zu einer politischen.[4]

Wenn die Traditionalisten sich mit Rußland beschäftigten, so stand also stets die Frage im Hintergrund – die viele Konservative stellten und die auch Franz von Baader (siehe unten) bewegte –: Kann Rußland das Werkzeug der göttlichen Providenz zur »Regeneration« Europas sein? Um diese Frage beantworten zu können, muß man eine weitere, nämlich die stellen, wieweit Rußland auf dem Wege der politischen und religiösen Zersetzung schon vorangeschritten war. Daß sie dabei tiefer sahen als das normale politische Räsonnement der Konservativen und als die romantischen Staatsphilosophen der Restauration, liegt daran, daß sie weder beim vordergründig Politischen stehenblieben, noch sich ihren Blick durch den vorgängigen Willen zur Aufhebung der im Westen zutage getretenen Gegensätze trüben ließen, noch die konfessionellen Gegensätze neutralisierten. Von einer dezisionistischen Position aus muß auch das Urteil über Rußland viel radikaler ausfallen. Daß dabei Bonald mehr in den gängigen Vorstellungen befangen blieb, ist erstens auf den Mangel an persönlicher Kenntnis Rußlands und zweitens darauf zurückzuführen, daß er im

Verhältnis zu de Maistre weniger »radikal« war. Schon in seiner »*Théorie du pouvoir politique et religieux*...« von 1796 – seiner ersten Schrift – war Bonald auf Rußland eingegangen, diese »puissance dont la nature hâte, presse le développement par des moyens nouveaux... Placée sur la limite de l'Europe et de l'Asie, elle pèse à la fois sur toutes les deux...« Die russische despotische Regierungsform subsumiert Bonald unter die »Sociétés non constituées«, weil keine »ordre régulier de succession héréditaire« in der »famille impériale« herrsche und damit die politische Form »pouvoir non constitué« sei. Katharina obliege es, dem von Peter gegründeten Reich eine Konstitution in diesem Sinne zu geben. »Une société, telle que la Russie, non constituée, c'est-à-dire travaillée d'un principe intérieur d'agression et du besoin de s'étendre, menace d'un grand danger la tranquillité générale; et c'est bien assez pour l'Europe d'avoir à redouter un gouvernement neuf, dans la crise de son développement, où l'administration est très-éclairée et le peuple très-barbare, et qui réunit ainsi l'extrême perfection du moteur à l'extrême docilité des agents.« Wir sehen, wie hier Bonald gängige Vorstellungen über Rußland in die Systematik seiner politischen Philosophie einbaut, um daraus neue Perspektiven zu gewinnen. Was den Nationalcharakter der Russen betrifft, so meint Bonald, daß er noch keine endgültige Ausformung gefunden habe. Dem steht die Verschiedenheit der Völker, der Religionen, der Sitten und der Sprachen entgegen. Auch in dieser Beziehung hat Rußland »pas encore fixé sa constitution«.[5] Im folgenden wird noch deutlicher werden, daß Bonald mit seinen politisch-theoretischen Erwägungen wohl manches Richtige trifft, im ganzen jedoch sich zu sehr im Bereich des Grundsätzlichen hält, um zu einer wirklichen Erfassung des Phänomens Rußland zu gelangen.

In den »*Discours politiques* sur l'état actuel de l'Europe« (1802) widmet er Rußland einen ganzen Paragraphen. Bei der Beantwortung der Frage, warum Rußland, das doch seit den Römern die größte »force d'expansion« entwickelt habe, »n'a pas marché du même pas que les autres nations de l'Europe dans la route des connaissances humaines«, macht sich sofort sein traditionalistischer Ansatz geltend: Rußland habe das Christentum vom schismatischen Byzanz übernommen und sei deshalb außer-

5 Œuvres (Ed. Migne) I, 316. *Bonald* schrieb die »Théorie...« 1795 in der Emigration in Heidelberg.

halb der Kultur geblieben, die sich nur in den Ländern entwik-
kelte, die unter dem Einfluß Roms standen, wie barbarisch diese
zuerst auch waren. Nicht genug damit: Rußland trennte sich auch
noch von Byzanz und seine Religion wurde damit immer mehr ein
Gemisch von Aberglauben, Götzendienst und Spuren von Christentum. Mit einem Wort, sie verflüchtigte sich ins Äußerliche und
entfernte sich immer mehr vom wahren Christentum. Rußland,
noch zur Zeit Ludwigs XIV. ohne jede politische Bedeutung, trug
dennoch »les germes de toute perfection sociale dans les éléments
de sa constitution religieuse et politique…«. »…arrêtée dans la
route de la civilisation« wartete Rußland nur auf das erlösende
Wort: »Lève-toi, et marche.« Peter hat es gesprochen, meint Bonald, aber Rußland setzte sich in eine falsche Richtung in Bewegung, denn »il introduit la corruption avant de former la raison«
dadurch, daß er Handel und Gewerbe einführte, bevor er sein
Land durch Gesetze zivilisiert hatte. Am schwersten wiegt wohl
der Tadel, daß Peter eine »révolution philosophique« durchgeführt hat. Was Rußlands Zukunft betrifft, so sagt Bonald die
Eroberung des Osmanischen Reiches voraus. Doch wird dessen
Eroberung der Expansion Rußlands in dieser Richtung ein Ende
setzen, denn Konstantinopel und Petersburg werden nach Bonald
kein halbes Jahrhundert demselben Herren gehorchen. Rußland
stände, trotz der Gegensätze, die es belasten, eine bessere Zukunft
offen, wenn seine Religion »revient au centre de l'unité«, d.h.
wenn es katholisch würde. Alle Laster und Schwächen würden
dann nach und nach verschwinden. Sollte jedoch nach dem Tode
Pauls I. der Senat Anteil an der Staatsmacht erlangt haben, so wäre
Rußland »condamnée à des troubles intérieures«, deren es nur
dadurch Herr werden könnte, daß es ohne Unterlaß Krieg führte,
denn »les états où le pouvoir n'est pas fixé… sont toujours placés
entre la conquête et les révolutions«[6], heißt es in Weiterentwicklung der These von 1796.

Nach der Niederlage Napoleons gegen Rußland fragt Bonald
nach deren wahren Gründen und stellt fest, daß »les Russes sont
encore un peuple nomade, au moins d'inclination« und daß daher
Napoleon »une entreprise insensée« unternommen habe, als er
»avec un peuple sédentaire« ein Nomadenvolk auf seinem eigenen
Gebiet angriff.[7] Diese These ist wohl die einzige, die außerhalb der

6 Œuvres IV (1817), 183 ff., 189 f., 195 ff.
7 Pensées = Œuvres VI (1817), 3.

eigentlich traditionalistischen steht. Alle anderen sind aus seinem traditionalistischen Ansatz erklärbar: das religiöse Moment, das den entscheidenden Faktor der Geschichte bildet – Rußland außerhalb des Einflusses Roms –, das sich auch in dem Glauben, daß nur der Katholizismus Rußland vor dem Verfall bewahren könnte, äußert; die Warnung vor einer Aufsplitterung der Staatsgewalt; die Bevorzugung der patriarchalischen Ackerbauwirtschaft, die hinter der Abwertung von Gewerbe und Handel steht; die Ablehnung Peters als Aufklärer, der Rußland auf den falschen Weg brachte, den es bis zur Revolution zu Ende gehen wird, wenn es nicht zum »centre de l'unité« zurückfindet.

Joseph de Maistre, der savoyardische Graf, der als Gesandter des sardinischen Königs von 1803 bis 1817 in Petersburg weilte[8], hatte sich, im Gegensatz zu Bonald, bis zu seinem Rußlandaufenthalt noch nie mit diesem Land beschäftigt. Man darf jedoch nicht vergessen, daß de Maistre seine besseren Urteile über Rußland nicht nur seinem dortigen Aufenthalt verdankt, sondern auch der Tatsache, daß er der entschiedenere Traditionalist ist. Darüber hinaus versteht er es besser als Bonald, konkrete geschichtliche Wirklichkeit mit seiner theoretischen Ausgangsposition zu vermählen. Bei allem Einfluß, den Bonald auf de Maistre ausübte, ist de Maistre doch der größere Traditionalist, weil er dezisionistischer ist. Wie dieser Dezisionismus den ganzen Traditionalismus aufzusprengen droht, werden wir weiter unten sehen.

Seine Kritik Peters dringt tiefer als die Bonalds. Er sieht in ihm die Ausprägung jenes Geistes des »Machens«, den er an seiner Zeit so verurteilt. Er hat damit aber auch seinem Volk eine falsche Richtung gegeben. Schon darin liegen »mille symptômes de dissolution«.[9] Alexander wird von de Maistre persönlich sehr geschätzt, ob er aber mit seinen liberalen Neigungen der richtige Mann für Rußland in dieser gefährlichen Situation ist, erscheint ihm sehr fraglich.[10] Schon im Dezember 1809 ist die angedeutete Frage entschieden; es wird ihm klar, wohin auch die Entwicklung in Rußland geht: »à la révolution inévitable«. Die Revolution in

---

8 In seine Petersburger Zeit fällt die Abfassung seiner bedeutendsten Schriften: der »Soirées«, des Papstbuches und des »Essai sur le Principe Générateur des Constitutions politiques...«.

9 An *Rossi* v. 10. (22). VIII. 1807 = Œuvres N. Ed. X, 460.

10 An *Rossi* v. 17. (29). IX. 1809 = a. a. O. XI, 291.

Rußland wird um so schrecklicher sein, schreibt de Maistre, als dort Sozialstrukturen des Mittelalters mit denen der Neuzeit sich treffen und damit natürliche Entwicklungstendenzen der Gesellschaft, die normalerweise nicht zu revolutionären Bestrebungen führen, mit der modernen Revolution zusammenstoßen.[11] Bald darauf erkennt er, daß die falschen Maßnahmen Peters I. auch ein Grund für die kommende Revolution in Rußland sein werden, denn sie sind die Ursachen »de l'incapacité absolu et de la profonde corruption de la noblesse russe«, die zusammen mit dem »principe déstructeur qui travaille ce pays, et qui le mène graduellement dans l'abîme du néant« die Revolution herbeiführen wird.[12] Auch in den Konstitutionsplänen Alexanders sieht er eine Verstärkung des Trends zur Revolution. Diese Haltung wird verständlich aus seiner traditionalistischen These, daß »toute nation a le gouvernement qu'elle mérite« und daß es daher Unsinn sei, Verfassungsstrukturen zu übertragen. Gibt man dem Volk aber einmal Gesetze, zu deren Wesen es gehört, daß man sie auch wieder verändern muß, sie, die als »privilèges constitutionnels« betrachtet werden, dann ist nur noch »quelque Pougatchef de l'Université« nötig, der sich an die Spitze einer Gruppe stellt, die zu allem entschlossen ist. »Si une fois le peuple était ébranlé, et commençait, au lieu des expéditions asiatiques, une révolution à l'européenne, je n'ai point d'expression pour vous dire ce qu'on pourrait craindre.« Diese Revolutionsprognose vom Sommer 1811 hängt eng mit seiner Meinung über die europäische Revolution im allgemeinen zusammen. Von dieser sagt er, daß sie alle Möglichkeiten der Prognose durch ihre Radikalisierung sprengt und von der man deswegen nur sagen kann, daß sie immer radikaler wird und einem eigenen Gesetz gehorcht.[13] Aber nicht nur die Dauer der Revolution, auch ihre Ausdehnung scheint unabsehbar, denn sie hat keine anderen Grenzen als die Welt. Die Totalität macht auch jede Rückkehr zum alten Zustand, zum Stand der Dinge vor der Revolution, unmöglich.[14] Angesichts dieser Tatsa-

---

11 An *Victor Emanuel* v. Dez. 1809 = a. a. O. XI, 375.
12 An dens. v. 26. II. (10. III.) 1810 = a. a. O. XI, 407.
13 An *Rossi* v. 15. (27.) VIII. 1811 = a. a. O. XII, 57 ff.
14 Mémoire vom Nov. 1809 = Corresp. dipl. Ed. Blanc, 1858 S. 360 f. »...l'immense base de la révolution actuelle, qui n'a d'autres bornes que le monde.« – »Cette révolution ne peut point finir par un retour à l'ancien état des choses... mais par une rectification de l'état où nous sommes tombés...« – »La durée des

che faßt er sein eigentliches Anliegen in der Formel zusammen: »Si les hommes comprendraient la Révolution aujourd'hui elle finirait demain.«[15]

Aus seiner Forderung der Einheit von Glauben und Wissen wird seine Polemik gegen die Einführung von Akademien und Wissenschaften in Rußland verständlich, die er in den »*Cinque lettres sur l'éducation publique en Russie*« 1810 führt. Da die moralischen Bedingungen für die Einführung der Wissenschaften in Rußland nicht gegeben sind, meint de Maistre, würde ihre Verbreitung nur neues Unheil heraufführen. Rußland würde dann von »demi-savants« wimmeln, die viel schlimmer als Ignoranten sind, weil sie die »critiques éternels du gouvernement, idolâtres des goûts des modes, des langues étrangères« wären, »et toujours prêts à renverser ce qu'ils méprisent, c'est-à-dire tout«.[16] Immer wieder kommt er auf das Rußland drohende Unglück zurück; in allem sieht er, wenn auch ungewollte Vorbereitungen dazu. Der in Aussicht stehende Angriff auf Rußland verschärft seine Kritik.[17] Mit allen ihm zu Gebote stehenden Mitteln unterstützt er die Jesuiten dabei, ihren Einfluß in Rußland auszudehnen. Sie sind die einzigen, schreibt de Maistre in seinem »*Mémoire sur la liberté de l'enseignement public*« im September 1811, die den Illuministen, dieser »force cachée qui travaille sans relâche au renversement du christianisme et des trônes chrétiens«, gewachsen sind.[18] Rußland hat

révolutions étant proportionnée à la masse des éléments mis en fermentation et à la grandeur de l'effet qui doit en resulter, rien malheureusement annonce la fin de celle que nous voyons...«

15 Œuvres N. Ed. XII, 61 »Terminer la révolution« ist von Anfang an das Anliegen der Geschichtsphilosophie beider Seiten. Gerade diese Tatsache hat dazu beigetragen, die Revolution zu perennieren. So wurde die Geschichtsphilosophie zum Orientierungsmittel innerhalb eines geschichtlichen Prozesses, den man als Revolution oder Bürgerkrieg definieren kann, so daß wir eher umgekehrt formulieren können: das Ende der Revolution wird das Ende der Geschichtsphilosophie sein.

16 Lettres et opuscules inédits... II, 220 ff. bes. 1. Brief.

17 Z. B. an *Rossi* v. 5. II. 1811 = Œuvres N. Ed. XI, 515, 517.

18 a. a. O. VIII, bes. 268 f. Unter *Illuministen* versteht *de Maistre* weder Freimaurer noch Martinisten – er war ja selber Schüler *St. Martins* und Angehöriger der Loge von Chambéry, seines Heimatortes, gewesen! (dazu vgl. E. *Dermenghem:* J. de Maistre mystique. 1923) – sondern »le philosophisme moderne greffé sur le protestantisme« (a. a. O. 311 ff., 330 ff.). Diese Polemik gegen die Illuministen ist die Konkretisierung der traditionalistischen Sequenz Reformation-Aufklärung-Revolution!

die Jesuiten um so mehr als Erzieher nötig, da »la nation Russe est… la seule dont l'éducation n'a pas commencé dans les temples«. Unglücklicherweise hat sie gerade im Augenblick »de la plus profonde corruption de l'esprit humain« – zur Zeit der Aufklärung – begonnen. Dadurch wurde Rußland an der Wurzel verdorben, woraus de Maistre kaum einen Ausweg sieht, denn die einzige Möglichkeit einer Heilung, der »esprit religieux… est nul ici«.[19]

In den »*Quatre chapitres sur la Russie*« – im Dezember 1811 verfaßt – wird deutlich, daß seine Position angesichts der geschichtlichen Entwicklung, die immer mehr in der von ihm gefürchteten Richtung verläuft, gar nicht anders als eschatologisch sein kann.[20] Sein Anliegen ist hier, seine Forderungen »Restreindre affranchissement« (der Leibeigenen), »Restreindre la science…«, »Favoriser la bonne harmonie et le rapprochement des deux religions Greque et Latine…« in ihrer Berechtigung zu beweisen.[21] Zur Leibeigenen-Frage lautet seine These, daß auch die stärkste Souveränität nicht viele Millionen Menschen regieren könne, ohne entweder von der Religion oder der Sklaverei unterstützt zu werden, denn der Mensch »est trop méchant pour être libre«. Nun bildet aber nach de Maistre die Religion keine moralische Macht in Rußland, deshalb so lautet der Schluß aus diesen Prämissen, müsse man sich sehr davor hüten, die Leibeigenschaft in Rußland aufzuheben. Die Gefahr wird noch durch den »caractère particulier de la nation la plus mobile, la plus impétueuse, la

De Maistres Gesinnungsgenossen verstehen aber unter Illuminaten meistens Freimaurer und denunzieren diese dann als Urheber der Revolution. Der Gedanke, daß die Freimaurer Urheber der Revolution seien, stammt von Abbé *Baruel*, der 1797 auf diesen Einfall kam. Seither hat der Freimaurer in der Phantasie der Gegenrevolution dieselbe Rolle gespielt, wie auf der anderen Seite der Jesuit (vgl. H. *Sée*: La franc-maçonnerie et les origines de la Révolution française, in: Science et Philosophie de l'histoire. 1928 S. 327 ff.). Zur Bedeutung der Freimaurer für die »Krise« des 18. Jahrhunderts vgl. R. *Koselleck*: Kritik und Krise. 1972 bes. S. 49 ff., 105 ff.

19 An *Rossi* v. Febr. 1811 = a. a. O. XI, 519 f.

20 Der Traditionalismus, indem er Reaktion ist, steht von vornherein gegen die von der Revolution in Gang gesetzte Entwicklung. Obwohl er ihren Mechanismus durchschaut, wird deshalb seine Abwehrstellung immer unfruchtbarer und werden seine politischen Forderungen immer weniger der Wirklichkeit angemessen sein.

21 a. a. O. VIII, 355 ff.

plus entreprenante de l'univers«, wie er die Russen charakterisiert, bedeutend verstärkt. »Il n'y a point d'homme qui veuille aussi passionnément que le Russe.« »Donnons la liberté par la pensée à trente-six millions d'hommes de cette trempe, ... dans l'instant même on verrait s'allumer un incendie général qui consumérait la Russie.« Und weiter argumentiert er: »Ces serfs, à mesure qu'ils recevront la liberté, se trouveront placés entre des instituteurs plus que suspects et des prêtres sans force ... Ainsi exposés, sans préparation ils passeront infailliblement et brusquement de la superstition à l'athéisme, et d'une obéissance passive à une activité effrénée ... L'Etat, suivant toutes les règles de la probabilité, se romprait, au pied de la lettre ...«[22] – Die Ohnmacht der Religion in Rußland ist auch das Motiv, das ihn zur Ablehnung der Einführung der Wissenschaften treibt. Der »orgueil des basses classes« – denn die Wissenschaft ist ja allen zugänglich – wird sie als Mittel verwenden, um den Adel aus den führenden Staatsstellungen zu verdrängen und damit eine weitere Grundlage für die künftige Revolution legen. Wenn wissenschaftliche Befähigung allein »séparée de la noblesse et des richesses territoriales, est portée trop fortement dans les places de l'administration«, dann erscheint eine Revolution »inévitable«. Wie wird es erst in Rußland werden, so lautet seine bange Frage, wenn schon im Westen, wo sich doch aus Religion und Wissenschaft eine immerhin noch vorteilhafte Mischung ergab, die Regierungen gestürzt wurden? »Qu'arrivera-t-il en Russie, si les doctrines modernes pénètrent jusqu'au peuple, et si la puissance temporelle ne s'appuie plus que sur elle-même? Un instant avant la catastrophe universelle, Voltaire disait en France: ›Les livres ont tout fait!‹ Répétons, au sein de la heureuse Russie encore debout: Les livres ont tout fait, et prenons garde aux livres!« Besser wäre man in Rußland gerüstet, wenn man in dem Moment, in dem die Wissenschaften die Gesellschaft durchdringen, ein Bündnis mit der katholischen Kirche eingegangen wäre. Doch steht dies gar nicht in Aussicht, sondern eher das Schlimmste, das es für de Maistre gibt, eine Vermengung zwischen dem »philosophisme moderne« und dem »principe protestant« – hier wird der Bezug auf Alexander und seinen Kreis deutlich. Wenn die Russen, »qui sont un peu sujets à badiner avec tout, badinent aussi avec ce serpent, aucun peuple ne sera plus cruellement mordu«.[23]

22 ebd. 279 ff., 288 f., 291 f.
23 ebd. 298, 303 f., 344, 354.

Alexander ist es auch, der ihn durch sein Verhalten immer mehr beunruhigt, er sieht den »élan révolutionnaire passer du peuple au souverain même«.[24] – Unter dem Eindruck der Niederlage Napoleons in Rußland – er glaubt ihn ihm den Antichrist zu erkennen[25] – hellt sich der düstere Himmel, unter dem er Rußland liegen sieht, für kurze Zeit auf[26], um sich dann wieder zu verfinstern, nicht zuletzt dadurch, daß de Maistre sich immer mehr mit Rußland identifiziert.[27] – Die Urkunde der Heiligen Allianz, deren Ursprung er sofort erkennt, erscheint ihm als »phase« einer »grande révolution religieuse«. »Votre Excellence«, schreibt er in diesem Zusammenhang in die Heimat, »peut tenir pour certain que l'épouvantable révolution dont nous venons être les temoins n'est que la préface d'une autre.«[28]

Noch von einer anderen Seite sieht er die Rußland drohende Gefahr sich verstärken: Die Basis der Monarchie ist für de Maistre der »état cvil«, das Kennzeichen seiner Zeit scheint ihm aber »l'augmentation sans bornes de l'état militaire« zu sein, die ein großes Problem für die Zukunft bilden wird. Rußland erscheint im Rahmen dieses Trends besonders gefährdet, denn »l'état civil n'est rien...« in diesem Land, was eine Folge der Vernichtung der »noblesse proprement dite... par la théorie des grades« ist, die wiederum vollständig vernichtete, was als Ansatz einer »véritable magistrature« vielleicht vorhanden war.[29]

In den »*Soirées de St. Pétersbourg*«, die noch in Rußland entstanden[30], und deren Untertitel bezeichnenderweise »Entretiens sur le gouvernement temporel de la Providence« lautet, kommt er zwar nicht im veröffentlichten Text – der übrigens unvollendet ist –, sondern in einem Entwurf des abschließenden Kapitels auf Rußland zu sprechen. Das Werk ist, um es kurz zu charakterisie-

24 10. (22). IX. 1811 = Corresp. dipl. (Ed. Blanc) I, 26 f. Vgl. auch v. 16. (28). 1816 = a. a. O. II, 217 f.

25 9. (21). IV. 1812 = a. a. O. I, 79.

26 Ansätze z. B. in Bericht v. 28. X. (9. XI.) 1812 = a. a. O. I, 238, dann auch v. 14. (26). IX. 1815 = a. a. O. II; 118.

27 a. a. O. II, 121.

28 26. X. (7. XI.) 1815 = a. a. O. II, 131 f., 135.

29 29. II. (12. III.) 1816 = a. a. O. II, 178 f.

30 Sie wurden schon in Rußland vollendet (erschienen Paris 1821), sein Werk »*Du Pape*« ebenfalls (erschienen 1819 in Lyon; vgl. J. *Bernhart*: Nachwort der deutschen Ausgabe »Vom Papste« 1923 S. 267, 289).

ren, die Theodizee – wenn man diesen Begriff nicht zu eng faßt – de Maistres. Sie verlangt als Ergänzung »*Du Pape*«, seine Staatslehre, und umgekehrt. Seine Hauptthesen haben wir ja schon in anderem Zusammenhang kennengelernt. Hier wird anläßlich der Polemik gegen die Aufklärung und besonders gegen Voltaire – dessen Gedicht anläßlich des Erdbebens von Lissabon 1755 er eine direkte Widerlegung widmet (aber auch Leibniz' Optimismus, auf den sich der Franzose polemisch bezog, wird von de Maistre abgelehnt) – die Verwandlung des Fortschrittglaubens in eine Depravationstheorie besonders deutlich. Die ganze Geschichte seit der Reformation ist für ihn Abfall und Ausdruck eines »mauvais principe«. Nur durch Rückgriff auf die Souveränität, und damit auf die Legitimität, kann dieser Prozeß sowohl im spirituellen als auch im politischen Bereich aufgehalten werden. Die These »chaque peuple a sa mission« auf Rußland angewendet, läßt ihn zu dem Schluß kommen, daß Rußland seine Mission verfehlt habe, weil es seine Überlieferungen nicht heilig halten könne, sondern immer nur auf der Suche nach Neuem sei. Gerade in der heutigen Zeit sei eine solche Geisteshaltung besonders verhängnisvoll.[31]

Im »*Du Pape*«, der zum größten Teil auch in Rußland entstanden ist, beginnt sich sein Dezisionismus bereits von der traditionalistischen und theologischen Grundlage abzulösen. Es finden sich Sätze, die auf die These hinauslaufen, es sei wichtiger, daß überhaupt entschieden werde, als wer entscheidet. Hatte er vorher schon seinen Traditionalismus durch den Begriff der »usurpation légitime« – die sich durch ihren Erfolg legitimiert – aufs höchste gefährdet, so jetzt durch seinen Autoritäts- und Souveränitätsbegriff seine katholisch-theologische Grundlage.[32] Rußland widmet er im dritten Teil seines Werkes ein Kapitel, das »Observations particulières sur la Russie« überschrieben und zum Teil polemisch gegen Stourdzas unten erwähnte (S. 140) Schrift gerichtet ist. Seine Quintessenz lautet: Alle Mängel und Schwächen Rußlands auf politischem, kulturellen und religiösen Gebiet gründen letztlich in seiner Absonderung von Rom. Sie zu überwinden, ist nur auf einem einzigen Weg möglich, nämlich auf dem der Rückkehr zur römischen Kirche.[33]

31 Esquisse du morceau finale des »Soirées« = Lettres et opuscules inédits… II, 266 f.
32 Siehe Exkurs II.
33 Du Pape. Œuvres I, II, hier I, 334 ff.

Seine Enttäuschung über das Verhalten Alexanders I. seinem Anliegen gegenüber[34] – nicht zuletzt aufgrund seines eifrigen Werbens für den Katholizismus mußte de Maistre Rußland verlassen! – spiegelt sich in seiner letzten Schrift »*Sur l'état du Christianisme en Europe*«, die er 1819 verfaßte. Rußland schadet dem Christentum, so heißt es dort, durch die Annäherung seiner Kirche an den Protestantismus, durch die Unterstützung, die es der Bibelgesellschaft angedeihen läßt – die damals nicht zufällig in Rußland so große Fortschritte machte –, durch seine Gegnerschaft gegen den Katholizismus. Es schadet aber nicht nur dem Christentum, fährt de Maistre fort, sondern auch sich selbst, denn alle diese Tatsachen werden den Trend zur Revolution nur noch verstärken. Alexander trägt an all diesem die Schuld, er, der, wie die Heilige Allianz beweist, vom Wesen des Christentums keine Ahnung hat, er, von dem de Maistre abschließend sagt: »Nul souverain dans l'univers n'a pu rendre autant de services à la religion, et bien peu de souverains lui font autant de mal que l'empereur de Russie.«[35]

Die Stärke und die Schwäche der de Maistreschen Rußlandprognose, so können wir abschließend sagen, wurzelt in dem, was man seine Eschatologie nennen kann.[36] Seine Prognose ist wesent-

---

34 Über das Verhältnis *de Maistres* zu *Alexander* I. vgl. R. *Walther:* J. de Maistre und Zar Alexander I. Phil. Diss. Heidelberg 1925. Zu den persönlichen Einzelheiten seines Rußlandaufenthaltes neben Walther auch P. R. *Rodhen:* J. de Maistre als politischer Theoretiker. 1929 S. 66 ff.

35 Lettres et opuscules inédits... II, 288 ff. Hier: 295 ff., 308 ff.

36 Abgesehen von der obenerwähnten Äußerung anläßlich der Unterzeichnung der Heiligen Allianz, erwähnt er öfter die »révolution générale« (z. B. Corresp. dipl. II, 357). An anderer Stelle spricht er von »une grande révolution réligieuse«, die er persönlich erwarte, »à jamais mémorable... dont la révolution politique n'aurait été que l'épouvantable préface... le terrible et indispensable préliminaire« (Œuvres N. Ed. XIII, 27, 163). Im »11-e entretien« der »Soirées...« heißt es: »Il faut nous tenir prêts pour un événement immense dans l'ordre divine, vers lequel nous marchons avec une vitesse accélérée qui doit frapper tous les observateurs. Des oracles redoutables annoncent déjà que les temps sont arrivés.« Die pansophische oder illuministische Komponente der Eschatologie de Maistres wird an derselben Stelle deutlich: »Contemplez ce lugubre spectacle, conclut le Sénateur, approuvé sans reserve par le Comte (= de Maistre. D G.); joignez-y l'attente des hommes choisis, et vous verrez si les ›illuminés‹ ont tort d'envisager comme plus ou moins prochaine une troisième explosion de la puissance divine en faveur du genre humain... une nouvelle effusion de l'Esprit.« Vgl. auch zu diesem Zusammenhang im allgemeinen E. *Dermenghem:* Joseph de Maistre mystique. 1923.

lich Revolutionsprognose; die Revolutionsprognose im eschatologischen Horizont beschränkt sich aber bei ihm im wesentlichen
darauf, festzustellen, daß die Revolution und ihre Folgen eigenen
Gesetzen unterliegen, die eine exakte Vorhersage nicht gestatten,
das heißt, daß die Revolution permanente Revolution geworden
ist und daß die Geschichte sich nur noch auf dem Boden der Revolution ereignet. Die Revolution eschatologisch erfahren, schließt
darüber hinaus aus, daß man über ihr Ende Prognosen aufstellen
kann. Eine Stärke bedeutet dies insofern, als man dadurch nicht in
Versuchung gerät, die Revolution und ihre Sicht dadurch zu ver-
harmlosen, daß man sich anheischig macht, sie mittels Utopie
überwinden und damit beenden zu können, eine Schwäche insofern, als man künftige Konsolidierungen nicht in den Blick bekommt, also darüber z. B., wie sich Rußland nach der ersten
Etappe der Revolution gestalten wird, keine Aussagen machen
kann. De Maistre ist der erste, der die besondere Anfälligkeit Rußlands für eine Revolution »à la européenne« bemerkte. Diese
Leistung wird auch dadurch nicht geschmälert, daß sein Blick für
künftige positive Entwicklungen begrenzt war. Die geschichtliche
Erschütterung war stark genug, um ihn durch das Vordergründige
der Tatsachen und Parteien hindurchstoßen und eine Prognose
aufstellen zu lassen, deren Verifizierung selbst durch künftige geschichtliche Entwicklungen, die de Maistre gar nicht in den Blick
bekam, nicht in Frage gestellt wurde.

War Rußland bisher für die Gruppe, die sich aufgrund der Parteinahme für oder gegen die Ideen von 1789 gegenüberstanden,
meist der Retter vor dem Geist der Revolution oder das Bollwerk
der Reaktion, so bedeutet die Auffassung de Maistres ein Novum.
Da er im Rahmen seiner Geschichtsphilosophie die Revolution als
das antichristliche Prinzip schlechthin definierte, benötigte er einen Aufhalter des Endes, ein Katechon, um die Lähmung der
geschichtlichen Tat und der geschichtlichen Reflexion zu überwinden. Da sich dieser Aufhalter aber als ungeeignet erwies, konnte
für ihn die Geschichte nur noch eschatologisch erfahren werden.
Rußland, so lautet das Urteil de Maistres, kann weder ideell noch
materiell Europa retten, es ist weder im echten Sinne christlich zu
nennen, noch ist es das Bollwerk der Legitimität, weil es auf die
Dauer doch der Revolution erliegen wird. Die »Weltrevolution« –
»la révolution n'a d'autres bornes que le monde« – ist der eigentliche Kern seiner eschatologischen Prognose. Hier war es nicht das

Vordringen Rußlands, welches das europäische Selbstverständnis erschüttert, sondern die europäische Revolution, die den savoyardischen Grafen im Zentrum seiner Existenz traf. Sie ließ den Horizont der zukünftigen Geschichte auf eine einzige Möglichkeit zusammenschrumpfen: Untergang Europas und mit ihm Rußlands in der Revolution.

Die Wirkung de Maistres werden wir im folgenden noch kennenlernen. Es ist zumindest der Erwähnung wert, daß Bonald und er die Argumente für den ersten Versuch einer geschichtsphilosophischen Antwort auf die Frage des Verhältnisses Rußlands zu Europa von russischer Seite aus liefern sollten, nämlich für Pjotr Ja. Čaadaev.[37]

---

37 Den Einfluß auf *Baader* werden wir sogleich kennenlernen. J. E. *Jörg* wird als erster für das uns interessierende Thema Schriften *de Maistres* verwenden, die nicht zu dessen Lebzeiten erschienen. *Custine* ist der einzige Westeuropäer, dessen Ideen über Rußland wesentlich von den Traditionalisten beeinflußt sind, wenn auch manches von *Čaadaev* stammen mag, mit dem er in Rußland bekannt wurde. Damit haben wir auch den Mann genannt, der die traditionalistischen Ausführungen über Rußland am fruchtbringendsten verwertete: P. *Čaadaev* in seinen sogenannten »Philosophischen Briefen«. Sein erster Brief von 1829 (in Übersetzung aus dem frz. Original in: Europa und Rußland. S. 73 ff. am besten zugänglich) eröffnete eine lange Reihe geschichtsphilosophischer Versuche der russischen Intelligencija. Zu *Čaadaev* vgl. Peter *Scheibert*: Von Bakunin zu Lenin. Bd. I Leiden 1956 S. 36 ff.

Kapitel 3
Die religiös-politische Sendung Rußlands inmitten der Krise Europas: Jung-Stilling und Franz von Baader

Die ungeheure Erschütterung, die das europäische Staatensystem durch die Napoleonischen Kriege sowie deren Folgen erlitten hatte, manifestierte sich in einzigartiger Weise in der Heiligen Allianz, die für die von Rußland errungene Gleichberechtigung, ja teilweise Vorherrschaft innerhalb des europäischen Systems symptomatisch ist. Schon 1797 hatte *Novalis* zu einer Zeit, in der die Revolution im vollen Gange war, in dem ersten Entwurf einer romantischen Geschichtsphilosophie die für die Neuorganisation Europas von konservativer Seite aus entscheidende Frage formuliert: »*Die Christenheit oder Europa?*«; das heißt, sollte man Europa reorganisieren oder einen größeren Raum bevorzugen, der seine Einheit einem religiösen Prinzip, dem christlichen Glauben verdankt? Die Auflösung des Heiligen Römischen Reiches Deutscher Nation nach Austerlitz hatte die letzten Reste einer übernationalen Einheit mit – wenn auch noch so geringem – geistigen Anspruch zerstört; andererseits bildete sich besonders während der Kontinentalsperre bei den Völkern Europas ein zunehmendes Bewußtsein einer irgendwie gearteten Einheit heraus. Nimmt man dazu die Erschütterung des Selbstbewußtseins eines Teiles der westeuropäischen Intelligenz angesichts der Tatsache der siegreich in Paris einziehenden russischen Truppen, so versteht man leichter, daß sich im Jahre 1815 eine Koalition bilden konnte, die die Christenheit Europa vorzog und damit die von Novalis formulierte Frage beantwortete: die Heilige Allianz.[1] Sie ist dem Entwurf nach die von Alexander I. ernstgemeinte Versuch, mit Hilfe oder besser durch die Wiedererweckung der christlichen Solidarität die Revolution zu beenden und ein neues, erweitertes

---

1 Für unsere Thematik am geeignetsten Hildegard *Schaeder:* Die dritte Koalition und die Heilige Allianz, Königsberg-Berlin 1934 (Osteuropäische Forschungen N. F. Bd. 16). – Zu dem Zusammenhang Christenheit-Europa-Heilige Allianz vgl. Jean *Gottmann:* La politique des états et leur géographie. 1952 S. 37.

politisches System zu schaffen. War dies die richtige Antwort auf die damalige historische Situation?

Castlereagh verneinte dies, er nahm sie gar nicht ernst. Nichts anderes beweist sein weithin bekannter Ausspruch, daß die Heilige Allianz ein »piece of sublime mysticism and nonsense«[2] sei. Damit ist aber auch gleichzeitig ihr Ideologiecharakter angedeutet. Der Entwurf der Heiligen Allianz wird nicht erst dadurch zur Ideologie, weil er von einem Herrscher, also von einer »Partei« ausgeht, sondern er ist es bereits in bezug auf die Person Alexanders. In ihm erreicht die seit Peter I. angelegte ideologische Anfälligkeit der russischen Herrscher ihren Höhepunkt. Weil man sich nach Westen orientierte, mußte man sich mit dem Westen auseinandersetzen, weil die Religion eine zu schwache Grundlage wurde, um ein Gottesgnadentum zu tragen, muß Macht sich rational rechtfertigen. Seit der Revolution wird dieser ideologische Zwang auch anderswo offenbar – was Wunder, daß ein russischer Herrscher ihm zuerst erliegt, der dafür noch aus persönlichen und biographischen Gründen – Labilität und Schuldgefühle wegen des Todes Pauls I. – besonders anfällig erscheint.

Alexanders Entwurf der Heiligen Allianz, die erste Äußerung des russischen Sendungsbewußtseins, die Europa bekannt wird, ist auch der erste Versuch einer Antwort auf die Frage: Wo steht Rußland im Verhältnis zu Europa? Aber wie bei den späteren Versuchen zeigte sich bereits hier, daß man das geistige Rüstzeug zur Beantwortung der Frage aus dem ihren Anlaß bildenden Europa holte. Geistesgeschichtlich gesehen sind die zwei Hauptwurzeln des Denkens, dem die Idee der Heiligen Allianz entsprang: St. Martin bzw. seine Pansophie und Jung-Stilling, bzw. die Erweckungsbewegung. Die auf die Ausgestaltung der Ideen mehr oder weniger Einfluß gewinnenden Persönlichkeiten, wie Frau von Krüdener und Franz von Baader, um nur die zwei wichtigsten zu nennen, sind in dem Bereich ihres Denkens, der für die Heilige Allianz relevant wird, im wesentlichen von den zwei obengenannten Strömungen abhängig. Da nur im Denken Jung-Stillings Rußland und Alexander eine Rolle spielten, können wir St. Martin[3] hier übergehen.

2 In einer Depesche vom 28. IX. 1815. Abgedruckt bei *Webster:* British Diplomacy. 1921. S. 200.
3 Zu Louis Claude *de Saint-Martin* (1743–1803) siehe die entsprechenden Abschnitte bei Auguste *Viatte:* Les sources occultes du Romantisme. 2 Bde., 1928

Jung-Stilling (1740–1817), Begründer und Haupt der deutschen Erweckungsbewegung, wurzelt tief in den eschatologischen Strömungen des Pietismus und der protestantischen Mystik. Die Französische Revolution, die auf der Seite der katholischen Traditionalisten eschatologische Stimmungen hervorgerufen hatte, mußte noch viel stärker im rein religiösen Bereich wirken, weil sie auf einen seit langem schon vorbereiteten Boden traf und weil keiner der Führer der Erweckungsbewegung in seiner politischen oder persönlichen Existenz von den Ereignissen betroffen war. In seiner Schrift von 1793 »*Über den Revolutionsgeist unserer Zeit zur Belehrung der bürgerlichen Stände*« erscheint Jung-Stilling die Französische Revoluton unter endzeitlichem Aspekt, sie ist ihm das Ereignis, das dem Erscheinen des Antichrist unmittelbar vorhergeht. In seinem Roman »*Heimweh*«[4], der im nächsten Jahre veröffentlicht wurde, beschreibt er den Bekehrungs- und Heilsweg unter dem Bild einer Reise. Das Heimweh meint das Heimweh nach der himmlischen Heimat, nach der Aufrichtung des Gottesreiches, das heilsgeographisch im Osten verankert wird. Auf ihrer Wanderung von Osten nach Westen hat die Kirche sich geistig so zersetzt, daß ihre einzige Rettung in der Heimkehr nach dem Osten gesehen werden kann, so lautet die Hauptthese. Als Gegenbewegung erscheint Jung-Stilling die Bewegung des Antichrist, die von Westen nach Osten erfolgt. Deshalb wird dieser auch in Frankreich geboren und der Atheismus verbreitet sich über Deutschland hinweg nach Rußland. Das einzige Mittel zur Rettung der Kirche sieht Jung-Stilling in ihrer Flucht nach dem Osten, nach der Zufluchtstätte Solyma. In der »*Siegesgeschichte der christlichen Religion*« (1799)[5] wird der Beginn des Tausendjährigen Reiches unter Übernahme Bengelscher apokalyptischer Berechnungen auf 1836 festgesetzt. – *Johann Albrecht Bengel* hatte schon um 1725 verkündet, kurz vor Anbruch des Tausendjährigen Reiches würde Rußland von der strafenden Hand Gottes gebraucht werden, um die Nationen »mit einem eisernen Stabe zu leiten« bis auch seine Zeit um sei. 1740 war Bengel sich auch über das Wann des Weltendes klargewor-

---

(dort auch weitere Literatur). – Zu seinem Einfluß in Rußland *Schaeder* a. a. O. 50 ff. (mit Literatur).

4 Über *Jung-Stilling* und Rußland orientiert am besten Ernst *Benz:* Jung-Stilling in Marburg. 1949. Heimweh = Sämtl. Werke IV, V.

5 Sämtl. Werke III.

den.[6] Jung-Stilling wurden die Ereignisse der zweiten Hälfte des 18. Jahrhunderts zur Bestätigung der Bengelschen Exegese. Die Frage nach dem Wann und Wo des Tausendjährigen Reiches sah er durch Bengel bereits gelöst. In seiner Volksschrift »*Der Graue Mann*« (1795–1801), die ebenso wie die vorhergenannten Bücher in ganz Europa eine außerordentliche Verbreitung fand, wiederholt und konkretisiert er die schon früher entwickelten Gedanken.[7]

Napoleon, der von den meisten Anhängern der Erweckungsbewegung als Antichrist verstanden wurde, stand im endzeitlichen Geschichtsbild Alexander, der als Engel der Apokalypse galt, gegenüber. Die Niederlage Napoleons, die Begründung der Heiligen

---

6 Zit. nach J. E. *Jörg:* Geschichte des Protestantismus. 1858 Bd. 2 S. 262f. – *Bengel* (1687–1752) und *Oetinger* waren die geistigen Führer des schwäbischen Pietismus. Die erste Berechnung der Wiederkunft Christi findet sich in *Bengels* Buch: Erklärte Offenbarung Johannis oder vielmehr Jesu Christi. 1740. Dort wurde die Wiederkunft Christi auf das Jahr 1836 festgelegt. Bengel ordnete in seinem Buch jeder Figur und jedem Ereignis der Johannesoffenbarung eine bestimmte Persönlichkeit und ein bestimmtes Ereignis der Geschichte zu. Welche Gestalt der Apokalypse entspricht unserer Zeit? war die Frage, vor die er sich gestellt sah. Die Zahl des Tieres faßte er nun nicht im Sinne der traditionellen Gematrie auf – dort stellt sie die Quersumme des Namens des Antichrist dar –, sondern als die Zahl der Jahre der Herrschaft des Antichrist. Nach komplizierten Berechnungen kam er so auf das Jahr 1836 als Beginn des Tausendjährigen Reiches. Daß er ausgerechnet auf Rußland als dessen Ort verfiel, spricht für die große Wirkung Peters des Großen, der die Aufmerksamkeit Westeuropas auf Rußland gezogen hatte.
Weitere für unsere Frage wichtige Werke *Bengels* sind:
Ordo Temporum. Stuttgart 1741. Cyclus sive de Anno Magno. Ulm 1745. Auf letzterem baut A. F. *Rühle von Liliensterns* Apokalypsenkommentar auf –, der 1828 erschien –, in dem alle endzeitlichen Ereignisse auf Alexander I. zugeschnitten sind und in dem auch die Heilige Allianz eine eschatologische Auslegung findet. Auch das Motiv der Auswanderung nach Rußland ist darin anzutreffen. (Vgl. Ernst *Benz:* Die abendländische Sendung der östlich-orthodoxen Kirche. Mainz 1950 S. 28 ff.)
Zu dem Einfluß *Bengels* und *Oetingers* auf *Hegel* und *Schelling:* F. Chr. *Baur:* Die christliche Gnosis oder die christliche Religions-Philosophie in ihrer geschichtlichen Entwicklung. Tübingen 1835 – Dmitrij *Tschiževskij:* Hegel in Rußland, in: Hegel bei den Slaven. Darmstadt² 1961 S. 146f. – R. *Schneider:* Schellings und Hegels schwäbische Geistesahnen. Würzburg 1938; Ernst *Benz:* J. A. Bengel und die Philosophie des deutschen Idealismus, in: Dt. Vjesschr. f. Lit.- u. Geistesgesch. XXVII (1953), 528 ff.
7 Sämtl. Werke VII, VIII.

Allianz – selbst wieder z. T. ein Resultat der Erweckungsbewegung! – mußten diese Auslegung als durch die Ereignisse bestätigt erscheinen lassen. Rußland und Alexander traten so in den Mittelpunkt der apokalyptischen Erwartungen der Erweckungsbewegung. Es bedurfte nur noch eines Anstoßes von außen, nämlich der als Folge einer Mißernte auftretenden Hungersnot in Süddeutschland (1817), und Tausende von Erweckten aus Württemberg, Bayern und der Schweiz, Christen aller Konfessionen, machten sich auf den Weg nach Rußland, um dem für Europa erwarteten Gottesgericht zu entfliehen.[8]

Diese Wirkung der Heiligen Allianz und Alexanders war nur möglich, nachdem eine grundsätzliche Veränderung in der Beurteilung der russischen Kirche eingetreten war. Die »romantisch-schwärmerische Vorstellung von dem frommen Zaren und der russischen Kirche«[9] war nur deshalb möglich, weil das russische Christentum dem Westen in der Gestalt der Erweckungsbewegung, die am Zarenhof herrschte, entgegentrat.[10]

Derselben Illusion erlag auch *Franz von Baader* (1765–1841), der als erster eine abendländische Sendung der russisch-orthodoxen Kirche konstruierte. Baader, tief beeinflußt von der deutschen Mystik und ihren pansophischen Ausläufern Jakob Boehme und St. Martin[11], Freund und Verehrer Jung-Stillings und Görres', sel-

8 Die deutschen Siedlungen am Dnjepr und Dnjestr entstanden im Zeichen der durch die Erweckungsbewegung ausgelösten Endzeiterwartung. Das »Heimweh« bildete den geistigen Wegweiser dieser Auswanderer. Nun erhebt sich die Frage, warum nicht die *Bengelsche* apokalyptische Prophezeiung eine solche Verbreitung fand wie die *Jung-Stillings*? Man kann kurz sagen, daß der Boden dafür noch nicht bereitet war. Es bedurfte der Erschütterungen der Französischen Revolution und der Napoleonischen Kriege, um der Erweckungsbewegung einen solchen Widerhall zu verschaffen.

9 Ernst *Benz:* Die Ostkirche im Licht der protestantischen Geschichtsschreibung, 1952 S. 137 f.

10 Die eschatologischen Stimmungen, die damals in Rußland weite Verbreitung fanden, lassen sich noch bis in Vladimir *Solov'evs* »Drei Gespräche« (1899) nachweisen.

11 Zu *Baader* und Rußland sei hingewiesen auf Ernst *Benz:* Die abendländische Sendung der östlich-orthodoxen Kirche. – Die russische Kirche und das abendländische Christentum im Zeitalter der Heiligen Allianz. Mainz 1950 (Ak. d. Wiss. Mainz. Geistes- und Sozialwiss. Klasse. 1950 Nr. 8). Seitenzahlen nach den Seiten der Abhandlung zitiert, nicht nach den durchlaufenden. – *Baader* hat St. *Martin* für Deutschland »entdeckt«, obwohl dessen »Des Erreurs et de la Vérité«,

ber spekulativer Mystiker und dabei gläubiger Katholik, dessen Kenntnis der damaligen Ostkirche vor allem auf den Schilderungen Gleichgesinnter, hauptsächlich Alexander Stourdzas[12], beruhte, glaubte in ihr die Lösung der geistigen und religiösen Krise des Abendlandes finden zu können. Nicht nur die Spaltung von Wissen und Glaube, sondern auch die von Protestantismus und Katholizismus meinte er im höheren Dritten der Ostkirche aufheben zu können. Die politische Konzeption gewisser Kreise des Konservativismus – Rußland als Retter Europas – und die eschatologische Haltung der Erweckungsbewegung erscheinen hier vertieft zu einer theologisch-philosophischen, die aus beiden Sphären, der politischen und der religiösen, ihre Antriebe empfängt.

Der Ausgangspunkt ist wie bei den Traditionalisten und bei Jung-Stilling eine Eschatologie – die Französische Revolution wertet er als Verkörperung des Bösen. Doch als Romantiker kann er dabei nicht stehenbleiben. Die Revolution in Permanenz, die von beiden Seiten mittels Geschichtsphilosophie erklärt worden war, glaubt Baader durch eine Wiedervereinigung der Wissenschaft mit der Religion, die die Grundlage der Politik mit der Religion bilden soll, überwinden zu können. Die Schrift – »*Über das durch die Französische Revolution herbeigeführte Bedürfnis einer neuen und innigeren Verbindung der Religion mit der Politik*« (1814) –, in der er die ebengenannten Grundsätze niederlegte und die er den Monarchen Preußens, Österreichs und Rußlands zustellte, war für Alexander die entscheidende Anregung zur Bildung der Heiligen Allianz.[13] Baaders darin entworfenes Bild einer christlichen Theokratie trägt stark utopische Züge. Später wird er die »organische

1775, bereits 1782 in einer deutschen Übersetzung von Matthias *Claudius* erschien.

12 *Stourdza*, der wesentlich von der Philosophie des deutschen Idealismus und der Romantik, besonders von *Herder*, beeinflußt war, hatte in seiner Schrift von 1816 »Considérations sur la doctrine et l'église orthodoxe« ein Idealbild der russischen Kirche gezeichnet, das *Baader* so beeindruckte, daß er »von der russischen Kirche die Lösung und Heilung der religiösen und geistigen Krise des Abendlandes« erwartete (E. *Benz:* Abendländische Sendung... 248).

13 Die Schrift wurde 1814 verfaßt und noch im gleichen Jahr *Alexander* überreicht (vgl. *Schaeder.* Die dritte Koalition und die Heilige Allianz. 1934 S. 65). Wesentlich beeinflußt ist sie von Adam *Müllers* »Elementen der Staatskunst«. Interessant wäre zu untersuchen, inwieweit sie durch St. *Martins* »Lettre sur la Révolution française« (1794) angeregt wurde, den *Baader* teilweise übersetzte (Sämtl. Werke VI, 291 ff.). Die Baadersche Schrift erschien 1815 in Nürnberg (a. a. O. 11 ff.).

Vermittlung« als Prinzip seiner Staatslehre festhalten, die sowohl
Despotie als auch »Revolutionismus« entgegenwirkt, und dem
»mechanischen Staat« den »mechanischen Gott der Philosophen«
polemisch zuordnen.[14]

Was Baader mit den französischen Traditionalisten verbindet,
ist seine Gegnerschaft gegen die Französische Revolution und ihre
Vertiefung zu einem religiösen Gegensatz; was ihn von ihnen
trennt, und was auch für sein Rußlandbild relevant wird, ist sein
Monismus. Die romantische Idee der Vermittlung, eine säkulari-
sierte Form des mystischen Monismus und dieser selber treffen bei
ihm zusammen.[15] Die Traditionalisten dagegen überbetonen geradezu den Dualismus. Beides, Baaders politisch gewendeter mysti-
scher Monismus und ihr prophetischer Dualismus, ist die Antwort
auf ein und dasselbe Ereignis. Es muß aber auch erwähnt werden,
daß Baader bei de Maistre gerade das zentrale Motiv seines Denkens, die Idee der Wiedervereinigung von Glauben und Wissen,
bestätigt findet. Vor Antritt seiner Rußlandreise 1822 wurde er mit
de Maistres »Soirées de St. Pétersbourg« bekannt, das zu einem
seiner Lieblingsbücher wurde und auf das er in seinen späteren
Schriften stets zurückgriff, wenn er das Problem der Reunion von
Glauben und Wissen behandelte. Angemerkt sei hier, daß der Gedanke, den er bei de Maistre wiederfindet, sich in dieser intensiven
Ausprägung bei beiden wahrscheinlich auf dieselben Einflüsse geistesgeschichtlicher Art, nämlich auf die von Louis Claude de St.
Martin (1743–1803) und anderer Pansophen des 18. Jahrhunderts zurückzuführen sind.[16] Je näher wir jedoch beide zusammenrücken, desto stärker wird der oben angedeutete Gegensatz.
Maistre gewinnt durch die Forderung der Vereinigung von Glauben und Wissen eine rückwärtsgewandte Utopie, von der aus er

14 »Identität des Despotismus und des Revolutionismus« (um 1830), Werke V,
    290 ff.
15 So wendet er sich z. B. unter direktem Rückgriff auf *Boehme* gegen jedwede Art
    von Manichäismus (Werke X, 98).
16 Zur Bekanntschaft *Baaders* mit den »Soirées« vgl. *Benz:* Abendländische Sen-
    dung, S. 81, 83. Zu weiteren Nachweisen der Kenntnis Baaders von de Maistres
    Schriften vgl. Sämtl. Werke VI, 326 f. – Zu dem Einfluß St. *Martins* auf *Baader,* der
    in seiner Jugend besonders stark gewesen sein muß, vgl. Fritz *Lieb:* Franz von
    Baaders Jugendgeschichte. München 1926. Zu den pansophischen und freimau-
    rerischen Einflüssen im Denken *de Maistres* vgl. Emile *Dermenghem:* Joseph de
    Maistre mystique, 1923.

seine Zeit noch stärkerer Kritik unterziehen kann und die so die eschatologische Komponente seiner Geschichtsphilosophie noch intensiviert, während Baader dieses Ideal in die Zukunft transponiert und seine so entworfene Utopie unter dem Eindruck der Heiligen Allianz und des Bildes, das er von Rußland vermittelt bekam, dort verortet, von wo aus sie sich über ganz Europa verbreiten sollte.

Es ist nun nicht so, daß Baader vor der auch schon in Rußland um sich greifenden Zersetzung die Augen verschlossen hätte. Er hatte davon bei de Maistre gelesen und durch persönliche Bekanntschaften erfahren. Daß Rußland in eine Krise eingetreten ist, sieht er sehr klar: »Rußland steht dermalen in derselben Krise; – und die Autokratie will sich sichern und das mit Recht. Rußland will einen Tiers état hervorbilden, auch das mit Recht; sollte es aber die älteren Monarchien auch darin nachahmen, daß es letzteren nur auf Kosten des schon bestehenden Corporativen bilden zu müssen glaubte, so würde es sehr unrecht und von anderer Schaden nichts gelernt haben. Am meisten sollte es sich von dem modernen Repräsentationssysteme fernhalten...«[17] Im Grunde kann diese – übrigens teilweise falsch begründete – Einsicht sein Sendungsbewußtsein nur anspornen. So schreibt er in einem Brief drei Wochen später am 8. IV. 1822 an denselben Adressaten, Baron von Uexküll: »Mein Beruf, das antireligiöse Prinzip... überall anzugreifen, aufzustören und rastlos zu befehden, wird mir übrigens mit jedem Tage dringender.«[18] Gerade das konservative, oder besser konservierende Element, die »Erstarrung«, wie ihre Gegner sagten, der russischen Kirche, wird für ihn zu einem positiven Prinzip, das die zersetzenden Einflüsse des Westens auffangen wird. Am klarsten formuliert er seine Hoffnungen in einem Rechtfertigungsschreiben über seine fehlgeschlagene Reise nach Rußland, die er 1822/23 unternahm und deren Hauptmotiv wohl die Gründung einer christlichen Akademie in St. Petersburg war: »Was mich aber besonders zum Entschluß brachte, diese langwierige und kostspielige Reise zu unternehmen, war die Hoffnung in St. Petersburg durch Vorlage meiner seit langer Zeit bereiteten und gesammelten Materialien die erste Veranlassung zur Formierung

17 Brief an *Uexküll* – (es ist derselbe Uexküll, der mit *Hegel* korrespondierte, der die Anregung zu *Baaders* Rußlandreise gab und dem Baader seine spätere Bekanntschaft mit Hegel verdankt) – vom 16. III. 1822, Werke XV, 373.
18 Werke XV, 379.

eines akademischen Vereins zu geben, dessen Zweck... die Verbindung der Wissenschaft mit der Religion sein sollte...« Rußland sei von der atheistischen Zersetzung des Westens noch am wenigsten berührt – »wie z. B. in Rußland noch ein bedeutender Fond jenes religiösen Instincts vorhanden ist« – und sei deshalb zu einer großen Sendung gegenüber Westeuropa berufen. Wohl könne sich, wie er schreibt, »ein solcher Focus des Lichts... in jedem Land so gut als in Rußland bilden, aber ich achtete ein solches Unternehmen nicht nur besonders für Rußland ehrenvoll (weil gewissermaßen hiermit die Letzten die Ersten geworden sein würden)«, sondern es schien ihm auch »rühmlich und ziemlich, daß Rußland die Masse von Licht, die es vom Ausland, namentlich von Deutschland, erhielt und erhält, durch eine solche luminöse Gegenwirkung erwidere«.[19] Rußland vor dem Schicksal der westlichen Länder zu bewahren, wird, weil er in diesem Land die letzte Hoffnung Westeuropas sieht, nun zu seinem Hauptanliegen. –

Nicht nur gegen de Maistres These von der Erstarrung, sondern auch gegen die von diesem vorgenommene Identifizierung von Protestantismus und Ostkirche wendet sich Baader scharf.[20] Doch steht dies schon im Zusammenhang mit seinen ökumenischen Projekten, die jetzt neben seine früheren Rußlandpläne treten, ohne diese zu verdrängen.[21] Daß diese Projekte für ihn eine solche Bedeutung gewinnen konnten, hängt eng damit zusammen, daß das Bewußtsein einer unmittelbaren Gefährdung oder Krise im Zeichen der scheinbaren Konsolidierung der europäischen Verhältnisse etwas abnahm.

Doch im Grunde bleibt er seiner Auffassung bis in sein Todesjahr treu. Die orthodoxe Kirche erhielt sich in ihrer »politischen Obscurität« weltfreier, während die abendländische Kirche im Kampf mit der Welt dieser siegend unterlag, heißt es in einer

19 Kurzer Bericht an das deutsche Publikum über meine im Herbst des Jahres 1822 unternommene literarische Reise nach Rußland und deren Erfolg, Werke XV, 75 ff. Zu den Umständen und zum Verlauf seiner Reise – Baader wurde die Einreise verweigert aufgrund des gerade erfolgten Umschwunges der russischen Religionspolitik in den letzten Lebensjahren Alexanders I. – vgl. Benz: Abendländische Sendung, S. 67 ff.

20 An Meščerskij vom 23. VII. 1832, Susini: Lettres inédites de F. v. Baader I, 411.

21 Zu ihren Motiven, die aus der kirchenpolitischen Situation des damaligen Katholizismus zu verstehen sind, vgl. Benz a. a. O. 161, 195.

Schrift von 1841.[22] Zu ungefähr gleicher Zeit gibt er in einer Denkschrift mit dem Titel »*Mission de l'Eglise russe relativement à la décadence du Christianisme dans l'occident*«, die an den russischen Kultusminister Uvarov gerichtet ist, einen Abriß seiner Geschichtsphilosophie. Angesichts der Kirchenspaltung und der aus ihr resultierenden »décadence« des Westens, hat die russische Kirche die Aufgabe, vermittelnd und vereinigend zwischen den Kirchen des Westens zu wirken, so lautet die These. Mit der Frage, warum sie sich denn vom Verfall freihalten konnte, tritt er in die geschichtsphilosophische Erörterung ein. Die Diktatur des Papismus – man beachte die Stellung Baaders innerhalb des damaligen Katholizismus – rief eine Stagnation in der freien Entwicklung des Glaubens und Wissens hervor, aber auch gleichzeitig eine Reaktion, die in der Reformation zum Ausbruch kam. »Was aber früher in der Reformation geschah, das geschah später, nur in einer anderen Sphäre, in der Französischen Revolution.« Alle Philosophie seit Descartes und alle politischen Prinzipien seit dieser Zeit gehen von demselben destruktiven und revolutionären Prinzip aus, nämlich Gott auszuklammern, fährt Baader fort. Deswegen muß eine »gründliche Restauration in beiden Sphären zugleich« durchgeführt werden, denn die Denkweise der Völker ist entscheidend für ihren Aufstieg oder Untergang! »Gottes Fürsorge« hat nun die russische Kirche von dieser Dechristianisierung ferngehalten und sie hat weder den Gebrauch der Intelligenz verpönt, wie die römische, noch derselben »freien Paß« gelassen wie die protestantische Kirche. Deshalb »vermag sie allein als Vermittlerin aufzutreten und jene tiefre wissenschaftliche Begründung... in Rußland und durch Russen ins Leben zu führen«. Daß die »wahrhafte Wissenschaft nur die gläubige, der wahrhafte Glaube nur der wissende ist, diese Überzeugung dem Abendlande zu geben« ist die Aufgabe der russischen Kirche. Damit schließt die Denkschrift.[23]

22 Der morgenländische und der abendländische Katholizismus, Werke X, 89 ff. – In dieser Schrift beklagt er das geringe Wissen, das man von der Orthodoxie im Abendlande habe (109), dazu komme dann noch häufig die »Russophobie«.

23 Vom 22. III. 1841, Susini a. a. O. 456 ff. – Das traditionalistische Geschichtsschema Reformation-Aufklärung-Revolution, das sich von *Bonald* bis zu *Donoso Cortés* und darüber hinaus nachweisen läßt, erhält hier eine spezifisch Baadersche Abwandlung. Diese Abfolge wird als notwendiges Moment der Geschichte begriffen – ihre Ursache sei schon vor der Reformation angelegt – und somit in gewisser Weise gerechtfertigt.

Wir sahen, daß selbst der Mißerfolg der Rußlandreise Baader nicht von seinen Plänen in bezug auf Rußland abzubringen vermochte. Die Sendung der russischen Kirche und damit Rußlands, die Baader konzipierte, war eine der ersten Andeutungen für eine umfassende Mission Rußlands gegenüber Europa, wie sie im Jahre 1841 von slavophiler Seite, und zwar von dem Professor für russische Geschichte und Literatur *St. P. Ševyrev* – Gedanken Baaders verwendend – angesichts des »verwesenden Westens« (»gniloj zapad«) verkündet wurde.[24]

De Maistre hatte Rußland aus der Nähe beobachtet, er konnte Rußland nicht von dem allgemeinen Verfall ausnehmen; bei Baader aber stand seine Suche nach einem »höheren Dritten«, nach einer Lösung der Krise, über deren Ursprünge er sich mit den Traditionalisten einig war, einer richtigen Beurteilung Rußlands im Wege; diese Tatsache wird noch dadurch unterstrichen, daß Ansätze zu einer realistischen Sicht durchaus vorhanden waren. Die Heilige Allianz, zu deren Entstehung er einen nicht unwesentlichen Beitrag geliefert hatte, schien ihm die Bestätigung seiner Hoffnungen auf eine künftige Theokratie zu sein. Seine Berührung mit Alexander I. und dem Kreis der »Erweckten«, der diesen um-

24 *Stepan Petrovič Ševyrev* (1806–1864) veröffentlichte im »Moskvitjanin« 1841 No. 1 zwei diesbezügliche Aufsätze »Betrachtungen eines Russen zur europäischen Kultur« – hier spricht er vom »verfaulenden Westen« und von der »giftigen westlichen Zivilisation« – und »Christliche Philosophie. Gespräche mit Baader«. In beiden Artikeln wird *Baader* sehr positiv erwähnt. Ševyrev hatte mit Baader Gespräche geführt, die sich über drei Monate hinzogen. Wir können aus einem Schreiben Ševyrevs an Baader vom 22. II. 1840, das letzterer im Anhang zu seiner Schrift, Über den morgenländischen und abendländischen Katholizismus, abdruckte (Werke X, 204 ff.), feststellen, wie sehr sich ihre Gedanken glichen. Auch mag noch darauf hingewiesen werden, daß die in Baaders Rechtfertigungsschreiben enthaltenen Argumente bezüglich des Verhältnisses Rußlands zu Europa bis in einzelne Wendungen hinein denen der Slavophilen ähnlich sind. Wir können eine Abhängigkeit Ševyrevs nicht nur für seine geschichtsphilosophische Konzeption nachweisen, sondern auch für die Formulierung »verfaulender Westen«, die er aus einem Aufsatz von Philarète *Chasles* (Revue des deux mondes, 24. Bd., 1840, 362 ff.) über die englische Literatur entnommen hat, wie schon P. *Struve* nachweisen konnte. »L'Europe s'en va« lautet der letzte Satz dieses Aufsatzes, in dem Amerika und Rußland als die Erben Europas bezeichnet werden. – Hinweise zu der Beziehung Ševyrev-Baader finden sich bei *Benz*, Abendländische Sendung, 285 und N. V. *Rjasanovsky:* Nicholas I and Official Nationality in Russia, 1825–1855. Los Angeles 1959, S. 173.

gab, und die Darstellung der russischen Kirche durch Alexander Stourdza lenkten seine Blicke auf Rußland. Hatten sich seine Zukunftserwartungen dort erst einmal gedanklich konkretisiert, konnte ihn nichts mehr dazu bewegen, sie aufzugeben, denn damit hätte er seine Hoffnung, in den Gang der Geschichte eingreifen zu können, ebenfalls aufgeben müssen. Sein auf Verwirklichung gerichtetes Denken erhielt erst einen Sinn durch den utopischen Glauben an eine künftige Lösung der mit der Französischen Revolution an den Tag getretenen Widersprüche. Damit ist sein Denken in ausgezeichneter Weise Geschichtsphilosophie, nämlich der Versuch, die Revolution geistig zu bewältigen, um daraus die Anweisung für ihre praktische Beendigung zu gewinnen.

Diesem Denken in Vermittlungen trat der Osten zwar als fremde Welt entgegen, aber diese Fremdheit erstreckte sich nur auf ein positives Anderssein, das die Vermittlung der offenbar gewordenen Widersprüche erst ermöglichte. Es ist die romantische Ausprägung des Gedankens von Rußland als Kat-echon, die uns bei Baader begegnet. Romantisch deshalb, weil Rußland letztlich mehr als »Aufhalter«, nämlich das »höhere Dritte« ist und die Utopie der Theokratie damit die Synthesis von Wissen und Glauben, geschichtlich von Neuzeit und Mittelalter, bildet. Die Hoffnung auf die kommende Synthesis, in der Rußland die entscheidende Rolle spielte, läßt den im Ansatz vorhandenen europäischen Pessimismus nicht seine letzten Konsequenzen erreichen. Wie tief die Erschütterung des europäischen Selbstbewußtseins aber ging, erhellt aus der Rolle Rußlands – freilich eines Rußlands durch die Brille Baaders gesehen – für die Geschichte der Zukunft. Aus eigener Kraft kann Europa nach Baader den Atheismus und »Revolutionismus« – was ja nur die politische Seite des ersteren für ihn ist – nicht mehr überwinden! Die Konzeption Baaders ist bisher die tiefste Antwort auf die Frage, vor die die Revolution und der Einbruch Rußlands im Gefolge der Napoleonischen Kriege Europa gestellt hatte.

Wie gut man aber von einer der Baaderschen nahestehenden Position zu einer radikal anderen Beurteilung gelangen konnte, beweist sein Schüler und Anhänger der Erweckungsbewegung *Johannes Gossner,* der von 1820 bis 1823 die katholische Predigerstelle an der Malteserkirche in Petersburg versah und der 1823 infolge des Umschwunges der russischen Kirchen- und Innenpolitik, dem ja auch Baaders Rußlandreise zum Opfer fiel, Rußland verlassen mußte. Er sah deutlich, daß die Rückkehr zu einer konservativen Kirchenpolitik die Ausbreitung des Materialismus in Rußland fördern und daß unter der Decke des Staatskirchentums die antichristliche Tendenz je geheimer, desto zersetzender wirken konnte. »In der Zeit Christi ist Ostern nach Karfreitag gekommen. Hier in Rußland aber kommt der Karfreitag nach Ostern«, waren die letzten Worte seiner Abschiedspredigt.[25]

25 Zitiert nach Ernst *Benz:* J. Gossners Tätigkeit in Rußland. in: Evangelium und Osten. VIII (1935), 24.

Kapitel 4
Die russische Gefahr im Zeitalter der Restauration und der globale Aspekt: Rußland und Amerika

Wir haben schon auf die Erschütterung des Gefüges der mittel-europäischen Staaten und den bestimmenden Einfluß Rußlands hingewiesen. Die Leistung Rußlands bei der Niederringung Napoleons richtig zu würdigen, war aber nicht nur eine Frage politischer Erwägungen, sondern sie mußte auch geistig bewältigt werden – dieselbe Frage stellte sich in Rußland mit umgekehrtem Vorzeichen. Ideologisch ließ die Frontstellung Rußlands an Eindeutigkeit nichts zu wünschen übrig. Und so waren sich besonders in Frankreich die zum herrschenden Regime in Opposition stehenden Kreise einig, daß hinter der Bourbonenmonarchie letztlich Rußland stünde.[1] In England hatten die indischen Pläne Napoleons die Aufmerksamkeit mehr und mehr auf den Mittleren Osten und auch auf Zentralasien gelenkt. Rußland sollte, was den »threat to India«-Komplex in der englischen öffentlichen Meinung betraf, bald an die Stelle Napoleons treten. Der englisch-russische Weltgegensatz, zu dessen Voraussetzungen gehörte, daß die alte Teilung der Welt in eine maritim-koloniale und in eine europäische Sphäre überwunden wurde – und zwar zugunsten einer »Weltpolitik«[2] –, begann sich langsam abzuzeichnen. Verstärkend wirkte hier noch die ideologische Aufteilung Europas, in der England durch Castlereaghs Memorandum vom 5. V. 1820 eindeutig Stellung bezog.[3] Die Verwandlung der Heiligen Allianz in ein Instrument zur Bekämpfung der Revolution in Europa zog natürlich die Augen derer, die sich hierdurch bedroht sahen, auf

1 Zum Rußlandbild der französischen Publizistik vgl. die Arbeit von R. Th. *MacNally:* Das Rußlandbild in der französischen Publizistik zwischen 1814 u. 1843. Phil Diss. FU Berlin 1956.

2 Der Begriff von Friedrich *List* 1846 in: Über den Wert und die Bedingungen einer Allianz zwischen Großbritannien und Deutschland, (Ges. Schriften VII, 268 ff.) in die deutsche Sprache eingeführt.

3 Zur Haltung der englischen Publizistik für den Zeitraum von 1815 bis Anfang der 40er Jahre vgl. J. H. *Gleason:* The Genesis of Russophobia in Great Britain. Cambridge (Mass.) 1950.

Rußland. Der Dekabristenaufstand wurde allgemein beachtet, und der Türkenkrieg Ende der 20er Jahre machte die europäische Diplomatie und Publizistik in verstärktem Maße auf Rußland aufmerksam.

Auch *Napoleon* beschäftigte sich in seinem Verbannungsort mit dem Problem Rußland. Immer dann tauchte es auf, wenn er die Chancen St. Helena zu verlassen, abwog. Die größte Wahrscheinlichkeit, so meinte er, läge darin, daß man ihn gegen die Russen brauche, denn »dans l'état actuel des choses, avant dix ans, toute l'Europe peut être cosaque ou toute en république.« Aber nicht nur vor dem ersteren, sondern auch vor dem letzteren, so ergibt sich aus dem Zusammenhang, könne nur er, Napoleon, Europa, d.h. seine Fürsten bewahren.[4] Als er im November 1816 wieder auf Rußland zu sprechen kommt, sind es hauptsächlich geopolitische Erwägungen, die seine Ausführungen bestimmen. Rußland erscheint ihm in seiner Unangreifbarkeit wie der Kopf einer Hydra; »mais... où trouver Hercule?« – natürlich nur in St. Helena, können wir ergänzen. Die Situation für Rußland ist so günstig, fährt er fort, daß, wenn sich ein »empereur de Russie vaillant, impétueux, capable...« findet, Europa ihm gehört. In Frankreich würde der russische Zar sich dann wieder als Befreier ausrufen lassen. Sofort wieder der persönliche Bezug: »moi, dans une telle situation, j'arriverais à Calais à temps fixe et par journées d'étape, et je m'y trouverais le maître et l'arbitre de l'Europe...« Aber, so stellt sich ihm die Frage, »à quoi bon?... A fonder une nouvelle société, et à éviter de grands malheurs...« Europa braucht und erwartet dies, denn nur nach »longues et furieuses convulsions« könne der Kampf zwischen dem »alten und dem neuen System« beendet werden.[5] Als ihn Malcolm im nächsten

---

4 Las *Cases:* Mémorial de St-Hélène. II. 133 f. – Dieses Wort, aus seinem ursprünglichen Zusammenhang und von dem bedingenden Zusatz abgelöst, erfreute sich in liberalen und demokratischen Kreisen großer Beliebtheit. Es verdankt seine Faszination der Tatsache, daß es mit affektgeladenen Begriffen einen Tatbestand beschreibt, den man abwenden will oder abzuwenden aufruft, und daß man sich damit auf eine Autorität berufen kann. Von *Napoleon* als Alternative gemeint, vor der Europa steht, wenn er es nicht rettet, wird es zu einem Aufruf, sich in einer konkreten Situation zu entscheiden. Die »zehn Jahre« wurden natürlich im Laufe der Zeit »vermehrt«, bis man in den 50er Jahren auf 50 Jahre kam!

5 a.a.O. IV, 113 ff.

Jahre besucht, kommt man auf die Politik des Kabinetts Castlereagh zu sprechen. Wie konnte man es zulassen, ruft Napoleon aus, daß Rußland die polnische Krone und das Protektorat über die Donauprovinzen erhält! »La Russie est envahissant de sa nature...«, weil Zivilisationsgefälle von Europa nach Rußland besteht. Dieses Kulturgefälle wirkt nicht nur als Anreiz, sondern verleiht den Russen im Vergleich mit Europa auch eine große militärische Schlagkraft. Gelänge es Rußland, Polen auch ideologisch auf seine Seite zu ziehen, so hätte es keine Rivalen mehr, England würde es durch Bedrohung seiner indischen Besitzungen, Österreich durch seine Glaubensgenossen im Inneren lahmlegen. »Selon tout apparance, un patriarche grec officera un jour à Saint-Sophie, et de ce jour l'Angleterre perdra les Indes, et l'Europe sera soumise au knout d'un czar.«[6]

Es ist schwer zu entscheiden, ob die russische Gefahr dem Besiegten als Selbstbestätigung dienen muß – er ist ja der einzige, der Europa retten könne, meint er –, oder ob er sie erfaßt, und dann seine Chancen abwägt. Seine Erfahrungen in Rußland, die sich ja auch in seinen Urteilen widerspiegeln, sprechen für das letztere. So klar seine Erwägungen sind, so genau seine Argumente ineinandergreifen, so darf man sich jedoch dadurch nicht über seine spezifische Schwäche hinwegtäuschen lassen. Die geopolitische Argumentation, seine Stärke, bleibt letzten Endes zu mechanisch, wenn sie nicht mit anderen Faktoren in Beziehung gesetzt wird. Geopolitische Erwägungen sind die Stärke des militärischen Genies, die Welt erscheint dann als Generalstabskarte im großen. Doch verführen die großen Dimensionen allzu leicht zu einem Denken, das nicht nur von politischen, sondern seltsamerweise auch von geographischen Bedingungen abstrahiert. Gerade letzteres sollte ihm in Rußland zum Verhängnis werden.

In England waren es nicht »europäische Freiheit oder russische Despotie« und andere Fragestellungen aus dem geistigen oder ideologischen Bereich, die der Beschäftigung mit Rußland zugrunde lagen, sondern die Frage: Bedroht Rußland Englands Weltstellung? Bejahte man sie in irgendeiner Form, dann gab es zwei politische Rezepte. Entweder man versuchte das alte System der Politik wieder einzuführen, wie es etwa *Robert Wilson* in seiner weitverbreiteten Broschüre von 1817 »*Sketch on the Military*

---

6 *Montholon:* Récits de la capitivé... II, 69.

and Political Power of Russia in the Year 1817« forderte.[7] England solle seine alte insulare Politik wieder aufnehmen und Frankreich solle in das europäische Gleichgewicht eingegliedert werden, um die dauernde Oberherrschaft Rußlands in Europa zu verhindern so heißt es dort. Oder man setzte seine Hoffnung auf eine neue Aufteilung der Welt, da die alte Raumordnung, die europazentrisch orientiert war, angesichts der Krise Europas und seiner jungen »Flügelmächte« Amerika und Rußland, in zunehmendem Maße zerfiel. Daß man sich in England selbst in der Position sah, die künftig Amerika zufallen sollte, ist nicht sehr erstaunlich. So können wir in einem Artikel des »*Quarterly Review*« vom April 1818, der sich gegen die Russophobie wendet, lesen: »Let not the two nations whose languages (it is no vain boast) are one day to divide the world, interfere without necessity in each others harvest...«[8]

Auf dem Kontinent war die Stellungnahme natürlich durch die kaum verhüllte Bürgerkriegssituation – Napoleon diagnostizierte sie ebenso wie viele andere noch vor 1830 – bestimmt. Auch wen wir *Carl von Rottecks* Pessimismus nicht ganz ernst nehmen, so ist es doch bezeichnend, daß er in seiner »*Allgemeinen Geschichte vom Anfang der historischen Kenntnis bis auf unsere Zeit*« im Jahre 1818 das Bild eines zwischen Asien und Amerika, zwischen despotischem und republikanischem Geist stehenden Europa überhaupt entwerfen konnte und damit die Frage Fortschritt oder Verfall verknüpfte. Sollte die Partei, so schreibt Rotteck, welcher jetzt das Ohr der Fürsten gehört, den völligen Sieg davontragen, »so ist Asien der Spiegel, worin wir unser künftiges Schicksal erkennen mögen... Stufenweise wird der Verfall uns zum Loose der Chinesen hinführen und die Russen werden unsere Überwinder seyn. Aus der Welt wird darum freilich nicht die Freiheit weichen; aber Europa wird das heilige Feuer, welches es bisher bewahrte, nur noch von ferne, von jenseits des atlantischen Meeres herüber leuchten sehen.«[9] – Mehr ins Kulturelle gewendet findet man ähnliche Gedankengänge bei dem Schweizer *Heinrich Zschokke* (1771–1848). Kam die Kultur einst aus Asien nach Europa, so

7 Vgl. *Gleason:* The Genesis of Russophobia in Great Britain. 1950 S. 40, 55 f. Die Schrift *Wilsons* benutzt in französischer Übersetzung: Tableau de la puissance militaire et politique de la Russie. 1817.
8 Quarterly Review XIX (1818), 177 (zit. nach *Gleason* a. a. O. 56).
9 IX, 1818, § 27, S. 867.

wird sie jetzt aus Europa nach Amerika weiterziehen, sagt Zschokke, dem »großen Kreislauf der Dinge gemäß, Europas Niedergang muß also Amerikas Aufgang werden«. England und Rußland, so fährt Zschokke in seinem Aufsatz »*Europens Niedergang – Amerikas Aufgang*« (1818) fort, werden den Verfall am längsten überdauern, aber schließlich werden auch sie untergehen. Amerika dagegen vereinige die Vorteile beider und sehe einer großen Zukunft entgegen.[10]

In Frankreich wurde der Unterschied zwischen Rußland und Amerika konkret gefaßt. Man bewegte sich hier nicht auf dem Boden eines echten oder propagandistisch verwendeten Kulturpessimismus mehr literarischer Prägung, sondern auf dem der politischen Publizistik. Ausgangspunkt dafür war der traditionelle Gegensatz zu England, den man in den Rahmen des Gegensatzes von Land und Meer stellte. Der Platz Rußlands in diesem Dualismus ist uns schon aus der französischen Publizistik der 90er Jahre bekannt. Die Vorstellung, Europa werde vom Meer her durch England und von der Landseite aus durch Rußland bedroht, sollte die europäischen Mächte von der Notwendigkeit eines starken Frankreich überzeugen. Der für diesen Zusammenhang bedeutendste französische Publizist dieser Zeit, *Dufour de Pradt* (1759–1837), Erzbischof und ehemaliger Beichtvater Napoleons, mag hier einerseits als Beispiel für die französische Argumentation behandelt werden, andererseits aber soll vorab schon darauf hingewiesen werden, daß sich in seinen Ausführungen die Veränderungen nach 1815 deutlich nachweisen lassen. Hiermit meinen wir die veränderte Einstellung England gegenüber und die Parallelisierung Rußlands mit Nordamerika. Der Abbé de Pradt durchschaut die Vordergründigkeit der politischen Konsolidierung und erkennt, wohl aus der innenpolitischen Lage Frankreichs heraus, daß »la grande lutte entamée en 1789« auf die ganze Welt übergegriffen habe. Eine Demarkationslinie teile die Welt in »deux zônes de principes et de langage«, auf deren einer Seite »l'ordre absolu« und auf deren anderer »l'ordre constitutionel à des degrés divers« stehe. Der Kampf beider Ordnungen sei der von »deux modes de l'existence sociale« und könne nur durch den Sieg des einen oder des anderen Prinzips ein Ende finden.[11] Tritt die europäische Bürgerkriegssituation so in den Vordergrund, dann muß auch die

10 H. Zschokkes ausgewählte Hist. Schriften IV, 349 ff. Zitate: 352, 367 ff.
11 L'Europe et l'Amérique en 1822 et 1823. 1824 1. Teil, S. XIII, 223–232.

Beurteilung Englands anders ausfallen als bisher in der französischen Publizistik. Diese Vermutung wird bestätigt in de Pradts Schrift »*Paralléle de la puissance anglaise et russe relativement à l'Europe*...« (1823), die lange Zeit das einflußreichste Buch über Rußland in Frankreich bleiben sollte.[12] Europa, so lautet der Kern seiner Ausführungen – in denen sich offensichtlich der Machtverlust Frankreichs enthüllt –, habe nur noch die Freiheit der Wahl zwischen einem englischen und einem russischen Protektorat. Die europäischen Völker müßten sich für England entscheiden, denn dieses Land schone seine Partner, da es eine Handelsmacht sei, Rußland dagegen könne Europa vernichten und wolle es seiner Despotie unterwerfen. Um der von ihm aufgezeigten Alternative größere Durchschlagskraft zu verleihen, versucht er seinen Lesern glaubhaft zu machen, daß die Wahl Europas über die Bestimmung der Menschheit entscheiden werde.

Bereits im Jahre 1819 hatte der Abbé – »*L'Europe après le Congrès d'Aix-la-Chapelle*« – die These von dem Landkoloß Rußland und dem Seekoloß England, die beide Europa in die Zange nähmen, vertreten. England wird natürlich noch nicht in so günstigen Farben dargestellt wie 1823, die Politik des Wiener Kongresses als den Interessen Europas direkt entgegengesetzt gebrandmarkt. Die richtige Politik wäre die gewesen, Rußland aus Europa zu entfernen (42). Doch schon hier erscheint de Pradt der gängige Vergleich Rußlands mit England ungenügend. Auf der Suche nach einem adäquateren stößt er als einer der ersten zu einer globalen Sicht durch, nämlich zu einer Gegenüberstellung von Rußland und Nordamerika – noch vor Verkündigung der Monroedoktrin und vor Cannings Versuch, ein neues Gleichgewicht zu schaffen! Bevölkerungsvermehrung und zivilisatorischer Fortschritt, schreibt er, gingen in Rußland in derselben Weise wie in den USA vor sich. »De plus, aucune partie de l'Europe n'est susceptible d'une uniformité de progrès de meilleur ordre tel que l'aura la Russie, parce que chez elle tout sera fait sur les modèles modernes, comme à Petersbourg, comme en Amérique. C'est l'avantage des pays neufs, le retard est compensé par la meilleure formation.« (38 f.) Aus diesen Perspektiven gewinnt er die Einsicht, daß eines Tages

12 So *MacNally:* Das Rußlandbild in der französischen Publizistik. 1956 S. 75. 1824 erschien diese Schrift in deutscher Übers., die hier benutzt wird: »Vergleichung der englischen und russischen Macht in Beziehung auf Europa«. Schmalkalden, bes. S. 92 ff., 109 ff.

eine kleine Schicht hochzivilisierter Männer in Rußland der »population immense« den Befehl geben wird, »d'achever la conquête du monde. Cent millions de paysans russes… présentent une perspective qui fait trembler.« (40)

Dieser globale Aspekt wird noch deutlicher in einer Schrift de Pradts, die dem russisch-türkischen Krieg ihr Entstehen verdankt, »*Du système permanent de l'Europe à l'égard de la Russie et des affaires de l'Orient*« (1828). Zu Beginn bewegt er sich in den üblichen Vorstellungen, denn es heißt »l'Angleterre règne sur la mer, la Russie sur la terre: tel est le partage actuel du monde« (1), und »la Russie s'est avancée vers le continent par une marche aussi systématique que celle suivi par l'Angleterre pour s'affermir sur toutes les mer« (10). Gegen diese zweifache Bedrohung wird ein »système fédératif« vorgeschlagen, welches »le seul moyen de préservation qui reste à l'Europe contre la Russie« sei. Doch de Pradt argumentiert noch auf einer zweiten Ebene. Für die Diagnose der »aktuellen« Situation ist die Zweiteilung der Welt zwischen England und Rußland das konstitutive Element, die Prognose der zukünftigen Lage impliziert eine andere weltpolitische Konstellation: »La Russie jouit de tous les avantages dont sont privés les anciens états de l'Europe, dans lesquels les espaces sont occupés par la population et par les cultures destinés à la subsistance. On a calculé l'époque à laquelle les Etats-Unis d'Amérique posséderaient une population de cent vingt millions d'habitants, la progression a même dépassé les prévisions. Pourquoi, dans un temps donné, la Russie ne s'éleverait-elle pas au même degré, car elle possède des éléments parfaitement semblables et égaux à ceux qui promettent aux Etats-Unis ce rapide accroissement? La faculté de nourrier sa famille est la limite de la pupulation; c'est elle qui, dans les états peuplés, réduit les mariages à un si petit nombre. Mais il faut un long cours de siècles pour que cette limite sera attainte en Russie, comme en Amérique; elle se peuplera donc à l'infini…« (8 f.) – Mit de Pradts Thesen gewinnt die Prognose der weltpolitischen Konstellation der Zukunft, Europa zwischen Rußland und Amerika, realistischere Züge. Sie wird aus dem Bereich literarischer Räsonnements in den des politischen Denkens gehoben, in einen Bereich, in dem sie innerhalb der nächsten 10 Jahre ihre endgültige Formulierung finden sollte.

De Pradt ist wohl der wichtigste Vertreter der rußlandfeindlichen Publizistik im damaligen Frankreich. Trotzdem müssen wir noch erwähnen, daß der Dekabristenaufstand 1825 die Möglichkeit einer Revolution in Rußland in den Mittelpunkt des Interesses rückte.[13] Hoffnungen für Europa könne man daraus nicht ableiten, so argumentierte man weiter, denn Rußland unterliege dem historischen Gesetz, von Eroberung zu Eroberung schreiten zu müssen.[14] Dieses Gesetz und die Substanz Rußlands, »la force primitive«, werde jede Revolution überdauern. Nun verquickte man die Behauptung von der Anfälligkeit Rußlands für Revolutionen mit der von der unausweichlichen russischen Expansion und gewann eine neue: dieses Land sei auf Expansion angewiesen, da es den äußeren Erfolg brauche, um die innere Ruhe zu gewährleisten. Auch die Leibeigenschaft werde aus diesem Grunde aufrechterhalten.[15] – Zusammenfassend und ergänzend kann man wohl sagen, daß man in Frankreich in erster Linie an liberale, demokratische und bonapartistische Traditionen anknüpfte. Oft sagte man Rußland und meinte die Bourbonenmonarchie. Unter dem Druck der Restauration gewann sogar die »englisch-russische Weltherrschaft« ein anderes Aussehen und man konnte für England optieren, weil es – nicht zuletzt aufgrund der Politik Cannings – als Hort der Freiheit erschien. Auf den Unterschied der Ebenen, von denen aus man in Frankreich und England im Gegensatz zu Deutschland in der Regel Rußland betrachtete, mag noch einmal besonders im Zusammenhang mit der konkreten politischen Situation der betreffenden Länder hingewiesen werden.

In England war die ideologische Basis für eine antirussische Stimmung einfach noch zu schmal, als daß man sich auf seiten der politischen Publizisten große Mühe gegeben hätte, sie auszunutzen. Erst die polnische Revolution von 1830 sollte darin eine Änderung bringen. Angesichts des türkisch-russischen Konfliktes 1828/29 erhielt die Russophobie in England neuen Auftrieb, was sich in einer Flut von Broschüren und Artikeln niederschlug, in denen meist geopolitische Argumente anzutreffen sind. Es ging um strategische Positionen für die Weltmachtstellung Großbritanniens und man schreckte nicht davor zurück, einen Krieg gegen

13 Z. B. »Journal des Débats« vom 20. 1. 1826 S. 2 f.
14 »Journal des Débats«, ebd. und *Aubernon:* Considérations historiques et politiques sur la Russie, l'Autriche et la Prusse, 1827, bes. S. 77.
15 *Niéllon-Gilbert:* La Russie, 1828, bes. 178 ff., 89, 167.

Rußland unter der Führung Englands und Frankreichs zu fordern.[16]

Wenden wir uns Deutschland zu. Der *Freiherr vom Stein* wurde durch den Dekabristenaufstand veranlaßt, sich wieder mit Rußland zu beschäftigen. Nichts schütze, so schreibt er, Rußland vor einer Revolution, ja man arbeite ihr durch die Anlage von Militärkolonien sogar noch in die Hand, denn dort werden sich neue Strelitzen bilden.[17] Die Ideen, einmal ins Leben getreten, lassen sich nicht vertilgen.[18] Die Maßregeln, die man gegen sie treffe, sind Mißgriffe und müssen ihre Verbreitung noch mehr steigern, weil sie die Unzufriedenheit fördern. »Man wollte das Fortschreiten des menschlichen Geistes hemmen... die Richtung der geistigen Tätigkeit vom politischen Interesse ablenken, zu einer Zeit, wo eine allgemeine politische Gärung vorhanden ist, so wie im 16. Jahrhundert eine theologisch-dogmatische war, wo ein großer Teil von Europa aus constitutionellen Monarchien, America aus Republiken besteht, wo durch... Erleichterung der Verbindung aller Art die Menschen in mannigfaltige Berührung gesetzt sind.«[19] Ein solches Unternehmen muß nicht nur notwendig scheitern, sondern gerade das herbeiführen, was es verhindern will. – Rußland muß nach vom Stein unbedingt außerhalb des Bereichs der europäischen Monarchien gehalten werden. In diesem Zusammenhang kritisiert er Gagerns preußenfeindliche Haltung scharf, nicht nur weil Preußen Deutschlands Sache, sondern weil es auch Europas Sache vertrat, »denn es ist ein Damm gegen Rußland«.[20] Das Verhalten Nikolaus' anläßlich des polnischen Aufstandes empört ihn menschlich tief. Darüber hinaus sieht er aber auch den politischen Fehler, der in einem solchen Vorgehen liegt. Läßt es nicht tiefen Groll im Herzen der Polen zurück, »dessen früher oder später Ausbruch seinen Thron, der ohnehin an einem Abgrund steht und von dem anarchischen Zeitgeist bedroht wird, erschüttern, vielleicht zerstören wird?... Der Groll des unterdrückten

---

16 Vgl. *Gleason* a.a.O. 83–103, dann die Schriften von Lacy *Evans*, die sehr weit verbreitet waren: Des projets de la Russie. 1828 und: On the Practicability of an Invasion of British India. 1829.

17 An Spiegel vom 8. II. 1826 = Briefwechsel, Denkschriften (Ed. Botzenhardt) IV., 354.

18 An die Gräfin *Voß* vom 1. III. 1826 = a.a.O. IV, 361.

19 An die Gräfin *Reden* vom 22. III. 1826 = a.a.O. IV, 363.

20 An *Gagern* vom 14. V. 1826 = a.a.O. IV, 379.

Polen wird sich mit dem des russischen Verschwörers verbinden.«[21] Doch inmitten der »Elemente der Unruhe«, die ihn »in eine sehr trübe Zukunft« blicken lassen, beruhigt er sich immer wieder mit dem Gedanken, daß auch »aus dem Bösen das Gute quillt« und daß »alles unter Gottes Leitung steht«.[22] Gerade die Elemente der Unruhe sind es, denen sein Kampf gilt. Nur sieht er sie nicht wie die Konservativen nur von der Revolution, noch wie deren Gegner nur von der Reaktion in die Geschichte gebracht, sondern von beiden. Sein Bemühen geht darauf, mit Hilfe eines in die Geschichte hineingedeuteten Menschenideals, dessen Wiederbelebung er erstrebt, das durch Revolution und Reaktion bedrohte Leben wieder in Ordnung zu bringen. Dies ist der Kern seiner Geschichtsbetrachtung, und von hier aus wird auch seine Rußlandprognose verständlich. Die »russische Autocratie« ist deswegen schlimmer als Revolution und Reaktion, weil sie das Land daran hindert, sich auf den Weg der Überwindung des Europa trennenden Zwiespalts zu begeben. Sie vergrößert durch ihre Maßnahmen die Kluft im eigenen Land immer mehr, bringt es dadurch an den Rand der Anarchie, d. h. der Revolution. So wird Rußland für ihn das Land, das am deutlichsten zwischen den beiden Extremen steht und dessen Zukunft besonders gefährdet ist, weil es sich nicht im Lager der konstitutionellen Monarchie befindet, sondern sich auf die Reaktion zurückzieht, die durch ihre Schärfe notwendig die Revolution aus sich hervorbringen muß.

Wenn wir in einer Arbeit, die das europäische Selbstverständnis gegenüber Rußland zum Thema hat, kurz auf einen amerikanischen politischen Publizisten, *Alexander H. Everett*, eingehen, so nicht nur, weil dieser den größten Teil seines Lebens (1790–1847) als amerikanischer Diplomat in Europa verbrachte und Rußland aus zweijährigem Aufenthalt kannte, sondern in erster Linie, weil er persönlich mit Tocqueville befreundet war und dessen Gedanken nicht unerheblich beeinflußt haben dürfte.[23] 1822 veröffent-

21 An seine Frau vom 21. V. 1831 = a. a. O. VII, 297.
22 An *Gagern* vom 2. VIII 1826 = a. a. O. IV, 379.
23 Zur Bekanntschaft *Tocquevilles* mit *Everett* vgl. G. W. *Pierson:* Tocqueville and Beaumont in America. N. Y. 1938 S. 398 – Tagebucheintrag *Tocquevilles* vom 29. IX. 1831: »Mr. Everett, former United States minister to Spain and a distingushed writer, said to me this evening: The starting point of a people has an immense bearing, the consequences for good or ill have influence by which one is unceasingly surprised.« – Die neueste Arbeit über Tocquevilles Amerikabild, die auch

lichte er in Boston sein zweibändiges Werk »*Europe, or a General Survey of the Present Situation of the Principal Powers; with Conjectures on their Future Prospects*«, welches wir hier in der ein Jahr später in Bamberg erschienenen deutschen Übersetzung »Europa oder Übersicht der Lage der europäischen Hauptmächte im Jahre 1821« benutzen. Im ersten Band seiner Schrift erkennt Everett in den »gegenwärtigen politischen Bewegungen« eine Fortsetzung der »großen Revolution«. Diese interpretiert er als »Veränderung des Zustandes der Gesellschaft«, welche durch das »Fortschreiten der Industrie, des Wohlstandes und der Wissenschaft« verursacht wird. »Der gewaltsame Ausbruch derselben (d. i. der Revolution) war nicht viel anderes, als das Zerbrechen der veralteten, nicht mehr passenden Formen, die schon längst nicht mehr in die Denkungsart der Menschen paßten; es riß ein Teil von der Gesellschaft ihren Anteil an der öffentlichen Gewalt an sich, den er in der Wirklichkeit schon längst besaß, und an deren rechtlichen Besitz ihm nur die positive Form fehlte.« (5 ff.) Schon hier stoßen wir auf eine Parallelisierung Rußlands mit Amerika, nämlich wenn Everett feststellt, daß die »Collision der Interessen«, die mit der Französischen Revolution ausbrach, in Rußland und den Vereinigten Staaten »aus gerade den entgegengesetzten Ursachen« diese Wirkung nicht entfalten konnte (13). Unter dem Aspekt der europäischen Revolution, die er auf dem Hintergrund der industriellen Revolution sieht, erscheint ihm Europa in zwei Hälften aufgespalten: in Zivilisation und Barbarei, denen jeweils bestimmte politische Institutionen entsprechen (I, 34 ff.). Aus der Prämisse Zivilisation, d. h. Handel, Industrie und Wissenschaft gleich Freiheit, und aus der, daß die Zivilisation notwendig, auch in Rußland, fortschreiten muß, entwickelt er seine Prognose des endgültigen Triumphes der Freiheit (I, 45 ff.; II, 285 ff.). Im zweiten Band, in dem Everett konkreter wird, schält sich langsam seine These heraus: Wenn sich Europa nicht konsolidiert, wenn es den ewigen Kriegen kein Ende setzen kann, wird es wie Griechenland zugrunde gehen (137 f.). Die Vorstufe dieser Einheit sieht er im System des Europäischen Gleichgewichts verwirklicht. Dieses wurde aber durch die Heraufkunft Rußlands vollständig zerstört (145 ff.). Von Rußland erwartet nun auch Everett das Heil Europas, da er die Möglichkeit einer Einigung des Kontinents angesichts der

die Literatur vor Tocqueville z. T. einbezieht, ist die von Bernhard *Fabian:* A. d. Ts Amerikabild (Beihefte zum Jb. f. Amerikastudien. H. 1), Heidelberg 1957.

russischen Drohung verneinen zu müssen glaubt (166 ff.). Eine
Herrschaft Rußlands über Europa würde nach Everett den Fort-
gang der Zivilisation nicht unterbrechen, sondern ihn letzten Endes nur befördern, weil er Europa, wenn auch unter russischer
Oberherrschaft, vereinigen würde (285 ff.).

Während der Politiker Everett in guten Einzelanalysen seine
Stärke beweist, beweist der Liberale Everett in der Gesamtkonzep-
tion seine Schwäche; aber nicht nur seine, sondern die einer
liberalen Position überhaupt, wenn sie zur Grundlage einer Beurteilung Rußlands gemacht wird. Handel, Wissenschaft und Industrie zu Beginn des industriellen Zeitalters als geschichtliche
Faktoren ersten Ranges und für seine Zeit als *die* geschichtlichen
Faktoren überhaupt erkannt zu haben, ist eine Leistung, doch
ihren Fortschritt mit dem der Freiheit zu identifizieren, ist ein Fehler, der mit dieser Leistung selber schon gegeben ist; weil für den,
der zu dieser Erkenntnis damals fähig war, die Geschichte nur als
Fortschritt der Freiheit existierte. Mit dieser Geschichte als Fortschritt war auch ein Ende der Revolution in das Gesichtsfeld
gerückt, deren Weitertreiben und deren Triebkräfte Everett klar
diagnostizierte. Als Ende der Revolution erschien dieser Geschichtsphilosophie die künftige weltweite Verbreitung von Industrie, Handel und Wissenschaft gleich Zivilisation gleich Freiheit.
Heute können wir sagen, daß sich hinter diesen Identifikationen
die liberale Utopie verbirgt, die schon seit einigen Dezennien an
Evidenz zusehends eingebüßt hat.

Die in diesem Werk nur angedeutete Parallele zwischen den USA
und Rußland wird in wenigen Sätzen in einer 1827 erschienenen
Schrift desselben Verfassers weiter entwickelt, deren Titel lautet:
»*America, or a General Survey of the Political Situation of the
Several Powers of the Western Continent, with Conjecturers on
their Future Prospects.*« In ihr reflektieren sich deutlich die Monroe-Doktrin und die Politik des britischen Premierministers Canning. – Europäische Landnahme in Übersee und russische Landnahme in Asien werden zueinander in Analogie gesetzt. Ihre
Folgen hätten zur Beseitigung des alten europazentrischen Systems geführt. »The discovery and colonization of America and
the East Indies, and the conquest of the whole north of Asia by
Russia, which took place about the same time, prepared the way
for the introduction into the European system of new elements,
capable of becoming after a while much superior in weight and

importance to the original mass... – The emancipation of America has added to the family a cluster of new members, not inferior in number, nor in importance, to the former ones; this creation is the first remarkable point in the new political system. – Another important feature in this system was the result of the conquest of the north of Asia by Russia, and of circumstances occuring within the interior of that empire, which favored in a very extraordinary manner, its progress in power and civilization. While the western and maritime states were appropriating to themselves the boundless regions of the new world, the Czars of Russia were stretching their jurisdiction« – (der juristische Unterschied zwischen europäischer und russischer Landnahme ist hier sehr gut gesehen) – »over equally extensive territories, which being contiguous to their former possessions, were not liable to fall off like the new acquisitions of the others, after a lapse of two or three centuries. Having succeded about the same time... in forming a consolidated and vigorous body politic... having finally... raised their subjects, in point of civilization, to a level with the rest of Europe, these princes... now took their places, not so much in it as over it (d. i. the general system). Russia became at once not merely a leading, but in substance and effect the ruling state.« (13 ff.) Damit hatte Everett zwei Mächtegruppen des neuen Systems genannt: den von Rußland beherrschten europäischen Kontinent und die Vereinigten Staaten. Zu diesen träte als dritte das britische Empire hinzu, dessen schwache Basis er durchaus erkennt, denn es sei »in its nature accidental and transitory«, mit anderen Worten, in seiner geschichtlichen Existenz »künstlich«. Anders dagegen Rußland, dessen beherrschende Stellung ruhe auf starken physischen Grundlagen und werde eher noch zu- als abnehmen (17 ff.). Man spürt förmlich das Erstaunen des tiefdringenden Beobachters, wenn er fortfährt: »It happens by a somewhat singular coincidence, that the great divisions which I have pointed out« – d. h. die Linien eines neuen politischen Systems – »exhibit at the same time a grand examplification of each of the principal forms of political institutions... The United States are admitted by all to furnish the most finished model of a popular government that has yet been seen... The British constitution... is undoubtedly the most favourable specimen that has ever been exhibited of the mixed or intermediate system of government; while the Russian empire, although the aspect of its administration varies very much,... has displayed on the whole, since the time of Peter the Great, one of the best examples… of the worst description of political institutions.« (20 f.)

Der maritime Blickwinkel, unter dem Europa hier betrachtet wird, ist nur einem Engländer oder Amerikaner möglich, denn Europa erscheint ja im Grunde nur als Halbinsel Rußlands, als Halbinsel der Landmacht par excellence. Der Gegensatz von Land und Meer entspricht »by coincidence« dem von politischen Institutionen und Verfassungen; diesem wiederum ist der von Barbarei und Zivilisation zugeordnet. Dieser Dualismus geht für Everett damals noch mitten durch Europa, während im globalen Maßstab für ihn schon England der Vermittler zwischen beiden Systemen ist. Die Prognosen des amerikanischen Diplomaten in der Schrift von 1823 lassen aber keinen Zweifel daran, wem seiner Meinung nach die Zukunft Europas gehören wird. Ein kurzer Rückfall in die Barbarei durch eine russische Eroberung würde aber bald durch eine Verbreitung der Zivilisation über ganz Rußland ausgeglichen, mit der auch eine solche Freiheit verbunden wäre. Diese Zukunftsperspektiven lassen die Dualismen von Land–Meer, »despotic government« – »popular government«, Knechtschaft – Freiheit, Barbarei – Zivilisation als vorübergehende erscheinen, die mittels Geschichtsphilosophie ihrer Lösung zugeführt werden.

Die Kongruenz der Ziele und die dialektische Spannung, die zwischen den verschiedenen Ausgangspunkten und den verschiedenen Mitteln, dahin zu gelangen, herrscht, sowie die These, daß »the starting point of a people has an immense bearing«[24] sollten für Tocquevilles Prognose der Lage Europas zwischen den zwei künftigen Weltmächten fruchtbar werden. Je näher wir aber beide politische Denker zusammenrücken, desto mehr wird einem der Unterschied zwischen ihnen bewußt. Dieser besteht zum Teil darin, daß Everett die Geschichte als Fortschritt von Zivilisation und Freiheit interpretiert und seine Prognose in ihrer Radikalität durch einen großen inneren und äußeren Abstand zu Europa – den wir am deutlichsten in seiner maritimen Sicht feststellen konnten – ermöglicht wird, wohingegen Tocquevilles Prognose einem geistigen und soziologisch-existentiellen Betroffensein von den politischen Ereignissen Europas entspringt.

24 Zitat aus Tocquevilles Tagebuch – siehe Anmerkung 23.

Rußland war viel unmittelbarer in das politische Bewußtsein der europäischen Völker eingetreten als Nordamerika, aber trotzdem oder gerade deswegen vermochten sich die Zukunftserwartungen eines sich hie und da abzeichnenden Pessimismus in bezug auf die Zukunft Europas nicht nach Rußland zu wenden. Rußland erschien entweder als irgendwie zu Asien gehörig und galt dann als erstarrt, oder es war selbst in den Verfall Europas mit hineingezogen, wenn man es Europa zurechnete, was der Argumentation der Konservativen näherlag. Amerika gewann daher als »Neue Welt« zunehmende Relevanz für das Selbstverständnis der europäischen Eliten.[25] Dieses Phänomen wird nur verständlich auf dem Hintergrund eines Durchbruchs in neue Dimensionen einer globalen Politik, die die alten Ordnungslinien hinter sich läßt und die mit der Emanzipation Nordamerikas vom britischen Empire geschichtlich fällig war. 1777, ein Jahr nach der Unabhängigkeitserklärung der Vereinigten Staaten, als man in Europa die Möglichkeiten Nordamerikas, in Zukunft eine zahlreichere Bevölkerung als damals ernähren zu können, äußerst pessimistisch beurteilte[26], wagte ein amerikanischer Diplomat, *Silas Deane,* die Voraussage, daß Großbritannien, Nordamerika und Rußland einst die Welt beherrschen würden. »Russia like America is a new state, and rises with the most astonishing rapidity.«[27] Das amerikanische Selbstbewußtsein manifestierte sich also schon in einer prägnanten Prognose, bevor europäische Geschichtsphilosophen und politische Publizisten Nordamerika in ihre Spekulationen über die Zukunft Europas einbezogen, was wir, in dem Augenblick, in welchem es erfolgte, als Antwort auf die Emanzipation Nordamerikas interpretieren können.

Weiter oben erfuhren wir, wie Herder, Melchior von Grimm,

25 Zum Amerikabild vgl. die schon erwähnte Arbeit von *Fabian* (S. 158); Ernst *Fraenkel:* Amerika im Spiegel des deutschen politischen Denkens. Köln-Opladen 1959; *Durand Echeverria:* Mirage in the West. A History of the French Image of American Society to 1815, Princeton 1957; Hildegard *Meyer:* Nordamerika im Urteil des deutschen Schrifttums bis zur Mitte des 19. Jahrhunderts. Hamburg 1929; Bernhard *Fay:* Bibliographie critique des ouvrages français relatifs aux Etats-Unis (1770–1800), und: L'esprit révolutionnaire en France et aux Etats-Unis à la fin du 18e siècle. 1925.

26 Zu dieser Diskussion sieht Jean *Gottmann:* La politique des états et leur géographie. 1952 S. 34 f.

27 Zitiert nach J. C. *Miller:* The Triumph of Freedom 1948. Leider dort ohne Quellenangabe.

der Verfasser der »Letters on the concert of princes...« (1793), Jean Paul, Eichendorff, Rotteck, Zschokke, de Pradt und der Amerikaner Everett – wir können jetzt noch für das Problem Europa–Amerika ergänzen, Hasse, A. W. Schlegel und K. F. von Schmidt-Phiseldeck[28] – die Stellung Europas zu Nordamerika und Rußland beurteilten. Trotzdem kann man sagen, daß so etwas wie eine konkrete Analyse der Analogien zwischen Rußland und Nordamerika, die ja bei einer positiven Beurteilung der Zukunft Nordamerikas im Vergleich mit der Europas eine starke Erschütterung des europäischen Selbstbewußtseins voraussetzt, relativ spät, erst in den 20er Jahren des 19. Jahrhunderts ausgearbeitet wurde. Diese Verbindung der Prognose über die Zukunft Rußlands mit der über die Nordamerikas war eine Leistung, die von dem konservativen Pessimismus und dem Glauben der »fortschrittlichen Kräfte« an den »Hort der Freiheit« Nordamerika geistig vorbereitet war. Explizit wurde sie nicht in erster Linie aufgrund der eben genannten Voraussetzung, sondern aufgrund der Tatsache, daß die politische Publizistik Frankreichs, auf der Suche nach wirkungsvollen Formeln für eine Qualifizierung Rußlands, den Vergleich Rußland–England, der wegen der gewandelten politischen Situation auch nicht mehr ganz überzeugend ist, zugunsten des Vergleichs Rußland–Nordamerika hinter sich läßt – so bei de Pradt. Zu erwähnen ist noch, daß ein amerikanischer Diplomat vier Jahre nach der ersten Andeutung eines globalen Gegensatzes von Land und Meer, der Ost und West eindeutig zuordnen sollte, nämlich vier Jahre nach der Verkündung der Monroe-Doktrin, der darin sich manifestierenden endgültigen Emanzipation der Vereinigten Staaten vom politischen System Europas in einem geschichtsphilosophischen Entwurf Rechnung

28 Hasse, Art. Vereinigte Staaten, in: Brockhaus, 5. Aufl. 1822–24, 10 Bd., 326 ff., schreibt, daß Nordamerika »noch nicht fünfzig Jahre alt... eine Weltmacht bildet«, »die in kurzem, was physische und politische Kraft betrifft, mit Europa um den Vorrang streiten werde. Fällt das stolze Britannien nicht früher durch sich selbst, so fällt es einst durch Nordamerika.«
Konrad Friedrich von *Schmidt-Phiseldeck: Europa und Amerika oder die zukünftigen Verhältnisse der zivilisierten Welt.* Kopenhagen 1820, S. 12 f., hier wird die Prognose aufgestellt, daß Nordamerika Europa in seiner weltbeherrschenden Stellung ablösen werde.
August Wilhelm *Schlegel:* Sur le système continental, et sur ses rapports avec la Suède. 1814. Hier heißt es, daß die kraftvolle Jugend des »neuen Europa« die Alterschwäche des Mutterlandes beschämen werde.

trug und zu ungefähr gleicher Zeit wie de Pradt auf die Analogie zwischen Rußland und Nordamerika verwies, diese aber viel stärker historisch begründete als der Franzose. Für die Verbreitung dieser Parallele war eine Erschütterung des europäischen Selbstbewußtseins nötig.

1823 entstand die gegen Rußland als Vormacht der Heiligen Allianz gerichtete Monroe-Doktrin; zu einem Zeitpunkt, an dem sich zum erstenmal ein russisch-amerikanischer Gegensatz abzeichnete.[29] Das völkerrechtlich gesehen wesentliche Moment der Doktrin, die Linie der westlichen Hemisphäre, stellte den Anspruch der europazentrischen Raumordnung, eine globale zu sein, prinzipiell in Frage. Dieser Begriff der westlichen Hemisphäre wird in der Botschaft Monroes vom 2. XII. 1823 – sie markierte den Eintritt Amerikas in die große Politik –, wenn auch vielleicht unabsichtlich, dem politischen System der Freiheit zugeordnet, und dem der absoluten Monarchien des damaligen Europa gegenübergestellt. Eine Antithese, die Everett weiter entwickeln sollte. Der schon erwähnte englische Premierminister *Canning* hatte zur gleichen Zeit wie einige politische Publizisten klar erkannt, daß aufgrund der Umwälzungen seit 1789 eine neue Raumordnung notwendig geworden war. Sein Fehler war nur der, daß er auf einen neuen geschichtlichen Anruf eine alte Antwort zu geben versuchte; was nicht verwunderlich ist, wenn man bedenkt, daß diese Reaktion auf eine geschichtliche Lage Englands Machtstellung mit begründet hatte. Canning meinte nun, Englands Stellung als Handhaber des europäischen Gleichgewichts auf ein »Weltgleichgewicht« übertragen zu können. Dazu sollten zwei Mittel dienen: einmal die Position, die Amerika in der von ihm mitangeregten Monroe-Doktrin einnahm, und dann die Politik, die er zwischen 1822 und 1827 auf dem europäischen Kontinent verfolgte, nämlich die der Unterstützung der nationalen Befreiungsbewegungen. – Simon Bolívar hatte bereits 1813 den Begriff des »Weltgleichgewichts« geprägt, am 11. XII. 1826 war der letzte Bericht über seine Gleichgewichts-Ideen in London eingetroffen,

29 Zur Ausbildung des Dualismus zwischen Amerika und Rußland vgl. Erwin *Hölzle*: Rußland und Amerika. Aufbruch und Begegnung zweier Weltmächte. München 1953. Neben Hölzle sehen die Monroe-Doktrin unter diesem Aspekt: *Gottmann* a. a. O. 59 ff.; Thomas A. *Baily*: America faces Russia. Ithaca 1950 S. 27 ff.; Carl *Schmitt*: Nomos der Erde, 1950 S. 256.

in deren Rahmen er England eine Mittlerstellung zwischen dem alten und dem neuen Erdteil zudachte. Am nächsten Tag hielt Canning im Unterhaus seine berühmte Rede, deren Hauptstelle lautet: »Ich blicke anders wohin! Ich suche die Ausgleichsmittel in einer anderen Hemisphäre... Ich rief die Neue Welt ins Dasein, um das Gleichgewicht der alten wieder herzustellen.«[30] Doch war zur Durchführung dieses Programms die insulare Grundlage zu schmal, was Everett bereits 1827 konstatierte.

Doch war Everett im 19. Jahrhundert nicht der einzige, der diese düstere Prognose über Englands Zukunft wagte. Wie kühn sie damals war, läßt sich vielleicht daran ermessen, daß noch 1884 Robert *Seeley*, einer der intellektuellen Väter des britischen Imperialismus, über die früheren Rivalen Englands im Kampfe um die Neue Welt, nämlich über Holland und Portugal sagte, daß England die »breitere Basis« hatte und seinem Land gerade das zusprach, was ihm 60 Jahre früher bereits abgesprochen worden war.[31] Friedrich *List* hatte 1846 gleichsam die Voraussage Everetts aufgenommen, als er schrieb: »Die Vereinigten Staaten besitzen in einem viel höheren Grade die materiellen Elemente nationaler Größe als Großbritannien... hinsichtlich der Ausdehnung ihres Territoriums übertrifft das Kaliber ihrer Nationalität in nicht minder hohem Grade das von Großbritannien, als im 17. Jahrhundert das nationale Kaliber von Großbritannien das der vereinigten Provinzen der Niederlande übertraf. Die Geschichte gibt darüber Auskunft, in welcher Weise die Rivalität dieser beiden Länder... zuletzt geendigt hat, und dieses Resultat ist nicht wenig dazu geeignet, bei England, ernstliche Bedenken über seine Zukunft zu erregen.«[32] Geht List mehr von der ökonomischen Basis aus, so berücksichtigt Constantin *Frantz* mehr den Aspekt der

30 Zitiert nach Adolf *Rein*: Über die Bedeutung der überseeischen Ausdehnung für das europäische Staatensystem. (HZ 137) hier: Reihe Libelli Bd. VIII der Wiss. Buchgesellschaft. Darmstadt 1953 S. 64, zu Cannings Politik 64 ff., zu Bolívars Idee des Weltgleichgewichts 61 ff., zu seiner Vorstellung von der Aufgabe Englands in diesem System 63. – Canning als einer der Anreger der Monroe-Doktrin: *Gottmann* a. a. O. Dies ist kein Widerspruch zu seiner Polemik gegen die Doktrin in der erwähnten Rede (referiert bei *Rein*, 64 ff.), denn er wendet sich gegen ihre Form der Anwendung gegen das englische Seerecht. Seine eigenen Worte bestätigen diese Meinung: »Ich rief die Neue Welt ins Dasein...«
31 The Expansion of England, 1884, 306.
32 Schriften VII, 272.

Weltpolitik, in die seiner Ansicht nach 1859 das europäische Gleichgewichtssystem einzumünden beginnt. »Rußland und Nordamerika«, so stellt er fest, »sind Weltmächte im vollsten Sinne des Wortes... England ist eine Weltmacht... aber ohne Frage nur eine künstliche.« 1882 wird er diese Prognose erläutern und sagen: »Allein trotz allem ist England doch nur eine künstliche Weltmacht, weil die territoriale Basis dieser Macht eben nur ein europäisches Land ist... Sonach hat die englische Weltmacht nur eine prekäre Existenz, weil sie nicht auf der Basis der Natur ruht, wie die Macht der Vereinigten Staaten oder Rußlands, welche beide sich dagegen als natürliche Weltmächte darstellen.«[33]

1823, 1827 und die Prognosen, die wir soeben kennenlernten, bleiben jedoch im Zusammenhang gesehen nur eine Episode. Wenn auch Begriffe wie »Weltgleichgewicht«, »Weltmacht«, »Weltstaatensystem«, »Weltpolitik«, »Weltrevolution« etc., die in diesen Jahrzehnten entstehen, bzw. ihre erste größere Verbreitung erleben[34], die Erschütterung der europazentrischen Raumordnung spiegeln, so wurzelte diese doch in so starken materiellen und ideellen Traditionen, daß sie noch rund ein Jahrhundert weiterexistierte.[35] Der Aufschwung Englands in den letzten Jahrzehnten des 19. Jahrhunderts im Zeitalter des Imperialismus[36] ließ alle Prognosen vom weltgeschichtlichen und weltpolitischen Bedeutungsverfall Europas und insbesondere Englands in Vergessenheit geraten. Nicht nur englische Imperialisten wie Robert *Seeley* und Charles *Dilke* meinten, daß »the future seems to lie between our people – in the present British Empire and the United States – and the Russians«[37], auch in Deutschland begegnet man um die

---

33 Untersuchungen über das europäische Gleichgewicht, Berlin 1859, 86. Die Weltpolitik unter besonderer Bezugnahme auf Deutschland, Chemnitz 1883, 1. Bd., 106.

34 Vgl. dazu meine als Anhang VII unten abgedruckte begriffsgeschichtliche Studie: Rußland als Weltmacht.

35 Den Zerfall der Raumordnung der Jus Publicum Europaeum behandelt unter dem Aspekt der »Frage eines neuen Nomos« Carl *Schmitt* a. a. O. 187 ff.

36 Zum Begriff Imperialismus vgl. meinen Artikel in: Otto Brunner, Werner Conze, Reinhart Koselleck (Hrsg.), Geschichtliche Grundbegriffe, Bd. 3, Stuttgart 1982, 175–221.

37 Charles *Dilke*, Probleme of Greater Britain, 1890, 1. Bd., 2; *Seeley* a. a. O. 311–13.

Jahrhundertwende, wenn auch mit umgekehrtem Vorzeichen, der »Theorie von den drei Weltreichen«.[38]

Wir sind in diesem Zusammenhang gleichsam vorausschauend auf die späteren Prognosen, die das Verhältnis Englands zu Rußland und Amerika betreffen, eingegangen, um die Leistung an weltpolitischem Weitblick, die wir in diesem Kapitel kennenlernten, richtig würdigen zu können. Man schuf mit der richtigen Einschätzung der Zukunft Englands erst den entscheidenden Ausgangspunkt für die Prognose, die das Verhältnis Europas, Rußlands und Amerikas zueinander in heute noch gültiger Weise formulierte. Konzipiert werden konnte sie aber erst, nachdem die Revolution von 1830 in verstärktem Maße hatte offenbar werden lassen, daß die »Revolution« noch nicht zu Ende war. Es sollte dies die Leistung Tocquevilles sein.

---

38 So der Titel eines Aufsatzes von Heinrich *Dietzel,* in: Die Nation 17, 1899/1900, Nr. 30–34. Die prominentesten Vertreter dieser Lehre von den »drei riesenhaften Eroberungsreichen« England, Rußland und Nordamerika waren wohl Gustav *Schmoller* (Schmollers Jb. 24/1900, 373 ff.) und Hans *Delbrück* (Preuß. Jb. 92, Juni 1898, und 119–122, Januar bis Dezember 1905).

Kapitel 5
Die »Restaurationsphilosophie« und Rußland –
Der letzte Höhepunkt des europäischen
Selbstbewußtseins in der Philosophie Hegels

Bevor wir uns den 30er Jahren des 19. Jahrhunderts zuwenden, wollen wir noch kurz in der Zeit der sogenannten »Restauration« verweilen. Ohne uns mit dem Für und Wider des Begriffes zu beschäftigen, wollen wir hier nur andeuten, daß man nicht nur vor 1815 erkennen konnte, daß die Revolution noch nicht beendet war – es sei nur an das bekannte Wort Napoleons von der Revolution erinnert, die nach ihm so wieder beginnen werde, als ob man ein Lesezeichen aus einem Buch herausnähme, um an der alten Stelle wieder weiterzulesen –, sondern daß nach der scheinbaren Wiederherstellung der alten Staatlichkeit gerade die »Restaurationsphilosophen« betonten, daß Europa in zwei politische Lager zerfalle und der Bürgerkrieg andauere. – Die Diagnosen Napoleons, de Pradts und Everetts, die von anderen Positionen aus diese Sicht der Dinge bestätigten, haben wir bereits zitiert. – Doch gehört zu den oben apostrophierten Denkern auch *Franz von Baader*. Nun erhebt sich die Frage, kann man Baader, dessen tiefstes Anliegen es war, die Revolution, oder, wie er es nannte, den Zwiespalt zu beenden, als »Restaurationsphilosophen« qualifizieren, ihn, der noch 1820 die »Identität des Despotismus und des Revolutionismus« erkannte[1], der 1835 eine Schrift zum Thema *»Das Mißverhältnis der Vermögenslosen oder Proletairs zu den Vermögen besitzenden Klassen der Sozietät...«* verfaßte?[2] Baaders Ansatz gleicht dem St. Simons, er wollte die Revolution – genauso wie dieser – verstehen, um sie zu beenden, er enthüllte die extremen Positionen der Sinngebung des revolutionären Geschehens genauso als vorläufige wie der Franzose mit seinem Begriff der »crise« es tat. Auch durchstößt er wie St. Simon den politischen

---

1 Sämtl. Werke V, 290.
2 Dazu vgl. Ernst *Benz:* Franz von Baaders Gedanken über den »Proletair«, in: Zschr. f. Rel. u. Geistesgesch. I (1948), 97 ff. Dort auch weitere Belege aus Baaders Schriften. Baader ist übrigens nicht der erste, »der den Begriff ›Proletarier‹ in die deutsche Sprache einführte« (so Benz)!

Vordergrund und gewinnt so den Blick für die gesellschaftliche Wirklichkeit, die sich dahinter verbirgt. Nur in ihrer Antwort liegt die entscheidende Differenz: für Baader kann es keine andere geben, als die Rückkehr zu einem recht verstandenen Christentum, das die ganze Gesellschaft befruchten und »heilen« soll; St. Simon und Comte antworten mit ihrer Konzeption der »Soziologie« – die die Letztinstanzlichkeit der extremen Position als falsches Bewußtsein, als Ideologie entlarvt – und einer Kirche ohne Gott, als deren Päpste sie sich deklarieren.[3]

Wie aus dieser geschichtlichen Lage heraus Rußland geschichtsphilosophisch bedeutsam wurde, sahen wir bereits bei Baader. Friedrich Schlegel wird den »Ultrageist« denunzieren und auch Rußland in seine Konzeption einbeziehen. Doch wir wollen zuerst auf *Joseph Görres* (1776–1848) eingehen, dessen Philosophie mit mehr Berechtigung »Restaurationsphilosophie« genannt werden kann als die Baaders und Schlegels. Wir haben Görres schon kennengelernt, als er 1798 in seinem »*Rothen Blatt*« die Ideen von 1789 verherrlichend, seinen Kampf gegen das politische Regime im damaligen Kurtrier führte. Der weitere Gang der Ereignisse in Frankreich enttäuschte ihn tief, was sich im »*Wachstum der Historie*« (1808) geschichtsphilosophisch widerspiegelt. Hier wird ihm die Krise, die er auch als persönliche in seinen politischen Anschauungen erlebte, »zur Scheyde zweyer Zeiten«, die es ihm ermöglicht, besser als die Vor- und Nachfahren die Zukunft zu erkennen. Daß aus der Krise wieder ein »Progressus« hervorgehen werde, erscheint ihm sicher.[4]

In seiner 1821 veröffentlichten Schrift »*Europa und die Revolution*« wird die Geschichte »die große Seelenwanderung der niedergestiegenen Idee…, die Gleichung, in der der Erdgeist seine Eingeborene Idee in einer unendlichen Reihe sich entgegensetzt«; die »höchste Idee« selber aber stehe »in ihrer wandellosen Beschlossenheit über dem Zeitenlauf…«.[5] Diese formale Begründung seiner Geschichtsphilosophie ermöglicht es ihm, Rußland

---

3 Zu St. *Simon* und der Entstehung der Soziologie vgl. Nikolaus *Sombart:* Vom Ursprung der Geschichtssoziologie, in: Archiv f. Rechts- u. Sozialphilosophie XLI (1954/55), 469 ff. Neuerdings hat Robert *Spaemann: Der Ursprung der Soziologie aus dem Geist der Restauration,* 1959, betont, daß die Soziologie wohl aus der politischen Philosophie *Bonalds* hervorgegangen ist.

4 Ges. Schriften (Ausgabe der Görresges.) III, 404.

5 a.a.O. XIII, 187.

und Europa als polare Gegensätze zu begreifen. Dieses Land verkörpere ein »Prinzip«, sagt er, womit Görres der Frage enthoben ist, ob Rußland Retter, Nachfolger oder radikale Bedrohung Europas wäre. Rußland stellt für Görres das »Erdelement« dar, es ist das »orientalische Princip mitten im Occident« und wird so lange der Ruhepunkt des europäischen Systems sein, solange sich dieses in der »Mechanik der stehenden Heere« bewegt.[6] Deshalb ist es auch erst »in die Geschichte eingetreten... seit die stehenden Heere mächtig geworden in Europa«. Rußland gehört nach Görres zu Europa und kann gerade dadurch seiner Kulturmission in Asien nachkommen, die darin besteht, »stets neue Barbarenstämme« sich anzueignen »und in den Kreis der Kultur« hinüberzuziehen. Er glaubt, die wesentlichen Schwächen Rußlands in dem Fehlen intermediärer Gewalten und in der totalen Abhängigkeit der Kirche vom Staat zu erkennen. Daraus erkläre sich auch die kulturelle tabula rasa. Die seit Herberstain sich beinahe jedem ernsthaften Betrachter Rußlands stellende Frage, woher die »Sklavennatur« der Russen stamme, beantwortet Görres dahingehend, daß sie das Werk langer Unterdrückung sei. Alle Laster sind das Werk der Unterdrücker, »aber die Tugenden, die ihm noch geblieben sind, zeugen gegen seine Unterdrücker«.[7] Seit Peter, »dieser einzigartigen Gestalt in der modernen Geschichte«, ist auch Rußland in den »Zwiespalt, der ganz Europa teilt«, hineingerissen. »Langsam, wie ein großes, tauendes Eisfeld« ist es »in der Strömung mitgeschwommen«. Die Zukunft Rußlands sieht er trotz allem durchaus optimistisch, ein dritter Stand muß »nach der Natur der Dinge stets anwachsen«, und Rußlands »Sklaven« werden »allmählich der Freiheit entgegenwachsen«.[8]

In »*Die Heilige Allianz und die Völker auf dem Congresse zu Verona*« vom darauffolgenden Jahr ist der Ausblick auf die Zukunft Rußlands noch optimistischer. Rußland ist nach »Ablegung jener alten wolfshungrigen Politik, nun in Wahrheit ins Gebiet der höheren Zivilisation faktisch eingetreten...«, es kann nun »seiner eigentlichen Bestimmung nachkommen, ein Segen und ein Befreyer des Welttheils zu werden, in den er als eine Kolonie Europas hinüberreicht«.[9] – Indem Görres einen russischen Kulturauftrag

6 ebd. 256f.
7 ebd. 247f.
8 ebd. 250ff.
9 ebd. 452f.

in Asien konstruierte, schob er die angesichts des immer noch steigenden Einflusses Rußlands in Europa sich mit größerer Dringlichkeit stellende Frage, wozu Rußland nun gehöre, gleichsam auf ein kulturelles Gleis. Der Optimismus, der hinter einer solchen Anschauung steht, konnte nur auf dem Boden einer Konsolidierung der europäischen Verhältnisse sich einstellen. Insofern ist eine solche Konzeption wohl restaurationsmäßig. Indem Görres den Gegensatz zu Rußland als den einer polaren Spannung, also im Grunde unhistorisch begreift, ihm andererseits die Krise weniger bedrohlich erscheint, kommt er zu keiner Aussage über die Zukunft Rußlands in ihrem Verhältnis zu der Europas.

Nicht so Schlegel. *Friedrich Schlegel* (1772–1848), von Burke, Bonald und de Maistre, aber auch von Adam Müller und Karl Ludwig von Haller wesentlich beeinflußt[10], beschäftigt sich 1820 zum erstenmal mit Rußland und den Slaven. Nicht so leicht wie Görres täuscht er sich über die »Signatur des Zeitalters« hinweg, als dessen Hauptirrtum ihm die Meinung gilt, daß die Revolution beendet sei. Die Revolution, so schreibt er in der »*Concordia*« 1820, war nur »Symptom...«, eine erste Krisis«, Ausdruck eines entscheidenden Wendepunktes der historischen Entwicklung (9 ff.). Doch was ist der Grund des Übels, der alles, auch das Gute, sofort Partei werden läßt, wo es vom »Ultrageist« ergriffen und zerstört wird? Es ist der »absolute Sinn«, denn »Alles, was absolut ist, wirkt seiner Natur nach anorganisch... zerstörend«. Hierin treffen sich Revolution und Gegenrevolution! (50 f.). Demgegenüber ist das »gute Prinzip... das lebendig Positive«, dieses »geht immer von einer historischen Begründung aus«. Man muß sich aber davor hüten, das »lebendig Positive« durch absolute Behandlungsweise in ein Negatives zu verwandeln (56 ff.).

Nun muß sich ein solches Denken, das die Krisensituation voll erfaßt hat und die Krise durch Vermittlung überwinden will, den Geschichtsprophetien, die das Zeitalter aufgrund der allgemeinen Erschütterung hervorgebracht hat, stellen und ihre Bedeutung für den eigenen Standort prüfen. Eschatologische Prophezeiungen nach Art Jung-Stillings lehnt Schlegel ab, ebenso die Prognose einer »amerikanischen Zukunft«. Die »slavischen Erwartungen«, d. h. die These von den Slaven als künftigen Kulturträgern, schei-

---

10 Concordia. 1823 S. 354 ff.

nen ihm einleuchtender zu sein. Mit dem Eintritt der Slaven in die Reihe der zivilisierten Völker kann für die Kulturgeschichte Europas nach Schlegel eine »ganz neue Epoche« beginnen. »Diese Hoffnung einer neuen slavischen Zukunft steht nun in geradem Widerspruch mit der Idee von dem herannahenden Verfall des alten Europa, und können wir sie schon insofern, als die bessere und mehr begründete Hypothese, gelten lassen...« Doch »soll diese slavische Hoffnung auf den Verfall und die Zurückdrängung der anderen in Europa verbreiteten Nationen begründet werden, so kann ich an unserem germanischen Volksstamm bis jetzt wenigstens noch gar keine deutliche Spur von alterndem Verfall wahrnehmen...«. Wenn er auch für den romanischen Teil einen teilweisen Verfall zugeben muß, so spräche doch nichts gegen die Möglichkeit einer Wiederbelebung (28 ff.).

Die Geschichte wurde noch nicht stark genug als eine zu erleidende empfunden, als daß Schlegel naturwissenschaftliche Notwendigkeit in die Geschichte einführen müßte. Ein Verfall Europas ist somit auch kein notwendiges Ereignis, ja wird noch nicht einmal als Möglichkeit zugegeben. Eine »slavische Zukunft« heißt nichts anderes, als daß nun die slavischen Völker innerhalb Europas die kulturell und politisch führenden werden, mit anderen Worten, die europäische Kultur übernehmen; aber nicht im Sinne einer Ausschließlichkeit, denn es bleiben ja noch die germanischen Völker. Eine Geschichtsphilosophie, die den europäischen Zwiespalt in einem höheren Dritten, dem »lebendigen Positiven« aufheben will, kann die Frage nach dem zukünftigen Verhältnis Rußlands zu Europas gar nicht beantworten, da sie in ihrem Rahmen nicht ernsthaft gestellt werden kann.

In seiner *Geschichtsphilosophie* von 1828, als deren Gegenstand er, in enger Anlehnung an das spiritualistisch-joachitische Geschichtsschema die historische Entwicklung der »Wiederherstellung des ganzen Menschengeschlechts« in den »drei Geschichtsperioden«, die durch »das Wort, die Kraft und das Licht« charakterisiert sind, begreift, und deren Möglichkeit er durch den Hinweis begründet, daß dem »Ganzen« zwar der Schluß fehle, daß wir aber »trotzdem soweit vorgerückt« wären, »daß wir die einzelnen Weltperioden sinngemäß ordnen können«[11], findet auch

11 Philosophie der Geschichte, Sämtl. Werke XIII, XIV. Hier: XIII, S. IX, 197. –
Hinter dieser Legitimation der Geschichtsphilosophie steht die Umkehrung – und damit sie selbst – der romantischen These von den »unendlichen Mög-

Rußland einen Platz. Untergangsprognosen liegen ihm jetzt noch
ferner als zu Beginn der 20er Jahre. Zwar findet sich auch bei ihm
die so beliebte »Lebensalteranalogie«, die er als »unsichtbares
Naturgesetz des inneren Lebens in der Geschichte der Menschheit« der »Vernunftprogression«, die »jeder menschlichen Entwicklung einwohnt«, an die Seite stellt. Er lehnt jedoch »ein
naturwissenschaftliches Prinzip in der Geschichte, das uns erlaubte, die organische Analogie als Prognose eines Unterganges zu
verwerten«, als mit der Willensfreiheit unvereinbar ab. Über dieser
erkennt er ein noch höheres Prinzip, nämlich die »sichtbare Hand
der alles liebevoll lenkenden und bis zum Ende leitenden Vorsehung«.[12]

Da Schlegel in der »religiösen Grundlage allein die Rettung...
für die ganze zivilisierte Welt« sieht, gelangt er auch zu einer
positiven Einschätzung der Heiligen Allianz. Jede große Macht,
ganz besonders aber Rußland, ist auf diese religiöse Grundlage
angewiesen. Daß »jede Abweichung von diesem Geiste nur zerstörend und auflösend auf die Masse des Ganzen wirken könnte«,
das ist schon von Nikolaj I. »zum Staatsgrundsatz erhoben« worden.[13] Peter ist »der eigentliche Stifter seines Reiches« und seit
seiner Zeit ist die »immer fortschreitende... Aufklärung«[14] die

lichkeiten« eines »jugendlichen Organismus«. Je weiter die Geschichte vorrückt,
desto mehr Möglichkeiten werden ausgegrenzt – man denkt ja im Rahmen einer
emanatistischen Geschichtsphilosophie – und desto deutlicher wird die Zukunft!

12 Werke XIV, 48 f., 146 f. – Einen Widerspruch zwischen Willensfreiheit und Vorsehung gibt es bei *Schlegel* subjektiv ebensowenig wie bei *Herder*. Beides sind göttliche Prinzipien, letztere eben nur eines »höherer Art«. Obwohl er ausdrücklich
die »freie Stellung« (149) zwischen Gut und Böse behauptet, so wird doch die
Relevanz der Entscheidung durch die alles zum Guten lenkende Vorsehung wieder aufgehoben. Diesen Vorsehungsbegriff muß er aber einführen, um einen festen
Boden für seine religiös gefärbte Utopie zu gewinnen. Nicht von ungefähr nimmt
er auch das spiritualistische, von *Joachim von Fiore* stammende Geschichtsschema auf. Auch bei *Herder* taucht es, wenn auch nur in verkürzter Form, in
seinem wesentlichen Kern auf. Dieser besteht in der Annahme, daß sich das Gute
(oder das Sein etc.) nur in der Zeit verwirklichen kann und erst in der Zukunft
verwirklichen wird.

13 ebd. 236, 234.

14 Unter Aufklärung versteht *Schlegel* – wie *Herder* – »echte Aufklärung« als »jenes
Licht vom ewigen Licht«, das sich mit dem Christentum durchaus vertrage (ebd.
217).

wahre Basis des russischen Staates geworden. Die Ablösung der russischen Kirche vom griechischen Patriarchen erscheint als »nothwendige Bedingung«, um der europäischen Kultur Eingang in Rußland zu verschaffen. Die von anderen angeprangerte gleichzeitige Existenz von Luxus und Barbarei in Rußland wertet Schlegel positiv, denn dadurch werde die allzu rasche Aufklärung vermieden. Antireligiöse Ideen, die unter Katharina eindrangen, wurden als fremdartig abgestoßen, »liberale Revolutions-Gedanken« konnten nur in ein »einzelnes verbrecherisches Unternehmen eingehen«, ohne bleibenden Einfluß zu gewinnen. »Der eigentlich entscheidende Punct für dieses europäisch-asiatische Kaiserthum der fortschreitenden Aufklärung bleibt: daß diese Aufklärung... dort nie eine irreligiöse Richtung nehmen... möge...« Dafür scheint ihm Nikolaj I. die beste Garantie zu geben, denn er habe die »religiöse Gesinnung als allgemeines Staatsprincip« nicht nur für sein Land, sondern auch für ganz Europa begründet.[15] Damit leistet auch Rußland seinen Beitrag, so können wir sagen, »zur vollen Wiederherstellung des Zeitalters in dem christlichen Staate und in der christlichen Wissenschaft«, die den »Schluß dieser Philosophie der Geschichte« bildet. Die Philosophie wird eine christliche durch den Einklang von Wissen und Glauben, ihr letztes Wort ist die »religiöse Hoffnung«, daß »die Sache Gottes und das Christenthum vollständig auf Erden siegen und triumphieren werde«.[16]

Ähnlich wie Baader konstruiert auch Schlegel einen Auftrag Rußlands gegenüber Europa, der auf Rußlands relativer religiöser Integrität beruht. Da aber sein Krisengefühl nicht so stark ist wie das Baaders, da er noch mehr zur Vermittlung neigt, ist der Bruch Europas für ihn nicht so radikal und folglich die Aufgabe Rußlands auch nicht so zentral. Die Sicht Rußlands, die Interpretation der geschichtlichen Tatsachen dieses Landes entspricht ganz seiner Konstruktion und fügt sich bruchlos seiner utopistischen Konzeption der Zukunft ein, die die Einheit von Wissen und Glauben – den Sieg des Christentums in der geistigen – und den christlichen Staat – den Sieg des Christentums in der politischen Sphäre – bringen wird. Die Erschütterung ist aber so stark – »Es ist noch nie eine Zeit so stark... an die Zukunft angewiesen worden, als unsere jetzige«[17] –,

15 ebd. 215 ff.
16 ebd. 246, 251, 256.
17 ebd. 24.

daß selbst die Konservativen utopisieren.[18] Jedes Streben nach Beendigung der Revolution – es scheint das wesentliche Anliegen Schlegels zu sein –, von welcher »Partei« es auch ausgehen mag und ob es selbst diese in einem System von Vermittlungen aufheben will, muß zur Utopie führen. In solcher Zukunftsvision erscheint konsequenterweise das Bild Rußlands in utopischer Verzerrung: Schlegel glaubt, dort sei sein Staatsideal einer Verwirklichung am nächsten. Von dem »atheistisch-demokratischen Geist des Zeitalters« in die Enge getrieben, muß das konservative Denken den Zwiespalt zu einem religiösen vertiefen. Gehört man zu den »Verlierern«, wie etwa de Maistre, so entsteht in dieser Situation eine politische Eschatologie; ist man kein »Dezisionist« und will die Gegensätze vermitteln – Schlegel rügt ja gerade an de Maistre, daß seine Argumentation zum »Ultradenken« führe (Concordia, 357) –, so entsteht aus dieser Haltung eine christlich gefärbte Utopie, die ebenfalls dem Mechanismus der Revolution, dem Zwang des Bürgerkrieges verfällt, nämlich dem, Partei zu sein. So wird jede Entscheidung im geistigen Raum zu einer politischen, weil die Revolution eine totale ist, so wird jede Geschichtsphilosophie »Revolutionsphilosophie« – oder wie Marx 1848 in der »Neuen Rheinischen Zeitung« sagen wird, jeder Konterrevolutionär zum Revolutionär. – Nehmen wir unsere zu Beginn des Kapitels gestellte Frage noch einmal auf, so kann man vielleicht sagen, daß Schlegel und selbst Baader in einem bestimmten Sinn ganz gewiß »restaurativ« sind: Sie denken noch – und dies kann aus ihrer ganzen Konzeption und Lage heraus auch nicht anders sein – »kontinental«, d. h. für unser Thema: »die amerikanische Zukunft«, wie es Schlegel formulierte, gelangt nicht in den Umkreis ihrer geschichtsphilosophischen Spekulationen.

Denkt *Hegel* (1770–1831), dem wir uns nun zuwenden, auch kontinental im Sinne von europazentrisch, und wenn ja, gehört er dann auch in die Zeit der Restauration? Hat Rußland einen bestimmten Ort in seiner Geschichtsphilosophie? Ist die Beendigung der Revolution auch sein Anliegen? Wir wollen versuchen, der Beantwortung dieser Fragen etwas näherzukommen. – Die Legende, die auch noch heute verbreitet wird, Hegel sei der Philo-

18 Vgl. Johannes *Kühn:* Geschichtsphilosophie und Utopie, in: Welt als Geschichte. XI (1951), 1 ff., hier: 10.

soph der preußischen Reaktion schlechthin gewesen und sei damit in die Reihen der Reaktion einzuordnen, mag mit dem Hinweis darauf entkräftet werden, daß das Preußen des Jahres 1818 – in dem Hegel nach Berlin berufen wurde –, nicht unbedingt reaktionär, sondern eher für seine Zeit ein »fortschrittlicher« Staat war.[19] Zur Frage des Verhältnisses Hegels zur Revolution sei es erlaubt, Joachim Ritter – Hegel und die Französische Revolution, 1957 – zu zitieren: »Die revolutionäre Verneinung der Vergangenheit und die restaurative Verneinung der Gegenwart sind daher in der Voraussetzung der geschichtlichen Diskontinuität von Herkunft und Zukunft identisch, und diese Diskontinuität wird so für Hegel zum entscheidenden Problem der Zeit... Seine Philosophie bleibt in dem genauen Sinn Philosophie der Revolution, daß sie von ihr ausgeht und bis zuletzt aus ihr lebt.«[20] Sein Bemühen um ein Erkennen und damit um eine Beendigung der Revolution läßt ihn die Notwendigkeit der Analyse der konkreten geschichtlichen Bewegung erkennen in deren Rahmen er auf die Probleme der sich gerade entfaltenden modernen bürgerlichen Arbeitsgesellschaft stößt, die als »bürgerliche Gesellschaft« in der *Rechtsphilosophie* (1821) zum Mittelpunkt der politischen Philosophie Hegels wird.[21] Weil aber Hegel nicht nur die politische Revolution in der

19 Dazu Eric *Weil:* Hegel et l'état. 1950 bes. S. 19 – Joachim *Ritter:* Hegel und die französische Revolution (Arbeitsgem. f. Forschung des Landes Nordrhein-Westfalen. Geisteswissenschaften H. 63). Köln–Opladen 1957. Zu diesem Zusammenhang 9 ff., 49 ff.

20 *Ritter* a. a. O. 30, 28. An dieser Stelle mag ein Hinweis darauf angebracht erscheinen, daß wir Joachim *Ritter* in seiner Fragestellung ganz folgen, daß wir aber nicht all seinen Ergebnissen beitreten können. Die Ergebnisse, die Ritter aus seinem Ansatz zieht, harmonisieren Hegel im liberalen Sinne und werden dem nicht ganz gerecht, was mit dem Stichwort »ungelungene Versöhnung« bezeichnet werden kann: Die Hegelsche Vermittlung löst nicht alle Widersprüche auf und es bleibt ein Rest, der durch keine Dialektik mehr zu versöhnen ist.

21 *Ritter* a. a. O. 38. Die These *Ritters,* die bürgerliche Gesellschaft sei seit 1820 »in die Mitte der Philosophie und ihrer politischen Theorie getreten«, wird ausdrücklich bestätigt durch die Analyse der Rechtsphilosophie in dem Aufsatz von *Manfred Riedel,* Tradition und Revolution in Hegels »Philosophie des Rechts«, in: Zschr. f. Philosophische Forschung XVI (1962), 203 ff. Bei Riedel wird anhand einer Untersuchung der traditionellen politischen Philosophie deutlich, ein wie starker Bruch mit der Tradition gerade darin gesehen werden muß, daß Hegel seit 1820 den Begriff der »bürgerlichen Gesellschaft« im modernen Sinne des Wortes in die politische Philosophie einführt: »Während die rechtsphilosophische Tradi-

bürgerlichen Gesellschaft »aufgehoben«, sondern in ihren Begriff auch noch die Tendenzen der industriellen Revolution aufgenommen hat[22], bietet sich gerade hierdurch die Möglichkeit des Weitertreibens der Revolution. Denn wenn »die bürgerliche Gesellschaft sich in ungehinderter Wirksamkeit befindet, so ist sie innerhalb ihrer selbst in *fortschreitender Bevölkerung* und *Industrie*« und wird so durch die »Dialektik«, daß bei »dem Übermaße des Reichtums die bürgerliche Gesellschaft nicht reich genug ist, ... dem Übermaße der Armut und der Erzeugung des Pöbels zu steuern« »über sich hinausgetrieben«.[23] Hegel sieht zwei Auswege aus dieser Dialektik: der eine ist die Integration der Gesellschaft in den Staat mittels »Polizei« und »Korporation«, wie sie in der Rechtsphilosophie[24] beschrieben wird, der andere ist die Expansion auf dem Wege des – wie wir heute sagen würden – Imperialismus und durch »das Mittel der Kolonisation«.[25] Nur wird die Expansion den der bürgerlichen Gesellschaft inhärenten Widerspruch nicht aufheben, sondern seine Lösung nur aufschieben und ihn zu einem globalen machen. Dies ist die eine Möglichkeit des Perennierens der Revolution, bedingt durch ihre industrielle Seite, während er die andere politisch bedingte im letzten Jahre seines Lebens am Ende der Schrift »*Über die Reformbill*« andeutet und in seiner »*Vorlesung über die Philsophie der Weltgeschichte*« in dem – wie wir es nennen möchten – Gesetz der permanenten Revolution expliziert. Hier wird unter dem Eindruck der Revolution von 1830 der Prozeßcharakter der modernen Geschichte, die in einem ganz spezifischen Sinne nachhegelisch ist, in seiner Mechanik durchschaut. Woraus aber auch erhellt, daß die Revolution erkennen nicht sie beenden heißt und daß der Begriff gegenüber der Geschichte ohnmächtig ist. Mit dieser Erkenntnis war »die

tion von Aristoteles bis zu Kant den Staat als bürgerliche Gesellschaft bezeichnet, weil die Gesellschaft der Menschen an sich selber schon politisch – in der Rechtsfähigkeit der Freibürger (cives) und in den Ständeprivilegien – und sozial – in der ökonomisch-substanziellen Stellung des Hauses – geordnet war, unterscheidet Hegel die politische Sphäre des Staates von dem nunmehr ›bürgerlich‹ gewordenen Bereich der Gesellschaft. Dabei erhält der Ausdruck ›bürgerlich‹ einen ausschließlich ›sozialen‹ Sinn und wird nicht mehr, wie noch im 18. Jahrhundert, als gleichbedeutend mit politisch gebraucht.« Riedel a.a.O. 219.

22 Philosophie des Rechts, §§ 243–248.

23 ebd. §§ 243, 245 f.

24 ebd. §§ 231 ff., 250 ff.

25 ebd. §§ 246, 248.

Hoffnung, daß eine dauernde Versöhnung zustande kommen würde«, dahin.[26]

Nun hat es aber, wie man aus Hegels Geschichtsphilosophie weiß, die »Geschichte ... mit dem zu tun, was gewesen ist und mit dem was ist« und die »Philosophie ... mit dem – was ist und ewig ist, – mit der Vernunft«. Wir sahen eben, daß Hegel trotzdem von der Zukunft spricht. Aber, könnte man sagen, nur unter dem Eindruck der Julirevolution! Hegel spricht kurz vor der zuletzt zitierten Stelle sogar wörtlich von der Zukunft, als er von Amerika handelt, das als »Land der Zukunft« eingeführt wird, als »Land der Sehnsucht für alle die, welche die historische Rüstkammer des alten Europa langweilt«. Jedoch: »Amerika hat von dem Boden auszuscheiden, auf welchem sich bis heute die Weltgeschichte begab ... Der Philosoph hat es nicht mit dem Prophezeien zu tun.« Dies gilt von Amerika um so mehr, als die »Weltgeschichte«, die »Gegenstand unserer Betrachtung ist«, bisher nur die »Alte Welt

26 Die Schrift »Über der Reformbill« schließt mit dem Satz – der übrigens mit den letzten 11 Seiten von der Zensur unterdrückt wurde –: »die andere Macht würde das Volk sein, und eine Opposition, die auf einen dem Bestand des Parlaments bisher fremden Grund gebaut, sich im Parlamente der gegenüberstehenden Partei nicht gewachsen fühlte, würde verleitet werden können, im Volke ihre Stärke zu suchen und dann statt einer Reform eine Revolution herbeizuführen.« Sämtl. Werke (Hoffmeister) XI: Berliner Schriften, 506.
In der Geschichtsphilosophie (Ed. Lasson, IV, 932 f.) heißt es: »Es ist wieder ein Bruch geschehen, und die Regierung ist gestürzt worden. Endlich nach vierzig Jahren von Kriegen und unermeßlicher Verwirrung könnte ein altes Herz sich freuen, ein Ende derselben und eine Befriedigung eintreten zu sehen; man könnte sich die Hoffnung machen, daß eine dauernde Versöhnung zustande kommen würde. Allein, wenn auch jetzt ein Hauptpunkt ausgeglichen worden, so bleibt ... noch dieser Bruch von seiten ... der subjektiven Willen ... Die subjektiven Willen der Vielen sollen gelten: diese Abstraktion wird festgehalten und befindet sich immer im Gegensatz gegen das Vorhandene ... Mit diesem Formellen der Freiheit, mit dieser Abstraktion lassen sie nichts Festes von Organisation aufkommen. Den besonderen Verfügungen der Regierung stellt sich sogleich die Freiheit entgegen; denn sie sind besonderer Wille, also Willkür. Der Wille der Vielen stürzt das Ministerium, und die bisherige Opposition tritt nunmehr ein; aber diese, insofern sie jetzt Regierung ist, hat wieder die Vielen gegen sich. So geht die Bewegung und Unruhe fort. Diese Kollision, dieser Knoten, dieses Problem ist es, an dem die Geschichte steht und das sie in künftigen Zeiten zu lösen hat.« Dies besagt soziologisch, daß die durch Geschichtsphilosophie mobilisierten Massen stets mobilisierbar bleiben, und zwar durch immer radikalere demokratische Forderungen, die von der jeweils anderen Seite, den Radikalen, gestellt werden, und jede politi-

zum Schauplatz« hatte.[27] Hegel denkt also als Philosoph europazentrisch; wendet er sich aber der Zukunft zu, dann fällt sein Blick auf Amerika. Wir werden demselben Widerspruch, der für Hegel keiner ist, sogleich in bezug auf Rußland wiederbegegnen.

Dieses Land »tritt erst spät in die Reihe der geschichtlichen Staaten« und »unterhält beständig den Zusammenhang mit Asien«.[28] »Die Slaven bleiben aus unserer Betrachtung ausgeschlossen«, heißt es an einer anderen Stelle, »weil sie ein Mittelwesen zwischen europäischem und asiatischem Geiste bilden, und... weil diese ganze Völkermasse bisher nicht als ein selbständiges Moment in der Reihe der Gestaltungen der Vernunft in der Welt aufgetreten. Ob dies in der Folge geschehen wird, geht uns hier nichts an; denn in der Geschichte haben wir es mit der Vergangenheit zu tun.« Der Grund dieses Abseitsstehens ist aber nicht nur ein geographisch konkretisierter Wesensunterschied, sondern ist vor allem darauf zurückzuführen, daß die slavischen Völker akkerbauende sind und »subjektive Aktivität« bei »dieser Arbeit weniger stattfindet... Die Slaven sind daher langsamer und schwerer zum Grundgefühl des subjektiven Selbst, zum Bewußtsein des Allgemeinen... gekommen, und sie haben nicht an der aufgehenden Freiheit teilnehmen können.«[29] – An Rußland als politischer Macht kann aber Hegel nicht vorbeisehen, und so kommt er bei Gelegenheit der Besprechung des europäischen Staatensystems auf Rußland. Es wird hier als der Repräsentant des »dritten Elements«, d.h. dessen, welches außerhalb der beiden großen Ordnungen Europas – der »alten Kirche«, die von Österreich, und der »neuen Kirche«, die von Preußen repräsentiert

sche Herrschaft in Frage stellen. Das Gesetz der permanenten Revolution ist das, unter dem die Revolution angetreten ist: Was sich aus der Krise als Herrschaft legitimiert, kann nur bis zur nächsten Krise halten.

27 Sämtl. Werke XVIII a: Die Vernunft in der Geschichte, 209 f. Hegel begründet die Behauptung, daß Nordamerika das »Land der Zukunft« sei, damit, daß die amerikanische Landnahme noch nicht abgeschlossen ist, daß die – wie man seit F. J. *Turner,* The Significance of Sections in American History, 1932, sagt – wandernde Grenze – »Diesseits des Alleghanygebirges wälzen sich jährlich Wellen auf Wellen neuer Ackerbauer und besetzen neue Stellen« – die Entstehung eines »bürgerlichen Systems« verhindert, das »die Bedingung für das Bestehen eines organisierten Staates« (208) darstellt. »Erst wenn das Land ganz wird in Besitz genommen sein, wird eine gefestigte Ordnung der Dinge eintreten.« (209)

28 ebd. 240.

29 Geschichtsphilosophie (Ed. Lasson) IV, 779 f., 885.

wird – steht, begriffen. Das russische Reich hat zwar noch nicht »in den Prozeß der europäischen Bildung geschichtlich eingegriffen«, es ist aber »in äußerlicher politischer Rücksicht schon in das europäische System eingetreten und zwar als diese massenhafte Macht, die das Feste ausmacht; es hat in neuerer Zeit sogar das Band des Bestehens der europäischen Reiche befestigt und behauptet, wiewohl an sich nur passiv«.[30]

Hegel sieht also durchaus Rußland und Nordamerika als geschichtliche Kräfte der Zukunft. Aber man spürt, wie er sich und seine Zuhörer zurückruft mit dem Hinweis auf die »Philosophie«. Kann man dafür, daß Hegel im Wintersemester 1830/31 »als Philosoph« von der Zukunft spricht, das Ereignis der Revolution von 1830, die Resignation seines letzten Lebensjahres und seine Zweifel, ob die »Versöhnung« von Philosophie und Wirklichkeit gelungen sei, als Erklärung heranziehen, so fehlt uns eine solche dafür, daß Hegel im September 1821 – also rund ein Jahr, bevor er zum erstenmal seine Geschichtsphilosophie las – an seinen baltischen Schüler Baron von Uexküll schrieb: »Sie sind so glücklich ein Vaterland zu haben, das einen so großen Platz in dem Gebiete der Weltgeschichte einnimmt und das ohne Zweifel eine noch viel höhere Bestimmung hat. Die anderen modernen Staaten, könnte es den Anschein haben, hätten bereits mehr oder weniger das Ziel ihrer Entwicklung erreicht; vielleicht hätten mehrere den Kulminationspunkt schon hinter sich, und ihr Zustand sei statisch geworden, Rußland dagegen, schon vielleicht die stärkste Macht unter den übrigen, trage in seinem Schoß eine ungeheure Möglichkeit von Entwicklung seiner intensiven Natur. Sie haben das persönliche Glück... die nähere Anwartschaft zu haben, in diesem kolossalen Gebäude eine nicht bloß untergeordnete Stellung einzunehmen.«[31]

Um die Behauptung Hegels, die Zukunft Rußlands und Amerikas sei für die Philosophie irrelevant, und den scheinbaren Widerspruch zwischen dieser Behauptung und dem Inhalt des eben zitierten Briefes zu verstehen, müssen wir auf den endgeschichtlichen Sinn von Hegels Philosophie als Ganzer eingehen. Hegel begreift die Weltgeschichte als die notwendige Selbstverwirklichung der Freiheit. Damit hat die Geschichtsphilosophie die

30 ebd. 907 f.
31 Sämtl. Werke XXVIII: Briefe von und an Hegel. II, 297 f. – Zu der Datierung von Hegels Vorlesungen siehe XI, 744 ff.

Aufgabe, die der Geschichte immanente Vernunft und den Endzweck dieser »Vernunft in der Geschichte« zu erkennen. Dies kann
sie aber nur leisten, wenn »der Endzweck in die Wirklichkeit getreten ist.«[32] Nichts weniger behauptet aber die Hegelsche Philosophie, womit sie sich in einem notwendigen Zirkel der Selbstgarantie befindet – notwendig deshalb, weil er die Stimmigkeit des
Systems anzeigt: Erst das Ende der Geschichte ermöglicht die
»Philosophie der Weltgeschichte« – deren Erscheinen beweist, daß
die Geschichte zu Ende ist. Dieses »Ende der Weltgeschichte« ist
»der Westen schlechthin... Europa«, in dem die Geschichte im
»Greisenalter des Geistes« insofern vollendet ist, als der Geist dort
»zu sich selber kommt«.[33]

Doch um einen Ansatz für das Problem des Verhältnisses Europas zu Rußland und Amerika bei Hegel zu gewinnen, müssen wir
auch noch auf die »Zweisinnigkeit von Hegels Vollendung als Erfüllung und Endung«, auf die nachdrücklich Karl Löwith hingewiesen hat, eingehen.[34] Diese Zweisinnigkeit gründet darin, daß
mit dem Abschluß einer alten Epoche, der in Europa mit der Philosophie Hegels erfolgt, gleichzeitig eine neue erschlossen wird.
Im Sinne eines Epochenabschlusses ist auch der bekannte Abschnitt in der Vorrede der *Rechtsphilosophie* zu verstehen, der mit
dem Satz endet: »Wenn die Philosophie ihr Grau in Grau malt,
dann ist eine Gestalt des Lebens alt geworden, und mit Grau in
Grau läßt sie sich nicht verjüngen, sondern nur erkennen; die Eule
der Minerva beginnt mit der einbrechenden Dämmerung ihren

32 Sämtl. Werke XVIII a, 63, 30, 29, 45.

33 Sämtl. Werke (Glockner) IX, 97, 102. – Zum Problem »Ende der Geschichte« bei
Hegel vgl. Karl *Löwith:* Von Hegel zu Nietzsche. Stuttgart 1958 S. 44 ff.; Alexander *Kojève:* Introduction à la lecture de Hegel. 1947 S. 465 ff. Wobei zu bemerken
ist, daß *Kojèves* eigentliche Leistung weniger in einer Hegel-Interpretation zu
suchen ist, als in der Auslegung der Hegelschen »Phänomenologie« im Horizont
einer auf Marxens Arbeitsbegriff und Heideggers Zeitbegriff rekurrierenden historischen Anthropologie. Mutatis mutandis stoßen wir hier auf dieselbe Erscheinung wie bei Joachim *Ritter* (s. Anm. 20): Die Hegelsche Philosophie dient in
erster Linie der Legitimation des eigenen philosophischen Anliegens, man kann
von einem »produktiven Mißbrauch der Texte... unter der Übergewalt des eigenen sachlichen Anliegens« sprechen, eine Formel, die *Gadamer* angesichts der
Heideggerschen Anverwandlung der Tradition geprägt hat (Wahrheit und Methode. 1960 S. 473).

34 *Löwith* a. a. O. 54.

Flug.«[35] Die Geschichte als Weltgeschichte, das heißt für Hegel als europäische Geschichte, ist vollendet. Dieses Ende der Geschichte in der Gegenwart bedingt, daß die Revolution, der Zwiespalt, der Europa durchzieht, hier und jetzt und nicht in der Zukunft gelöst wird. Deshalb kann auch Hegel seine Blicke nicht Rußland oder Amerika zuwenden, um von ihnen eine Vermittlung der Gegensätze zu erwarten, so wie es etwa Baader und Schlegel taten. Das Ende der Revolution, das die Bedingung für das Ende der Geschichte war – und umgekehrt – sollte nicht durch eine Utopie herbeigeführt werden, sondern durch die Philosophie, durch die »Macht des Begriffs«.

Die Doppeldeutigkeit des Hegelschen Begriffs der Vollendung wirft noch eine weitere Frage auf: Ist das Geschehen nach der Vollendung der Geschichte bloßes empirisches Geschehen, das ohne Prinzip und ohne Epochen endlos weiterläuft?[36] Man kann sagen, daß das Ende der Geschichte deshalb von Hegel verkündet wurde, weil die Freiheit des Menschen, im Christentum als Prinzip in die Welt getreten, in der Philosophie Hegels sich schließlich vollendend Weltzustand wurde. Diese Freiheit, die in der Philosophie Hegels bei sich selber ist und damit universell, verweist auf die Beständigkeit des göttlichen Seins, in dem die Geschichte »aufgehoben« wird. Ende der Geschichte bedeutet in diesem Sinne nicht Ende der Geschichte als sinnvolles Geschehen, sondern die Philosophie selber in ihrer Vollendung innerhalb der Sphäre der Geschichte. Die Geschichte ist also für Hegel deswegen zu Ende, weil er als Philosoph der europäischen Welt und ihrer Revolution in ihrem Ende die Vollendung der Philosophie als das Immersein der menschlichen Freiheit dachte und die Theorie nun nicht mehr in sich selber, sondern nur in der Vereinigung mit der Praxis der geschichtlichen Wirklichkeit zur Erfüllung kommen ließ.[37]

Wir fassen für unser spezielles Anliegen zusammen: Voraussetzung der Hegelschen Philosophie des Geistes ist das Ende der Geschichte als europäische. Die Ambivalenz des Endes wird offenbar – seine geistigen Nachfahren sollten hieraus ihre Dialektik der Geschichte entfalten –, indem auf die christlich-europäische Welt ein Schatten des Unterganges fällt. Bei Hegel selbst wird dies nicht

35 Sämtl. Werke (Hoffmeister) XII, 17.
36 *Löwith* a. a. O. 48.
37 Hierzu vgl. Manfred *Riedel*: Theorie und Praxis im Denken Hegels. Stuttgart 1965.

so deutlich, weil die europäische Geschichte und damit Europa in seiner Philosophie »aufgehoben« wird. Daß der Begriff der Vollendung aber bei Hegel selber schon doppelsinnig ist, erhellt am besten aus dem Brief an Uexküll. Paradox formuliert ergibt sich aus seinem mangelnden Interesse für Rußland und Amerika gerade seine Bedeutung für unser Thema: Rußland und Amerika wurden für sein Anliegen der Vermittlung der Gegensätze, die mit der Revolution an den Tag getreten waren, nicht relevant, da er diese als Philosoph mittels der Philosophie leisten wollte. Da diese, wie wir sahen, das Ende der Geschichte voraussetzt, dieses Ende nur das der europäischen sein kann, fällt Hegels Philosophie notwendig mit dem letzten Höhepunkt des europäischen Selbstbewußtseins zusammen. Höhepunkt deswegen, weil seine Philosophie europazentrisch par excellence ist. Letzter Höhepunkt deshalb, da die Geschichte, geht sie weiter, keine europäische mehr sein kann. Heißt es nicht deutlich genug: »Amerika ist das Land der Zukunft« und »Rußland... trage in seinem Schoß eine ungeheure Möglichkeit von Entwicklung seiner intensiven Natur«. Die Tatsache aber, daß die »slavischen Völker« – und Amerika – »noch nicht als ein selbständiges Moment in der Reihe der Gestaltungen der Vernunft in der Welt aufgetreten« sind, ist gerade die Garantie für diese »ungeheure Möglichkeit«, die Europa im »Greisenalter des Geistes« eben nicht mehr haben kann! Die Zweisinnigkeit ist somit voll herausgetreten.

Die Zukunft ist für die Philosophie Hegels keine Möglichkeit, aber dadurch, daß die Vernunft eingeht in das, was ist, verzichtet sie nicht auf das Bewußtsein der Möglichkeit zukünftiger Entwicklung, die nicht mehr der Sphäre des Wissens, sondern dem fragenden Vorblick in das Offene der Zukunft zugehört. Es wäre von Hegel her gesehen falsch, diese Entwicklung als dialektisch aus dem in den Begriff Erhobenen und damit historisch Vergangenen wieder hervortretend zu interpretieren – etwa nach Art einer in der Zeit erfolgenden »logifizierenden Umkehrung« der Dialektik. Man würde mit dieser Interpretation demselben Irrtum anheimfallen, dem als erster Cieszkowski[38] erlag – und nach ihm noch viele andere Junghegelianer –, nämlich die Hegelsche Philosophie als eine Geschichtsphilosophie aufzufassen, die beliebig in die Zukunft verlängert werden könnte, um dem geschichtlichen

38 Zu *Cieszkowski* vgl. V. Teil, 2. Kap. und 4. Kap.

Sein das zu verwirklichende Sollen einer Zukunftsgesellschaft entgegenzuhalten.

Das Verhältnis von Hegels Selbstbewußtsein als Europäer zum systematischen Ansatz seiner Philosophie ist durchaus ein gegenseitiges. Beide sind füreinander konstitutiv. Hegels Leistung sollte in der Geschichte des europäischen Selbstverständnisses nicht nur die größte, sondern auch wirklich die letzte sein, denn keiner der Geschichtsphilosophen nach ihm konnte die Vermittlung von Revolution und Reaktion und damit von Zukunft und Vergangenheit mehr festhalten. Die Revolution entfaltete sich zur Weltrevolution und die Zukunft, d. h. Rußland und Amerika, überholte Europa, das nicht mehr Mitte der Welt oder Aufhalter des Endes der Welt war.

Die Erschütterungen des europäischen Staatensystems, die unmittelbar oder mittelbar auf die Französische Revolution sich zurückführen lassen, hatten den endgültigen Einbruch Rußlands in die politische und geistige Welt Europas mit sich gebracht. Die materiellen und moralischen Einbußen der mitteleuropäischen Mächte waren so stark, daß Rußland Liberalen und Demokraten als Bollwerk der Reaktion erscheinen konnte. Wurde dieser Eindruck nicht durch die Konservativen bestätigt, die im beginnenden Zeitalter der Restauration ihre Hoffnungen mehr und mehr auf Rußland richteten? Niemand machte sich mehr die Mühe, den Einfluß und die Stellung Rußlands ideologisch hinwegzuinterpretieren. Ganz im Gegenteil: man begann hinter allem, was der Verwirklichung der »fortschrittlichen« Ideen sich in den Weg stellte, den Einfluß und die Machenschaften Rußlands zu vermuten. Das Zarenreich wurde so, wir werden es im nächsten Abschnitt noch deutlicher sehen, zum Prügelknaben all derer, die zu dem jeweils herrschenden politischen System in Opposition standen. Oft sogar wurde es noch mehr, denn es schien mit seinen »asiatischen Horden« die letzten Reste oder die mühseligen Errungenschaften der Freiheit und der Zivilisation zu bedrohen. Das Dilemma der Liberalen und Demokraten war es, daß man über die zum Teil schon vor oder kurz nach der Revolution gängigen Vorstellungen nicht hinausgelangte, während auf der anderen Seite doch immerhin de Maistre und zum Teil auch die Geschichtsphilosophen der deutschen Romantik zu einer tieferen Sicht Rußlands durchdrangen. Schuld daran trug die mehr oder weniger ausgeprägte utopische Sicht der Zukunft bei den demokratischen und liberalen Kräften, während bei den Konservativen die Erschütterung ihrer soziologischen und geistigen Position stark genug war, um den Ansatz für die Frage nach dem Selbstverständnis Europas gegenüber Rußland zu gewinnen, wenn auch diese Ansätze oft wieder durch konservative Utopien verdeckt wurden. Wie stark die europäische Revolution auf das Rußlandbild einwirkte, erhellt am besten daraus, daß im 18. Jahrhundert die Aufklärer, die geistigen Wegbereiter der Revolution, ihre Utopie in Rußland verorteten, im 19. Jahrhundert jedoch die Konservativen, die Gegner der Revolution.

Andererseits gewann die Frage nach der Zukunft Europas, die sich immer dringender stellte, einen neuen Aspekt, nämlich den globalen: Europa zwischen Rußland und Amerika. Wir konnten aufzeigen, wie dieser sich aus verschiedenen Voraussetzungen allmählich entwickelte und welche Bedeutung er für das Selbstverständnis der Intelligenz als europäischer gewann. Damit wurde auch der Gegensatz von Ost und West in einen globalen einbezogen, und kann als der von Land und Meer interpretiert werden; diesmal mit umgekehrtem Vorzeichen als es die französische Publizistik unter Napoleon tat. Die Leistung Hegels, Europa noch einmal als Ende der Geschichte *und* Mitte der Welt begriffen zu haben, wird vor diesem Hintergrund nur noch deutlicher.

Wenn man die pessimistischen Stimmen in bezug auf die Zukunft Europas auf ihre letzten Motive hin untersucht – mit Ausnahme Kleists –, so kommt man doch zu dem Schluß, daß Hegel mit Recht als größter geistiger Repräsentant einer Epoche verstanden werden kann, die zwar den Einzug einer russischen Armee in Paris erlebte, deren Selbstbewußtsein gegenüber den konkrete Gestalt annehmenden »Barbaren« aber noch stark genug war, so etwas wie den Untergang Europas als zukünftige Möglichkeit nicht zu akzeptieren. Erst die Erfahrung der Revolution von 1830 und die mit dieser verbundene Erkenntnis, daß die »Revolution« noch nicht zu Ende sei – eine Erkenntnis, die ja auch Hegels Philosophie mit dem Zeichen der »ungelungenen Versöhnung« geschlagen hatte –, sollte die Beantwortung der Frage nach Europas Zukunft in einer Welt, in der Rußland und Amerika immer mehr Bedeutung erlangten, und die damit keine »europäische«, wie noch bei Hegel, mehr war, auf dem Hintergrund der neu ins Bewußtsein getretenen Krise Europas unabweisbar machen.

Teil IV
Vom ersten Höhepunkt der Krise des europäischen Selbstbewußtseins bis zur Alternative von 1848: Freiheit gegen Despotie!

Kapitel 1
Das Echo des polnischen Aufstandes von 1830 in Westeuropa und die russische Bedrohung der englischen Weltstellung

Der polnische Aufstand war das Ereignis, welches das westeuropäisch-russische Verhältnis zu Beginn der 30er Jahre überschattete. Ihm gegenüber trat der russisch-türkische Vertrag von Unkjar-Skelessi in den Hintergrund; er wurde hauptsächlich in England registriert. Wenn man die Wirkung der Niederwerfung des polnischen Aufstandes durch Rußland betrachtet, darf man nicht vergessen, daß der Eindruck des russisch-türkischen Krieges noch nicht verblaßt war. Man sah im russischen Vorgehen nicht nur eine Bestätigung der Expansionstendenzen, die man Rußland schon lange nachsagte, sondern die »fortschrittlichen« Kräfte identifizierten sich in einem viel stärkeren Maße als anläßlich der polnischen Teilungen in den 90er Jahren mit den »edlen« Polen.[1] Gedanken, die damals schon ausgesprochen wurden, aber in ihrer Wirkung auf kleinere Kreise beschränkt blieben, lebten jetzt neu auf und erlangten nicht nur größere Verbreitung, sondern auch größere Intensität. – Dem Frankreich des Bürgerkönigtums und des juste-milieu, dem Höhepunkt des kontinentalen Parlamentarismus, dieser Welt voller Vermittlungen, mußte das absolutistische Rußland schon an und für sich verhaßt sein. Dazu kam jetzt noch der Haß gegen die Unterdrücker des polnischen Freiheitskampfes, der sich in vorgeformten Wendungen und Bildern äußern konnte, die eine russophobe Publizistik Ende der 20er Jahre geschaffen hatte. In England führten die Ereignisse in Polen dazu, daß die bisher mehr oder weniger den politischen Erwägungen als

---

1 Zur Rolle Polens in der deutschen politischen Lyrik dieser Zeit siehe *St. Leonhard: Der Novemberaufstand in den Polenliedern deutscher Dichter.* 2 Bde. Krakau 1911/17. Dazu von russischer Seite die Ode *Puškins* »An die Verleumder Rußlands« (1831), in der er betont, daß Rußland 1812 »Freiheit, Ehre und Frieden« Europas gerettet habe und daß die Westeuropäer sich nicht in den »Bruderzwist der Slaven« einmischen sollten. Weitere Literatur bei Siegfried Schmidt, Robert Blum und die vormärzliche deutsche Polenfreundschaft in Mitteldeutschland, in: Zschr. f. Geschwiss. X (1962), 1891 ff.

Staffage dienenden ideologischen Argumente ernst genommen wurden und auch an höchster Stelle Einfluß gewannen. Nicht nur die »Times« forderte am 11. VIII. 1833 das Eingreifen Englands zugunsten Polens, nicht nur Radikale stimmten in der Unterhausdebatte vom 9. VII. 1833 für eine Intervention in Polen, selbst *Palmerston* inspirierte russophobe Artikel[2]; ein Zeichen dafür, wie stark er die Bewegung einschätzte, die durch den Vertrag von Unkjar-Skelessi neuen Auftrieb erhalten hatte und in der Figur Urquharts gipfeln sollte, dessen Erfolg nur auf einem wohlvorbereiteten Boden möglich war.

Auch in Deutschland gewann das Thema Rußland steigendes Interesse. Hatte das immer mehr erstarkende deutsche Nationalgefühl sich in der Zeit der Befreiungskriege Rußland zugewandt, dessen Herrscher man als Befreier von französischer Unterdrückung feierte, so verlieh es jetzt dem Haß gegen Rußland ungeheuren Auftrieb, als man für die noch nicht erfolgte deutsche Einigung den Schuldigen in der russischen Regierung gefunden zu haben glaubte. Vor allem war dies nach den Veröffentlichungen Urquharts (siehe unten) der Fall. Die politische Gestaltung Deutschlands brachte es mit sich, daß sich Nationalismus, Liberalismus und Demokratismus im oppositionellen Lager zusammenfanden. Die Vorstellung Rußlands als Bollwerk der Reaktion, als Bedroher der europäischen Freiheit und Zivilisation, verband sich hier mit der von Rußland als dem Feind der nationalen Einheit. Mit einer Stellungnahme gegen Rußland konnte man, wie im vorigen Jahrzehnt in Frankreich, eine Stellungnahme gegen das eigene politische System verbinden, ja letzteres durch ersteres verschleiern. Mit der Behauptung, die man durch Dokumentenveröffentlichungen stützen wollte, daß Rußland die deutsche Einheit hintertreibe, hatte man die regierungstreue und rußlandfreundliche Publizistik endgültig überspielt, denn so wie es sich im 20. Jahrhundert keine Partei oder Gruppe leisten kann, als antidemokratisch zu gelten, so konnte im 19. Jahrhundert niemand das Odium des Antinationalen auf sich nehmen.

Daß hinter Preußen und Österreich »der würgende Zar« drohte, der »noch bluttriefend vom Morde des heldenmüthigen

2 Vgl. *Gleason:* The Genesis of Russophobia in Great Britain. Cambridge (Mass.) 1950 S. 124.

Polens, aller Freiheit und Zivilisation den Herzstoß versetzen will...«, darüber war man sich auf dem *Hambacher Fest* einig. Die Polen, »die edelste Nation auf Gottes Erde«, die »Retter Europas vor dem Joch der Tyrannei«, müssen wieder einen Damm gegen den »nordischen Koloß« bilden, deshalb solle ihr Land wieder hergestellt werden! »... ohne Polens Freiheit, keine deutsche Freiheit! ohne Polens Freiheit kein dauernder Friede, kein Heil für alle anderen europäischen Völker! Drum fordert auf zum Kampfe für Polens Wiederherstellung, es ist der Kampf des guten gegen das böse Prinzip! – es ist der Kampf für die edle Sache der ganzen Menschheit!« so schloß einer der Redner seine Ausführungen.[3] Hier fehlt nur noch die Vorstellung des Panslavismus, die in einem Pamphlet vom gleichen Jahre auftaucht[4], und das Rußlandbild eines Teiles der deutschen Publizistik ist für die nächsten Jahre festgelegt, ebenso wie auch die daraus abzuleitenden Prognosen für die Zukunft. Entscheidend sollte sein, daß man Nikolaj I. den Plan unterschob, »alle slavischen Völker seinem Szepter« unterwerfen zu wollen, bevor man im Westen mit der Ideologie des Panslavismus vertraut geworden war. Dies hatte zur Folge, daß man die Idee des Panslavismus für eine Machenschaft des russischen Kabinetts hielt – was nicht mit der Wirklichkeit übereinstimmt –, die zum Ziele hatte, die Türkei und Österreich von innen heraus für eine russische Invasion reif zu machen. Den Bemühungen rußlandfeindlicher Panslavisten, den Westeuropäern in den 40er Jahren den wahren Sachverhalt nahezubringen, war nur ein geringer Erfolg beschieden, da sie sofort durch das Auftreten von Herzen und Bakunin und das Erscheinen slavophiler Schriften zunichte gemacht wurden. Man erkannte plötzlich, daß nicht nur die russische Regierung, sondern auch oppositionell gesinnte Russen Europa als sichere Beute Rußlands betrachteten. Einen Unterschied zwischen Panslavisten und Slavophilen, die untereinander wieder in mehrere Richtungen zerfielen, zu machen und damit eine wirksame publizistische Waffe gegen Rußland aus der Hand zu geben, das konnte man von den sich bedroht fühlenden Kreisen im westlichen Europa nicht verlangen, um so weniger, als es kaum möglich war, sich über diese Dinge

3 Das Nationalfest der Deutschen zu Hambach. Hrsg. v. J. G. A. Wirth 1832 S. 60, 66 ff., 79, 92.
4 Geschichtliche Darstellung über das höchst gefährliche Wachstum Rußlands für die übrigen Staaten Europas, Altenburg 1832 S. 23.

zu informieren.[5] – Was Rußland nach Meinung des obenerwähnten Pamphletisten im Schilde führte, waren »verderbliche
Absichten, um Europa einstens mit seiner bewaffneten Völkerwanderung zu überschwemmen, eine Universalmonarchie zu stiften – Europa in die vorige Barbarei zurückzustoßen –, und die
vorgerückte Zivilisation mit dem asiatischen Despotismus zu un-
terdrücken...«.[6]

Der Ostpreuße *Gotthilf August von Maltitz* veröffentlichte
1832 in seiner Sammlung *»Pfefferkörner«* eine Erzählung *»Reisen
in den Ruinen des alten Europa im Jahre 2830«*, in der er die
russische Invasion auf den Beginn des 20. Jahrhunderts ansetzte.
Seine Phantasie läßt ihn aus der »Neuen Welt des freien Amerika«
eine Luftschiffreise in die Trümmer Europas unternehmen. Dieses
Europa wurde »durch die Überschwemmung östlicher Völker«
völlig verwüstet und zu einer Einöde gemacht. Verweichlichung
des Körpers und des Geistes sei die Hauptursache des Ruins der
Völker und Staaten, und diesem mit der Unaufhaltsamkeit eines
Naturgesetzes hereinbrechenden Geschick wird auch einst Amerika verfallen, sagt Maltitz.[7] Doch nicht alle Zeitgenossen, die eine
russische Gefahr sahen, huldigten einem solchen, der Enttäuschung über die mißlungene Revolution von 1830 Ausdruck ver-
leihenden Pessimismus. *Heinrich Laube* sieht zwar in Rußland
den Gegner »der großen Idee der neuesten Zeit«, den »Urquell
aller Reaktionen im nördlichen Deutschland«, aber »die slavischen Völker sind nie Eroberer gewesen«, nur ihre Zaren sind es

---

5 Irrtümlich ist die Meinung, daß die sogenannten Slavophilen (meist sind es nur
   Russophile) und Westler sich aufgrund der Parteinahme für Hegel oder Schelling
   unterscheiden ließen. An Literatur zu den Slavophilen seien genannt: Hans *Kohn*:
   Die Slaven und der Westen, 1956. Geschichte des Panslavismus im allgemeinen.
   Auf Rußland beschränken sich: N. V. *Riasanovsky: Russia and the West in the
   Teaching of the Slavophiles.* 1952 (auch dte. Ausgabe); ders Nicholas I and Official
   Nationality in Russia, 1959; Alexander *von Schelting:* Rußland und Europa im
   russischen Geschichtsdenken. 1948; Dmitrij *Tschiżewskij:* Hegel in Rußland. In
   dem Sammelband: Hegel bei den Slaven. Darmstadt 1961; ders., Zwischen Ost
   und West. Russische Geistesgeschichte II. Hamburg 1961; Peter K. *Christoff,* An
   Introducition to 19th-Century Russian Slavophilism. Vol. I: A. S. Xomjakov. Den
   Haag 1961; wichtig sind auch einige Kapitel des Buches von Peter *Scheibert,* Von
   Bakunin zu Lenin. Leiden 1956.

6 Geschichtliche Darstellung... S. 24.

7 Pfefferkörner, 2. Heft, 1832 S. 102, 157, 186, 194.

dem Prinzip nach, doch wird das nicht genügen, um Europa ernstlich zu bedrohen.[8]

Dem »stehenden Artikel« in den politischen Schriften, nämlich der Rede von der russischen Gefahr, glaubte man von anderer – vielleicht russischer – Seite aus entgegentreten zu müssen. In einer anonymen Schrift »Rußland und die Zivilisation« (1832), deren Verfasser sich als Anhänger der Heiligen Allianz und als strenger Legitimist ausweist, wird in einer, in manchen Punkten an die Argumentation der romantischen Philosophen wie Franz von Baader und Friedrich Schlegel erinnernden Beweisführung das Eingreifen Rußlands in Polen gerechtfertigt. Den Europäern wird nahegelegt, sich mit der Tatsache abzufinden, daß die allen anderen überlegene Macht in Europa jetzt Rußland sei und daß ein »neues Weltalter« begonnen habe. Die verborgene Hand Gottes stehe hinter allem. Das christliche Lebensprinzip, das der Verfasser in Rußland verwirklicht sieht, würde von da aus den ganzen Kontinent durchdringen und wahrscheinlich eine neue Blüte der Kultur herauführen. Eine andere Regierungsform als die jetzige brächte Rußland nur Unheil, denn – jetzt folgt eine Argumentation aus der romantischen Objektivationsidee heraus, die ein Gegner Rußlands leicht umdrehen könnte – der Geist schafft sich die äußeren Formen nach Maßgabe seiner eigenen Entwicklung! Rußland wird jedenfalls, meint der Verfasser, einst über alle vom Christentum abtrünnig gewordenen Völker herrschen und das Licht der Kultur und des Christentums in Asien verbreiten.[9] Ähnlich urteilt Graf Bismarck, der in Rußland den »Schiedsrichter zwischen dem guten und bösen Prinzip« sieht und die östliche Macht als Retter des guten Prinzips, nämlich der »göttlichen und monarchischen Weltordnung« feiert.[10] Und auch die Stimme, die uns belehrt, daß ein Sieg Rußlands über Europa nur »ein Sieg der europäischen Kultur über sich selbst« sei, fehlt nicht. Slaven können nicht über Germanen herrschen, so schreibt Friedrich von Bülau in seiner »Geschichte des europäischen Staatensystems«, die 1837 erschien, weil das einen Rückschritt bedeuten würde und folglich unmöglich sei (28, 43). Daß die Slaven nicht dieser Meinung waren, konnten die erstaunten Europäer, wenn sie es noch

8 Das neue Jahrhundert. I: Polen. Fürth 1833, S. 10, 46, 98.
9 Hier benutzt 2. Auflage, Merseburg-Halle 1834, S. III, 57 ff., 78, 80, 99, 107.
10 Graf Friedrich Wilhelm von Bismarck: Die kaiserlich-russische Kriegsmacht im Jahre 1835... Karlsruhe 1836 S. 56, 66.

nicht in »*Rußland und die Zivilisation*« gelesen hatten, aus einer im Jahre 1838 in Paris veröffentlichten Schrift »*L'Avenir de la Russie*« erfahren. Darin behauptet der Verfasser – Xavier Oranski[11] –, daß Europa abgestorben sei und daß die Slaven eine neue Epoche in der Geschichte der Menschheit heraufführen werden.

Die Wirkung der sich in England als Folge der Niederwerfung des polnischen Aufstandes durch Rußland immer stärker manifestierenden Russophobie erstreckte sich bis in die Kreise der Regierung.[12] Die Depeschen der englischen Gesandten aus Petersburg, in denen die Schwächen Rußlands mit Scharfblick erkannt wurden[13], waren ein geringes Gegengewicht gegen die Flut der Zeitungsartikel. Skeptisch in bezug auf die russische Macht äußerte sich auch *Adolphus Slade,* der frühere Admiral der türkischen Flotte, in seinen 1833 erschienenen »*Records of Travels in Turkey*...«. Bis jetzt konnte sich das russische System nur durch die Ignoranz, in der sich die russischen Soldaten befanden, erhalten, schreibt Slade, »but it cannot last long. If one spark of intelligence fall among them, a flame will burst out unquenchable: it will flee from Kamtschatka to the Euxine, illume the mines of Sibera, dazzle the palaces of Moscou, and end in a terrible explosion, the effect of which must be the destruction of their despots and so total a disorganisation of the state, that a century will not suffice to reconsolidate it.«[14] Diese Art Wunschdenken scheint die Komplementärerscheinung zu einer »alarmistischen« Haltung gegenüber Rußland zu sein. Die Methode, nach der verfahren wird, ist dieselbe wie dort: Man abstrahiert von sämtlichen anderen Faktoren und beschränkt sich auf einen, den man selbstverständlich, da man von Rußland viel zu wenig Kenntnis hat, auch nicht richtig sehen kann. Man unterschiebt oft, wie auch hier, seine eigenen Vorstellungen den Russen.

11 Xavier Oranski, wahrscheinlich Pseudonym, nicht zu ermitteln.
12 Zur Haltung der englischen Öffentlichkeit im einzelnen vgl. *Gleason*: The Genesis of Russophobia in Great Britain. 1950. Kap. V S. 107 ff. Zur Haltung der englischen Regierung z. B. die Depesche *Palmerstons* an *Ponsonby* (in Konstantinopel) v. 6. XII. 1833 in: EHR XLIII (1928), 86 ff.
13 Lord *Heytesbury* 1831 vgl. *Gleason* a. a. O. 112.
    Bligh 1832, 1833, 1834 vgl. ebd. 139 ff., 158 f.
    Lord *Durham* 1836 vgl. ebd. 172 f.
14 Records of Travels in Turkey, Greece, etc. and of a Cruise in the Black Sea. Hier benutzt Ausgabe von 1854 S. 313 ff.

Doch den weitaus größten Einfluß sowohl in England als auch auf dem Kontinent sollten die Veröffentlichungen *David Urquharts* (1805–1877) gewinnen[15]; sie übertreffen noch den des Werkes von Custine »La Russie en 1839« (siehe unten). Es waren weniger Urquharts Schriften, die seit 1833 in ununterbrochener Folge erschienen, als das von November 1835 bis Juni 1837 unter seiner Leitung veröffentlichte *»Portfolio or a collection of State Papers illustrative to the history of our Times«*[16], das seinen überragenden Einfluß auf die Publizistik und auch auf die Geschichtsphilosophen, die sich mit Rußland beschäftigten, begründete. Die in den Schriften Urquharts und im »Portfolio« enthaltenen Argumente in bezug auf Rußland und sein Verhältnis zu den europäischen Staaten sagen uns nichts Neues, sie haben nur zur Verbreitung der gängigen Schlagworte und Begriffe beigetragen. Die im »Portfolio« abgedruckten russischen diplomatischen Schriftstücke, die größtenteils authentisch waren, insbesondere das im ersten Band veröffentlichte Memoire Nesselrodes – des russischen Außenministers – »Sur l'état et l'avenir de l'Allemagne« faßte man in Deutschland als Bestätigung des lange gehegten Verdachtes auf, daß Rußland die deutsche Einigung hintertreibe. – Die Wirkung

---

15 Zu *Urquhart* im einzelnen vgl. die z. T. auf Mss. fußende Darstellung bei *Gleason* a. a. O. 152 ff., bes. 164 ff. und dann *Chr. F. Wurm* (1803–1859), einer der deutschen Mitarbeiter des ›Portfolio‹: Die orientalische Frage, in: Die Gegenwart XII, 1856, 973 ff. Zum Teil besser als *Gleason,* da aus unmittelbarer Kenntnis der Vorgänge geschrieben.

16 Das »Portfolio« erschien zuerst in Heftform, später gebunden in fünf Bänden. – Für die Herausgabe des »Portfolio« ist die stillschweigende Billigung *Palmerstons* wahrscheinlich. Die Quelle *Urquharts* für russische Dokumente bildete die polnische Emigration, die sich aus dem Anschwellen der Russophobie Vorteile für ihre Sache erhoffte und auch bei anderen Gelegenheiten die Hand im Spiel hatte. Von *Czartoryski* und dessen Neffen *Zamoyski* erhielt er Kopien der Dokumente, die die Polen in den Warschauer russischen Archiven während des Aufstandes gefunden hatten (vgl. *Gleason* a. a. O. 177).

Urquharts hier interessierende Schriften sind:

Turkey and its ressources. 1833.

England, France, Russia and Turkey. 1834 (1835 bereits in 5. Aufl.).

The Sultan Mahmoud and Mehemet Ali Pasha. 1835.

Russia and Turkey. 1835 (Antwort auf Cobden, siehe unten).

Progress of Russia in the West, North and South. 1853 (dte. Übers. Kassel 1854).

Recent Events in the East. 1854.

Urquharts in England ist nur aufgrund des starken Echos des Vertrages von Unkjar-Skelessi zwischen Rußland und der Türkei, der 1833 die Meerengenfrage im russischen Sinn regelte, zu verstehen. Urquhart besaß große Kenntnisse über den Nahen Osten und besonders über die Türkei. Seine Landsleute auf die Wichtigkeit des Handels mit der Türkei hinzuweisen, war eines seiner Hauptanliegen. Die Existenz der Türkei sah er durch die russische Expansion gefährdet, ja nicht nur das, auch die Zukunft Europas und die Weltstellung Englands, denn, so hämmerte er seinen Landsleuten in immer neuen Wendungen bei immer neuen Gelegenheiten ein, besitzt Rußland die Dardanellen, so beherrscht es nicht nur das Mittelmeer und bedroht Indien, sondern wird auch binnen kurzem aufgrund seines Machtzuwachses Europa unterjochen und damit England auf eine klägliche Rolle reduzieren. Da er die Eroberung Konstantinopels als sicher hinstellte, wenn England nicht in der Türkei eingreife, so müssen auch alle anderen Folgen, einschließlich der Weltherrschaft Rußlands für Urquhart mit Sicherheit eintreten.

Die politischen Ereignisse der Folgezeit, die Warschauer Rede Nikolajs I. vom Oktober 1835, die ein großes Echo im Westen fand, und endlich die »Orientalische Krise«, vergrößerten Urquharts Einfluß mehr und mehr.[17] *Richard Cobden* (1804–1865), damals noch ein »unknown Manchester Manufacturer«, stellt unter diesen Umständen eine verlorene Stimme dar. In seiner ersten Schrift »*England, Ireland and America*« (1835) wendet er sich ausdrücklich gegen Urquhart. Sein freihändlerischer Optimismus ist beinahe grenzenlos. Im Handel mit Rußland lägen die größeren Vorteile als in dem mit der Türkei, also nimmt er für Rußland Partei. Am Krieg sei nur die Aristokratie interessiert, deshalb sei es im Interesse der »middle and industrious classes«, daß England sich aus der kontinentaleuropäischen Politik ganz heraushalte. »Commerce is the grand panacea«, so schließt er seine Schrift,

17 Aus enttäuschtem politischen Ehrgeiz und aus einem Mangel an Verständnis für die russische Außenpolitik glaubte *Urquhart,* daß die englische Regierung die Gelegenheit, Rußland in Schranken zu halten, deswegen versäume, weil sie mit russischem Gold gekauft sei. Seit 1837 wiederholte er mit der ihm eigenen Monomanie, daß *Palmerston* ein Verräter und von Rußland bestochen sei. *Marx* hat diese Meinung später von ihm übernommen, obwohl er behauptete, selber diese Dinge aufgedeckt zu haben (vgl. *Marx* an *Engels* v. 2. XI. 1853, Werke XXVIII, 306 f. und v. 22. IV. 54, ebd. 347 f.)

»which ... will serve to inoculate with the healthy and saving taste for civilization all the nations of the world ...«.[18] Konkreter und weitaus besser ist seine Argumentation in »*Russia*« (1836). Eine Besetzung der Türkei durch Rußland wäre auf jeden Fall ein Vorteil für England, schreibt er dort. Die Türkei würde dann modernem Handel und moderner Industrie zugänglich gemacht werden und außerdem dem Christentum zurückgewonnen. Gegen die seiner Meinung nach panische Russenfurcht wendet er sich mit der These, daß die Entwicklung der modernen Waffen die Zeit endgültig beendet habe, in der wilde Horden aus dem Osten die europäische Zivilisation mit ihrer Übermacht bedrohten. Auch innere Schwäche könne dem heutigen Europa, gerade wenn man auf das Rom der Völkerwanderungszeit sähe, nicht nachgesagt werden. Durch Fortschritte der Technik und Reformen auf allen Gebieten könne man heute verhüten, daß die Wohlhabenheit, wie bisher in der Geschichte, zum Fatum der hochzivilisierten Gesellschaft würde. Im übrigen werden alle, schon im 18. Jahrhundert von den Aufklärern vorgebrachten, Argumente wieder hervorgeholt, die sich auf die Formel bringen lassen: Rußland könne seine Interessen doch nicht so mißverstehen, daß es diesen selber schadete. Wie sehr hier Richtiges gesehen, aber dadurch, daß man vor alles ein falsches Vorzeichen setzte, wieder entwertet wurde, dafür mag als Illustration folgendes Zitat dienen: » ... may we not with safety predict that the steamengine ... will at no distant day produce moral and physical changes, all over the world, of a magnitude and permanency, surpassing the effects of all the wars and conquests which have convulsed mankind since the beginning of time.«[19] Genau derselbe Geist prägt auch Cobdens Ansichten über Rußland, und gerade dieser ist es, der sich seither als am wenigsten fähig erwiesen hat, Rußland zu begreifen und richtig einzuschätzen.

Doch wollen wir uns mit Urquhart und Cobden als Beispielen begnügen und nur noch darauf hinweisen, daß unter dem Eindruck des sich immer schärfer herausbildenden englisch-russischen Gegensatzes die Feindschaft gegen Rußland sich immer weiter verbreitete. Napoleon und seine Bedrohung der englischen Weltstellung mußte schon als Vergleich herhalten für die Bedrohung, die man von seiten Rußlands gewärtig sein sollte. Rußland

18 The Political Writings of Richard Cobden. 1903 Bd. I, 3 ff.
19 *Cobden* a. a. O. 121 ff. Zitat: 148.

wurde zum Erzfeind, zum einzigen Störenfried in der Welt gemacht. Auf die russische Bedrohung des englischen Handels in der
Ostsee wurde nachdrücklich hingewiesen, und ein englisch-russi-
scher Krieg schien für manche Engländer vor der Tür zu stehen.[20]
Es konnte angesichts dieser Stimmung nicht ausbleiben, daß die
Opposition die Gelegenheit ergriff, die Außenpolitik der Regierung in bezug auf Rußland anzugreifen.[21] Daß diese innenpolitische Frontstellung aber nicht ausreicht, um das Phänomen der
immer weitere Kreise erfassenden Russophobie zu erklären, lehrt
die Tatsache, daß Regierung und Opposition sich nur graduell in
ihrer Einstellung gegenüber Rußland unterschieden. Auch Urquharts und seiner Anhänger Einfluß genügt nicht zur Erklärung,
sondern nur die Tatsache, daß durch den Zusammenstoß englischer und russischer Interessen, vor allem in Zentralasien und der
Türkei, den Thesen der rußlandfeindlichen Publizistik das mehr
als erforderliche Minimum an Evidenz geliefert wurde. Ideologische und geschichtsphilosophische Argumente spielen in England
eine viel geringere Rolle als auf dem Kontinent. Dies erhellt schon
aus der Tatsache, daß die Beilegung der Nahostkrise ein Abflauen
und fast gänzliches Einschlafen des Interesses für Rußland bis zum
Krimkrieg mit sich brachte. Die geistige Auseinandersetzung mit
Rußland bleibt in spezifischer Weise auf den politischen Bereich
im engeren Sinne beschränkt. Dieser Gegensatz zum kontinentalen Europa beruht wohl hauptsächlich darauf, daß die Erschütterungen des europäischen Kontinents im Gefolge der Französischen Revolution und der Napoleonischen Kriege in England nur
als Grollen eines fernen Erdbebens registriert wurden. Hier standen ganz andere Probleme im Vordergrund, nämlich die welche

20 Die »British and Foreign Review« war kaum weniger russenfeindlich als das
»Portfolio«, denn *Urquhart* und sein Anhänger *McNeill,* der spätere englische
Minister in Teheran, waren die Hauptmitarbeiter. Von letzterem stammt auch ein
Pamphlet, »The Progress and Present Position of Russia in the East« (1836), in
dem der Vergleich mit Napoleon und das Wort von dem einzigen Störenfried
vorkommt. Captain *Crawford:* The Russian Fleet in the Baltic. 1837, fordert
einen stärkeren Ausbau der englischen Ostseeflotte. Thomas *Raike:* A Visit to
St. Petersburg in the Winter of 1829–30, 1830, sagt einen englisch-russischen
Krieg voraus. Das Pamphlet *McNeills* wurde von *Marx* in einem Artikel vom
14. VI. 1853 in der New York Daily Tribune verwandt (vgl. Ges. Schriften. Hrsg. v.
Rjazanov, 1917 Bd. I, 472, u. Werke IX, 114–116).
21 Siehe besonders die Debatten vom Frühjahr 1836 (4. u. 19. II., 1., 18. u. 30. III.,
20. IV.), am 14. XII. 1837 und im Sommer 1838 (bes. 21. VI).

aus der industriellen Revolution und aus Englands Weltstellung erwuchsen. Als weiterer Grund mag die Insellage Englands angeführt werden, aus deren Perspektive die zwei Länderkontinente Rußland und Nordamerika nie so bedrohlich erscheinen konnten, die man ja auch – so zumindest Canning – auszubalancieren hoffte. Dazu kommt, daß der ganze mit dem Begriff »europäisches Selbstverständnis« umschriebene Problemkreis für das Inselreich nie die Bedeutung erlangen konnte wie für das Denken der Kontinentaleuropäer.

Kapitel 2
Europa zwischen Rußland und Amerika:
Tocqueville und Heine

Die 30er Jahre des 19. Jahrhunderts erwiesen sich insofern als entscheidend für die geschichtsphilosophische Sinngebung der weltgeschichtlichen Begegnung Europas und Rußlands, als in dieser Zeit sowohl ein Teil der russischen Intelligenz als auch einige Geschichtsphilosophen des Westens den Grund für eine gegenseitige geschichtsphilosophische Auseinandersetzung legten. Ausgangspunkt für beide Seiten war meist der neuerliche Ausbruch der Revolution im Westen, der von russischer Seite oft als Beweis für die fortschreitende Auflösung der westeuropäischen Gesellschaft gewertet wurde, während er hier die Anregung für eine radikalere Frage nach der Zukunft Europas bildete.

Noch vor die Julirevolution, nämlich ungefähr auf die Jahreswende 1829/30 fallen in Rußland die ersten Äußerungen zweier Richtungen geschichtsphilosophischen Räsonnierens, die man später als westlerisch und slavophil qualifizieren und unterscheiden wird. Wir meinen das die ganze Diskussion auslösende Verdammungsurteil über die russische Geschichte, das Pjotr Ja. *Čaadaev* (1793–1856) in seinem »1. Philosophischen Brief« gesprochen hatte[1] und die positive Wendung dieses Mangels an Geschichte, dieser tabula rasa, die Usurpation der Provinz für die »jungen Völker« in dem Aufsatz Ivan V. *Kireevskijs* (1806–1856) »Übersicht über die russische Literatur des Jahres 1829«.[2] Kireevskij, wohl einer der bedeutendsten Vertreter der Slavophilen, konstruiert aus Rußlands Mangel – »erkennen wir unvoreingenommen ... daß es bei uns noch keine Literatur gibt« – seine

---

1 Abgedruckt in Sočinenija i Pis'ma. 1913 I, 74 ff.; deutsche Übers. in: Europa und Rußland. Hrsg. von Tschižewskij-Groh. 1959. 73 ff. Lit.: Peter *Scheibert,* Von Bakunin zu Lenin. 1956, 36 ff.

2 Erschien zuerst in dem Almanach »Dennica« für das Jahr 1830, Polnoe sobranie sočinenij. 1911 II, 14 ff. Zitate: 38 f. Siehe auch den für unseren Zusammenhang wichtigen Aufsatz Kireevskijs von 1852 »Über das Wesen der europäischen Kultur und ihr Verhältnis zur russischen« a. a. O. I, 174 ff. Deutsche Übers. Europa und Rußland, 248 ff. Dort auch Literatur.

künftige Mission gegenüber Europa und eine Analogie zu Nord-amerika: Die europäische Kultur, an deren Spitze sich im Augen-blick England und Deutschland befinden, »ist bereits an diesem Ende angelangt… In der ganzen Kulturmenschheit erliegen nur zwei Völker nicht der allgemeinen Erschlaffung, zwei junge, un-verbrauchte Völker strahlen noch Hoffnung aus: die Vereinigten Staaten von Amerika und unser Vaterland.« Doch da die Vereinig-ten Staten zu weit entfernt sind und ihre Kultur denselben »einsei-tigen Charakter« wie England aufweist, »ruht die ganze Hoffnung Europas auf Rußland«, dem »die Möglichkeit der künftigen Be-herrschung ganz Europas« gegeben ist. Gut zehn Jahre später, nämlich 1841, sprach der einer mehr nationalen Spielart des Sla-vophilentums zuneigende Stepan Ševyrev – von der deutschen romantischen Geschichtsphilosophie, besonders von Baader an-geregt – bereits vom »verfaulenden Westen« und stellte nach-drücklich fest: »Der Westen und Rußland, Rußland und der Westen – in diesen Worten liegt das Ergebnis der ganzen Vergan-genheit, das letzte Wort der Geschichte, sowie die ganze Zu-kunft!«[3] Stand die Sinngebung der Begegnung Rußlands und Europas von russischer Seite aus unter dem Zeichen wachsenden Selbstbewußtseins, dessen erste Höhepunkte wir mit den Ge-schichtskonzeptionen Herzens und Tjutčevs ansetzen können, mit denen der Revolutionär und der Konservative auf die europäische Revolution von 1848 antworteten[4], so stand sie von europäischer Seite aus im Zeichen einer sich verschärfenden Krise des europäi-schen Selbstbewußtseins.

Dies wird besonders deutlich bei *Alexis de Tocqueville* (1805–1859). Seiner Diagnose und Prognose gegenüber, die in der berühmten Stelle am Ende des 2. Bandes der *»Démocratie en Amérique« (1835)* gipfelt, verbleiben die Untergangsvisionen von Kleist bis Maltitz, die geschichtsphilosophischen Konstruktionen, die eine »russische« oder »amerikanische« Zukunft Europas an-drohen oder verheißen, und selbst die der Panslavisten und Sla-vophilen gleichsam im Raume des Unverbindlichen, weil Literari-schen. Von diesem Urteil ausnehmen kann man eigentlich nur die politischen Denker, die in den 20er Jahren die Zukunft Europas in einen globalen Aspekt stellten, nämlich Everett und de Pradt. Diese sahen aber auch durch alles Trennende hindurch – Everett

3 »Moskvitjanin« No. 1, 1841, S. 219. Zu Ševyrev vgl. S. 145 Anm. 24.)
4 Zu *Herzen* vgl. V. Teil, 1. Kapitel (Anfang) und 4. Kapitel, zu *Tjutčev* Exkurs III.

begreift die USA und Rußland ja als direkte Gegensätze – das Gemeinsame der beiden Länderkontinente. Ist die globale Sicht der Parallelisierung Rußlands und Amerikas dieselbe, so lebt sie doch bei Tocqueville aus ganz anderen Bezügen als bei dem distanzierten amerikanischen Diplomaten oder bei dem in die Aktualität der innenpolitischen französischen Auseinandersetzung mit ihren außenpolitischen Perspektiven verstrickten Abbé; sie lebt aus dem seltenen Gleichgewicht von Engagement und Distanz: »Ce livre ne se met précisément à la suite de personne; en l'écrivant, je n'ai entendu servir ni combattre aucun parti; j'ai entrepris de voir, non pas autrement, mais plus loin que les partis; et tandis qu'ils s'occupent du lendemain, j'ai voulu songer à l'avenir.«[5] Damit ist das Stichwort gefallen – »Où allons-nous donc?« Um diese entscheidende Frage zu beantworten, benötigt man »une science politique nouvelle à un monde tout nouveau«. Diese neue Wissenschaft läßt den Besiegten des europäischen Bürgerkrieges – Guizot: »c'est un aristocrat qui acceptait sa defaite« – den politischen Vordergrund von Revolution und Reaktion durchschauen, um zum Kern der geschichtlichen Entwicklung vorzudringen, die sich der Menschen und Ereignisse bedient, nämlich »l'avènement prochain, irrésistible, universel de la démocratie dans le monde«. Diese erweist sich als »fait providentiel« mit folgenden Zügen: »il est universel, il est durable, il échappe chaque jour à la puissance humaine; tous les événements, comme tous les hommes, servent à son développement«. Einmal in Bewegung gesetzt wird diese Entwicklung, die die eigentliche Revolution der Neuzeit ist, auch nicht im Frankreich des »juste-milieu« haltmachen, sie wird nach dem politischen Aspekt 1789 und 1830 in der Zukunft ihren sozialen entfalten: »Pense-t-on qu'après avoir détruit la féodalité et vaincu les rois, la démocratie reculera devant les bourgeois et les riches?«[6]

5 Œuvres complètes I, 1, 14. – Vgl. auch den Brief an Henry *Reeve* v. 22.III. 1837: »... je n'ai qu'une passion, l'amour de la liberté et de la dignité humaine... En un mot, j'étais si bien en équilibre entre le passé et l'avenir que je me sentais naturellement et instinctivement attiré ni vers l'un ni vers l'autre, et je n'ai pas eu besoin de grands efforts pour jeter des regards tranquilles des deux côtes.« (VI, 1, 37 f.) Zitiert wird nach der neuen Gesamtausgabe von I.P. Mayer nach Band und Seite.
6 I, 1, XLV, 4 f. – Dieser »fait providentiel« wird mit folgenden Worten dargestellt: »Vouloir arrêter la démocratie paraîtrait alors lutter contre Dieu même, et il ne resterait aux nations qu'à s'accommoder à l'état social que leur impose la Provi-

Die Möglichkeit des Weitertreibens der Revolution, verursacht durch die soziale Frage, wird ihm an den sozialen Gegensätzen in England, das er im Jahre 1835 bereiste, noch deutlicher geworden sein. So notierte er am 2. Juli in Manchester angesichts der Elendsquartiere der Industriearbeiter: »ici est l'esclave, là le maître; là les richesses de quelques-uns; ici la misère du plus grand nombre... C'est au milieu de ce cloaque infect que le plus grand fleuve de l'industrie humaine prend sa source et va féconder l'univers... C'est là que... la civilisation produit ses merveilles et que l'homme civilisé redevient presque sauvage.«[7] Doch wird diese Sozialkritik innerhalb seines Denkens nicht ihre Wirkung entfalten, weil der soziale Aspekt von ihm angesichts der universalen Tendenz zur Demokratisierung als sekundäre Erscheinung begriffen wird.

Als komplementären Trend zur Demokratisierung analysiert Tocqueville den der egalitären Gesellschaft inhärenten zur Zentralisierung. Diese wird von ihm mangels eines besseren Begriffs[8] unter dem Stichwort »despotisme« beschrieben, dem der »état social démocratique... pourrait offrir des facilités singulières«, zumal er ganz andere Merkmale habe als der alte, denn »il serait plus étendu et plus doux, et il dégraderait les hommes sans les tourmenter«.[9] Er ähnelt eher dem Phänomen, das heute als Wohlfahrtsstaat beschrieben wird: über der Masse der gleichen und isolierten Individuen »s'élève un pouvoir immense et tutelaire, qui se charge seul d'assurer leur jouissance et de veiller leur sort«.[10] Muß man sich mit der beschriebenen Erscheinung abfinden, so doch nicht mit den daraus resultierenden Gefahren, mit deren Abwendung er sich ausführlich beschäftigt.[11] Die Hauptgefahr ist für Tocqueville die, daß »un gouvernement absolut et despotique

dence.« (I, 1, 5) – Wir können hier nicht die Frage entscheiden, ob die Qualifikation *Tocquevilles* als Besiegter von *Royer-Collard* (so H. J. *Laski* in der Einleitung zur »Démocratie« I, 1, XXXIII) oder von *Guizot* stammt, der es (nach M. *Leroy:* Histoire des idées sociales en France. III, 521) zu Tocqueville gesagt haben soll, wie es *Sainte-Beuve* kolportierte.

7 V, 2, 81 f.

8 »Je cherche en vain moi-même une expression qui reproduise exactement l'idée que je m'en forme... La chose est nouvelle...« I, 2, 324.

9 I, 2, 322 f

10 I, 2, 324.

11 I, 2, 328 ff.

chez un peuple où les conditions sont égales... non seulement y opprimerait les hommes, mais qu'à la longue ravirait à chacun d'eux plusieurs des principaux attributs de l'humanité«.[12]

In den Rahmen dieser geschichtlichen Erkenntnis wird nun Nordamerika hineingestellt: »...à mesure que j'étudiais la société américaine, je voyais de plus en plus, dans l'égalité des conditions, le fait générateur dont chaque fait particulier semblait descendre... Alors je reportai ma pensée vers notre hémisphère, et il me sembla que j'y distinguais quelque chose d'analogue au spectacle que m'offrait le nouveau monde... et cette même démocratie, qui régnait sur les sociétés américaines, me parut en Europe s'avancer rapidement vers le pouvoir.«[13] Amerika wird so für ihn das »Land der Zukunft« in einem ganz neuen Sinn. Aber weltgeschichtlich gesehen, ist Nordamerika nur der eine Träger dieser Entwicklung, von denen beide, die von entgegengesetzten Ausgangspunkten ausgehen, durch »un dessein secret de la providence« berufen zu sein scheinen »à tenir un jour dans ses mains les destinées de la moitié du monde«; der andere ist Rußland:

»Il y a aujourd'hui sur la terre deux grands peuples qui, parties de points différents, semblent s'avancer vers le même but: ce sont les Russes et les Anglo-Américains.

Tous deux ont grandi dans l'obscurité; tandis que les regards des hommes étaient occupés ailleurs, ils se sont placés tout à coup au premier rang des nations, et le monde a appris presque en même temps leur naissance et leur grandeur.

Tous les autres peuples paraissent avoir atteint à peu près les limites qu'a tracé la nature, et n'avoir plus à conserver; mais eux sont en croissance: tous les autres sont arrêtés ou n'avancent qu'avec mille efforts; eux seuls marchent d'un pas aisé et rapide dans une carrière dont l'œil ne saurait encore apercevoir la borne.

L'Amérique lutte contre les obstacles qui lui oppose la nature; le Russe est aux prises avec les hommes. L'un combat le désert et la barbarie, l'autre la civilisation revêtue de toutes ses armes: aussi les conquêtes de l'Américain se font-elles avec le soc du laboureur, celles du Russe avec l'épée du soldat.

12 I, 2, 328.
13 I, 1, 1. – Wir glauben an dieser Stelle die Tatsache vernachlässigen zu können, daß die im vorangehenden Abschnitt zitierten Stellen zur Zentralisierung aus dem erst 1840 erschienenen 3. Band stammen, wogegen die »große Prognose« am Ende des 2. Bandes (1835) zu finden ist.

Pour atteindre son but, le premier s'en repose sur l'intérêt personnel, et laisse agir, sans les diriger, la force et la raison des individus.

Le second concentre en quelque sorte dans un homme toute la puissance de la société.

L'un a pour principal moyen d'action la liberté; l'autre, la servitude.

Leur point de départ est différent, leurs voies sont diverses; néanmoins, chacun d'eux semble appelé par un dessein secret de la Providence à tenir un jour dans ses mains les destinées de la moitié du monde.«[14]

Diese Prognose bedeutet, daß die Parteiungen der europäischen Revolution im Letzten nur vordergründig waren, was noch deutlicher wird, wenn man sie als historische Trends geographisch konkretisierte. Sie besagt weiter, daß Tocqueville die Revolutionsprognose de Maistres hinter sich gelassen hatte. Dies konnte er, weil er, Besiegter, der er wie der savoyardische Graf war, seine Niederlage akzeptierte. De Maistre konnte die künftige geschichtliche Lage Europas genausowenig bewußt werden wie seinen utopistisch denkenden Zeitgenossen, weil sich in seinem Denken seine Niederlage in eine politische Eschatologie verwandelte. Er befand sich damit außerhalb der Geschichte, denn das Prinzip der europäischen Geschichte wurde – wie Hegel richtig erkannte – mit durch die Revolution vertreten. So enthüllt sich die geschichtsphi-

14 I, 1, 430 f. – Wir halten gegen Bernhard *Fabian:* A. de Tocquevilles Amerikabild (Beihefte zum Jb. f. Amerikastudien, 1) Heidelberg 1957 S. 80 ff., an der hohen Bewertung der Tocquevilleschen Prognose fest. Es ist aus dem Vorhergehenden deutlich geworden, daß schon früher als in den von Fabian beigebrachten Beispielen der Gedanke auftaucht, daß Europa von Nordamerika und Rußland überholt werden wird. Es ist aber auch deutlich geworden, daß dieser Gedanke vor Tocqueville nie eine solche zentrale Bedeutung erhalten hat. Es geht nicht darum, ob bei diesem oder jenem schon früher dasselbe erschien, was in der Prognose Tocquevilles seine gültige Form angenommen hat, sondern es geht darum, mit welcher Intensität hier geschichtliche Wahrheiten durchdacht und ausgesprochen werden. Auch ob Tocqueville diese Ansätze kannte, bleibt im Vorfeld der geschichtlichen Erörterung. Wir glauben, genügend betont zu haben, wieviel Elemente schon in den 20er Jahren gleichsam darauf warteten, in einer »page de génie« zusammengefaßt zu werden. Zur Parallelisierung der USA mit Rußland siehe oben S. 152 ff. – Hingewiesen sei auf den jüngsten Vergleich zwischen Rußland und den USA von W. W. *Rostow* in seinem Buch: The Stages of Economic Growth. Cambridge (UP) 1960, bes. S. 93 ff.

losophische Überhöhung der Niederlage der Theoretiker der Gegenrevolution als ihr Herausfallen aus der Geschichte, die sie ja eigentlich als Tradition bewahren wollten. Ihre Leistung besteht in der Erkenntnis eines Aspektes dieser Geschichte, nämlich daß sie Besiegte sind. Tocqueville aber überbietet sie, und er überbietet auch Hegel, der bereits die Position der Traditionalisten »aufgehoben« hatte. Er stand jenseits von Revolution und Gegenrevolution und damit jenseits von Utopie und Eschatologie. Aber nicht im Sinne Hegels der Vergangenheit zugekehrt, sondern den neuen Möglichkeiten geschichtlicher Verwirklichung. Und weil er sie sah, mußte er noch einmal das bittere Schicksal des Unterlegenen auf sich nehmen, das des unterlegenen Europäers. – Seine Prognose, deren Verifikation von der Richtigkeit der Diagnose abhängt, und die deshalb allen anderen bisher behandelten überlegen ist, ist so aktuell, daß sich die Frage erhebt: Fällt man nicht im Sinne einer wirklich geschichtlichen Chronologie in die Zeit vor Tocqueville zurück, wenn man auf seine »Nachfolger« eingeht? Diese Frage muß man deshalb verneinen, weil mit Tocqueville eine Neuverortung des europäischen Selbstbewußtseins fällig geworden war, so daß wir die Versuche, diese zu vollziehen, notwendig in unsere Untersuchung aufnehmen müssen. Mit der Tocquevilleschen Konzeption gewinnen wir jedoch ein Kriterium für alle Vorhersagen über die künftige Konstellation Europas und Rußlands, die sich zu der Europa–Rußland–Amerika erweitert hatte.

Ein Widerstand gegen die von Tocqueville erkannte geschichtliche Bewegung erscheint sinnlos. Es geht letztlich darum, diese um des Menschen willen zu akzeptieren, denn, so schreibt Tocqueville in einem Brief an Eugène Stoffels vom 21. II. 1835, »la question n'était point de savoir si l'on pouvait obtenir l'aristocratie ou la démocratie, mais si l'on aurait une société démocratique marchant sans poésie et sans grandeur, mais avec ordre et moralité, ou une société démocratique désordonnée et dépravée, livrée à des fureurs frénétiques ou courbée sous un joug plus lourd que tous ceux qui ont pesé sur les hommes depuis la chute de l'empire romain«.[15] Damit ist auch das Stichwort für die geschichtsphilosophische Auseinandersetzung über die Zukunft Europas gefallen, nämlich die Analogie mit dem Niedergang des römischen

15 Œuvres compl. éd. Lévy, V, 426.

Reiches, die »große Parallele«, die die Frage impliziert, ob das christliche Zeitalter zu Ende gegangen und oft auch, wo die »neuen Germanen« zu finden seien. Auf der Suche nach einem adäquaten Vergleich und damit einer Sinngebung der Krise hatte sich das europäische Geschichtsdenken des 19. Jahrhunderts der »großen Parallele« bemächtigt, die in der Zeitrechnung der Französischen Revolution schon angedeutet ist und seither von beiden Parteien mit sich steigernder Intensität vorgebracht wird, um in den Jahren um 1848 ihren ersten Höhepunkt zu erreichen.[16] Bekannt ist die Antwort, die St. Simon 1825 gegeben hat, indem er die »Science positive« zum »Nouveau Christianisme« deklarierte. Von Tocqueville bis Spengler und Toynbee ist die »große Parallele« das geistesgeschichtliche Kriterium für den Ernst der Fragestellung, zu der das Selbstverständnis der europäischen Intelligenz durch die geschichtliche Entwicklung gedrängt wurde. Deshalb kann man auch sagen, daß von Tocqueville bis zu den letztgenannten *eine* geistesgeschichtliche Linie zu ziehen ist, die aber ihre Durchgängigkeit nicht Einflüssen verdankt, sondern der gleichen existentiellen Relevanz der Fragestellung.

Wir können feststellen, daß Tocqueville unter dem Eindruck der europäischen Ereignisse zusehends skeptischer wird. So heißt es am Ende des dritten Bandes der »*Démocratie en Amérique*« (1840): »Je remonte de siècle en siècle j'usqu'à l'antiquité la plus réculée; je n'aperçois rien qui ressemble à ce qui est sous mes yeux. Le passé n'éclairant plus l'avenir, l'esprit marche dans les ténèbres.«[17] Wie klar jedoch die Zukunft werden konnte, hatte man das Gesetz der Geschichte erst einmal erkannt, erhellt am besten aus der Rede Tocquevilles vom Oktober 1847, in der er vorher-

16 Wir wollen außer auf *St. Simon* und *Tocqueville* noch auf so unterschiedliche Denker wie *Ballanche* – Palingénesie sociale (1830) –, *Proudhon* (1844), *Considérant* (1848), Joseph *von Eötvös* (Der Einfluß der herrschenden Ideen des 19. Jahrhunderts auf den Staat, Wien 1851, 2. Bd. S. 278 f.) und *Rodbertus-Jagetzow* (1858, Kleine Schriften, Berlin 1890 S. 324) verweisen, weil wir diese in unserem Zusammenhang nicht mehr erwähnen werden. Nur haben alle eine mehr oder weniger positive Antwort bereit – *Considérant:* »Le socialisme devant le vieux monde ou le vivant devant les morts« –, während im 20. Jahrhundert die Parallele entweder das Urteil über das zum Untergang bestimmte Europa noch unausweichlicher erscheinen läßt, wie bei *Spengler,* oder nur noch einen geringen Hoffnungsschimmer erlaubt, wie bei einem vorsichtig urteilenden Historiker wie Ludwig *Dehio* (Gleichgewicht oder Hegemonie, 1948 S. 235 ff.).

17 I, 2, 336.

sagt, daß die Zeit kommen wird, »où le pays se trouvera de nouveau partagé entre deux grands partis«, und zwar zwischen den Besitzenden und den Besitzlosen: »le grand champ de bataille sera la propriété«.[18] Das Eigentum hätte die Französische Revolution als einziges Privileg stehenlassen, deshalb »c'est à lui seul maintenant à soutenir chaque jour le choc direct et incessant des opinions démocratiques«. Am Vorabend der Revolution, am 27. Januar 1848, hält er in der Kammer eine Rede, in der er seine Zuhörer nachdrücklich darauf hinweist, was »au sein de ces classes ouvrières« vor sich geht: »ne voyez-vous pas que leurs passions, de politiques, sont devenues sociales? Ne voyez-vous pas qu'il se répand peu à peu dans leur sein des opinions, des idées, qui ne vont point seulement à renverser telles lois, tel ministère, tel gouvernement même, mais la société…?«[19] Es wird also deutlich, daß Tocqueville die soziale Frage und die soziale Revolution sieht, und zwar stets als Folge der Revolution von 1789; er erkennt die Mechanik der Radikalisierung der Revolution und konkretisiert sie, anders als Hegel, in der Prognose der sozialen Revolution. Diese wiederum erscheint im Rahmen des unausweichlichen Prozesses der Demokratisierung. Der Ausbruch der Revolution mußte seine Befürchtungen bestätigen und auch nach ihrer Niederwerfung gibt er sich keinen Illusionen hin. Als er im November 1850 die Geschichte der letzten sechzig Jahre, wie er schreibt, vor seinem Geist vorüberziehen läßt, erkennt er als ihr historisches Merkmal »la revolution française qui recommence, car c'est toujours la même«. Ihr Ende scheint nicht absehbar – »j'ignore quand finira ce long voyage«[20] –, zumal die Revolution eigenen Gesetzen gehorcht[21] und von der »révolution industrielle«[22] neue Impulse

18 Souvenirs d'Alexis de Tocqueville. 1893 S. 13.

19 I, 2, 372.

20 Souvenirs, 95 f.

21 So schreibt er von den Revolutionen seit 1789 (ebd. 48): »Elles naissent spontanément d'une maladie générale des esprits amenée tout à coup à l'état de crise par une circonstance fortuite que personne n'a prévue; et, quant aux prétendus inventeurs ou conducteurs de ces révolutions, ils n'inventent et ne conduisent rien; leur seul mérite est celui des aventuriers qui ont découvert la plupart des terres inconnues.«

22 ebd. 89. Der Begriff »industrielle Revolution«, den wir zum erstenmal 1797 nachweisen konnten (s. oben, S. 108 Anm. 16), ist um diese Zeit bereits verbreitet. Einige Beispiele: anonym, Deutsche Vierteljahresschrift, 1840, H. 2 S. 52; *Engels*

empfängt. Zwei Möglichkeiten tun sich auf, entweder wird Europa einer »transformation sociale« riesigen Ausmaßes entgegengehen, oder es wird der »anarchie intermittente, chronique et incurable maladie bien connue des vieux peuples« verfallen.[23]

In den Zusammenhang dieser Diagnosen und Prognosen müssen wir Tocquevilles Voraussage über das zukünftige Verhältnis Europas zu Rußland stellen. Während seiner Amtszeit als Außenminister 1849 beschäftigte er sich wieder mit Rußland, und zwar im Zusammenhang mit – was typisch für viele seiner französischen Zeitgenossen ist – der Frage der Einheit Deutschlands. Deutschland in seinem zerspaltenen Zustand zu erhalten war einst ein berechtigtes Anliegen der französischen Diplomatie, meint Tocqueville. Doch ob es dies heute noch sei, hängt davon ab, wie man die Frage beantworte, ob Rußland die Unabhängigkeit Europas bedroht. »Quant à moi«, fährt er fort, »qui pense que notre occident est menacé de tomber tôt ou tard sous le joug ou du moins sous l'influence directe et irresistible des tsars, je juge que notre premier intérêt est de favoriser l'union de toutes les races germaniques, afin de l'opposer à ceux-ci. L'état du monde est nouveau; il nous faut changer nos vieilles maximes...« – Angesichts der russischen Intervention in Ungarn sieht er sofort die Gefahr, in die die Abhängigkeit von Rußland Österreich bringen muß. Der Meinung, die die russische Gefahr durch den Hinweis auf die Despotie des Gewaltregimes und der daraus resultierenden Schwäche des russischen Staats bagatellisieren möchte, tritt er mit der Behauptung entgegen, daß »le principe de la souveraineté du peuple réside au fond de tous les gouvernements... et se cache sous les institutions les moins libres«. Aus diesem Grunde wäre es falsch anzunehmen, daß »l'immense pouvoir du tsar ne fût basé que sur la force«.[24] Wir dürfen nicht übersehen, daß trotz der prinzipiellen Richtigkeit dieses Arguments, besonders für die neuere Zeit, Tocqueville hier die innere, strukturbedingte Schwäche des russischen Staates nicht klar sieht. Denn zugegeben, daß das russische Regime dieser Zeit nicht nur auf Gewalt aufgebaut war, so übersah er doch aufgrund der »ardentes sympathies« des russischen Volkes für seine Regierung die Kräfte der Auflösung.

1845, Werke II, 237; Karl *Marlo (Winkelblech)*, Untersuchungen über die Organisation der Arbeit, Kassel 1848 S. 47 ff.
23 ebd., 96.
24 ebd., 382, 394, 371.

Auch weiterhin ist das Interesse Tocquevilles russischen Problemen zugewandt. Die Qualitäten des russischen Soldaten schätzte er sehr hoch[25], 1853 las er den ganzen Haxthausen[26], obwohl seine Art zu schreiben dem Franzosen gar nicht gefiel. Doch man müsse, so schrieb er an seinen Freund Beaumont, »l'ennui de la lecture« wegen des »tableau très-extraordinaire«, das dieses Werk biete, überwinden. Die hervorstechendsten Züge dieses Bildes seien: »D'un côté la glèbe du Xe siècle, et de l'autre le mouvement perpétuel de lieu et d'état qui caractérise les Américains.« Rußland, so schließt er seine Ausführungen, mache ihm durch seine alles beherrschende Uniformität den Eindruck eines »Amérique moins les lumières et la liberté, une société démocratique à faire peur«.[27] Was in Rußland als einziges Interesse verdiene, schreibt er in einem Brief, sei das Volk. Noch nie habe er weniger Lust gehabt, in Rußland zu leben als jetzt, nach der Lektüre Haxthausen, denn »l'uniformité dans la liberté m'a toujours semblé ennuyeuse, mais que dire de la complète uniformité dans la servitude... Je vous confesse tout bas que j'aimerais mieux la barbarie désordonnée.«[28] Wir sehen deutlich, wie ihm seine amerikanischen Erfahrungen erlauben, spezifische Eigentümlichkeiten Rußlands besser zu erfassen als viele andere. Wieder ist es, hier steht er ganz auf der Linie seiner Prognose von 1835, die demokratische Homogenität, die ihm auffällt, und die er immer wieder bestätigt findet. Der Fall Sevastopols drängt ihm die Frage auf, ob damit Rußland – »un grand danger pour le reste de l'Europe« – wirklich entscheidend geschwächt ist. Diese und ähnliche Niederlagen werden nach Tocqueville Rußlands Vormarsch in keiner Weise aufhalten können. Nur »la restauration d'un royaume de Pologne et d'une Turquie vivante« könnte dies auf die Dauer bewirken. Doch hegt er wenig, besser gesagt, gar keine Hoffnung für die Erfüllung dieser Bedingungen. Wenn sich Europa gegen »Philippe« nicht zusammenschließe – und er sieht dafür keine Anzeichen –, so wird man Rußland nichts entgegenzusetzen haben. Die Erwerbungen Rußlands im Amurbogen und in der Mongolei geben Tocqueville zu Befürchtungen Anlaß, daß »si cet dessin s'ac-

---

25 Correspondence and Conversations with Nassau William Senior I, 241 f. (Gespräch v. 19. II. 1851).

26 Zu *Haxthausen* und dessen Werk, siehe unten S. 247 ff.

27 Vom 3. XI. 1853, Œuvres et Corresp. inédites... 1861 S. 237.

28 An *Comte de Circourt* v. 7. XII. 1853, a. a. O. 245.

complit, toute la haute Asie sera de nouveau à la mercie de celui qui d'une extrémité de l'Europe pourra mettre en mouvement vers un même point tous les Mongols«.[29] Dieses Bild der »mongolischen Invasion« zeigt deutlich, daß sich auch Tocqueville den zeitgenössischen Vorstellungen nicht ganz entziehen konnte. Sonst fügt sich alles, was Tocqueville nach 1835 über Rußland schreibt und denkt, vollkommen in sein einmal entworfenes Bild ein. Auch glaubt er wohl kaum an die Praktikabilität der politischen Maßnahmen, die er gegen die russische Expansion vorschlägt. So scheint die künftige Entwicklung unausweichlich zu sein. Er ist einer der wenigen, die sich über die Bedeutung des Krimkrieges nicht hinwegtäuschten, d.h. ihn in seiner Wirkung auf Rußland nicht überschätzten und befindet sich damit in Gesellschaft derer, die seiner Prognose auch sonst am nächsten kommen.

Tocquevilles Position werden wir im Laufe der Darstellung noch andere Aspekte abgewinnen.[30] Hier sei nur kurz das für den gegenwärtigen Stand der Untersuchung Wesentliche zusammengefaßt. Bis zu Tocqueville äußerte sich der europäische Pessimismus – für unsere Fragestellung stark verkürzt – auf dreierlei Art, die von der Stellungnahme für oder gegen die europäische Revolution abhängig waren. Entweder war Nordamerika eine neue und bessere Welt, die Zukunft Europas, womit die Vergangenheit Europas verneint war, oder Rußland war der Retter Europas, das Europas Vergangenheit auf Kosten seiner Zukunft wiederherstellen sollte. In beiden Fällen gehörten Amerika oder Rußland in irgendeiner Weise zu Europa. Die dritte Form war die politische Eschatologie de Maistres. Der Verzweiflung an der Zukunft konnte keine Vergangenheit mehr Rettung verheißen. Für die Frage nach einem neuen Inhalt des europäischen Selbstverständnisses, die für Konservative, Liberale und Demokraten noch kein besonders dringendes Anliegen war, war hier bereits keine Mög-

---

29 An *Nassau* William Senior v. 19. IX. 1855, Œuvres compl. éd. Lévy, VII, 372 ff. In einem Brief an Mme. *Phillimore* v. 29. XI. 1856 (a. a. O.) kommt er ebenfalls auf den Fall Sevastopols zu sprechen. Er befürchtet, daß ein »guerre générale« ausbrechen könne. Wenn dieser wirklich ausbräche »je ne saurais vouloir qu'on s'arrêtât avant d'avoir atteint son seul but légitime, qui est de délivrer l'Europe des périls que la Russie lui fait courir, je crains que tout ce qui ne sera pas le rétablissement de la Pologne ne soit en deçà de ce but«.

30 Siehe bes. unten S. 353 ff.

lichkeit mehr. Tocqueville hebt nun sämtliche Formen des Pessimismus auf einer anderen Ebene auf, wodurch sie sich eigentümlich verändern. Die Zukunft Europas liegt in Amerika heißt jetzt: Amerika ist der Spiegel, in dem Europa sein künftiges Schicksal erkennt. Doch er geht weiter. Rußland kann Europa nicht mehr vor der Demokratie retten, denn es strebt auf einem völlig anderen Weg demselben Ziel wie die USA zu und ist auf dem Hintergund des globalen Zwanges zur Demokratisierung bestimmt, mit den USA zusammen die Welt zu beherrschen. Mit dieser Erkenntnis, daß die Zukunft Europas eine amerikanische, d. h. hier demokratische sein werde, und daß Europa geschichtlich »überholt« werden wird, war ein neuer Inhalt des europäischen Selbstverständnisses notwendig geworden; denn Europa war nicht mehr Mitte und Aufhalter des Endes der Welt. Die Versuche, diesen neuen Inhalt zu finden, ließen die bis dahin verhüllte Tatsache deutlich werden, daß seit etwa 1750 das Selbstbewußtsein der europäischen Intelligenz sich zumindest dualistisch aufgespalten hatte. Die Bestimmung Europas mußte man entweder aus der Vergangenheit oder von der Zukunft her konstruieren. Diejenigen aber, die an beiden – konkret gewendet an Europa als haltender Macht oder als Hort des Fortschritts – verzweifeln, werden die Einsicht Tocquevilles auf andere Weise wiederholen bis hin zu Spengler, der mit einem frappierenden Aufwand an deutscher Gelehrsamkeit einen einmaligen geschichtlichen Zusammenhang in eine Vielzahl von Parallelen auflöste und im Titel seines Werkes nichts anderes aussprach als Tocqueville 85 Jahre vor ihm: Untergang des Abendlandes. Die Leistung des Franzosen besteht nicht zuletzt darin, seine geschichtliche Einsicht nicht zu einem historischen Gesetz und damit zu Geschichtsphilosophie hypostasiert zu haben.[31]

Heinrich Heine war ein Zeitgenosse Tocquevilles in einem tieferen Sinne als dem bloßer Gleichzeitigkeit. Wie vielen anderen ging es ihm auch darum, die Revolution zu erkennen und zu beenden.

31 Im November 1850 schreibt Tocqueville in seinen Souvenirs, 88 f.: »Je hais ... ces systèmes absolus, qui font dépendre tous les événements de l'histoire de grandes causes premières se liant les unes aux autres par une chaîne fatale, et qui suppriment, pour ainsi dire, les hommes de l'histoire du genre humain. Je les trouve étroits dans leur prétendue grandeur, et faux sur leur air de vérité mathématique.«

Seine im Unbestimmten, weil Subjektiven bleibende Utopie des »letzten Kampfes des Neuen gegen das Alte« entsprach der Beliebigkeit der Träger dieses Kampfes. Daß diese Beliebigkeit die des romantischen Individuums war, sah Moses Hess sehr deutlich, der 1842 in einem bösen Wort sagen wird, daß Heine »nicht über die abstrakte Anarchie zu gelangen vermag«, und daß »dieser letzte Ritter der modernen Romantik… die Welt für verrückt« erklärt, »weil er selbst verrückt geworden«.[32] Damit ist gleichzeitig angedeutet, daß die Hoffnung, die Hess noch besaß, nicht die Heines sein konnte. Bereits 1829 nicht mehr, als Heine den Gegensatz von Rußland und Europa in seinen Vernichtungskampf des »Neuen gegen das Alte« einbezog. Alles, was zur Zerstörung des Alten beiträgt, ist als Bundesgenosse willkommen und sei es auch der zaristische Absolutismus! Der »glühendste Freund der Revolution« kann »nur im Siege Rußlands das Heil der Welt« sehen; wahrlich, können wir mit Heine sagen, »ein wunderlicher Wechsel der Losungsworte und Repräsentanten in dem großen Kampfe«. Was heißt schon russische Gefahr, wenn »die Befreiung von den Resten des Feudalismus und Klerikalismus zu gewinnen ist«. Wenn wirklich Europa aufgrund dieses Experiments »ein einziger Kerker würde«, es bliebe »immer noch ein anderes Loch zum Entschlüpfen, das ist Amerika«.[33] Dem »europamüden« Heine – dies Wort verdankt seine Entstehung dem Emigrantenschicksal Heines nach 1830[34] – verursachte die Aussicht auf ein Europa unter russischer Herrschaft schon deswegen weniger Sorgen als seinen politischen Mitstreitern, als der vielbeschimpfte russische Absolutismus sich unterderhand in eine Diktatur verwandelte, die nur dazu dienen sollte, »die liberalen Ideen unserer neuesten Zeit… unmittelbar ins Leben treten zu lassen«, und der russische Staat plötzlich als »demokratischer« Staat erscheint. Angesichts der Alternative Rußland–England, die auch ihm nicht fremd ist,

32 Philosophie der Tat (1842 geschrieben), Moses Hess, Philosophische und sozialistische Schriften. 1961 S. 224. – Wie diese »Verrücktheit« sich heutigen Interpreten anders darstellt als Hess, für den die Verwirklichung der befreiten »wahren« Gesellschaft noch geschichtlich greifbar war, dazu vgl. den Aufsatz von Th. W. *Adorno*, Die Wunde Heine. Noten zur Literatur. 1958 S. 144 ff.

33 Reisebilder, 3. Teil 30. Kap. (1829) = Sämtl. Werke (Philadelphia-Ausgabe) I, 278 ff. Im folgenden nach Band und Seiten zitiert.

34 Heine prägte 1830 dieses Wort wahrscheinlich als erster in Reisebilder = a. a. O. I, 439.

wagt er den Sprung, der nur durch seine Konsequenz paradox erscheint, für Rußland zu optieren. Als Begründung dient folgende Überlegung: In England ist die Freiheit »aus historischen Begebenheiten« hervorgegangen, in Rußland aus Prinzipien, da diese »Begebenheiten« mittelalterlich sind, jene Prinzipien aber die »liberalen Ideen«, ist auch das jeweilige Ergebnis, die spezifische Freiheit ihren Ursachen entsprechend verschieden.

Doch steht hinter dem Kampf des »Neuen gegen das Alte«, den Heine fordert, nicht die Utopie eines Kommunismus in der Nachfolge Babeufs, sondern die Utopie des Individualisten Heine, der die von ihm Anfang der 30er und 40er Jahre prophezeite soziale und kommunistische Revolution[35] genauso verabscheut wie die bürgerliche Welt, als deren Paradigma er schon sehr früh Nordamerika erkennt. Bei diesem Kampf, den das vereinzelte Subjekt ohne Anlehnung an eine objektive geschichtliche Macht, wie Bruno Bauer später sagen wird »auf eigene Faust«, führt und zwar für das »Himmelreich auf Erden schon« – so in dem Gedicht »*Ein neues Lied*« –, scheint auch der eiserne Besen des russischen Despotismus als Bundesgenosse willkommen. – Wir dürfen uns von dem Wort über Amerika, das soeben zitiert wurde, nicht täuschen lassen. Ein Jahr später gab Heine seinem Emigrantenschicksal in einem Gedicht Ausdruck, das »*Jetzt wohin?*« überschrieben ist, in dem sich folgende Zeilen finden: »Manchmal kommt mir in den Sinn – Nach Amerika zu segeln, – Nach dem großen Freiheitsstall, – Der bewohnt von Gleichheitsflegeln.«[36] Unter dem Motto »Jetzt wohin?« steht insgeheim auch der Brief an Börne vom 1. VII. 1830, in dem es heißt: »Oder soll ich nach Amerika, nach diesem ungeheuren Freiheitsgefängnis, wo die unsichtbaren Ketten mich noch schmerzlicher drücken würden, als zu Hause die sichtbaren, und wo der widerwärtigste aller Tyrannen, der Pöbel, seine rohe Herrschaft ausübt! Du weißt, wie ich über dieses gottverfluchte Land denke, das ich einst liebte, als ich es nicht kannte... O Freiheit! du bist ein böser Traum!«[37] Das heißt nichts anderes, als daß »das Loch zum Entschlüpfen«, das doch gleichzeitig ein »Loch in die Zukunft« war, jetzt auch zugemauert ist.

Elf Jahre später, unter dem Eindruck der Orientalischen Krise, glaubt er nicht mehr daran, daß der russische Zar der richtige

35 Vgl. S. 215 Anm. 39.
36 IV., 233 f.
37 VI., 482 f.

Bundesgenosse sei. Die griechischen Christen sind davon überzeugt, so meint Heine, daß der Zar, ihr »geharnischter Messias«, sein »Siegesbanner auf die Türme der großen Moschee von Byzanz« aufpflanzen werde. Aber damit nicht genug, »sie träumen eine russisch-griechisch-orthodoxe Weltherrschaft, die von dem Bosporus aus ihre Arme über Europa, Asien und Afrika ausbreiten werde. Und was das Schrecklichste ist... es lauert darin eine Möglichkeit, die versteinernd uns angrinst wie das Haupt der Medusa! – Die Worte Napoleons auf Sankt Helena, daß in baldiger Zukunft die Welt eine amerikanische Republik oder eine russische Universalmonarchie sein werde, sind eine sehr entmutigende Prophezeiung. Welche Aussicht! Günstigenfalls als Republikaner vor monotoner Langeweile sterben! Arme Enkel!«[38] Hiermit hat er die Utopie hinter sich gelassen; was bleibt, ist die Fronde gegen die »monotone Langeweile« der heraufkommenden bürgerlichen und industriellen Gesellschaft, in der sich Literaten und Adlige trafen, letztlich die romantische Haltung gegenüber der Geschichte, die immer nur Anlaß für die Selbstbespiegelung des freischwebenden Subjekts – dies sah Moses Hess sehr deutlich – war. Hieraus resultierte der unheimliche Spürsinn für »Aktualität«, der sich in geschichtlichen Einsichten manifestierte, die wie Blitze kurz die Szene des damaligen Europa erhellen, aber mehr bei anderen als bei Heine selber fruchtbar wurden. Dieses war für Heine, der dem »greisen Europa« schon 1832 eine »sociale Revolution« und 1842 eine kommunistische und proletarische prophezeit hatte[39], vor die obengenannte Alternative gestellt, die nicht die von Napoleon ausgesprochene war, sondern die, welche Heine – wahrscheinlich von Tocqueville beeinflußt – für Europa sah. Seine Sicht Amerikas ist aber durchaus originell und besagt 1830 mit den Worten eines deutschen Literaten und mit weniger Distanziertheit im Grunde dasselbe, was Tocqueville 1835 in den Begriffen seiner politischen Philosophie formulierte. Aber die Ähnlichkeit tritt noch stärker hervor, wenn wir sehen, daß Heine nicht nur die Tendenz zur Demokratisierung als weltweite erkannte und die Prognose Tocquevilles bezüglich der Zukunft Europas, Amerikas und Rußlands auf seine Art aufnahm, sondern daß er auch die von Tocqueville aufgezeigte sich unter der Decke der Gleichheit anbahnende Tendenz zur Zentralisierung wahrnahm. In einer bei-

38 Lutetia, 1. Teil (3. VI. 1840), VI, 247 f.

39 Siehe Briefe aus Paris, VI, 79, 155 (1832) und 344 f. (1842).

nahe apokalyptischen Vision beschwört er 1842 den neuen Cäsar: »Wehe, düstere Zeiten dröhnen heran, und der Prophet, der eine neue Apokalypse schreiben wollte, müßte ganz neue Bestien erfinden, und zwar so schreckliche, daß die älteren Johanneischen Tiersymbole dagegen nur sanfte Täubchen und Amoretten sind... Es wird vielleicht dann nur einen Hirten und eine Herde geben, ein freier Hirt mit einem eisernen Hirtenstab und eine gleichgeschorene, gleichblökende Menschenherde...«[40] – Aber noch die tiefste Dimension des europäischen Geschichtsdenkens des 19. Jahrhunderts, die Parallele der eigenen Zeit mit der des Unterganges Roms und des aufsteigenden Christentums, die »große Parallele«, auf die wir eben schon bei Tocqueville hinwiesen, ist Heine präsent. Heine sah 1843 in den »Communisten, der einzigen Partei in Frankreich, die eine entschlossene Beachtung verdient«, die »neuen Galiläer«[41], eine geschichtsphilosophische Einsicht, die Moses Hess dahingehend modifizieren wird, daß dann die Proletarier die »neuen Barbaren« seien.

40 ebd. VI, 345. Vgl. damit bei Tocqueville Œuvres compl. I, 2, 325!
41 In der Skizze »Kommunismus, Philosophie und Klerisei« im Anhang zur Lutetia, VI, 413 f.; vgl. auch VI, 344.

Kapitel 3
Die »Europäische Pentarchie«, Custine und
das Schreckbild der russischen Diplomatie

Wir lernten eben bei Heine eine Reaktion auf die »Orientalische
Krise« (1839–41) kennen. Durch sie und durch einige Veröffentlichungen erfaßte das Interesse für Rußland immer weitere Kreise.
Früh erkannte man den Übergangscharakter der Lösung, die den
Engländern als Triumph Palmerstons erschien, weil er Rußlands
Einfluß in der Türkei auf der Ebene der fünf Großmächte neutralisiert hatte. – Neben dem »Portfolio« war es die anonyme Schrift
von Goldmann, »Die europäische Pentarchie« (1839), die direkt
gegen ersteres gerichtet war, welche in Deutschland am meisten
beachtet wurde. Ob dieses Werk ein offizielles russisches oder nur
ein halboffizielles, oder gar nicht »in Auftrag gegeben« war, interessiert uns hier weniger als die Tatsache, daß es sofort als von
russischer Seite inspiriert betrachtet wurde und die darin nieder-
gelegten Grundsätze als die des russischen Imperialismus galten.
Der Verfasser verteidigte, zum Teil auf Gedanken der Heiligen
Allianz zurückgehend, die russische Politik; er ging aber noch weiter, indem er unter Zitierung von Fallmerayer – den wir weiter
unten behandeln werden – und Kollar das Ende der romanisch-
germanischen Herrschaft und den Beginn der slavischen in Europa
verkündete. In Deutschland sah man wieder einmal den Verdacht
bestätigt, daß Rußland die Einheit Deutschlands hintertreibe, um
es so leichter zu beherrschen.[1]

Wolfgang Menzel (1798–1873) veröffentlichte noch im selben
Jahre eine Gegenschrift unter dem Titel »*Europa im Jahre 1840*«.
Auch er sieht Europa unter dem Bild einer Pentarchie: Nationali-
tät, Religion, politisches Prinzip, materielle Interessen und die
Regierungen (4 f.). Rußlands innere Stärke, die durch das Natio-

---

1 Außer in den weiter unten zu behandelnden Schriften wurde die »Europäische
Pentarchie« von Fr. v. *Baader* in seiner Schrift »Morgenländischer und abendländischer Katholizismus« (1841) besprochen. *Görres* hatte schon 1840 in den »Historisch-Politischen Blättern« gegen den Pentarchisten ironisch polemisiert
(Ges. Schriften XVI, 72 ff.), während in den »Hallischen Jahrbüchern« bereits im
September 1839 eine Besprechung mit dem Titel »Die europ. Pentarchie« erschienen war (II, Nos. 217 ff.).

nalgefühl, die Macht des Glaubens, die Einheit des Staates und die Autokratie gesichert erscheint (25 ff.), wird außenpolitisch durch die den übrigen europäischen Mächten überlegene Diplomatie ergänzt (32). Als Mittelpunkt eines Systems von Allianzen, die sich gegenseitig ausbalancieren, erscheint Preußen, das für jede Partei – England oder Rußland – den Ausschlag geben kann (189). Dieser russisch-englische Gegensatz ist es auch, der ihn für Europa getrost in die Zukunft blicken läßt (20 ff.). Daß man dies nicht könne, ohne das Bündnis eines geeinten Deutschlands mit Frankreich verwirklicht zu haben, dies zu beweisen, ist das Anliegen der Aufsätze *F. D. Bassermanns* und *Weitzels,* die in einem Sammelband »*Deutschland und Rußland*« 1839 erschienen. Während die Sympathien Menzels eindeutig auf seiten Preußens stehen, stehen die des badischen Liberalen Bassermann auf seiten Österreichs. Nur die Schaffung einer »deutschen Volksvertretung«, die sich dann mit der »Macht der öffentlichen Meinung verbündet«, könne verhindern, daß bei einer künftigen orientalischen Verwicklung die Trennungslinie mitten durch Deutschland verlaufe (286 f.). Dem hier kaum verhüllt hervortretenden politischen Zweck hatte auch der von *Weitzel* verfaßte Aufsatz »*Rußland und Europa*« zu dienen. Darin wird nicht nur die Naturnotwendigkeit der russischen Expansion, sondern auch der »Tag der Entscheidung« zwischen Rußland und Europa prognostiziert. Doch – hier bleibt sich der Verfasser wenigstens treu und malt nicht in apokalyptischen Farben – »sollte Europa russisch werden, so würde Rußland damit enden, daß es europäisch würde. Keine Macht der Erde widersteht der größeren Macht der Zivilisation… und alle Völker und Stände vereinigen sich in diesem gemeinschaftlichen Bette«, so schließt der Verfasser seinen Aufsatz (85 f.).

Durch die formale Verifikation dieser und anderer Prognosen derselben Provenienz, die wir kennenlernten und die heute in greifbare Nähe gerückt ist, dürfen wir uns nicht darüber hinwegtäuschen lassen, daß das liberale Fortschrittspathos, das hier hinter den Begriffen wie »europäisch« und »Zivilisation« steht, etwas anderes intendierte als das, was wir heute unter Ausbreitung der europäischen Zivilisation über die Erde verstehen. Dem Pathos liegt die aufklärerische abstrakte Anthropologie zugrunde, die hier im Sinne des Liberalismus als Gleichheit aller Menschen als Menschen erscheint. Aufgrund dieser Gleichheit wird auch die Zukunft, die Europäisierung der Welt, positiv als Zivilisierung verstanden.

Diese Zivilisation umgreift noch die Fülle einer rationalen Kultur, die sich auf allen Gebieten menschlichen Lebens kundtut, und nicht, wie wir heute die Europäisierung der Welt verstehen, nur die Strukturen der modernen Industriegesellschaft, die allein ablösbar sind und damit auch übertragbar – und zwar weithin unabhängig von politischen Formen und dem sie hervorbringenden Geist. Daß die Formen europäischer Gütererzeugung und europäischen Handels naturnotwendig politische und kulturelle Formen europäischer Art hervorbringen müßten, ist ja nur einer der vielen liberalen Ansätze, die Marx später historisierte und systematisierte. Auf anthropologische Kategorien reduziert unterschlägt diese Argumentation aufgrund ihrer Abstraktheit den Begriff der Anpassung. Man darf sich darüber nicht durch die These von den Institutionen, auf die es wesentlich ankommen soll, hinwegtäuschen lassen, denn diesen Institutionen wird ja überall die gleiche Wirkung zugeschrieben! Wenn wir das durch diese Reflexion gleichsam entutopisierte Argument wieder zulassen, so werden wir die gleiche Wirkung bestimmter Institutionen zugeben müssen. Nur erscheint es dann eben in seinem äußerlichen Restbestand, nämlich in einer bestimmten Art, Güter zu erzeugen und sie zu verbreiten.

In Frankreich stellte *Victor Hugo* 1841 den Gegensatz zu Rußland in den Rahmen des traditionellen englisch-französischen Dualismus. Auch er forderte angesichts der deutsch-französischen Spannung ein Bündnis Deutschland–Frankreich gegen Rußland einerseits und England andererseits. Sein starker, besonders im kulturellen Bereich sich ausprägender Patriotismus erhält noch durch die Option für das Bürgerkönigtum neuen Auftrieb. In ihm scheint die Geschichte, soweit sie sich als eine Folge barbarischer Invasionen aus dem Norden, die die Zivilisierten überschwemmen, und von Revolutionen der unteren Klassen gegen die Wohlhabenden darstellt, zu einem Ende gekommen zu sein. Das »justemilieu« wirkt sich auch auf seine Auffassung von den führenden Kräften aus, denn, so lesen wir in der »Conclusion« von »Le Rhin« *(Lettres à un ami)*: »Le gouvernement du monde semblait appartenir désormais aux régions tempérées et aux classes moyennes.« »Le secret de la paix est peut-être dans un seul mot: donner au Nord sa part de Midi, et au peuple sa part du pouvoir.«[2] In diesem System

---

2 Lettres à un ami III (= Œuvres 1860) S. 338 ff.

von Vermittlungen hat natürlich eine wirkliche Bedrohung durch Rußland keinen Platz, das »pour nous… obscure, pour l'Asie… lumineuse« ist, und das deshalb seine historische Mission in Asien von dem Franzosen zugewiesen bekommt, dessen Land »civilisera le monde colonisé«, d. h. die Welt, die aus ihrem ganz barbarischen Zustand durch Rußland und England herausgerissen worden ist.[3] Doch auch von den technischen Errungenschaften des Zeitalters ist Hugo angetan, denn für die zukünftige Gesellschaft ewigen Friedens sind die Voraussetzungen heute schon vorhanden: ein Transportmittel für die materiellen und eines für die ideellen Bedürfnisse: »On va en wagon et l'on parle francais«. Frankreich wird dann der geistige Mittelpunkt der Welt sein, Paris »un cerveau… une Rome de la civilisation future«. Daß diesem Frankreich auch die Rheingrenze zusteht, versteht sich unter diesen Zukunftsaspekten beinahe von selbst.[4] Welches Bild bietet sich aber dem Blick, wenn er aus den künftigen Menschheitsgefilden wieder in die Wirklichkeit der Gegenwart zurückkehrt? War früher, so schreibt Victor Hugo, Europa, d. h. die Kultur, von Spanien und der Türkei bedroht, so ist sie es heute von Rußland und England. Die Abhängigkeit des Vermögens, des Standes und des Lebens vom Willen eines einzelnen, des Zaren, erinnert den Liberalen Hugo zu sehr an »certaines théories plus folles que dangereuses«, nämlich an kommunistische. Er haßt in beiden, im Despotismus und im Kommunismus, die Homogenität der Demokratie. Der eroberungssüchtige Händlergeist und Despotismus bedrohen heute Europa. Was Europa zu seiner Verteidigung bleibt, sind Frankreich und Deutschland, die, wenn sie zusammenhalten, England in den Ozean und Rußland nach Asien zurückwerfen könnten, wobei letztere Aufgabe Deutschland zufiele.[5]

Sein Landsmann *Ambaylard* – »*De la Russie et de la France*« (1842) – stimmt mit ihm in der Konstruktion einer Zivilisationsaufgabe Rußlands in Asien überein. Aber er betont sie so sehr, daß er eine russische Gefahr für Europa leugnet (75 ff.). Die Russen scheinen bestimmt zu sein, die Amerikaner Asiens zu werden, heißt es weiter, dort werden sie auch mit England zusammenstoßen (84 f.). Ambaylard ist einer der ersten Europäer, der wenigstens die Forderung aufstellt, man müsse Rußland von einem

3 ebd. 331, 336.
4 ebd. 328, 318 f., 325.
5 ebd. 218, 248, 263, 267 ff.

russischen Gesichtspunkt aus betrachten. Unter diesem Vorzeichen sieht er in Rußland »un monde nouveau«. Die Form der russischen Regierung entspreche durchaus realen Bedürfnissen und die vielzitierte Imitationslust des Russen resultiere aus seiner bisherigen Rückständigkeit (8 ff.). Die russische Politik sei weniger der Ausfluß persönlicher Willkür, als eine Folge der »nécessité ... d'atteindre à la civilisation avec toutes ses conséquences ...«. Innenpolitisch sei Rußland vor schwer zu bewältigende Probleme gestellt, weil es die Fortschritte der Zivilisation im Rahmen der Leibeigenschaft vollziehen muß (64, 181 f.). Vor der Aufgabe, eine innere Konsolidierung herbeizuführen, erschienen alle anderen zweitrangig, sie könne nur gelöst werden, wenn Friede herrsche (313). Hier wird wenigstens der Versuch unternommen, sich von den gängigen Parteimeinungen über Rußland etwas zu distanzieren.

Doch alle Ansätze einer weniger affektgeladenen Sicht Rußlands wurden durch das Erscheinen eines Werkes zunichte gemacht, das für Frankreich dieselbe Bedeutung wie für England die Veröffentlichungen Urquharts haben sollte. Es ist dies »*La Russie en 1839*« des *Marquis de Custine* (1790–1857). 1843 erschienen, wurde das vierbändige Werk noch im gleichen Jahr ins Deutsche und Englische übersetzt und erlebte innerhalb weniger Jahre viele Auflagen.[6] Seine große und weitreichende Wirkung ist nur aufgrund einer schon vorhandenen rußlandfeindlichen Einstellung erklärbar. Wie im Brennpunkt einer Linse sammeln sich hier die Argumente, die die sich mit Rußland beschäftigende Publizistik innerhalb der letzten 50 Jahre ausgearbeitet hatte. Custine zitiert wenig einschlägige Werke[7], was man aber nicht dahingehend interpretieren darf, daß sein Buch nur das Resultat von Beobachtungen bildet, die er während seines kurzen Aufenthaltes in Rußland von Juli bis September 1839 machte. Zu der Abhängigkeit von seinen Vorgängern kommt noch die Tatsache hinzu, daß der ganze geschichtsphilosophische Hintergrund seiner Argumentation von den französischen Traditionalisten stammt. Allgemein wird ange-

6 Fünf Auflagen bis 1856, Neuauflage 1946 (!)
7 Er zitiert folgende Werke über Rußland: *Karamzins* russische Geschichte (durch ihn lernte er *Herberstain* kennen); J. H. *Schnitzler*, La Russie, la Pologne et la Finlande, 1835; *Levesques* russische Geschichte in 4. A. 1812; am meisten jedoch Ph. P. *de Ségur*, Histoire de la Russie, 1829.

nommen, daß Čaadaev ihn wesentlich beeinflußt habe. Es besteht die Möglichkeit, daß Custine ihn gesprochen oder sogar seinen » 1. Philosophischen Brief« gelesen hat.[8] Nun ist aber der Einfluß der Traditionalisten auf Čaadaev erwiesen und läßt sich gerade im » 1. Philosophischen Brief« bis in die Formulierungen hinein nachweisen, so daß es keine entscheidende Rolle spielt, ob nun ein Einfluß Čaadaevs vorliegt oder nicht. Wahrscheinlich ist er von den Traditionalisten direkt abhängig; dafür sprechen die allgemeine Tendenz des Buches und seine Behauptung, daß er nach Rußland ging, um dort Argumente gegen die konstitutionelle Regierungsform seines Landes zu sammeln, aber dann als ihr Anhänger zurückkehrte (I, 22)[9]; für einen Einfluß auch Čaadaevs spricht aber die Unwahrscheinlichkeit des Sachverhalts, daß Custine alle auf Rußland bezüglichen Stellen der Traditionalisten genauso zusammengestellt hat wie der Russe. Die Wirkung Custines beruht nicht zuletzt in der Form der Darstellung, in der er sich allen seinen Vorgängern überlegen zeigt. Welchen Widerhall das Buch fand, erhellt schon daraus, daß man auf russischer Seite nicht zögerte, sofort offiziell inspirierte Entgegnungen in großer Anzahl schreiben zu lassen.[10]

Im Einleitungskapitel argumentiert er traditionalistisch: Forderung der Einheit von Christentum und Politik, die These, daß es ohne päpstliche Autorität und ohne Katholizismus kein Christentum gäbe, der Dezisionismus des »Entweder heidnisch Oder katholisch«, die Zurückführung aller Probleme auf solche religiöser Art (I, 12 ff.). All das läßt deutlich werden, wo sein geistiger und damit auch politischer Standort ist; nur scheint ihm das Julikönigtum etwas näherzustehen als die russische Autokratie. Diese Argumentation vom Standpunkt des kleineren Übels aus ist das höchste, was er zugestehen kann, denn unter der Warnung vor der russischen Invasion, die die »démocratie cosmopolite«, die »so-

8 III, 121 f. erwähnt er einen »philosophe russe« und schildert (IV, 144 ff.) die ganze Affäre *Čaadaev,* wenn auch mit einigen Fehlern, jedoch so, daß ein anderer nicht in Frage kommen kann. Zu Čaadaev siehe auch oben S. 134 u. 200. Vgl. auch *Schelting:* Rußland und Europa. 1948 S. 69 ff. A. S. 336 f.

9 Die Band- und Seitenangaben beziehen sich auf: La Russie en 1839. Bruxelles 1844.

10 Die beste ist die von K. *Labienski:* Un mot sur l'ouvrage de M. de Custine, intitulé... 1843 2. A. 1845. Diese Schrift wurde auch ins Englische und Deutsche übersetzt. Weitere offizielle Polemiken vgl. *Schelting* a. a. O. 337 f.

ciétés évanouies dans l'égoïsme« bald heimsuchen wird, und die »mettra fin au règne de la parole« (I, 121 f.), ist die Kritik am herrschenden Regime seines Landes sehr gut zu erkennen.[11] So wird ihm Rußland, sollte Europa zur »unité religieuse«, die es retten würde, nicht zurückkehren, zur Zuchtrute der Providenz für die »mauvaise civilisation de l'Europe« (II, 166). Doch noch ein anderer Ansatz zur Kritik des Westens läßt sich aus der Kritik Rußlands gewinnen. Wenn er sagt, daß die Autokratie genau wie die Republik das demokratische Nivellement hervorbringt, wenn er die Despotie in ihrer Wirkung mit dem Kommunismus vergleicht, dann ist das für den Schüler der Traditionalisten nicht wie für Victor Hugo eine Option für das Bürgerkönigtum, sondern dahinter steht die traditionalistische These von der Brüchigkeit und dem Übergangscharakter des in Frankreich herrschenden Systems, das unvermeidlich in der Demokratie enden wird (118, 206). In Rußland wie auch in Frankreich fehlt die »hiérarchie sociale. Grâce à cette lacune dans le corps politique, l'égalité universelle existe en Russie comme elle existe en France.« (307) Die Alternative, die er für Rußland und Europa sieht, faßt er – hier erkennen wir de Maistre, von einem Literaten rezipiert und damit entschärft – folgendermaßen zusammen: »Un peuple opprimé a toujours mérité sa peine; la tyrannie est l'œuvre des nations. Ou le monde civilisé passera de nouveau avant cinquante ans sous le joug des barbares, ou la Russie subira une révolution dont l'Occident de l'Europe ressent encore des effects.« (220 f.) Wobei das »die Strafe verdienen« sowohl auf Rußland, sollte es dort zur Revolution kommen, als auch auf den Westen, sollte er von Rußland unterworfen werden, paßt.

Welche Gründe sprechen nun nach Custine für eine zukünftige Revolution in Rußland? Zuerst einmal der Zustand der Leibeigenen, denn würde man sie plötzlich befreien, stände das Land in Flammen (I, 214). Die Hauptgründe sind jedoch religiöser Art. Unter der scheinbaren Einheitlichkeit der griechischen Kirche »les sectes creusens leurs chemins sous terre«, sie werden schließlich die Revolution zuwege bringen, denn »c'est par les dissensions religieuses qu'arrivera quelque jour une révolution sociale en Russie«. Diese Revolution, fährt Custine fort, »sera d'autant plus terrible qu'elle se fera au nom de la religion...«. Auf die Frage,

---

11 Weitere Stellen: I, 123; II, 166, 256.

wann die Revolution ausbrechen wird, gibt er folgende Antwort: »... dans une nation gouvernée comme l'est celle-ci, les passions bouillonnent longtemps avant d'éclater; le péril a beau s'approcher d'heure en heure, le mal se prolonge, la crise se retarde; nos petis-enfants ne verront peut-être pas l'explosion que nous pouvons cependant présager dès aujourd'hui comme inévitable mais sans en prédire l'époque.« (II, 232 ff.) Dazu kommt noch die soziale Umstrukturierung der russischen Gesellschaft, besonders der den Staat leitenden Schicht, die den Trend zur Revolution verstärkt. Die Verwaltungsbeamten, oft aus dem Ausland stammend, die schnell zu Rang und Landbesitz gekommen sind, verkörpern nach Custine »l'élement libérale ou mobile... dans le système du gouvernement despotique« und »préparent une révolution à la Russie par deux voies: la voie directe à cause de leurs idées, la voie indirecte à cause de la haine et du mépris qu'ils excitent dans le peuple pour une aristocratie au niveau de laquelle de tels hommes peuvent parvenir, et pour le régime du servage définitivement établi en Russie à l'époque où la vieille Europe commençait à ruiner chez elle l'édifice féodal«. Die Grenze für die Macht des Zaren bilde heute schon die Bürokratie, die »tyrannie administrative«. Ihre niederen Ränge werden von den Popensöhnen gebildet, die »en Russie sont des révolutionnaires qui se trouvent chargés de maintenir l'ordre établi«. »Eclairés à demi, libéraux comme des ambitieux, despotes comme des esclaves, imbus d'idées philosophiques mal coordonnées et entièrement inapplicables dans le pays qu'ils appellent leur patrie, quoique tous leurs sentiments et toutes leurs demi-lumières viennent d'ailleurs, ces hommes poussent la nation vers un but qu'ils ne connaissent peut-être pas eux-mêmes...« (III, 225 ff.) Mit diesen Worten gibt er eine prägnante Skizze dessen, was man später die russische »Intelligencija« nennen sollte. Der Haß des besiegten Aristokraten mag dem Marquis diese treffenden Formulierungen eingegeben haben.

Die Ursache für die Kalamität, vor der Rußland und zum Teil auch Europa steht, ist für Custine die Reform Peters, durch die die Weiche der russischen Entwicklung falsch gestellt wurde. Dadurch habe Rußland das »système de fausse civilisation« angenommen und sein Gewicht neigte sich in der Folge gegen Europa, während seine »tâche providentielle« doch darin bestanden hätte, Asien zu erschließen (III, 171). Die russische Zivilisationsaufgabe in Asien – das Lieblingsthema eines sich von Rußland bedroht fühlenden Europa –, die je nach dem Standort des Beurteilers für die Zukunft konstruiert oder als endgültig verfehlt betrachtet wird, muß auch Custine als Absprungbrett seiner Kritik an Rußland dienen. Wo wir auch diese Vorstellung antreffen und unter welcher Verhüllung sie auch erscheinen mag, immer ist sie Ausdruck eines im letzten noch intakten »Europazentrismus«. Letzteres kommt auch in seiner Beantwortung der Frage, warum denn Rußland außerhalb der europäischen Zivilisation geblieben sei – deren Formulierung stark an Bonald erinnert – zum Ausdruck. Die schismatische Religion der Griechen, die in Rußland zu einer politischen geworden sei, habe Rußland von der Entwicklung Europas, die wesentlich vom Katholizismus beeinflußt war, ausgeschlossen (IV, 110 ff., 132). Rußland stehe aber nicht nur außerhalb des Katholizismus, es sei auch sein gefährlichster Feind. Wenn früher oder später »le schisme règnera seul à Constantinople«, dann wird die christliche Welt in zwei Lager gespalten sein (135). Hat der Westen, wie ihn Custine versteht – als wesentlich von katholischem Geist geprägt –, Rußland sehr viel, wenn nicht alles zu bieten, so Rußland dem Westen nichts, denn seine originalen Hervorbringungen reduzieren sich auf den Geist sklavischer Unterwürfigkeit und seine Nachahmungskunst (IV, 140).[12] Trotz der Bedrohung, unter der Custine den Westen sieht, falls es nicht zur Revolution in Rußland kommen sollte, tröstet er zum Abschluß die durch seine Schilderung der russischen Gefahr erschreckten Europäer mit der Versicherung, daß die Zukunft nicht Rußland gehöre, weil es keine eigenen Ideen habe. Wenn im Westen der Kampf zwischen Untertanen und Regierungen zu einem Ende komme, wenn ein deutsch-französisches Bündnis die führenden Völker des Kontinents vereine, wenn der »guerre entre la philosophie et la foi« zugunsten des letzteren entschieden sei, dann werde es auch keine russische Gefahr mehr geben! (IV, 140 f.)

Wir sahen, daß keines der Custineschen Argumente und keine seiner Ideen als originell anzusprechen sind, weder die Thesen, die wir behandelten, noch der ganze Apparat der gängigen Vorstellungen über Rußland, die wir schon kennen, und die deswegen

---

12 Er spricht von »l'esprit de ce peule d'imitateurs« (I, 126); an anderer Stelle zitiert er *Herberstains* bekannten Satz und sagt dazu, daß dieser auf die Russen von heute noch genauso zuträfe. Die Frage, was vorgängig sei, die Sklavennatur oder die Despotie, beantwortet er: »Il me semble cependant que l'influence est reciproque« (I, 178).

nicht mehr ausführlich dargestellt wurden. Custines Leistung und seine Wirkung bestehen darin, daß er, mit einer einzigartigen Witterung für – wie wir heute sagen würden – Aktualität begabt, mit seiner Schrift und den darin vertretenen Auffassungen den Erwartungen seiner Zeitgenossen entsprach, und daß er, was vor allem wichtig ist, alle ansprechen konnte. Die verschiedensten politischen Richtungen konnten sich hier Argumente gegen Rußland holen und Antwort auf die Frage finden, wie das Phänomen Rußland zu bewältigen sei. Interessant ist nur, daß der, wenn man will, geschichtsphilosophische Kern des Custineschen Werkes, der von den Traditionalisten stammte, von den Zeitgenossen gar nicht beachtet wurde, sondern daß man Custine mehr oder weniger wie einen geistigen Steinbruch benützte, aus dem man sich nach Bedarf passende Brocken herauslöste.

Doch muß hier noch seine Wirkung auf Rußland wenigstens erwähnt werden. Sein Buch gab den entscheidenden Anstoß zur endgültigen Formung der slavophilen Doktrin. Die Veröffentlichung des ersten slavophilen Manifests, A. S. Chomjakovs (1804–1860) Aufsatz aus dem Jahre 1845 »Die Meinung der Ausländer über Rußland«, muß als Reaktion auf die Schrift des französischen Marquis verstanden werden.[13] Geistig kaum weniger bedeutsam war wohl die beste Widerlegung Custines, der »*Lettre à M. Kolb*« des russischen Diplomaten und Lyrikers F. I. Tjutčev, der 1844 in der »Augsburger AZ« abgedruckt wurde. *F. I. Tjutčev* (1803–1873) betont darin nicht nur die Eigenständigkeit Rußlands und die seines geschichtlichen Auftrags, für das Prinzip der Legitimität zu stehen, was er beides durch die Geschichte bestätigt findet, sondern er ist außer Fallmerayer vielleicht der einzige, der den Kern der Argumentation Custines, nämlich den traditionalistisch gefärbten Katholizismus, erkannt hat, und diesem eine Apologie der russisch-orthodoxen Kirche entgegenstellt. Politisch fordert er, auch gegen Custine, ein russisch-deutsches Bündnis gegen Frankreich, das den Geist der Revolution verkörpere.[14]

13 Polnoe sobranie sočinenij. 2. A. 1878 I, 1 ff. Vgl. *Pogodins* Tagebucheintrag v. 8. XII. 1843 bei *Barsukov: Žižn' i trudy* M. P. *Pogodina*. VII, 285 (nach *Scheibert:* Von Bakunin zu Lenin. 1956 S. 53). Zu Chomjakov jetzt *P. K. Christoff*, An Introduction to 19th Century Russian Slavophilism. Vol. I.: A. S. Xomjakov. Den Haag 1961.

14 Im frz. Original wiederabgedruckt in: Polnoe sobranie sočinenij F. I. Tjutčeva. 1913 S. 333 ff., zu *Tjutčev* vgl. *Scheibert* a. a. O. 287 ff. mit Literatur. Siehe auch meinen Exkurs III: F. I. Tjutčev in der europäischen Revolution.

Die Publizistik der folgenden Jahre stand deutlich unter dem Einfluß dreier Veröffentlichungen: des »*Portfolio*«, der »*La Russie en 1839*« und der »*Europäischen Pentarchie*«. Politisch waren es vor allem die Nachklänge der »Orientalischen Krise«, die sich in der antirussischen Publizistik nachweisen lassen. Es galt in Deutschland, die Beziehungen zwischen Ereignissen im Orient und Deutschland – immer in Hinsicht auf Rußland – nachzuweisen. Auch der Panslavismus zog die besondere Aufmerksamkeit auf sich. *Gurowskis* 1840 erschienene Schrift »*La Civilisation et la Russie*«, die schon im nächsten Jahr ins Deutsche übersetzt wurde, machte Europa zum erstenmal mit dem bekannt, was man vielleicht als offiziellen Panslavismus bezeichnen könnte. Sein Buch rief starke Beachtung vor allem in Deutschland und Frankreich hervor. Man sah darin eine Bestätigung der in der »Europäischen Pentarchie« vorgetragenen Prinzipien.[15] Von anderer – polnischer – Seite wurde Europa als sicherstes Gegenmittel gegen eine russische Invasion die Unterstützung des sich in Polen zentrierenden Panslavismus empfohlen.[16] Dieser Rat wurde sofort von der deutschen Publizistik aufgegriffen. In der Verbindung von russischem Expansionsdrang und Panslavismus sah man gerade die größte Gefahr, da das barbarische Rußland dann von einer Idee getragen würde, die ihm bisher gefehlt hatte. Die Verbindung von Germanen- und Slaventum würde jedoch dieser Idee die Spitze abbrechen.[17] Auch in Österreich warnte man vor der panslavistischen Gefahr. Angesichts dieser Bedrohung war Rußlands Konser-

---

15 Die dte. Übers. der Schrift des Comte Adam *Gurowski* »Rußland und die Zivilisation« erschien in Leipzig. – Er war es auch, der später *Marx und Engels* in der NYDT entgegenarbeitete (vgl. dazu und zu seiner Biographie *Rjazanov* im Vorwort zu »Ges. Schriften von K. Marx und F. Engels« 1917 Bd. I S. XXXV ff.). – Zu seiner Wirkung: Karl *Hagen* »Fragen der Zeit« 1843 I, 347. Marc *Fournier: »*Russie, Allemagne et France« 1844 S. 76.

16 »Slawen, Russen, Germanen. Ihre gegenseitigen Verhältnisse in der Gegenwart und Zukunft« Leipzig 1843, bes. S. 215, 236 f. Vier Jahre später veröffentlichte Cyprien *Roberts* seine Schrift »Les deux Panslavismes« Paris-Leipzig 1847, die noch im selben Jahre ins Deutsche übersetzt wurde, in der er einen russischen und slavischen Panslavismus unterschied. Dem Ehrgeiz der russischen Regierung scheine nur durch den letzteren eine Schranke gesetzt werden können. Es handele sich für Europa also darum – wie wir schon 1843 hörten – den liberalen Panslavismus zu unterstützen. Auch diese ist, genau wie die vorher erwähnte, eine Schrift, die den Interessen der polnischen Emigration dienen sollte.

17 *Hagen* a. a. O. 355 ff.

vativismus keine genügende Empfehlung mehr für eine österreichische Bundesgenossenschaft.[18] Die Wiederherstellung Polens, die Einigung Deutschlands und ein deutsch-französisches Bündnis gegen Rußland waren einige der Hauptforderungen der rußlandfeindlichen deutschen Publizistik dieser Jahre.[19] Wenn auch nicht unbedingt eine Einigung, so doch zumindest ein Zusammengehen der deutschen Staaten gegen Rußland bildet nach *Ernst von Bülow-Cummerow* die beste Garantie für die Zukunft. Der liberalkonservative Landjunker hatte in seiner Schrift »*Die europäischen Staaten nach ihren inneren und äußeren Verhältnissen*« (1845) besonders die Übelstände in der russischen Verwaltung und das Fehlen eines Mittelstandes als Gründe für die Schwäche Rußlands herausgestellt (88 ff.). Den einzigen Ausweg für eine gesunde innere Entwicklung sah er in der Befreiung der russischen Bauern (98 ff.). In diesem Zusammenhang wird wohl zum erstenmal in Westeuropa die Existenz des »Mir« – den wir unten bei Haxthausen näher kennenlernen werden – erwähnt, er spricht vom »freien Communal-Verband«, der sich in den ländlichen Gemeinden Rußlands noch erhalten habe (96). – *Eduard Kolbe* konkretisiert den Dualismus von Despotismus und Liberalismus geographisch in Rußland und Amerika. Beide Prinzipien bildeten durch ihren gegenseitigen Kampf »den Charakter der Geschichte unserer Zeit«, heißt es in »*Rußland und Deutschland*« (1847). Europa liege mitten in diesem säkularen Kampf, der auf seinem Boden entschieden werde. Auch hier wieder begegnen wir der um diese Zeit gängigen Behauptung, daß Rußland nur durch die geschickte Politik seiner Diplomaten, nicht aber durch seine »eigentliche« Kraft Europa gefährlich werde. Daher auch seine Vorhersage: Europa muß einer Zukunft der Barbarei entgegenschreiten, wenn es seine Politik gegenüber Rußland nicht ändert.[20]

Die im Gefolge Custines auftretende Formel: Rußland ist eine eigene Welt, war das beste Mittel geworden, die Kraft seiner Argumente noch zu verstärken, indem man sich zu jenen zählte, die

18 [Viktor Freiherr *von Andrian-Werburg*]: »Österreich im Jahre 1843«, Hamburg 1843, S. 70 f.

19 Z. B. Franz *Schuselka:* Die orientalische das ist russische Frage. Hamburg 1843, ders.: Deutschland, Polen und Rußland. Hamburg 1846. Auch bei Ernst Moritz *Arndt:* Versuch in vergleichender Völkergeschichte. 1843, finden wir ähnliche Formulierungen (308, 325, 435).

20 Rußland und Deutschland. 1847; bes. I, 27, 205, II, 29, 288, 301.

vorgaben, diese fremde Welt zu verstehen. Darüber hinaus war es eine sehr bequeme Denunziation und bedeutete nicht, daß man nun ernsthafte Bemühungen machte, Rußland nach anderen als nach westeuropäischen Maßstäben zu messen. Es war die alte These von den Barbaren, die hier in neuem Gewand auftauchte. Rußland ist eine eigene Welt heißt dann, Rußland gehört nicht zu Europa. Es wurde meist als Zwischenreich betrachtet oder von vornherein Asien zugerechnet, wobei man sich noch weniger Mühe zu machen brauchte, das Phänomen Rußland geistig zu bewältigen, denn für Asien hatte man ja schon seit langem ein Instrumentarium an Begriffen geschaffen, die angewandt wurden, ohne sie geistig nachzuvollziehen. Letzteres trifft auch für die Behauptung zu, Rußland nehme zwischen Asien und Europa eine Vermittlerrolle ein.

Die andere These von der Schwäche Rußlands und der Stärke seiner Politik oder besser seiner Diplomatie, eine These, die Marx und Engels in ihren Zeitungsartikeln zur Zeit des Krimkrieges virtuos handhaben, hat ihre Ursache in der Veröffentlichung russischer diplomatischer Aktenstücke durch Urquhart. Die Tatsache der Veröffentlichung allein ist aber unzureichend, um ihre allgemeine Verbreitung zu erklären. Die russische Diplomatie, von Marx später mit den Jesuiten verglichen – die Jesuiten spielten bekanntlich in der Phantasie der »fortschrittlichen« Kreise dieselbe Rolle wie die Freimaurer in der der Konservativen –, wurde zum Prügelknaben der Liberalen, Demokraten und Nationalen. Dies hatte vor allem zwei Gründe: Einmal konnte unter den damaligen Zensurverhältnissen die oppositionelle Kritik gegen das herrschende Regime unter der Form eines Kampfes gegen die russische Diplomatie geführt werden; damit implizierte man, daß die herrschende Schicht in irgendeiner Form Landesverrat betreibe und daß nur man selber – man hatte ja die russische Politik durchschaut – Europa vor dem Untergang bewahren konnte. Man kann aber noch tieferliegende Motive finden. Daß die jeweils angestrebten Ziele, war es nun die nationale Einigung, die parlamentarische Regierungsform etc. noch nicht verwirklicht waren, mußte, da man an die »Machbarkeit« der Geschichte in irgendeiner Form glaubte, aus einer »Konspirationstheorie« erklärt weren. Diese ist letzten Endes die Ausgeburt einer machtlosen Intelligenzschicht, die sich täglich mit der geschichtlichen Wirklichkeit konfrontiert sieht und diese als feindlich empfindet.

Mit der Aufgabe dieses rationalistischen Glaubens an die bewußte Herrschaft des Menschen über die Geschichte hätte man sich selber aufgegeben. Aus diesem Grunde drängte sich eine »Konspirationstheorie« geradezu auf. – Außerdem leistete die Formel von der Schwäche Rußlands und der Stärke seiner Diplomatie denselben Dienst, den früher die des »colosse aux pieds d'argile« geleistet hatte. Man konnte die Bedrohung durch Rußland aufzeigen, ohne mit seinem progressiven Weltbild in Konflikt zu geraten.

Zu einer eigenständigeren Auffassung von Rußland und seiner Zukunft gelangte in jenen Jahren *Friedrich List.* Schon während der Zeit, die er in Amerika verbrachte, hatte er sich oft mit Rußland beschäftigt.[21] In seinen Aufzeichnungen über »*Deutschlands Eisenbahnsystem in militärischer Beziehung*« spielte auch schon die Möglichkeit eines russischen Angriffs eine Rolle.[22] Aber erst sein Interesse für den europäischen Südosten und vor allem für Ungarn läßt ihn auf russische Probleme näher eingehen. Angesichts des russischen Nachbarn, der »riesenmäßig von innen nach außen« wachse, der »gleichsam der andere Pol von Nordamerika« sei und dessen Bevölkerung sich mit natürlichen Mitteln auf das Fünf- bis Sechsfache vermehren lasse, gäbe es für Deutschland nur ein Mittel sich zu behaupten: selbst zu wachsen! So wie die Amerikaner habe auch Deutschland ein Hinterland, »der ganze Südosten jenseits Ungarns ist unser Hinterland«. Aus diesen Gründen forderte List, daß sich Deutschland mit Ungarn gegen Rußland, das ebenfalls diese Gegenden beherrschen möchte, verbinde.[23] Drei Jahre später, 1845, macht er sein Anliegen in einer »*Über die nationalökonomische Reform des Königreiches Ungarn*« betitelten Schrift noch dringender. Er weist darin nach, daß durch die Bedrohung aus dem Osten die Reformierung Ungarns in dem von ihm vorgeschlagenen Sinn »eine Existenzfrage für die ganze öster-

21 Beitrag zum »Readinger Adler« vom 14. XI. 1826, Schriften II, 246; Die jetzige Lage von Europa (1828), ebd. 287. – An Martin *van Buren* schrieb er am 9. VIII. 1830: »The policy of Rusia and the means of making it subservient to the future growth and greatness of this country have been a favorite subject of my speculations in political economy.« (ebd. 301) Im folgenden werden die Schriften nach Band und Seite zitiert.

22 III, 1, 262 f.

23 Die Ackerverfassung, die Zwergwirtschaft und die Auswanderung. 1842, V, 500 ff.

reichische Monarchie geworden ist«. Weil er hier mit dem Aufzeigen der russischen Gefahr einen bestimmten Zweck verfolgt, verwendet er die gängigen Argumente gegen Rußland. Doch läßt sich seine eigene Anschauung auch herausarbeiten: Rußland ist von Natur aus ein erobernder Staat und wird es auch in Zukunft sein, selbst wenn seine Herrscher vollkommen friedfertig wären. Der Umstand, daß seine Herrscher menschlicher und aufgeklärter werden, machte dieses Reich nur noch gefährlicher, weil sich dann tierischer Instinkt mit vernünftiger Berechnung paaren werde. Wenn auch Rußlands Zivilisation erkünstelt ist, so sind doch alle technischen Verbesserungen in Rußland angewandt worden. Die in ihrer Folge auftretenden Steigerungen der landwirtschaftlichen Produktion wird die Bevölkerung Rußlands innerhalb der nächsten 50 Jahre auf 100 Millionen anwachsen lassen. Die angrenzenden Länder fürchten aber den Krieg, weil er die Wirtschaft durcheinanderbringt, sie werden also der russischen Expansion keinen Krieg entgegensetzen! Es gibt nur eine Möglichkeit, der Überflügelung zu entgehen: selbst zu wachsen.[24] Dieses »Selbstwachsen« ist der Kern seiner Argumentation; wir begegneten dieser These ja schon oben. Ein Schritt in dieser Richtung wäre die vorgeschlagene Reform Ungarns.

Daß das Aufzeigen der russischen Gefahr doch mehr taktischen Erwägungen entsprang, wird uns anhand seiner Ausführungen in »*Die politisch-ökonomische Nationaleinheit der Deutschen*« (1845) klar. In der Mitte des nächsten Jahrhunderts, heißt es dort, wird es nur zwei Riesenreiche geben: Nordamerika und England! Rußland, »wie mächtig es in der Gegenwart sein mag«, trage die Garantien seiner Existenz und Entwicklung nicht in sich, weil es sich im wesentlichen auf seine Militärmacht stütze.[25] 1846 forderte List eine Allianz zwischen Deutschland und England, da »die germanische Rasse durch Natur und Charakter dazu berufen ist, die Weltangelegenheiten zu leiten«. Rußland und Frankreich, die Repräsentanten der slavischen und romanischen »Rasse«, seien sich nicht selbst genug und müßten sich immer durch Elemente der germanischen Rasse ergänzen. »Rußland, das bloße Konglomerat von Barbarenhorden...«, das durch das Bajonett und die Eroberung groß geworden sei, vermag sich nur – hier durchschaut List den »Zwang« zur Eroberung, wenn der erste

24 III, 1, 480f.
25 VII, 501, 482f.

Schritt einmal getan – »durch das Bajonett und die Eroberung« zu behaupten.[26]

In Lists gesamter Argumentation, besonders wenn es sich um das »Wachstum« einzelner Nationen handelt, ist seine national-ökonomische Grundauffassung anzutreffen, die im schärfsten Gegensatz gegen die »klassische« Theorie steht: Jedes Volk hat seine eigene politische Ökonomie! Das heißt, daß jedes Volk einen mehr oder weniger geschlossenen Wirtschaftsorganismus darstellt und mit der Entwicklung der Wirtschaft auch seine Nationalität entwickelt. Auch im Entwicklungsbegriff manifestiert sich der Widerspruch zur »klassischen« Theorie, die die Wirtschaft als Kausalgesetzen unterliegend verstand. Jede Volkswirtschaft entwickelt sich aufgrund eines eigenen Gesetzes von innen heraus, ist Lists Standpunkt. Dem ganzen zugrunde liegt eine optimistische Einschätzung der Technik, denn Entwicklung des Wirtschaftsorganismus heißt Entwicklung der Produktivkräfte. Mit diesen – hier findet die Umbiegung ins Ethische statt – werden alle geistigen und sittlichen Kräfte der Nation entwickelt. Weil eben Rußland diese nationalökonomische Grundlage fehlt, weil sich sein Einfluß und seine Macht nur auf das Bajonett stützt und auf seine Menschenmassen, kann Rußland zwar den westlichen Ländern gefährlich, aber nicht eine Bedrohung für ihre Existenz werden. Lists organische Betrachtungsweise bleibt nicht bei der Nationalökonomie stehen. Bei der Beschreibung der Eigengesetzlichkeit der russischen Politik, die über den Willen der Agierenden hinweggeht, wird deutlich, daß für ihn historische Gebilde überhaupt sich kraft eigener Gesetzlichkeit entwickeln.

Die geistige Auseinandersetzung mit Rußland als Problem des europäischen Selbstverständnisses hatte sich seit Beginn der 40er Jahre immer mehr auf Deutschland konzentriert. Hatte nicht Hegel in seinen Vorlesungen zur Geschichte der Philosophie auf Deutschland als auf das Land der theoretischen Formulierung der revolutionären Prinzipien hingewiesen?[27] Erweitern wir dieses Diktum auf die geschichtlich-politische Theorie überhaupt und verweisen auf die politische und gesellschaftliche Struktur des damaligen Deutschland sowie auf seine geopolitische Lage, so ist

26 Über den Wert und die Bedingungen einer Allianz zwischen Großbritannien und Deutschland, VII, 268 ff.
27 Sämtl. Werke (Glockner) XIX, 534 f.

dieses Phänomen leicht zu begreifen. Nur Tocqueville auf der einen und Donoso Cortés auf der anderen Seite durchbrechen die Regel. Doch um die Linkshegelianer, Fallmerayer, Haxthausen, Josef Edmund Jörg und andere einerseits aus ihrer Zeitbedingtheit und andererseits auch wieder in ihrer ausgezeichneten Stellung innerhalb unserer Untersuchung zu verstehen, müssen wir unsere einführenden Bemerkungen – nichts anderes sollte dieses Kapitel sein – noch bis in die Zeit des Krimkrieges hinein ausdehnen und zuvor die Revolution von 1848 und ihr Verhältnis zu Rußland charakterisieren. Damit sind auch die zwei Ereignisse genannt, um die sich die Positionen und Argumente wie um zwei unsichtbare Zentren drehen werden. Stellt die Revolution von 1848 den innereuropäischen Bezug zu Rußland her, so der Krimkrieg den weltpolitischen, weltgeschichtlichen. Sollte es auf den ersten Blick scheinen, daß der Krimkrieg nur von 1848 für das europäische Selbstverständnis seine Bedeutung erhält, so wäre das eine Täuschung, denn umgekehrt wirft der Krimkrieg auch ein starkes Licht auf 1848.

Kapitel 4
Die Revolution von 1848 und der Krimkrieg
unter dem Aspekt des Gegensatzes
von Despotie und Freiheit

Die Revolution von 1848 hatte die Tatsache, daß die »Revolution« noch nicht beendet, ja, daß sie Revolution in Permanenz geworden war – ein geschichtliches Wissen, bisher nur wenigen zugänglich –, ins Bewußtsein gehoben. Aber die Revolution war nicht als bürgerliche Revolution von 1789 weitergetrieben, sondern hatte sich, wie es Tocqueville und viele andere sahen, radikalisiert, d. h. sie war demokratischer und »sozialer« geworden. Diese nächste Stufe der Revolution war ja geschichtsphilosophisch schon im »Manifeste des Egaux« von 1796 erreicht. Dieser Angriff auf die Selbstauslegung des Bürgertums als des Trägers von Fortschritt und Freiheit schlechthin wurde jetzt von einer radikaleren Position aus aufgenommen, die ihre schärfste gedankliche Ausprägung wohl in der Marxschen Geschichtsphilosophie gefunden hat, die »das Geheimnis des 19. Jahrhunderts und seiner Revolution« als »die Emanzipation des Proletariers« interpretierte.[1] Nicht nur Marx war die Parallele mit den Ereignissen von 1789 bis 1796 präsent, auch andere »Kommunisten« und Sozialisten brachten sie vor.[2] Aber ebenso wie die »große Paral-

1 Karl *Marx:* Rede bei der Feier des vierjährigen Bestehens von »The People's Paper« am 14. IV. 1856. In Nr. 207 v. 19. IV. 1856 ders. Zschr. Marx-Engels, Werke XII, 3. Zum sozialen Aspekt der Revolution von 1848 in Deutschland und zur Frage, ob ein solcher überhaupt vorhanden war, vgl. Rudolf Stadelmann, Soziale und politische Geschichte der Revolution von 1848. München 1948; Th. S. *Hamerow:* Restoration, Revolution, Reaction: Economics and Politics in Germany 1815–1871. 1958; Karl *Obermann:* Die deutschen Arbeiter in der Revolution von 1848. 1953; Max *Quarck:* Die erste deutsche Arbeiterbewegung. 1924; Hans *Krause:* Die demokratische Partei von 1848 und die soziale Frage. 1923; J. *Weiss:* Karl Marlo, Guild Socialism, and the Revolutions of 1848, in: Internat. Rev. of Social History V (1960), 77 ff. und Frolinde *Balser:* Sozialdemokratie. 1849–1863. Die erste deutsche Arbeiterorganisation »Die Allgemeine Deutsche Arbeiterverbrüderung« nach der Revolution. Stuttgart 1962.

2 Wie sehr man sich vor und während der Revolution von 1848 über die Tatsache im klaren war, daß die Ideen von 1789 mit Notwendigkeit kommunistische und

lele« von beiden Seiten vorgetragen wurden, so bemächtigten sich Konservative und Liberale auch der anderen Parallele des geschichtlichen Denkens des 19. Jahrhunderts, nämlich der mit der Französischen Revolution. Nur war die Wertung genau umgekehrt. War für Konservative und Liberale die soziale Komponente der Revolution von 1848 ein Zeichen für die Permanenz der Revolution seit 1789, die sich als Radikalisierung enthüllte und ihrem geschichtlichen Selbstverständnis die »große Parallele« beinahe aufzwang, was für diese Gruppen bedeutete, geschichtlich überspielt zu sein, so war andererseits für die Radikalen und Sozialisten der Bezug zu 1789 durch die Erinnerung an Babeuf gegeben und die »große Parallele« bedeutete in ihrem geschichtlichen Selbstverständnis die Heraufkunft einer »neuen Zeit«. Diese Positionen geschichtlicher Selbstauslegung mußten ihre eindeutige Zuordnung verlieren, als die Revolutionen von 1848 gescheitert waren.

All diese Identifikationen, Konstruktionen und Auslegungen bezogen sich aber noch auf einen anderen Hintergrund als den der Radikalisierung der Revolution, den Marx und andere als das »Gespenst des Kommunismus« bezeichnet haben, nämlich auf das »russische Gespenst«. Die Ressentiments der fortschrittlichen und revolutionären Gruppen gegen das Zarenreich konkretisierten sich in der Forderung eines Krieges gegen Rußland, gegen die Vormacht des Konservativismus, gegen die Verkörperung alles dessen, was man verabscheute und im westlichen Europa beseitigen wollte. Dabei erwies es sich, daß die Vorstellung eines Krieges gegen Rußland, wie er von den nationalen Kräften, besonders in

---

sozialistische Lehren gebären mußten, dafür zwei kleine, unbekannte Beispiele. Benno *Heitmann* schreibt im Oktober 1845 in dem von ihm herausgegebenen »Das Blatt für Arbeiter« (Hamburg, Nr. 1 ff.), daß das, was seit der Französischen Revolution in Frankreich und später in Deutschland über Kommunismus geschrieben wurde, »eigentlich schon wie ein großer, vielzweigiger Baum mit seinen grünfrischen Blättern und Früchten in dem kleinen Samenkorn – in den beiden bedeutungsschweren Worten: Freiheit und Gleichheit« angelegt war. *Benno* (Pseudonym, vielleicht identisch?) schreibt im Frühjahr 1848 in seiner Schrift: Die Bewegung des Sozialismus und Humanismus unserer Tage. S. 10 f.: »Die Verschwörung des Jahres 1796 scheitert nun zwar, Babeuf und einige der eifrigsten Demokraten wurden hingerichtet, aber die Idee von der Widernatürlichkeit ihrer Lebensverhältnisse und von der Befreiung daraus hatte unter den Massen ebenso tiefe Wurzel gefaßt, als die Idee politischer Freiheit unter den besser gestellten Classen der Nation.«

dem Kreis um Gagern schon vor der Revolution erwogen wurde[3], realistischer war als die der Demokraten, die aus dem Krieg gegen Rußland eine Prinzipienfrage gemacht wissen wollten und Deutschland und Polen mittels eines Angriffskrieges zugleich befreien wollten. Auf nationaler Seite dachte man nicht an einen Angriffskrieg, sondern hatte bei der drohenden Haltung Rußlands einen Krieg in seine Berechnungen einbezogen. Man war sogar darauf gefaßt, einen Zweifrontenkrieg führen zu müssen! Der zweite mögliche Gegner war Frankreich, das man von demokratischer Seite aus als Bundesgenosse gegen Rußland aufbieten wollte, weil man der französischen Politik seine eigenen Motive unterschob und weil man angesichts der Tatsache, daß Rußland die Welt des Legitimismus verrat, in Frankreich nichts anderes als den Vertreter freiheitlich-fortschrittlicher Prinzipien sehen wollte, mit dem zusammen es galt, Europa von der Bürde des Despotismus zu befreien. Sollte der Krieg gegen Rußland unvermeidlich sein, so hoffte man auf der einen Seite, würde Deutschland in ihm zu einer Nation zusammengeschweißt werden. Auf der anderen Seite wollte man dagegen einen Angriffskrieg führen, den man zum Prinzipienkrieg erhob.[4] Freiheit gegen Despotie lautete hier die Devise. An die Möglichkeit einer Niederlage dachte man gar nicht, denn konnte Despotie gegen Freiheit und Fortschritt den Sieg davontragen? Hier gingen Polenbegeisterung und Russenhaß, die sich schon in den 90er Jahren des vergangenen Jahrhunderts entwickelt hatten, Hand in Hand. Daß unter diesen Umständen hauptsächlich die alten Vorstellungen über Rußland Verbreitung fanden und man keine Zeit zur geistigen Auseinandersetzung mit Rußland hatte, ist nicht zu verwundern. Die Entsendung russischer Truppen an die Grenze ebenso wie das Manifest des Zaren vom 26. III. 1848 mußte natürlich die antirussischen Gefühle noch verstärken.[5] Es ist bes-

3 Friedrich *von Gagern* schreibt am 1. IV. 1848 an *Heinrich:* »Krieg, und vielleicht Krieg nach zwei Seiten, sehe ich als unvermeidlich an; es ist also ein dringendes Bedürfnis, sich darauf vorzubereiten. Ich hoffe, daß man die Armee nicht aus unzeitgemäßer Sparsamkeit vermindert und desorganisiert.« (Das Leben des Generals Heinrich von Gagern, 1857 II, 669).

4 Vgl. *E. Meier:* Die außenpolitischen Ideen der 48er. 1938 und G. *Hallgarten:* Studien über die deutsche Polenfreundschaft zur Zeit der Märzrevolution. 1928 (z. T. falsch, bes. was den Krieg gegen Rußland anbetrifft!).

5 Vgl. z. B. Karl *Möhring* und Karl *Vogt* vor der Nationalversammlung, Stenogr. Bericht II, 1103 ff., 1113 ff.

ser, so argumentierte man, daß wir den entscheidenden Kampf mit dem Osten jetzt ausfechten, als daß wir diese Aufgabe unseren Kindern und Enkel überlassen.[6] Der Kampf mit dem Osten – der Begriff »Osten« hatte erst jetzt vollständig den des »Nordens« abgelöst – gewann so Dimensionen einer säkularisierten Apokalypse, er wurde zum »letzten Gefecht«, zum »letzten Kampf zwischen Despotie und Freiheit«, in dem Reste des Despotismus Europas mit dem des Ostens ins Grab sinken würden. Der Ausgang des Kampfes erschien nicht zweifelhaft, der Sieg würde der Freiheit gehören! Auch Marx und Engels forderten den Krieg gegen Rußland, sie wurden in diesen Ost-West-Zwiespalt hineingerissen, als es galt, die Vormacht des »Absolutismus« zugunsten der Revolution in Westeuropa zu bekämpfen.[7] *Ferdinand Freiligrath* beschrieb in einem visionären Gedicht »*Am Birkenbaum*«[8] die »letzte Schlacht, die der Osten gegen den Westen wagt / Um den Sieg um die Macht!« Da erscheinen »die Völker des Westens, die Freien!«, die unter dem »rot Panier« »die Sklaven aus Osten« zurückschlagen. »Und im Nacken der Freiheit Gerichtstrompeten / So von dannen jagte die rasende Flucht.« Doch »noch hat sich das Wort nicht erfüllt!« denn:

> »Zwei Lager zerklüften heute die Welt,
> Und ein hüben, ein drüben nur gilt!
> Schon gab es Geplänkel: doch dauernd schlichten
> Wird ein Schlag nur wie jener den wachsenden Strauß.«

Hier wurden die Parteien des europäischen Bürgerkrieges bis zur russischen Revolution von 1917 geographisch festgelegt. Osten gegen Westen, das heißt von nun an – Ansätze dazu haben wir schon seit den 90er Jahren des 18. Jahrhunderts feststellen können – im Bewußtsein der Sozialisten, Demokraten und Liberalen nicht nur Asien gegen Europa, sondern auch Sklaverei gegen Freiheit, Rückschritt und Stagnation gegen Fortschritt, Finsternis gegen Licht! Und auch Slaventum gegen Germanen- und Romanentum. Der Graben zwischen Ost und West war so tief, daß selbst das

---

6 Albert *Grün:* Das Frankfurter Vorparlament und seine Wurzeln in Frankreich und Deutschland. 1849 S. 68. – J. *Ronge* forderte in seiner Schrift: Europa darf nicht kosakisch, Europa muß frei werden, Hamburg 1849.

7 Vgl. z. B. »Neue Rheinische Zeitung« 12. VII., 19. VIII., 8. IX. 1848. Werke V, 202, 332 ff., 396 f. Siehe auch unten S. 322 ff. zum Verhältnis von Marx und Engels zu Rußland.

8 Sämtl. Werke VI, 47 ff.

gemeinsame demokratische und sozialistische Gedankengut auf Jahrzehnte hinaus ihn nicht überbrücken konnte. Aufgrund einer kritischen geschichtlichen Situation gewannen plötzlich jahrhundertealte Vorstellungen einen gemeinsamen Bezugspunkt und damit unerhörte Evidenz. Da war das schlechthin andere, das Europafeindliche für weite Kreise zum Feind überhaupt, nämlich zum Feind des Fortschritts, der Zivilisation und der Freiheit geworden. Auf dieser Ebene trafen sich selbst die Gruppen, die sich im Rahmen der westeuropäischen Revolution ihre Selbstauslegung, Träger des Fortschritts zu sein, gegenseitig streitig machten. Eine völlig neue Situation mußte jedoch eintreten, als an die Stelle des Vertreters des Alten, der Reaktion, der sich ja auch als solcher verstand, eine Macht trat, die als legitimer Erbe der Ideen von 1789 auftrat und mit ungebrochener Energie daranging, die Utopie zu verwirklichen, weil die geschichtliche Eschatologie der Verlierer, die im Westen immer mehr Einfluß gewann, für sie keine Wirklichkeit war.

Im Zeichen des Krimkrieges entstand im Westen eine Flut von Propagandaliteratur. Besonders zu Beginn des Krieges und kurz vor seinem Ausbruch war die Stimmung in England uneinheitlich, während in Frankreich Napoleon III. es noch besser als sein Onkel verstand, die Publizistik für seine Zwecke einzuspannen. Daß es jedoch nicht nur die Anhänger Napoleons waren, die gegen Rußland Stellung bezogen, erhellt am besten aus *Jules Michelets »Pologne et Russie«* von 1852 und aus dem weiter unten behandelten Aufsatz von Montégut. Michelet als Anhänger der Ideen von 1789 sah in Rußland genauso den Feind des Westens wie Montégut als deren Gegner. Der französische Historiker, der durch Napoleon III. seiner Professur am Collège de France verlustig ging, stellt der russischen Barbarei, als deren Kern ihm die »paternité« gilt, die Zivilisation gegenüber, die er als Emanzipation des Menschen aus der Vaterherrschaft – »Plus de pères!« – begreift. Als Zeichen der Rationalität der Zivilisation preist er demgegenüber das Gesetz, »la loi, le gouvernement de l'homme par lui-même«. – Auch das schon von Napoleon I. verwendete *»Testament Peters des Großen«*[9] erlebte eine weder vorher noch nachher wieder erreichte Verbreitung. Aus dieser Zeit verdient in Frankreich außer Miche-

9 Vgl. Anhang I.

lets Buch nur der im Juli 1854 in der »Revue des Deux Mondes« erschienene Aufsatz »*De l'Idée de Monarchie universelle*« von *Emile Montégut* größere Beachtung. Wohl übernimmt er Wesentliches von Custine und Haxthausen, ist jedoch sonst durchaus selbständig. Den Krimkrieg erklärt er aus dem »esprit d'envahissement«, der als letzte Ursache »l'aspiration à la domination universelle« habe, die so lange existieren werde, bis Europa eine neue Ordnung gefunden habe. Seit der Epoche der Reformation, seit dem Zerbrechen der mittelalterlichen europäischen Ordnung suche er Europa heim. Sein Inhalt, die Idee der Universalmonarchie, sei wesentlich römisch und katholisch, meint Montégut.[10] Heute gäbe es zwei Anwärter auf die Universalmonarchie: Amerika und Rußland! Doch nur einer sei bereits gefährlich und zwar vor allem dadurch, daß er das »modernste« Volk repräsentiert, wenn man modern definiere als »arriver à son but et y arriver en sacrifiant toutes les idoles auxquelles les peuples avaient élévé un culte ... y arriver à pied, modestement, en habit noir ...«. Um dem zu widerstehen, müsse man auch den geistigen Kampf führen können; müsse man ihn jedoch nicht verloren geben, weil der russische Geist – »l'envie démocratique, la passion de l'égalité, le dédain de tout ce qui n'est pas avantage terrestre immédiat« – sich schon über ganz Europa verbreitet habe? Um diesem russischen Geist Widerstand entgegensetzen zu können, benötige man vor allem eine Aristokratie des Geistes und des Charakters, denn wenn die Idee der Gleichheit zu einer »passion« werde, ersticke sie die Idee der Freiheit. In Europa sieht Montégut für den Augenblick nur noch Herrscher und Massen einander gegenüberstehen. Rußland sei deswegen so gefährlich, »parce que ses tendences politiques se trouvent juste au niveau des dispositions morales de l'Europe«. Deshalb stehe Europa wahrscheinlich »l'égalité par la force, ... la fraternité par la knout« bevor. Verstärkt wird diese Gefahr noch durch die Tatsache, daß Rußland »la main du peuple slave« sei.[11] Anschließend entwickelt Montégut eine geschichtliche Begründung für den Haß, den die Russen und Slaven gegen Europa hegen. Die slavischen Länder, so schreibt er, blieben lange von den Segnungen der Zivilisation ausgeschlossen, weil sie den Schauplatz des Kampfes zwischen Asien und Europa darstellten. In Rußland habe es weder Renaissance, noch Reformation, noch

10 Revue des Deux Mondes. XXIV (1854), 2e Série, VII, 194 ff.
11 ebd. 202 ff.

eine soziale Umwälzung, die die moderne Industrie mit sich brachte, noch eine Bourgeoisie gegeben. Aus dieser Benachteiligung durch die Geschichte erwachse ein Gefühl der Rache, und, fährt er fort, »la violence subie trouve sa récompense, et un jour des débris amoncelés par les tyrannies barbares des Tartares et des Turcs, par la tyrannie savante des gouvernements civilisés, par l'indifférence des peuples puissants et heureux, sort un empire redoutable...« Doch würde Rußland abgeschlagen, so würde es sich nur in seine Steppen zurückziehen, um mit erneuter Kraft über seine Beute herzufallen.

Hatte Montégut schon oben die Gelegenheit wahrgenommen, dies in seinem Lande herrschende System zu kritisieren, so wird das im folgenden noch deutlicher. Man müsse Rußland »résister par les principes sur lesquels les sociétés se sont toujours appuyées jusqu'à une date très-récente« – gemeint ist bis zur Französischen Revolution. »L'esprit russe, c'est la haine de l'individu et son absorption dans l'état au profit du pouvoir despotique.« Gerade in der heutigen Situation, wo das Streben nach der Universalmonarchie sich auf demokratische Leidenschaften stützen könne, erscheine das russische Vorgehen besonders gefährlich. Aus der Koinzidenz der politischen Struktur in Rußland und im Westen – denn dort hatte das Individuum nie, hier habe es heute keinen Anteil an der Regierung – könne die Universalherrschaft Rußlands hervorgehen. Sollte man den »pouvoir de l'individu« weiter leugnen – und erst jetzt habe dieser Prozeß seinen Höhepunkt erreicht –, dann würde man der russischen Herrschaft nicht entgehen. »Que l'Europe moderne retourne aux principes qui ont toujours fait sa force, c'est pour elle le plus sûr moyen d'échapper à l'influence russe.« Mit diesem Aufruf schließt Montégut seinen Aufsatz.[12] Die Analyse ist, wenn auch die vermeintliche Verwandtschaft zwischen russischer Agrarstruktur und kommunistischen Utopien schon von Haxthausen behauptet wurde und sich auch andere Einflüsse aufzeigen lassen, durchaus originell.

Was für Haxthausen, den westfälischen Baron, mehr eine theoretische Betrachtung war, das war für den Franzosen als Zeitgenossen des plebiszitären Regimes Napoleons III. geschichtliche, erlebte Wirklichkeit, um so mehr, als der sich hier zeigenden demokratischen Despotie keine utopische Hoffnung entgegengesetzt

12 ebd. 207 ff.

wurde. Die Demokratie, die Homogenität der »masses populaires«, leugnet den »pouvoir de l'individu« – wohlverstanden der Schicht, die sich und ihre Angehörigen allein als fähig ansah, »Individuum« zu sein –, mit anderen Worten die intermediären Gewalten und bereitet Europa damit auf die russische Herrschaft vor, die sich schon immer auf diese Homogenität gestützt hatte. Und noch eine Tatsache macht nach Montégut die »russische Zukunft« Europas wahrscheinlich – hier kommt wieder die Fronde der Aristokratie gegen die bürgerliche Gesellschaft zum Vorschein –: daß die Russen alle ihre Ziele »en habit noir«, eben im Kleid des Bürgers, erreichen und damit auch einer Tendenz Europas begegnen, das damals schon seit längerer Zeit, wie es später Huizinga formulieren sollte, das Arbeitskleid angelegt hatte. Hier begegnen wir keiner Prophetie freischwebender Literaten, sondern einer klaren und selbständigen Diagnose und Prognose, die ihre existentielle Verbindlichkeit aus dem denkbar festesten Engagement ableitet, nämlich aus dem Engagement für eine Sache, die man geschichtlich überholt weiß. So wird die Prognose zur Kritik und die Kritik, weil man die Gegenwart bewältigen muß, indem man sie in die, wenn auch düstere, Zukunft verlängert, zur Prognose.

Montéguts Landsmann, *Ernest Cœurderoy*, steht genau auf der entgegengesetzten Seite, wenn auch der politische Anlaß zu seiner Beschäftigung mit Rußland derselbe war. Nach 1851 am Erfolg der Revolution in Europa verzweifelnd, war ihm Herzens »*Du développement des idées révolutionnaires en Russie*« (1851)[13] in die Hände geraten, in dem Herzen dem verhaßten, bürgerlichen, »deutschen« Europa den »russischen Menschen«, von Natur aus Sozialist und Anarchist, entgegenstellte und die künftige Geschichte für das Volk der Zukunft, die Russen, die in der universellen sozialistischen Revolution sich und den untergehenden Westen befreien werden, usurpierte. Das Ergebnis war ein Pamphlet »*Hourrah! ou la Révolution par les Cosaques*« (1854), in dem er sich als der erste Schüler der russischen Radikalen, insbesondere Herzens, im Westen auswies. Die russische Armee, Verkörperung eines gesunden sozialen Geistes, vom Gift des Westens, Besitzstreben und Usurpationsgeist, unberührt, wird die verrottete Kultur

13 Im frz. Original wiederabgedruckt in A. I. *Gercen:* Polnoe sobranie sočinenij v tridcati tomach. VII, 5 ff. – Herzens These von den von Natur aus sozialistischen Russen war von *Haxthausen* (siehe nächstes Kapitel) übernommen. Zu *Herzen* vgl. nächstes Kapitel.

des Westens vernichten, damit der Sozialismus siege. Zuerst nur als willkommener Büttel begrüßt, sah später Cœurderoy in den Kosaken die »Proletarier des Nordens«, die mit ihren westlichen Brüdern für eine bessere Welt kämpfen werden.[14] Die Option für den Osten ähnelt der Heines von 1829, doch weder Heine noch Bruno Bauer (siehe unten) hatten sich soweit von Europa gelöst.

Doch nicht nur auf dem Kontinent hatte die Herzensche Schrift, wie wir später sehen werden, großen Widerhall gefunden. *Thomas Carlyle* wandte sich in einem Brief vom 13. IV. 1855 an den Russen. In der Vorhersage der bevorstehenden europäischen Katastrophe ging er mit Herzen einig, nicht aber mit dessen »program and prophecy as to Russia and the world«. Das liberale System, das Carlyle in »Universal Suffrage« »Parliamentary Eloquence, Free Press and counting of heads« verkörpert sah, tauge nicht zur Überwindung der »deadly maladies of the body politic« und führe nur zur Anarchie. Angesichts der Krise sei »Tzarism itself, or Grand-Turkism itself« vorzuziehen. »In your vast country«, so fährt Carlyle fort, » – which I have always respected as a huge dark ›Birth of Providence‹, the meanings of which are not yet known, – there is evident, down to this time, one talent in which it has the preeminence, giving it potency far beyond any other Nation: the talent (indispensable to all Nations…) … *of obeying*, – which is much out of vogue in other quarters just now.« Daß das Fehlen dieser »Tugend« früher oder später zu einem riesigen Zusammenbruch führen wird, ist Carlyles tiefste Überzeugung.[15] Angesichts der Alternative Despotie oder Anarchie – oder, wie es Donoso Cortés formulierte, »entra la dictadura del puñal y la dictadura del sable« –, die sich ihm inmitten der europäischen Krise aufdrängt und die er auch aus Herzens Schrift herauslas, wählt er, im Gegensatz zu Herzen, die Despotie. In der Ablehnung des parlamentarischen Liberalismus trifft er sich nicht nur mit Herzen, sondern auch mit dem Spanier, denn angesichts der letzten Entscheidung erscheint eine Diskussion nutzlos, ja schädlich, weil sie notwendig absolut ist, Diskussion im liberalen Sinne aber immer nur zu einer relativen Wahrheit führen kann. Rußland, und hier steht er mit Herzen gegen Donoso, geht auch trotz aller schon sich zeigenden Krankheitserscheinungen einer großen Zukunft entge-

14 Da nicht zugänglich nach *Scheibert:* Von Bakunin zu Lenin. I. Bd. 1956 S. 324.
15 Der Brief Carlyles abgedruckt in C. H. *Carr:* The Romantic Exiles. 1933 S. 341 f.

gen, nur wird sich diese nach Meinung Carlyles nicht gegen Europa kehren, sondern Europa vor der Anarchie bewahren! Carlyles Stellung ist wohl die brillanteste Antithese zu Herzen, während Donoso Cortés als Nachfolger der Traditionalisten mit seiner Eschatologie sowohl die Prophetie des radikalen russischen Intellektuellen als auch die des Puritaners überbieten wird.

Der Krimkrieg und die ihm vorausgehenden Ereignisse hatten in England einen neuen Höhepunkt der Russophobie gebracht. Ihn kurz charakterisierend, können wir sagen, daß die in der englischen Publizistik im Laufe der letzten Jahrzehnte entwickelten Vorstellungen und Argumente die Flaute des Rußlandinteresses in England seit Anfang der 40er Jahre gut überstanden hatten.[16] Auch in Deutschland blieb natürlich in der Publizistik das Echo auf den Krimkrieg nicht aus. Daß Kräfte, die schon 1848 einen Krieg gegen Rußland forderten oder in Erwägung zogen, den günstigsten Zeitpunkt für einen allgemeineuropäischen Krieg gegen das Zarenreich gekommen sahen, versteht sich beinahe von selbst. Fast überall forderte man einen Kampf der romanisch-germanischen Völker gegen das Slaventum, d.h. konkret einen Kriegseintritt Preußens und Österreichs auf seiten der Westmächte.[17]

16 Zur englischen Rußlandpublizistik vor und während des Krimkrieges vgl. K.B. *Martin:* The Triumph of Lord Palmerston. 1924. – Zum Teil ergänzungsbedürftig, besonders was die Entstehungszeit einiger Vorstellungen und Motive anbetrifft.

17 Es sei nur eine kleine Aufzählung von Schriften gegeben, die keinerlei Anspruch auf Vollständigkeit erhebt:
Wolfgang *Menzel:* Die Aufgabe Preußens. 1854.
Karl *Hagen:* Die östliche Frage. Mit besonderer Rücksicht auf Deutschland. 1854.
A. *Widmann:* Frankreich, Rußland und die vereinte deutsche Großmacht. Jena 1854.
Rußlands wahre Lagen, den Mächten England, Frankreich, Österreich und Preußen gegenüber (= Europas brennende Fragen. H. 1). Leipzig 1854.
Der russisch-türkische Streit und der Widerstand Europas gegen die russische Politik. Wien 1854.
Th. *Mundt:* Der Kampf um das Schwarze Meer. Braunschweig 1855.
Rußland. Menschen und Dinge in Rußland, Anschauungen und Studien. Gotha 1856.
Sugenheim: Rußlands Einfluß auf und Beziehungen zu Deutschland, vom Beginn der Alleinregierung Peters I. bis zum Tode Nikolaus II. 2. Bde. Frankfurt 1856. – Das Werk, in dem die ganze Literatur zu dieser Frage zusammengestellt ist, trägt eine ausgesprochen russophobe Tendenz.

Nachdem wir die westeuropäische Publizistik in ihrer Stellung zu Rußland in großen Zügen behandelt haben und feststellen konnten, daß sich nur wenig neue Gedanken zu dem Thema Europa und Rußland ergaben, wollen wir uns jetzt einer Gruppe von Geschichtsphilosophen, Wissenschaftlern und Publizisten zuwenden – eigentlich gehörten sie ja alle zu ersteren –, die die Zukunft Europas auf besonders eindringliche Weise mit der Rußlands und zum Teil auch mit der Nordamerikas verbanden und so die Frage notwendig beantworten mußten, wie sie sich als Europäer in einer Welt, deren Wandlungen sie prognostizierten, verstanden. Dabei müssen sie sich – und wenn sie es unterließen, wir für sie – mit der Position und Vorhersage Tocquevilles auseinandersetzen, denn nur von ihr aus kann – darin besteht ja Tocquevilles Leistung – die Frage beantwortet werden, die Rußland an Europa stellte. Wir werden sehen, daß die Antworten gleichsam um zwei geschichtliche Ereignisse kreisten und von dort her ihren Sinn erhielten und verständlich wurden: um die Revolution von 1848 und den Krimkrieg.

Teil V
Der Streit der Geschichtsphilosophien um die Zukunft Europas und Rußlands

Kapitel 1
Der russische Bauer als Aufhalter der Anarchie und der ewige Gegensatz Rom–Byzanz: Haxthausen und Fallmerayer

Haxthausen und Fallmerayer haben wohl am nachhaltigsten ihre Zeitgenossen in Deutschland mit ihren Thesen über Rußland beeinflußt. Persönlich ist beiden gemeinsam, daß sie Wissenschaftler und Staatsbeamte sind, sachlich, daß sie das Moment der »Ozeanität«[1], d. h. das Verhältnis Europas zu Amerika, außer acht lassen.

Der westfälische Baron *von Haxthausen* (1792–1866), preußischer Regierungsrat, Spezialist für Agrarverfassungen, hatte vom Frühjahr 1843 bis November 1844 Rußland bereist. Wohl verfügte er über keine russischen Sprachkenntnisse, dafür brachte er aber eine intensive wissenschaftliche Schulung mit. Die Ergebnisse seiner Reise legte er in einem dreibändigen Werk nieder, dessen erste zwei Bände 1847 und dessen letzter 1852 erschien: »*Studien über die inneren Zustände, das Volksleben und insbesondere die ländlichen Einrichtungen Rußlands.*« Er machte darin Europa – und den größten Teil des gebildeten Rußland! – zum erstenmal mit dem angeblich den Slaven eigentümlichen russischen Gemeindeprinzip, dem sogenannten Mir oder der Obščina bekannt. Im Mai 1843 war der Baron *Alexander Herzen* begegnet, dem er seine Anschauungen über das russische Gemeindeprinzip darlegte.[2] Von nun an sollte das Problem der Obščina nicht nur die sogenannte Slavophilen und Westler und später die Narodniki und russischen Marxisten, sondern auch die Begründer des Marxismus, und zwar bis an ihr Lebensende, beschäftigen.[3] *Herzen* und

---

1 Das Außerachtlassen des Momentes der Ozeanität betont Heinz *Gollwitzer*: Europabild und Europagedanke. 1951 S. 354. Auf Gollwitzers Arbeit sei für *Fallmerayer* und *Fröbel* hier ausdrücklich hingewiesen.

2 Vgl. *Herzens* Tagebucheintragung vom 13. V. 1843, Sobranie sočinenij II, 281 f. – Schilderung des Mir bei *Haxthausen* »Studien…« I, 124 ff. (Europa und Rußland. Hrsg. Tschižewski-Groh. 1959 S. 153 ff.). – Literatur zu *Herzen* vgl. die einschlägigen Kapitel bei *Scheibert*: Von Bakunin zu Lenin. 1956.

3 Zur Haltung von *Marx* und *Engels* zu Rußland, besonders zur Frage des Mir vgl. die leider an der Oberfläche bleibende Arbeit von Helmut *Krause*: Marx und En-

Černyševskij nahmen die Idee des Mir auf, und sahen darin einen Vorteil Rußlands gegenüber dem Westen auf dem Wege zum Sozialismus[4], während die Slavophilen die moralische und religiöse Seite des Mir einseitig in den Vordergrund rückten – aber auch bei den vorgenannten spielte natürlich die ethische Seite eine große Rolle. Daß *Čičerin* schon 1856 die richtige Gegenthese aufstellte, der Mir verdanke nicht einer besonderen urkommunistischen Gesinnung des russischen Volkes, sondern fiskalischen Gründen – Gesamthaftung der Gemeinde – seine Entstehung, hatte auf die einmal entfesselte ideologische Diskussion keinen Einfluß mehr.[5] Es ging für Alexander Herzen und die, die die These einer urkommunistischen Gesinnung der Russen verfochten, nicht um wissenschaftliche Richtigkeit, es ging um den Mythos, der angesichts der gescheiterten Revolution von 1848 der intellektuellen Existenz einen Sinn verleihen konnte, um den Mythos des »russischen Menschen«, um die Ersetzung des Proletariers durch den russischen Bauern.[6]

Um sich vom »verfaulenden Westen«, der die Revolution verfehlt hatte, ideologisch absetzen zu können – Herzens Schrift *»Vom anderen Ufer«* (1850)[7] war ja nur die Vollendung dieses Prozesses –, war dieser Mythos, der das Ausspielen der »großen Parallele« gegen den Westen implizierte, notwendig, um so mehr, als Herzen im sich entwickelnden Kommunismus des Westens die verpflichtende Despotie erkannte. Daß man hier einen Mythos gegen die Prophetie ausspielen wollte, merkte Marx sofort und

gels und das zeitgenössische Rußland (Marburger Abhandlungen zur Geschichte Osteuropas I) 1958.

4 Dies betont *Herzen* zum erstenmal in dem Teil des »Brief an Herwegh«, der zuerst auf französisch November und Anfang Dezember 1849 in der »Voix du Peuple« erschien (Sobr. Soč. VI, 161 ff.) und dann in »Vom anderen Ufer« 1850 abgedruckt wurde (Europa und Rußland, 203 ff.).

5 Boris N. *Čičerin* (1828–1903), wohl der bedeutendste russische Rechtsphilosoph und Rechtshistoriker. Vgl. Tschižewskij: Hegel in Rußland, in: Hegel bei den Slaven, ²1961. Gegen ihn wandte sich N. G. *Černyševskij* (1828–1889) im »Sovremennik« (1856) mit Hilfe *Haxthausenscher* Thesen (abgedruckt in: Izbr. ekon. proizvedenija I, 1948).

6 Vom anderen Ufer. S. 136 – auch Sobr. Soč. VI, 463.

7 Sie entstand in den Jahren 1848 und 1849 und besteht aus mehreren Aufsätzen, von denen der obenerwähnte Brief an Georg *Herwegh* die erste Stellungnahme Herzens zu Rußland darstellt. Russische Fassung im VI. Bd. der Gesamtausgabe mit sämtl. Varianten. (Auswahl in: Europa und Rußland, 189 ff.)

verfolgte deswegen mit Engels zusammen den Russen, diesen »panslavistischen Belletristen«, mit unversöhnlichem Haß. Warum aber »Belletrist«? Weil Herzen sich vom Standpunkt Marx' und, wie wir sehen werden, auch von dem Moses Hess' aus mit seiner Rückwendung zur Vergangenheit, d. h. zum russischen Gemeindeprinzip, außerhalb der Geschichte gestellt hatte. Für den »wissenschaftlichen« Sozialismus, dessen Wissenschaftlichkeit hauptsächlich darin besteht, daß die Vergangenheit erkannt und dadurch überwunden wird – hier macht sich das Erbe Hegels bemerkbar –, um so den Boden für die Zukunft zu gewinnen, war Herzen zum freischwebenden Intellektuellen geworden, dadurch, daß er im russischen Bauern den »Neuen Menschen« sah[8] und ihn nicht als etwas begriff, das durch den Proletarier in der Zukunft zu verwirklichen war.

Wenn die Rede auf Haxthausen kommt, so werden wir zumeist auch auf Herzen stoßen, denn angesichts des Krimkrieges schien, wie auch Scheibert bemerkt, »Herzen in die Rolle des praeceptor hineinzuwachsen, als der einzige Russe, der im Westen sich vernehmbar machen konnte«.[9] Den Panslavismus, oder vielmehr das, was man darunter verstand – man verstand alles darunter,

8 Die Analogie mit dem Untergang Roms und dem Beginn des Christentums: Vom anderen Ufer, 134 ff., 143 (Sobr. Soč. VI, 58 f., 152); Le peuple russe et le socialisme (Lettre à Michelet; 1851), VII, 276; La Russie et le vieux monde (1854), XII, 134 – die Russen als junges Volk im Gegensatz zum »alten Europa«: Vom anderen Ufer, 141, 177 f. (VI, 150, 183 f.); Le peuple russe et le socialisme, VII, 272 – die Russen als die »neuen Barbaren«: Vom anderen Ufer, 136, 145 f. (VI, 58, 153, 463). – (Europa und Rußland, vgl. Index.) Es sei angemerkt, daß dieses Absetzen von Europa und die in derselben Schrift vorgenommene Reduzierung der Geschichte auf Natur – Vom anderen Ufer, 32 f. – natürlich in Herzens früherem Denken bereits angelegt war. Vgl. dazu *Scheibert* a. a. O. 120–32.

9 *Scheibert* a. a. O. 325. – Die Schriften *Herzens*, die damals besonders in Deutschland große Beachtung fanden, sind die obengenannten und »Du développement des idées révolutonnaires en Russie«, 1851 (heute Sobr. Soč. VII, 5 ff.). Diese Schrift erschien noch vor der frz. Ausgabe in deutscher Übersetzung unter dem Titel »Von der Entwicklung der revolutionären Ideen in Rußland« in der »Deutschen Monatsschrift für Politik, Wissenschaft, Kunst und Leben«. Hrsg. v. A. Kolatschek in Bremen, im Frühjahr 1851. Sie war »wohl die erste russische Geistesgeschichte in einer europäischen Sprache und als solche durch zahlreiche Kanäle hindurch von unabsehbarer Wirkung«. (Scheibert a. a. O. 320.) Dieselbe erschien in Buchform 1854 in Hamburg mit dem für die deutsche Zensur bestimmten Titel: Rußlands sociale Zustände.

was Europa mit dem Anspruch entgegentrat, es durch die russische Despotie, den »russischen Menschen« oder durch das Slaventum in irgendeiner Form zu verjüngen oder zu erneuern – empfand man deswegen als *den* Feind, weil er die Frage Europa und Rußland von der anderen Seite her stellte und eindeutig zugunsten Rußlands oder des Slaventums beantwortete. Gab es einen ideologischen Feind, so war es für jeden Europäer, der das Problem Rußland und Europa bedachte, der Panslavismus oder was man darunter verstand, für jeden Sozialisten speziell, der im Proletariat des Westens den Träger zukünftigen säkularen Heils sah, die Herzensche Geschichtskonzeption, in der der russische Bauer als messianische Größe erschien. Die Schriften des Russen, der mit dem scharfen Blick des Außenstehenden die Lage Europas genau erkannte, forderten Europas Antwort auf die »russische Frage« heraus, denn, wie Herzen in »Vom anderen Ufer« treffend formulierte, »solange das okzidentale Europa den vollen Glauben in sich hatte, und solange die Zukunft sich ihm nicht anders darstellte, als wie Fortsetzung seiner Entwicklung, konnte es sich mit dem orientalischen nicht beschäftigen; jetzt befindet es sich in einer ganz anderen Lage«.[10] Damit war ausgesprochen, daß die europäische Intelligenz nicht mit umgekehrten Vorzeichen denselben Weg wie Herzen beschreiten konnte. Dies hätte bedeutet, Rußland als barbarisch zu klassifizieren und sich damit jeder Diskussion mit dem Außenstehenden zu entziehen, genauso wie Herzen von seiner Position aus Europa als im Zeitalter des Verfalls befindlich erklärte, von je die geeignetste Haltung des einer alten Kultur Begegnenden, um sich der Aneignung ihrer geistigen Totalität zu entziehen.

Kehren wir zurück zu *Haxthausen.* Wohl beschreibt er vor allem die ländlichen Einrichtungen Rußlands; aber sein Anliegen ist keineswegs nur wissenschaftlich, sondern er steht mitten in der eben skizzierten Diskussion. Er kommt u. a. auf den Panslavismus zu sprechen, den er als »hohlen Lärm einer Anzahl von Ideologen, gegängelt von den Revolutionären« (III, 219) bezeichnet; auf die Frage, ob Rußland zu Asien oder zu Europa gehöre, antwortet er eindeutig: »Rußland gehörte von jeher zu Europa, die Russen sind ein europäisches Volk ...« (III, 8) Er nimmt zu den Bestrebungen der Slavophilen, die er »Jungrußland« nennt, Stellung und erklärt ihre Erwartungen als von vornherein zum Scheitern verurteilt,

---

10 Vom anderen Ufer, 145 f.

denn die »moderne Cultur ist ein Baum der Erkenntnis, wer von ihm gepflückt, kann nicht wieder zur Unschuld älterer Volkssitten zurückkehren«; dazu kommt noch, daß »das Volk der Gebildeten von dem eigentlichen Volke durch eine viel größere Kluft geschieden ist als im übrigen Europa...« (III, 5). Eine Tendenz zur *Weltherrschaft,* die man Rußland so gern unterzuschieben bemüht sei, sei dort nicht vorhanden (II, 332), meint Haxthausen, auch in Asien werde Rußland keine Eroberungen mehr machen (III, 238).

Hat sich bis jetzt schon seine konservative Haltung bemerkbar gemacht, etwa in der Verachtung der »Ideologen« und der Erkenntnis, daß, wie wir heute sagen würden, Primärgruppen nicht planbar sind, so wird dies im folgenden noch deutlicher, wenn er auf die Frage einer Revolution in Rußland und Rußlands Aufgabe in Europa zu sprechen kommt. Die russischen »Gemeinden« stellten das Fundament der russischen sozialen Ordnung dar, sie verhinderten die Bildung eines »Proletariats« (I, 109), sie seien, so sagt uns Haxthausen weiter, die »reale Grundlage der ganzen Volksverfassung« und damit werde das russische Volk zum »sozialsten« unter den an sich sehr »sozialen« Slaven (III, 122 f.). Andererseits ist der westfälische Baron viel zu klarblickend, um sich zu verhehlen, daß das Prinzip des Mir den Fortschritt der Landwirtschaft erschwert (I, 109) und daß es möglich ist, die Leibeigenschaft weiter zu erhalten. Aber – »das ist die große Frage des Tages« –: »... wie sie auflösen und umbilden, ohne eine große *soziale Revolution* hervorzurufen und herbeizuführen?« (I, 118) Doch das Erlebnis der Revolution von 1848 läßt alle technischen Einwände gegen den Mir zurücktreten, denn »der politische Wert der Institution überwiegt dies alles so weit...« (III, 152), heißt es jetzt im dritten Band, der 1852 erschien. Dachte Haxthausen vor der Revolution noch skeptisch über das Fortbestehen der Agrarkommune, so geht es ihm nun darum, die auf dem patriarchalen Prinzip beruhende »demokratisch-*organische* Gemeinde« gegen die »*atomistisch*-democratische Gesellschaft« Westeuropas unbedingt zu erhalten (III, 150). Übrigens ist nach Haxthausen das patriarchale Prinzip allein den Hirtenvölkern eigen, die nur einfache Rechtsbeziehungen, aber kein Grundeigentum kennen würden. Auch die Russen seien ursprünglich ein Hirtenvolk (III, 127 ff.). Die russische Form der Gütergemeinschaft, so heißt es schon 1847, dürfe trotz äußerer Ähnlichkeit nicht mit den kommunistischen »Träumen«, die in Westeuropa verbreitet sind, verwechselt werden. Letztere seien atheistisch und damit »unwahr«, während der russische Kommunismus »auf nationalen und mit den Grundsätzen einer christlichen Monarchie übereinstimmenden Grundlagen« beruhe (I, 153) und Rußland vor den revolutionären Richtungen, »die in diesem Augenblick Europa bedrohen« bewahre (I, 156).[11] Angesichts des »alternden Europa«, das nur noch durch den »absolutesten Despotismus, gestützt auf ein Prätorianerheer...« aufrechterhalten werden kann (III, 194), drängt es Haxthausen dazu, die »welthistorische Mission« Rußlands, das Europa durch seine soziale und religiöse Kompaktheit überlegen ist (III, 198), nach »Analogie und Wahrscheinlichkeit« zu begreifen (III, 162).

Rußland, das »im ascendierenden Stadium seiner Geschichte begriffen ist« und »offenbar noch eine große und langdauernde Zukunft vor sich hat«, ist zum kulturellen Vermittler zwischen Asien und Europa berufen (III, 173). Diese Aufgabe kann es aber nur deshalb erfüllen – hier wird die Integrität seines Europabildes deutlich! – weil es Europa, das »herrschend an der Spitze des Menschengeschlechts steht«, zugehört. Dieser kulturellen und religiösen Aufgabe gegenüber Asien korrespondiert – dies ist für Haxthausens politischen Standpunkt bezeichnend – eine politische gegenüber Europa. Damit, daß Rußland dieser nachkomme, daß es die »Prinzipien des Rechts und der Ordnung überall« stütze, erhalte es auch seine eigenen Grundlagen, denn »käme die Anarchie in Europa« zum vollen Ausbruch, so könnte das einen unberechenbaren Rückschlag auf Rußland haben (III, 228 f.). Zwar sieht auch Haxthausen den Augenblick nicht mehr weit entfernt, »wo der nackte Kampf zwischen Christentum und Antichristentum offen beginnen muß« (III, 190); aber von Rußland, das physisch und psychisch noch unverdorben sei, das einen unzerstörbaren Glauben an Kirche und Staat besitze (III, 213), scheint ihm noch Rettung kommen zu können. Die Möglichkeit sei nicht

11 In diesen Zusammenhang gehört auch seine Polemik gegen Herzens »Vom anderen Ufer«, in der er Herzen bescheinigt, daß er »wirklich das belebende Prinzip des russischen Volkes begriffen habe«. Jedoch fährt er fort: »Daß er selbst dann aber den tiefen principiellen Gegensatz der russischen patriarchal-democratisch-organischen Gemeinde gegen den leblosen Schemen einer modern construierten atomistisch-democratischen Gesellschaft nicht erkennt, ist Folge der angelernten Bildung.« (III, 150 A.)

fern, sagt Haxthausen, daß Rußland »der Monarchie in ihrem Kampf gegen Revolution und Anarchie zu Hilfe kommt« (III, 222). Sollte sich Rußland dabei, wider alle Wahrscheinlichkeit, einfallen lassen, Westeuropa zu erobern, was angesichts der Auflösung Europas ohne große Anstrengung möglich wäre, so »wäre zu befürchten, daß das gefährliche Miasma westeuropäischen Revolutionsfiebers am Ende doch die Armee inficiren könnte!« (III, 219). Würde dagegen die Revolution in Europa vollständig siegen, so könnte dies sogar in Rußland »bei der verschrobenen Bildung der höheren Klassen, wenn auch nur vorübergehende Katastrophen herbeiführen« (III, 222). Zu den Spekulationen konservativer Kreise bezüglich der russischen Kirche nimmt Haxthausen wie folgt Stellung: »Die russische Kirche wird sich nie den Protestantismus oder Katholizismus inkorporieren können, weil diese ihr an geistiger Bewegung überlegen sind.« (III, 224) Sollten aber die romanischen und germanischen Völker »so bodenlos tief in Anarchie und Antichristentum« versinken, »daß das Papsttum selbst zum slavischen Volksstamm hinüber zu flüchten gezwungen wäre, dann könnte freilich der Traum der Panslavisten wahr werden, daß die Slaven nach Untergang der Germanen der Mittelpunkt der Kultur und der Weltgeschichte würden« (III, 207).

Deutlich läßt sich beobachten, daß in den zwei ersten Bänden der »Studien«, welche 1847 erschienen, die Bewertung des Mir und des russischen Volkscharakters objektiver durchgeführt wird als im letzten Band, in dem alle Nachteile durch die politischen Vorteile aufgewogen erscheinen. Die Anarchie, die Haxthausen zwar auch schon vorher als Gefahr erkannte, scheint durch den Ausbruch von 1848 Europa in viel größerem Maße zu bedrohen, als er angenommen hatte. Die patriarchalische Einfalt Rußlands, die in enger Verbindung mit seiner Agrarstruktur steht, und innerhalb derer der Zar als Vater einer großen Familie erscheint, verleiht Rußland eine politische und religiöse Geschlossenheit, die als letztes Bollwerk gegen die immer weiter um sich greifende Revolution bewertet wird. Der konservative Haxthausen mißt der Rolle Rußlands als Kat-echon um so größere Bedeutung bei, als er erkennt, daß die Beruhigung in Europa nur eine oberflächliche ist, daß die Revolution noch nicht entscheidend getroffen, geschweige denn beendet ist. Der Mythos vom russischen Bauern als Aufhalter der Revolution, geboren aus der Erschütterung von 1848, entspricht auf der anderen Seite – bei Herzen – dem Mythos vom

russischen Bauern als Träger der universalen Revolution, geboren
aus der Verzweiflung über das Mißlingen der europäischen Revolution, der des Proletariats, und aus der Isolierung der intellektuellen Existenz infolge des Verlusts der Bindungen zur Heimat.[12]
Bei dem Vergleich beider Positionen, denen die Voraussetzung
vom »natürlichen Kommunismus« des russischen Menschen gemeinsam ist, erweist sich die Überlegenheit der Haxthausens –
abgesehen davon, daß er die Herzensche erst ermöglicht hat. Die
Überlegenheit besteht erstens darin, daß er tiefer sieht als Herzen,
nämlich daß die Revolution keineswegs beendet ist, während Herzen die Revolution für gescheitert hält und deswegen seine Rückwendung zu Rußland vollzieht. Für Haxthausen war die Rückwendung zur Vergangenheit, die er in seiner Konzeption des
russischen Volkes als Aufhalter der Revolution und Anarchie wis-
sentlich vollzog – er sah ja die wirtschaftliche Schwäche des Mir
angesichts der modernen Entwicklung – im Rahmen seines Konservativismus konsequent, für Herzen, der als fortschrittlicher
Intelligenzler wesentlich von der Antizipation der Zukunft lebte,
inkonsequent, daß er das russische Volk zum Träger der universalen Revolution erhob. Haxthausen erkannte in der Idee von Rußland als dem Retter Europas mehr als ein persönliches Anliegen,
für Herzen, den losgelösten Adligen, ging es im Ausbruch seines
Hasses gegen das so penetrant fleißige und ehrliche Europa wesentlich um die Legitimation seiner eigenen Existenz. Da die
Zukunft Europas dafür nicht mehr brauchbar erschien, mußte
man sich von ihm absetzen. Für Haxthausen dagegen konnte es
kein Absetzen von Europa geben, für ihn gehörte sogar Rußland
mit zu dem von der Revolution bedrohten Europa und gerade
aufgrund dieser Zugehörigkeit konnte es ja auch als sein Retter
erscheinen. An der Vorrangstellung der europäischen Kultur hat
Haxthausen nie gezweifelt und eine wie auch immer geartete
Überlegenheit der Slaven über Europa bedeutete für ihn nur, daß
die Vorherrschaft innerhalb Europas gewechselt hätte. Die Alternative Europa oder Rußland konnte sich ihm deshalb auch nicht
stellen.

Anders war dies bei *Jakob Philipp Fallmerayer* (1790–1861). Der
»Fragmentist«, wie er nach seiner bekanntesten Schrift, den

---

12 Zum letzteren vgl. *Scheibert* a. a. O. 315 ff.

»*Fragmenten aus dem Orient*« (1845), meist genannt wurde, weitesten Kreisen bekannt durch seine These von der slavischen Abstammung der Griechen, mit der er als Altphilologe der damaligen Griechenschwärmerei entgegentrat [13], sah in dem Verhältnis Rußlands zu Europa eine Fortsetzung des alten Gegensatzes zwischen Orient und Okzident. Damit haben wir auch bereits die Stärke und gleichzeitig die Schwäche seiner Konzeption angedeutet, denn er konnte nur über den Raum des Abendlandes, Rußland ausgenommen, weil er ja gerade dort jenen alten Gegensatz wieder aufleben sah, zu klaren Vorstellungen gelangen. Ereignisse außerhalb diese Sphäre konnte er jedoch nicht in seine Spekulationen einbeziehen.

Das Interesse Fallmerayers an Rußland wurde durch die Orientalische Krise zum ersten Male geweckt. Seit dieser Zeit nahm Fallmerayer jedes politische Ereignis und jede Veröffentlichung, die Rußland betrafen, zum Anlaß einer Stellungnahme. 1839 entwickelte er in einem Aufsatz »*Blick auf die unteren Donauländer*« schon seine These, »daß der uranfängliche und unausgleichbare, durch Alexanders Genie und durch die römischen Legionen vorübergehend verletzte, aber durch die Erbauung Konstantinopels und durch das Testament des Theodosius, wie durch die Kirchendisziplin eines Photius und Cärularius gesetzlich und auf ewige Zeiten ausgesprochene politische und religiöse Widerspruch zwischen Orient und Okzident mit dem Aufblühen eines großen Slavenreiches eine Vollendung und gleichsam welthistorische Gestaltung erhalten müßte«. Wie aber stehen die Chancen für Europa angesichts dieser Bedrohung? Der kompakten Kraft der Slaven, der slavischen Volksbewegung, als deren Haupttriebkraft Fallmerayer eine »religiöse Idee«, nämlich den Kampf des Christentums gegen die »Tyrannei der Vernunft« erkennt, steht das »sichtbar ermüdete und mit seinen eigenen Elementen im Kampf« befindliche Abendland mit seinem »stolzen und umwälzenden Sinne« gegenüber. Er geht aber noch weiter: wenn »das Romanen-

---

13 Besonders in der Geschichte der Halbinsel Morea. Stuttgart 1830. *Tjutčev* hatte sich 1843 vergeblich bemüht, *Fallmerayer* für russische Dienste zu gewinnen. Dabei sollte diese These dann verwendet werden, die geistige Selbständigkeit Osteuropas zu demonstrieren (dazu vgl. G. v. *Rauch*: J. Ph. Fallmerayer und der russische Reichsgedanke bei F. I. Tjutčev in: Jber f. Gesch. Osteuropas N. F. I (1953), 54 ff. – Daß Fallmerayer auf keinen Fall russophil eingestellt war, wird aus dem folgenden deutlich.

tum, das Germanentum und das Slaventum die drei großen Elemente des Weltprozesses sind, deren successives Hervortreten in der ewigen Ordnung der Dinge liege, so hätte sich Europa selbst gerichtet...«.[14] Hier bleibt Fallmerayer sichtlich im Bereich des Unverbindlichen.

Doch der »*Pentarchist*« lockte mit seinem, wie Fallmerayer meinte, »Manifest des moscowitischen Apostolats«, den bayerischen Professor aus seiner Reserve heraus. »Ich glaube nicht«, so schreibt er, »daß die durch und durch säcularisierten Westeuropäer Wesen und Charakter der politisch-religiösen Bewegung hinter der Weichsel... erkennen. Es ist die große Reaktion der morgenländischen Kirche gegen die lateinische Christenheit.« Nur auf dem gleichen Felde kann man diese Bewegung bekämpfen, denn »es ist der Kampf der heiligen Stühle von Rom und Byzanz«. Kann die feindliche Bedrohung Europa noch einmal einigen? – so lautet seine bange Frage.[15] Die Gründe für Rußlands »Weltstellung, Macht und Zukunft« sieht Fallmerayer darin, daß die Russen die Maxime verwirklichten, daß der Mensch dulden müsse, um anderen seinen Willen als Gesetz aufzuerlegen; darüber hinaus in seiner geographischen Lage und seinem Volkscharakter. Auf die Frage nach der Zukunft Europas eingehend, meint er, daß alle bisherigen Bemühungen, »das Anschwellen der Weltlawine« – gemeint ist Rußland – zu hemmen, gescheitert seien, und daß man eine »russische« Zukunft als möglich hinnehmen müsse. Dies wird noch durch Anführung einer Prognose Thukydides' unterstrichen.[16] »Gelehrter sind wir freilich als die Russen, aber die alten Hellenen erlagen auch den Bauernjungen aus Latium«[17], so lautet die Antwort eines mehr oder weniger ratlosen Europäers auf die – wie er meinte – Verkündung der slavischen Weltstunde. Anläßlich einer Kritik des Custineschen Buches, dessen Behauptungen »in der Hauptsache nicht zu bestreiten« wären, ermahnt er

14 Ges. Werke II, 416 f.
15 Die deutsche Publizistik und die europäische Pentarchie (1840), a. a. O. II, 157 ff. Hier: 165 ff.
16 Die von Fallmerayer gemeinte Stelle lautet in deutscher Übersetzung (Geschichte des Peleponnesischen Krieges, übers. v. Theodor Braun, Leipzig (1917) S. 165): »Denn in dieser Beziehung kann sich mit den Skythen nicht nur in Europa kein Volk vergleichen, sondern auch in Asien gibt es keines, das ihnen, wenn sie einig wären, für sich allein gewachsen sein würde.«
17 Fallmerayer: Ges. Werke, II, 171 ff., 178.

seine Landsleute, sich für den kommenden Kampf mit dem »slavischen Osten« bereit zu halten. Wieder erkennt er in der »religiösen Unduldsamkeit die Triebfeder aller moskowitischen Politik« und in der Geduld die Haupttugend der Russen. Doch scheint ihm der Ausgang des Kampfes von »Geduld und Ehre« um die Herrschaft der Welt jetzt, 1843, ungewisser als noch wenige Jahre zuvor.[18] Schon nach einem Jahr ist er wieder anderer Meinung. Er gibt »das Spiel im voraus verloren«, da das Schlechte immer stärker als das Gute sei, und es ihm nicht fraglich erscheint, auf welcher Seite er Rußland einordnen soll.[19]

In dieser Zeit, in der ersten Hälfte der 40er Jahre, entstand auch Fallmerayers Buch *»Fragmente aus dem Orient«* (1845). Hier erscheinen die Russen als die natürlichen Feinde der Deutschen. Diese Behauptung wird damit begründet, daß »der gottesfürchtige und ritterliche Sinn, die Achtung vor ... dem Menschen als Individuum« aus »den deutschen Wäldern ausgegangen« seien und daß dies alles den größten Gegensatz zum Russentum bilde.[20] Aber nicht nur zum Russentum, so heißt es weiter in der Vorrede, sondern auch zur »Praxis der Dynasten«. Da Fallmerayer in Westeuropa als »lebendige Mächte« nur noch Revolution und Kirche anerkennt, erhebt sich für ihn die Frage, auf wessen Seite man sich stellen solle. Auf keinen Fall auf seiten des »herrschgierigen Kirchenregiments« lautet die Antwort, denn dieses verfolge »dasselbe Ziel« wie die »byzantinisch-russische Übermacht«, nämlich durch »Unterdrückung jeglicher freier Geistesregsamkeit die Gewalt schrankenlos und bequem zu machen«. Aber um voll und ganz für die Revolution zu optieren – obwohl der Kampf zwischen ihr und der Kirche sich ihm jetzt als der zwischen »Licht und Finsternis« darstellt –, ist er zu skeptisch oder zu vorsichtig, denn, so sagt er, das »Ende des Widerstreits zwischen dem Schlechtern und dem Bessern wird zugleich das Ende unseres Erdenlebens sein«.[21]

Im Schlußabschnitt der *»Fragmente«*, der »Über die weltgeschichtliche Bedeutung der byzantinischen Monarchie im Allgemeinen und der Stadt Konstantinopel im Besonderen« betitelt ist, erweitert Fallmerayer den Ost-West-Gegensatz in die Vergangen-

---

18 La Russie en 1839 (1843), a. a. O. II, 20 ff. Hier: 24, 29, 54.
19 Aus Berlin (1844), a. a. O. II, 233.
20 Fragmente, Stuttgart-Tübingen 1845 S. XIII ff.
21 ebd. XIX, XXXVI f.

heit und in die Zukunft, um die Gegenwart, angesichts der beäng-
stigenden Bedrohung Europas, zu bewältigen und die Bedrohung
selbst sinnvoll erscheinen zu lassen. In den drei Städten Jerusalem,
Rom und Konstantinopel sieht der Fragmentist »Wiege... Satz...
und Gegensatz« des Christentums verkörpert. »Alle Geschichte ist
seit achtzehn Äonen nur Resultat des Kampfes der beiden Grund-
elemente, in welche diese eine göttliche Urkraft von Anfang an
auseinanderfiel: beweglicher Lebensprozeß auf der einen Seite
und formlos unausgegorenes Insichverharren auf der anderen.«
Dieser Gegensatz bezieht für Fallmerayer seine Evidenz aus der
ontologischen Sphäre, er reicht über die geschichtliche hinaus,
denn »alle Kraft, alles Leben im Reiche der Geister wie der Natur,
hat von Anbeginn einen erblichen, durch nichts auszugleichenden
Widerpart«. Aufgrund dieser Denkweise in Polaritäten, die ihrem
Wesen nach unhistorisch ist, kann er die Notwendigkeit der sich
ihm darbietenden geschichtlichen Erscheinungen behaupten. So
wird der Gegensatz Rom–Byzanz, Symbol des Ost-West-Gegen-
satzes, »ein Gesetz ewiger und höherer Notwendigkeit«.[22] Politisch manifestiere sich dieser Gegensatz darin, daß das Abendland
das kirchliche und staatliche Element nebeneinander ausbildete,
während die »anatolische Staatsidee« auf der Einheit von Staat
und Kirche beruhte.[23] Der Träger dieser Idee sei heute Rußland!
Was dies bedeutet, sagt uns Fallmerayer: »Der Vorabend eines
Konflikts der höchsten Prinzipien der menschlichen Gesellschaft
zieht für den Occident heran.« Auf deutschem Boden wird der
Konflikt entschieden werden! »Wie einst gegen die Allgewalt der
Legionen, so ist ohne Zweifel das heldenmüthige, geistiger Ent-
würdigung von Natur abholde Volk der Germanen auch wider das
erniedrigende Joch byzantinischen Scythentums als Schirmvogt
und Vorfechter aufgestellt. Setzt ihr aber der Idee nicht eine Idee
entgegen« und vereint ihr euch nicht, »so habt ihr euch selbst gerichtet.« So lautet der Aufruf des Fragmentisten zur deutschen
Einigung. Beschwörend wendet er sich zum Schluß an die »Gewalthaber«: »Mit Embargos und Mautsystemen allein kann man
den Dämon nicht mehr bändigen: ihr müsset den inneren Widerspruch der europäischen Geister versöhnen oder das Spiel verloren
geben. Orbis ruit, die Fugen des Weltgebäudes gehen auseinander,
wehret der Flut, von allen Seiten dringt die Doppelbrandung ein,

22 ebd. 303 f.
23 ebd. 307, 309.

die Kirchengeißel, der hungernde Demos und der byzantinische Koloß.«[24]

Hier erscheint sie wieder, die zweifache Bedrohung, die ihm keine Ruhe läßt, die von außen und die von innen. Doch man täusche sich nicht über seine Stellung hinweg. Sein Appell an die Gewalthaber ist der Appell an diejenigen, die im Besitze der Macht sind, um die Flut einzudämmen. Er ist keine Stellungnahme gegen die Revolution – 1848 wird er sich in ihren Dienst stellen –, in der er sogar ein berechtigtes Anliegen der Völker erblickt[25], und die, wie wir sahen, neben der Kirche für ihn die einzig lebendige Macht ist. Doch im Augenblick ist sie noch nicht Träger der tatsächlichen Gewalt und kann deshalb auch nicht gegen den Osten aufgerufen werden. Noch eines ist zu berücksichtigen, wenn man die Tatsache der bisher nicht eindeutigen Stellungnahme Fallmerayers zu Revolution und Gegenrevolution verstehen will, die uns über seine wahre Option hinwegtäuschen kann. Für ihn wurde der innereuropäische Gegensatz umfaßt von dem von Orient und Occident und wurde so neben diesem zweitrangig.

Anläßlich des Zarenbesuches im Vatikan griff Fallmerayer im Februar 1846 wieder zur Feder. Die russische Religionspolitik in Polen, die auf eine Unterdrückung des Katholizismus abzielte, und die Niederlage Rußlands gegen die kaukasischen Bergvölker waren die zwei Ereignisse, deren mögliche Wirkungen auf die Zukunft er hier betrachtete. Die russische Niederlage habe »die Machtlosigkeit des Colosses in erstem Waffengang nach außen« bewiesen, schreibt Fallmerayer. Rußland stehe jetzt vor einer Alternative: Weiterführung des Kampfes gegen die Bergvölker und die europäischen Ideen oder Aufhebung der barbarischen Abgeschlossenheit. Letzteres würde sichere Selbstaufgabe bedeuten, ersteres, daß Rußland Polen sich vollständig einverleiben, d. h. byzantinisch machen müßte, um als europäische Großmacht gelten zu können. Die Byzantinisierung Polens erscheint ihm als rächende Nemesis, weil »unerbittliche Vergeltung letzter Gedanke der Weltgeschichte« sei. Die Untaten der lateinischen Kirche würden dort gerächt werden. Die Entscheidung zwischen Okzident und Orient werde in Polen fallen – nicht wie in den »*Fragmenten*« in Deutschland –, so lautet die neue Prognose Fallmerayers. Er entläßt seine Leser mit dem düsteren Ausblick: »Das Gute ist am

24 ebd. 339, 341, 343.
25 ebd. XVIII.

entscheidenden Tage überall schwächer als sein Gegensatz.«[26] –
Dieser Satz klingt wie eine Vorwegnahme des Scheiterns von
1848, das ihn als Mitglied der Frankfurter Nationalversammlung
persönlich traf. Die Schweiz bot ihm – der 1848 auf den Lehrstuhl
von Görres in München berufen worden war – Asyl, bis er 1850
nach Deutschland zurückkehren konnte.

Doch sofort griff er wieder in die Diskussion um die Ost-West-
Frage ein und im Februar 1850 erschien sein Aufsatz »*Czar, Byzanz
und Occident*«. Hier werden die drei Mächte, für eine von denen
man sich entscheiden müsse, von Fallmerayer benannt: Zar, Papst,
Revolution. Der Kampf zwischen den beiden ersten würde heute
am Bosporus entschieden. Man dürfe sich über ihren Gegensatz
nicht dadurch hinwegtäuschen, fährt Fallmerayer fort, daß sie, solange sie von einem Dritten, eben der Revolution, bedroht sind, im
Bunde seien. Der Bosporus sei deswegen entscheidend, weil die
Herrschaft Rußlands über das »illyrische Dreieck« es zum »Herren
der alten Welt« machen würde. Deutschland könne heute Europa
nicht mehr vor der »Russenflut« retten, so lautet jetzt die Prognose,
nur die Absage Österreichs an Rußland könne das Geschick noch
wenden![27] Die selbstsicher erscheinende Argumentation Herzens
in »*Vom anderen Ufer*« (1850) machte auf den bis jetzt hin und her
schwankenden Fragmentisten großen Eindruck. Die Alternative
ist jetzt die Herzens und lautet: Sozialismus oder Monarchie! In der
fast wörtlichen Übernahme Herzenscher Wendungen – (Vom anderen Ufer, 177 ff.) – erweist sich, daß Herzen wenigstens bei Fallmerayer Erfolg gehabt hatte, denn dieser setzte seine Stimme mit
den Ansprüchen Rußlands gleich.[28] Hier enthüllte sich eine grundlegende Schwäche des Fallmerayerschen Rußlandbildes, nämlich
die zu schmale Tatsachenbasis, auf der das Gebäude der Spekulationen über den Ost-West-Gegensatz errichtet war. Herzens Pathos, zusammen mit den Untersuchungen Haxthausens[29] genügte,
um die Argumente von der eisernen Notwendigkeit des Dualismus
zwischen Orient und Okzident für einen Moment über den Haufen
zu werfen und die Zukunft Europas der im Namen des »jungen
Volkes« usurpierten Providenz zu überlassen.

26 Libanon und der Zarenbesuch im Vatikan (Febr. 1846), Ges. Werke, II 43 ff. Hier
    51–58.
27 ebd. 91 ff., 106 f.
28 Vom anderen Ufer (1850), Ges. Werke, II, 66, 85.
29 Fallmerayer referiert auch ausführlich Haxthausen (ebd. 73 ff.).

Anläßlich einer Besprechung von Eötvös' »Der Einfluß der
herrschenden Ideen des 19. Jahrhunderts auf den Staat«, die
»Über Gegenwart und Zukunft der europäischen Politik« betitelt
ist, erscheint der Gegensatz Monarchie–Sozialismus immer noch
(1853) als der grundlegende. Der Byzantinismus ist hier zur Hilfsmacht herabgesunken, zur Hilfsmacht derer, »welche haben und
nicht geben wollen«, in dem »Kampf auf Leben und Tod«, in dem
»an friedlichen Vergleich der beiden Elemente« nicht zu denken
ist. Aber durch diesen Gegensatz hindurch sieht Fallmerayer, vom
Willen der Handelnden unabhängig, den Byzantinismus in der
Form des Despotismus sich verwirklichen. Eötvös wird hier zustimmend zitiert: »Die Strömung führt zum Despotismus, egal ob
der Kommunismus oder der Konservativismus siege.« Die Formel
des Ungarn jedoch, mit der dieser den Zwiespalt zu überbrücken
und die Revolution beenden zu können meint – wie schon vor ihm
St. Simon und Comte –, wird von Fallmerayer abgelehnt, denn, so
schließt er seine Ausführungen, »die Zuversicht, den tief einge-
fressenen Zwiespalt der Zeit durch Aufstellung einer neuen Wis-
senschaftsformel zu beheben, scheint uns beinahe märchenhaft.
Hat denn die Vernunft heute eine größere Macht über die menschliche Leidenschaft als in der Vergangenheit?«[30] Aber, so müssen
wir heute fragen, ist die Antwort, die Fallmerayer 1855 gab – er
spürte sehr wohl, daß er eine geben müsse, aber keine geben
könne –: »wir sind zwar nicht verzagt, aber doch hoffnungslos«,
mit der er den oben zitierten Satz von Eötvös aus einer Diagnose in
eine Prognose umbog, befriedigender? Sie ist es nicht für uns und
sie war es noch weniger für Fallmerayer, der die geschichtsbewe-
genden Kräfte »nach dem ewigen Gesetz der Weltordnung« dort

30 ebd. 209–211. Die von *Fallmerayer* akzentuierte Stelle lautet bei Joseph *von Eöt-
    vös* (Wien 1851, I, 295): »Der Kommunismus, indem er eine Ordnung der
    Gesellschaft zu begründen sucht, deren Aufrechterhaltung nur durch die despoti-
    sche Gewalt eines einzelnen möglich ist, und die Verteidiger des Bestehenden, die
    um diese Gefahr abzuwenden, die Macht der Staatsgewalt zur unbegrenzten zu
    machen suchen, arbeiten auf verschiedenen Wegen nur demselben Ziel entgegen.
    Sie kämpfen doch nur darüber, wer von beiden Cäsar die Krone überreichen
    solle.« Diese Stelle scheint mir eine der frühesten Beiträge zur Theorie des Cäsa-
    rismus zu sein und prognostiziert sehr gut die Totalitarismen des 20. Jahrhunderts
    Bolschewismus und Faschismus sowie ihre gegenseitig bedingte Verhärtung. Vgl.
    Groh, Cäsarismus, in: Brunner–Conze–Koselleck (Hrsg.), Geschichtliche
    Grundbegriffe, Bd. 1, Stuttgart 1972, 726–771.

erblickte, wo »der Kern und die Kraft und die Einsicht ist«.[31] Lange konnte er sich in dieser Stellung nicht halten, für die »Besitzenden« wollte er nicht mehr, für die »Nichtbesitzenden« konnte er noch nicht optieren, für die Macht schlechthin ebensowenig, wie es viele seiner Gesinnungsgenossen von 1848 später taten.

Doch der Krimkrieg, den er von seiner Position her in seiner Bedeutung hoch bewerten mußte, ließ ihn Revolution und Reaktion im Rahmen seiner Geschichtsphilosophie geographisch konkretisieren. Der »Dynasten-Okzident« sei bankrott und damit »der politische Wesenskern des Abendlandes aus seiner Stelle weggeschoben«, erklärt Fallmerayer in *Deutschland und die orientalische Frage*« (1855). Der neue politische Lebenskern liege in der »gereinigten und zu einer sittlichen Potenz *veredelten* Fortbewegung, um nicht zu sagen Revolution«. In Okzident und Orient stehen sich also, wenn man von den »bankrotten« Teilen des Westens abstrahiert, Revolution und Reaktion gegenüber! Sein Begriff der Revolution, bezeichnend für die Situation nach 1848, sehr abstrakt gefaßt, jetzt noch zu einer »sittlichen Potenz« gereinigt, erlaubt die Ineinssetzung von Okzident und Revolution unter dem Eindruck der Bedrohung aus dem Osten. Diese Ineinssetzung überwindet auch seinen Pessimismus, denn das Abendland hat ja jetzt einen neuen »Kern« erhalten, der auf dem Wege »einer großen Umgestaltung« sichtbar werden wird. Freiheit und Despotie, Fortbewegung und Stillstand, diese »einfachsten, concisesten und unversöhnlichsten Elemente der menschlichen Gesellschaft« stehen sich »zu einem auf lange hin maßgebenden Entscheidungskampf am Ostrand Europas« gegenüber. Angesichts dieser Alternative wird die »anarchische Umwälzung« zu einem »Schreckbild«, von der russischen Propaganda entworfen, um die Regierungen des Westens auf die Seite des »moskovitischen Absolutismus« zu ziehen. »Soll Europa russisch oder soll Rußland europäisch werden...?«, das ist die Frage, über die entschieden werden muß, denn Rußland »muß allen Nationen der Erde das moskovitische Los bereiten..., um durch fortwährendes Einsaugen frischen Materials die durch seine aufzehrende Verwaltung verbrauchten Kräfte wiederherzustellen... um nicht endlich einem Widerschlag im Innern zu erliegen«. »Soll dieser Ableger des halbbarbarischen Mongolentums die Welt beherrschen...«, so

31 ebd. 116.

fragt der Fragmentist Europa.[32] Seine ganze Hoffnung setzt er auf das »mit der christlichen Gesittung und der abendländischen Staatsidee in raschem Prozeß zusammenwachsende Türkenreich mitten in seinen humanisierenden Bestrebungen«. Ihm »gehört die Herrschaft über den Orient und zugleich die Mission der Russenabwehr...«. Dieser Optimismus in bezug auf die Türkei wird aber von dem Pessimismus in bezug auf die Rußland zugefügte Niederlage mehr als aufgewogen. »Rußland ist jung und in vollem Trieb... die ›rabbia Byzantina‹ der Moskowiter kann... nur mit dem letzten Lebenshauche des großen Slavenreiches selbst erlöschen...« Deshalb auch seine Forderung, daß Polen und Türken eine Art Militärgrenze gegen das russische Reich bilden müßten.[33]

Nur vorübergehend ist die Befreiung Europas von der russischen Gefahr: dies ist der Eindruck, den der Ausgang des Krimkrieges auf ihn machte. Das geschichtliche Ereignis eines Kampfes zwischen Orient und Okzident, wie es Fallmerayer erschien, hatte alle Spekulationen und Stellungnahmen innerhalb des europäischen Bürgerkrieges gleichsam in sich aufgesogen. Durch den Ausbruch von 1848 aktualisiert, hatten sie wenige Jahre später so an Gewicht verloren, daß sie bei Fallmerayer gleichwertig neben den Ost-West-Gegensatz traten. Abendland und Asien, Orient und Okzident, Rom und Byzanz, Zar und Papst sind Synonyma für den polaren Gegensatz, der für Fallmerayer die Geschichte Europas bestimmt. Der von Despotie und Freiheit wird damit zu einem Moment innerhalb des großen Kampfes, er ist nicht allein für das Ost-West-Verhältnis konstitutiv. Seine Parteinahme für die Revolution macht es ihm möglich, den Pessimismus in bezug auf Europa zu überwinden. In ihr erkennt Fallmerayer trotz seiner Enttäuschung eine geschichtsträchtige Kraft, die dem »jungen« Rußland Widerpart bieten könnte. Das sich von Herzens Mythos geschlagen gebende Europa bleibt so in Fallmerayers Denken nur Episode. Den Pessimismus zu überwinden wird Fallmerayer dadurch erleichtert, daß er seinen Blick wie gebannt auf den Mittelmeerraum richtet, die wesentlichen geschichtlichen Ereignisse folgerichtig in diese Welt verlegt und dadurch die Neue Welt Amerikas nicht in sein Blickfeld bekommt. Natürlich ist die Ineinssetzung von Byzanz und Moskau zweifelhaft, aber man kann nicht

32 Deutschland und die orientalische Frage, a. a. O. II, 116–118, 120.
33 ebd. 140, 142 f.

bestreiten, daß Fallmerayers Argumentation, solange er sich auf diesem Boden bewegt, in sich schlüssig ist. Sobald er ihn aber verläßt, hat er Mühe, die Ereignisse seinem Schema einzuordnen. Seine Stellung ist in gewisser Weise ein getreuliches Abbild der damaligen Lage Europas, das, jeder gemeinsamen Idee bar, von Ideologien zerrissen, nur auf mittelalterliche Einheitsvorstellungen – nicht umsonst taucht immer wieder der Papst als Gegenspieler des Zaren auf – zurückgreifen konnte. Was konnten diese aber angesichts der selbstgewissen Verkündigung des Rechts der »jungen Völker« noch helfen? Die Flucht nach vorn, die Identifizierung von Revolution und Europa blieb als einzige Möglichkeit, wenn man nicht resignieren wollte.

Die große Wirkung der Thesen des Fragmentisten ist mit darauf zurückzuführen, daß angesichts der europäischen Krise der Ost-West-Gegensatz eine historische Sinngebung verlangte. Mit der Formel Byzanz versus Rom, schon zu Ende des 18. Jahrhunderts von Bonald entwickelt, war sie auch nach 1848 noch möglich. Mit ihr konnte man, auch wenn das Christentum nur noch als historische Größe verstanden wurde, die Orientalische Frage – als Gegensatz Europa – Rußland interpretiert – auf religiöse Gegensätze zurückführen. Auf religiöse Gegensätze deshalb, weil Fallmerayer in Polaritäten dachte und in den politischen und ideologischen Gegensätzen der Mitte des 19. Jahrhunderts immer nur die alten wahrnehmen konnte, da es für ein Denken in polaren Gegensätzen im Grunde keine Geschichte, sondern nur eine ewige Wiederkehr von gleichen Situationen gibt. Natürlich ist im Rahmen dieser Geschichtsphilosophie der religiöse Gegensatz, der in der Formel Byzanz versus Rom ausgedrückt wird, nur scheinbar der bestimmende, in Wirklichkeit war es der West-Ost-Gegensatz, der mit dem des europäischen Bürgerkrieges von Revolution und Reaktion zusammenfiel. – Die Stärke der Position Fallmerayers lag darin, daß er die Bedeutung sowohl der Revolution als auch des Krimkrieges in ihrem gegenseitigen Zusammenhang für das Verhältnis von Europa und Rußland erkannte. Darüber hinaus war es ihm möglich, nach der Enttäuschung über die Märzrevolution – »Das Jahr 1848, von dem wir das goldene Zeitalter erwarteten, hat uns alle getäuscht...«[34] – im Rückgriff auf den »ewigen« Gegensatz von Ost und West wieder eine geschichtsphilosophische

34 ebd. 116.

Deutung der Situation Europas im Angesicht des auf der Höhe seiner Macht – so schien es wenigstens bis zum Krimkrieg – befindlichen Zarenreiches zu liefern. Eine Geschichtsphilosophie, die die konkreten geschichtlichen Gegensätze in polare verwandelt[35], konnte mit einem solchen Rückgriff auf angeblich gleichbleibende Strukturen dies leichter leisten, als etwa das dialektische Geschichtsdenken der Junghegelianer.

Der Rekurs auf polare und damit ewige Gegensätze hinderte Fallmerayer auch daran, neue geschichtliche Situationen in den Blick zu bekommen, wie etwa die Europas zwischen Rußland und Nordamerika. So kann man vielleicht abschließend sagen, daß die Beschränkung seines Blickwinkels auf die »alte Welt« des Mittelmeerraumes zwar nicht auf seinem systematischen Ansatz allein beruht, jedoch von ihm mitbedingt wird. Deshalb war es ihm ebensowenig wie dem konservativen westfälischen Baron Haxthausen möglich, dem europäischen Selbstverständnis einen neuen Inhalt zu geben, was nach der Prognose Tocquevilles notwendig geworden war. Haxthausen sah in Rußland den Retter Europas vor der Anarchie, nicht zuletzt deshalb, weil er Rußland Europa zurechnete. Fallmerayer, politisch auf der anderen Seite stehend, verband die »zur sittlichen Potenz veredelte Fortbewegung« gleich Revolution mit der Zukunft Europas, womit die aus dem Ost-West-Gegensatz entspringende Frage an das Selbstverständnis Europas für ihn beantwortet war.

---

35 Ähnlich ist die Position Ernst *Jüngers* in seinem Buch »Der Gordische Knoten«, dazu die Kritik von Carl *Schmitt* in der Festschrift für Ernst Jünger. 1955 S. 146 ff.

Kapitel 2
Der Untergang Europas und die Slaven:
Karl Vollgraff und Ernst von Lasaulx

Werden wir in Bruno Bauers Denken einer Konzeption begegnen, die die Voraussetzungen für bestimmte Positionen Nietzsches schafft und ihn zum Teil beeinflußt, so werden wir jetzt in Vollgraff einen Geschichtsphilosophen kennenlernen, der mit seiner Theorie des geschichtlichen Verfalls über Lasaulx und Jakob Burckhardt auf Nietzsche und damit auch Spengler einwirkte. Doch die Erkenntnis, daß Spenglers Meinung, zum erstenmal eine morphologisch-biologistische Geschichtsauffassung entworfen zu haben, falsch ist, darf einen nicht zu dem Fehler verführen, nun die »Depravationstheorie«, wie sie von Vollgraff vielleicht zum erstenmal Ende der 20er Jahre des 19. Jahrhunderts systematisch auf die Geschichte angewandt wurde, in einer geistesgeschichtlichen Einflußkette rückwärts aufzuspulen und sich mit dieser historisierenden Rückschau, die an dem geschichtlichen Problem vorbeiführt, zu begnügen.[1]

Was Vollgraff und Lasaulx mit den meisten der hier Behandelten verbindet, ist die Analogie mit dem Untergang Roms und die in diesem Zusammenhang auftauchende Frage nach den »neuen Germanen«. Es ist die seit den Erschütterungen der Französischen Revolution potentiell vorhandene und bei jedem neuen Ausbruch, besonders aber seit 1848 sich jeder Generation erneut stellende Frage, ob das christliche Zeitalter und damit das Zeitalter Europas oder besser des Abendlandes zu Ende geht. Diese Frage bezieht ihre eigentümliche Relevanz aus dem seit dem 18. Jahrhundert im Ansatz vorhandenen Erleben der Welt als Geschichte, das von der Romantik aktualisiert worden war; aus einem Prozeß, in dessen Verlauf die Theologie von der Metaphysik und die Metaphysik dann von der Geschichte abgelöst wurde. Seit dieser Epoche ist alle Philosophie wesentlich Geschichtsphilosophie und wenn sie es nicht sein will, muß sie sich erst in der Auseinandersetzung mit der

---

1 Das Verdienst, auf diesen geistesgeschichtlichen Zusammenhang *Vollgraff-Lasaulx-Burckhardt-Nietzsche-Spengler* hingewiesen zu haben, gebührt H. J. *Schoeps:* Vorläufer Spenglers. Leiden 1953.

Philosophie als Geschichtsphilosophie als Nichtsgeschichtsphilosophie bewähren. Inmitten dieses alles umgreifenden Säkularisierungsprozesses, dessen hier gemeinte Etappe, nämlich die Bindung an die Geschichte, mit ihren Anfängen in die Mitte des 18. Jahrhunderts fällt und recht verstanden mit der Französischen Revolution beginnt und die in Nietzsche ihren ersten Widersacher findet, erhält natürlich die Frage nach der Zukunft, die man aufgrund rationaler Diagnose der Gegenwart glaubt, prognostisch sicher bestimmen zu können, eine vorher nie gekannte Bedeutung.

Daß Geschichtsphilosophie angesichts der Krisis, die die Bindung an die Geschichte verursacht und die durch diese Bindung aber gleichzeitig auch verschärft wird, nicht nur zu einer Sache der »freischwebenden Intelligenz« wird, die mit einer geschichtlichen Standortbestimmung die Legitimation ihrer von keiner Obrigkeit abgeleiteten Existenz von der als Utopie konzipierten Zukunft her verbindet, sondern auch zur Angelegenheit von Universitätsprofessoren, können wir bei vielen romantischen Philosophen, bei Fallmerayer, aber auch hier bei *Karl Vollgraff* (1792–1863) – Professor der Staatswissenschaft in Marburg – und bei *Ernst von Lasaulx* (1805–1861) – Professor der klassischen Philologie in Würzburg und München – beobachten. Ihrer Geschichtsphilosophie eignet, im Unterschied zu der intelligenzlerischer Provenienz, eine doppelte Intention, wobei beide gleich stark sein können, aber nicht sein müssen: Erkenntnis der Gegenwart, Antwort auf die immer wieder gestellte Frage: Wo stehen wir heute im Strom der Geschichte? und damit strukturnotwendig Prognose der Zukunft. Strukturnotwendig deshalb, weil Geschichtsphilosophie immer die Totalität der Geschichte begreifen will. Damit ist gleichzeitig gesagt, daß die Prognose der Zukunft einen Rückgriff auf die Vergangenheit erfordert. Die zweite Intention wäre die Aufhellung der geschichtlichen Vergangenheit durch Diagnose und besseres Verständnis der Gegenwart. Was die materiale Geschichtsphilosophie betrifft, so haben Vollgraff und Lasaulx bis zu Toynbee ihre Nachfolger gefunden, während Alfred Webers Grundintention, trotz der großen Vorsicht beim Erweitern seiner Strukturlehre zu historischen Analogien, ex confesso geschichtsphilosophisch ist, wenn man als geschichtsphilosophisch die Frage nach dem geschichtlichen Standort gelten läßt und nicht das sekundäre Merkmal der materialen Ausarbeitung des existentiellen Ansatzes für notwendig hält.

Vollgraff, der in seinem vierbändigen Werk *»Die Systeme der praktischen Politik im Abendlande«* (1828–1829) wohl zum erstenmal den Gedanken, daß Völker Naturorganismen seien, und damit auch den Gesetzen natürlicher Organismen unterliegen, systematisch ernst nimmt[2] und damit die grundlegenden Spenglerschen Thesen vorwegnimmt, und dessen Verhältnis zu Lasaulx cum grano salis mit dem von Spengler zu Toynbee in Parallele zu setzen ist[3], kommt darin nur kurz auf Rußland zu sprechen: Es erscheint als Bestandteil des germanisch-slavischen »Kulturkreises«, wie wir heute sagen würden, dessen Höhepunkt längst überschritten sei und dessen Haupteigenschaft in staatlich-politischer Hinsicht, wenn man den Maßstab der Antike anlegt, in der »Staatsunfähigkeit« bestehe, die sich als Vorherrschen des Familieninteresses und des Privatrechts ausweise. Als Spezifikum sei den Russen eigen, daß sie schon seit Rurik wenigstens juristisch germanisiert seien, und daß sie »das Unglück gehabt haben, durch die Berührung mit Asien in ihrer Entwicklung gestört und aufgehalten worden zu sein«.[4]

In seinem Hauptwerk *»Erster Versuch einer Begründung sowohl der allgemeinen Ethnologie durch die Anthropologie wie auch der Staats- und Rechtsphilosophie durch die Ethnologie oder Nationalität der Völker«,* das in drei Teilen zwischen 1851 und 1855 erschien, prognostiziert er unter dem Eindruck der Revolution von 1848, des Eingreifens Rußlands in Ungarn 1849 und der panslavistischen Agitation den Kampf der Slaven und Germanen um die Weltherrschaft. In der Vorrede schreibt Vollgraff, daß das Werk schon 1847 nach fünfzehnjähriger Arbeit vorgelegen habe, daß die Verzögerung der Drucklegung durch die Revolution ihm aber ermöglicht hätte, die Erfahrungen dieser Revolution, die er als Höhepunkt einer schweren moralischen und politischen Krankheit bezeichnet, einzuarbeiten (I, S. XV). Vor 1848 gibt er folgende Prognose der sozialen Erschütterungen: »Das Maschinenwesen, wodurch täglich menschliche Arbeit überflüssig, damit aber die Armut vermehrt wird, kann leicht zu einer Revolution führen, die furchtbarer sein wird, als die französische, denn es wird ein Kampf der Proletarier mit den Reichen und Gebildeten

2 Vgl. Exkurs. IV: Die Analogie zwischen biologischen Organismen und Geschichte von Isaak Iselin bis Heinrich Rückert.

3 Vgl. Exkurs V: Vollgraff und Lasaulx als Vorläufer Spenglers und Toynbees.

4 Systeme... I, 150, 162; III, 166, 393.

sein und mit dem Untergange der letzteren müßte eine neue Finsternis einbrechen.« (II, 961) Zwei Seiten weiter heißt es: »Wer hätte vor 1848... geglaubt, daß die Gefahr so nahe sei, daß wir schon so nahe am Anfang des Endes seien.« Auf die Slaven bezugnehmend fährt er fort, daß diese schon lange vor 1848 angekündigt, was sie 1848 »wirklich versucht« hätten, nämlich den Anspruch auf Weltherrschaft in die Tat umzusetzen. Die politische Lage gleiche »einem kolossalen Ruinenfeld...«, denn nicht nur in Europa hat der Kampf zwischen Slawen und Germanen um die Weltherrschaft begonnen, sondern vom Aufgang bis zum Niedergang sehen wir in diesem Augenblick die Revolution und Empörung, den Religions- und Rassenhaß, jener teils verfallenen, teils verkommenen, teils pseudokultivierten, teils unreinen Völker unter- und oberirdisch arbeiten und wogen« (III, 974). So lautet einer der letzten Sätze seines Werkes.

Mit deutlichem Hinweis auf die »große Parallele« heißt es in einer Schrift vom gleichen Jahr (1855) – »*Wie muß man forschen und dann schreiben?*« –, in der er die ihn bei der Abfassung seines großen Werkes leitenden Ideen herausarbeitete, daß der »erste Anprall« im Kampf um die Weltherrschaft zwischen Slaven und Germanen wohl »abgeschlagen« sei. »Wir aber«, so fährt Vollgraff fort, »werden das Ende dieses Kampfes nicht erleben, denn er wird eben so lange dauern und sich erneuern, wie der der Germanen mit den Römern.« (42) Als die konkreten Gegner dieses kommenden Weltkampfes nennt er Russen und Engländer. Letztere seien die einzigen, die von den Germanen »noch ganz aufrecht stehen« (II, 941 f.). Von der Zukunft Nordamerikas hält er – bezeichnend für seine Wertung – nicht viel, die Nordamerikaner »scheinen schnell zu entarten« (III, 951).

Auf welchen geschichtsphilosophischen Prinzipien ruht nun diese Prognose und welches Bild Rußlands und der slavischen Völker liegt ihr zugrunde? Vollgraffs »*Erster Versuch*« ist im Wesentlichen eine Vertiefung und Verbreiterung des Ansatzes seines ersten Werkes, der »*Systeme der praktischen Politik*«, im Sinne einer historischen Anthropologie, die er auf dem Selbsterhaltungstrieb in allen seinen Ausprägungen begründet. Auf dieser »Anthropognosie«, wie er es nennt, errichtet er nun, ganz im Rahmen seiner Thesen von 1828, »eine genetische Naturlehre und Naturgeschichte« der Menschheit, die in »Ethnognosie« und »Polignosie« zerfällt. Daß der vorhergesagte Kampf zwischen Slaven und Germanen trotz aller Vergleiche mit dem von Römern und Germanen nicht der junger Völker gegen abgelebte ist, erfahren wir aus der These, die er als Ergebnis seines zweiten Bandes, der »Ethnognosie«, gewinnt und die ihn von Spengler entfernt: Es gibt keine aufsteigenden Kulturen mehr! Zu panslavistischen Ansprüchen gegenüber dem »abgelebten Europa« direkt Stellung nehmend, stellt er fest, daß »solche geknickten Völker sich nicht mehr zur Weltherrschaft eignen« (II, 964 f.). Das Altern dieser Völker hängt nach Vollgraff eng mit dem Altern »unserer Erde« zusammen, deren Alterserscheinungen er auch durch die Theorie des »Kältetodes« bestätigt findet (II, 940 ff.). Sollte wirklich einmal eine »slavische Völkerwanderung nach Westen vordringen und ihn mit dem Schwert erobern«, so prophezeit Vollgraff für diese Eventualität, »daß die Slaven in eine analoge Stellung zu den Germanen kommen dürften, wie die Mantschu zu den Chinesen« (II, 247).

So wird also trotz des ganzen geschichtsphilosophischen Unterbaus der künftige Kampf zwischen Slaven und Germanen auf die politische Ebene geschoben, wo er dann als Kampf zwischen England und Rußland erscheint, der, systematisch vollkommen konsequent, gegen Ende des dritten Bandes prophezeit wird. Angesichts der künftigen Auseinandersetzung handelt es sich für Vollgraff in der »Polignosie« darum, die politische Solidität Rußlands zu untersuchen. Dieses Land, so stellt er fest, »ist mit der fremden Kultur und neu-französischen Zentralisation ein hohler Tonkoloß; auf die gesunden einheimischen Elemente gebaut und ihnen gemäß regiert kann es ein massiver Bronze-Koloß werden« (III, 643). Von der berühmten Rede Donoso Cortés' vom Januar 1850 zeigte er sich so beeindruckt, daß er dessen These, die Russen würden nach ihrem Sieg vom Gift Europas verdorben, ohne weiteres akzeptierte (III, 783 f.). Aber auch ohne diese Ansteckung würden die Russen auf Dauer das westliche Europa nicht beherrschen können, weil das Zivilisationsgefälle zu groß sei und nur Träger von im Vergleich mit den Unterworfenen höherer Zivilisation eine auf Dauer gegründete politische Herrschaft ausüben könnten (III, 882). Wir sahen, wie Vollgraff seine durch eine biologistische Geschichtskonzeption gestützte Geschichtseschatologie auf der Schwelle zur Zukunft gleichsam verläßt und seine Prognosen aus politischen Elementen gewinnt. Denn die Geschichte als Geschichte der Völker – heute würden wir sagen Kulturen – ist nach Vollgraff ja beendet. Es wird in der Zukunft zwar ein Kampf um die Weltherrschaft entbrennen, diese wird aber, sollten die Slaven bzw. die Russen die Sieger sein, keine Verjüngung bringen, denn sie sind ja nur relativ jünger, also auch schon dem Altern nahe. Ihr Auflösungsprozeß würde durch eine direkte Berührung mit dem Gift Europas nur eine Beschleunigung erfahren. Aber das »langsame Verfaulen«, das Vollgraff an das Ende jedes Geschichtsprozesses setzt, kann lange dauern und somit auch die Weltherrschaft Rußlands im Zeitalter des »Cäsarismus«. Als einziger Trost bleibt dem versinkenden Europa, daß die geschichtliche Epoche der Menschheit überhaupt mit ihm zu Ende geht.

Ernst von Lasaulx, den Münchener Altphilologen, der nicht nur geistig, sondern auch persönlich Schelling, Görres und Baader nahestand, mußte die Frage nach dem Ende des christlich-abendländischen Zeitalters in mehrfacher Hinsicht tiefer, existentieller betreffen als Karl Vollgraff, dessen Einfluß auf Lasaulx übrigens erst in dessen »*Neuen Versuch*« (1856) offenbar wird. Lasaulx war gläubiger Katholik, wenn auch sein Katholizismus dem Baaders ähnelt und er wie dieser, der sein Lehrer und Schwiegervater war, stark von der deutschen Mystik und Pansophie beeinflußt war. Die Frage nach der »großen Parallele« mußte ihn aber nicht nur als gläubigen Christen, sondern auch als Altertumswissenschaftler beschäftigen, weil er ja hier das historische Material als Analogie stets vor Augen hatte. Die geschichtsphilosophische Voraussetzung für die von ihm zuerst systematisch durchgeführte Parallelisierung mit dem Ganzen der antiken Geschichte ist seine Auffassung von geschichtlicher Teleologie: »Wenn die Weltgeschichte nicht der Menschen Werk«, so schreibt er in einer Schrift von 1841, »sondern Gottes durch die Menschen ist, und ein allmählicher Wille das Ganze ordnet; wenn der Geburt nach Späteres der Idee und Substanz nach das Frühere und alles Werden um des Endzweckes willen ist, und der am Ende offenbare Wille von Anfang her der bewegende war: so kann die gesamte Vergangenheit ihrer innersten Natur nach nur ein Vorbild, gleichsam eine Vorerscheinung der Zukunft sein, die ihr Ziel ist.«[5] 1846 stellt er in

5 Die Sühneopfer der Griechen und Römer im Verhältnis zu dem einen auf Golgatha. (1841) = E. v. Lasaulx. Verschüttetes deutsches Schrifttum. Ausgewählte Werke 1841–1860. Hrsg. v. H. E. Lauer. Stuttgart 1925 S. XVII. Im folgenden zitiert: Lauer.

einer akademischen Rede die Frage, die die Parallelisierung bein-
haltet: »Was Aristoteles den Griechen, Varro den Römern war, wer
wird es uns sein? Die Voraussetzung dieser Frage ist, daß die Zeit
zu ihrer Lösung auch für uns gekommen sei.«[6] In einem »Beitrag
zur Philosophie der Geschichte«, der den Titel trägt *Über den
Entwicklungsgang des griechischen und römischen und den gegenwärtigen Zustand des deutschen Lebens*« (1847), sagt er ganz
klar, worum es ihm bei aller Geschichtsphilosophie geht: »Über-
blicken wir so den Entwicklungsgang der Griechen und Römer,
deren Leben abgeschlossen vor uns liegt, ... so ist es wohl eine
natürliche Frage, ob und was aus den hier erkannten Lebensgeset-
zen auf unser eigenes Leben sich anwenden lasse? Denn alles
Erkennen eines fremden Lebens wäre nutzlos, wenn wir für unser
eigenes nichts daraus lernten.« Die Frage nach seinem geschichtlichen Ort beantwortet er unter Hinweis auf Aristoteles, daß man
sich »im Stadium der Oligarchie, gegen die der Demos anwoge«
befände. »Welche Zukunft uns danach bevorsteht, bedarf keiner
weiteren Auseinandersetzung.«[7]

In einer 1854 erschienenen Schrift spricht Lasaulx mit Gewißheit aus, daß »wir heutige Menschen des 19. Jahrhunderts am
Vorabende einer ähnlichen Katastrophe des europäischen Lebens,
wie jene des 4. Jahrhunderts war« stehen.[8] Von seinem geschichtsphilosophischen Prinzip her, daß »alle Geschichte in letzter Instanz Religionsgeschichte ist«[9] und daß »die Religion« das den
Tod der Völker und Kulturen überdauernde – wie diese Geschichtskonzeption im einzelnen aussieht, werden wir weiter unten sehen – »Leben« ist[10], prophezeit er, daß, wenn »die verhäng-
nisvolle Stunde eines letzten großen Völkerkampfes in Europa
kommen wird... der endliche Sieg nur da sein wird, wo die größere Kraft des Glaubens herrscht«.[11] Da Lasaulx als Hauptanzei-
chen für die kommende Katastrophe Europas das Schwächerwer-

---

6 Über das Studium der griechischen und römischen Altertümer. (1846) = Studien
   des klassischen Altertums. Akad. Abh. v. E. v. Lasaulx. Regensburg 1854 S. 73 ff.
   Hier: 91. Im folgenden zitiert: Studien.
7 Lauer, 128 f.
8 Der Untergang des Hellenismus und die Einziehung seiner Tempelgüter durch die
   christlichen Kaiser. = Lauer, 136.
9 Die Sühneopfer... = ebd. XVII.
10 Über das Studium... = Studien, 73.
11 Der Untergang des Hellenismus ... = Lauer, 201.

den der christlichen Ideen bezeichnet[12], so müssen wir fragen, welcher Partner des »großen Völkerkampfes« denn dem Abendland an Kraft des christlichen Glaubens überlegen sein könnte, jenem Abendland, das Lasaulx in einer Rede in der Paulskirche als einen Bereich darstellt, in dem der Gedanke der individuellen Freiheit die »mittelalterliche Lebensordnung« aufgelöst habe und dessen Skeptizismus nahe daran sei, den »Bauern- und Bürgerstand« zu erfassen, wodurch die Gefahr heraufziehe, daß »im Drange der Not, Gottlosigkeit und Armut sich verbindet... das Leben aus den Wurzeln« heben und umstürzen.[13]

Die Antwort auf diese Frage gibt der Münchner Professor zum erstenmal im November 1849 in einer Rede vor dem Bayerischen Landtag: »... der dritten großen Völkerfamilie (Europas), den Slaven, scheint nach der Architektonik der Geschichte die Zukunft Europas vorbehalten zu sein.« Die Slaven werden die Erben Europas sein, sie werden diese Erbschaft weiterentwickeln »nach der Mission, welche ihnen wie jedem großen Volke gegeben ist. Denn die Völker sind sterblich wie die Individuen.« Diese biologistische Betrachtungsweise führt er dann näher aus: ca. 2000 Jahre sei die Lebensdauer eines Volkes; es sei aber möglich, den »Lebensbaum« alternder Völker zu verjüngen, und so könnten auch die germanischen Völker durch die slavischen verjüngt werden, durch die Völker »bei denen die Glaubenskraft in großer substantieller Intensität vorhanden« sei. Unter den Deutschen sei dagegen die »spezifische Glaubenskraft« – »der sicherste Wärmemesser für das Leben eines Volkes« – »seit lange schon im Abnehmen«.[14] Die Erschütterung von 1848 war notwendig, um den nahenden Untergang Europas zur Gewißheit werden zu lassen, das Eingreifen Rußlands in Ungarn und die religiöse Phraseologie der Reden Nikolajs I. – Lasaulx nimmt in seiner Rede ausdrücklich Bezug auf sie – entscheidet die angesichts der sich verschärfenden Krise für Lasaulx akut werdende Frage nach dem »jungen Volk«. Da aber Lasaulx sich nicht damit begnügt, die Tribüne des Landtages zu Kassandrarufen zu benützen, so dient seine geschichtsphilosophische Argumentation auch einem konkreten politischen Ziel. Es heißt Bildung eines Deutschen Reiches unter der Führung Öster-

12 Über den Entwicklungsgang... = ebd. 130 f. (auch Studien 536 f.)
13 Stenogr. Bericht (Wigard) II, 1779 ff.
14 Studien S. 533 ff.

reichs[15] – man vergleiche dazu seine wesentlich am idealisierten Ständestaat ausgerichtete Wertung des gegenwärtigen Staates. Ähnlich wie Donoso Cortés – er wird dessen Rede sicher gelesen haben – argumentiert er in einer Landtagsrede vom Januar 1852 anläßlich der Beratung des Militäretats, dem er in voller Höhe zustimmte. Die »Militärkraft ist die letzte Kraft des Volkes, ... wenn der Tag des Völkerlebens sich seinem Abend zuneigt«. »Europa wird durch nichts anderes aufrechterhalten als durch seine Armeen«, ruft er aus. »Wenn aber einst im Zorne der Götter jener entscheidende Schicksalstag kommen sollte, dann ... steht es schlimm um uns, und wir haben gegen die slavische Macht, der die Zukunft gehört, ganz andere Summen zu bewilligen, als jetzt von uns gefordert werden, und ganz andere Kräfte aufzubieten, um vielleicht doch nichts anderes zu erreichen als ein ehrenvolles Grab.«[16] Mit diesem pessimistischen Ausblick schließt seine Rede.

Lasaulx' geschichtsphilosophische Bemühungen gipfeln in dem 1856 veröffentlichten Werk »*Neuer Versuch einer alten auf die Wahrheit der Tatsachen gegründeten Philosophie der Geschichte.*« Es ist das letzte in jener Reihe romantischer geschichtsphilosophischer Versuche, die mit Novalis beginnt und in Schlegel und Görres ihren Höhepunkt findet. »Neu« ist es insofern, als es versucht, die Vollgraffsche biologistische Geschichtsphilosophie mit einer wesentlich christlich bestimmten romantischen Geschichtsauffassung zu vereinen. Durch und durch romantisch ist nicht nur der Versuch dieser Synthese heterogener Motivketten, sondern auch der Glaube an die alle Gegensätze auflösende Synthesis der Zukunft, die am Ende seiner Schrift erscheint: daß »aus der Auflösung der bisherigen Zustände Europas ... zuletzt noch neue und bessere Zustände hervorgehen werden«. Einer solchen Deutung der gegenwärtigen Krise, wenn sie von einer christlichen Position mit stark mystischem Einschlag vorgenommen wird, muß sich das joachitische Geschichtsschema der fortschreitenden Offenbarung – die Parallelisierung der Geschichte mit der Trinität – geradezu anbieten. Aus dem intensiven Erleben der Krise erwächst die Gewißheit, je tiefer sie erfahren wird, desto stärker, daß das Reich des Heiligen Geistes, »das ewige Evangelium der

15 In ders. Rede ebd. 537, dann auch Rede v. 11. VI. 1850 zur »Deutschen Frage« = ebd. 539 ff.
16 Rede v. 22. I. 1852 = ebd. 549 f.

Weltkirche der Zukunft« nahe bevorstehe. Dieser Satz beweist schon, daß Lasaulx dieses Schema aufnimmt (166).[17] Die Übernahme eines solchen Geschichtsschemas deutet darauf hin, daß die Lasaulxsche Geschichtsphilosophie die »Menschheit« nicht in einzelne voneinander unabhängige Kulturkreise aufspaltet, sondern an einer Einheit – die dem zugrunde liegende Motivation ist eine christliche –, trotz der Übernahme morphologischer Betrachtungsweise von Vollgraff her, festhält. Die »Völker« sind für ihn nur die Formen, die das »Leben« (für Lasaulx bedeutet dieser Begriff die »Religion«) wechselt. Diese »Religion«, die teleologisch aufgefaßt wird, was ihm erlaubt, alle Religionen als Vorstufe und Vorbereitung der christlichen zu begreifen, ist das die »Völker« – in Spenglerscher Terminologie wären es die »Kulturkreise« – zu einer letzten Einheit Verbindende.[18]

Da aber Europa im Stadium des Verfalls begriffen ist, wovon er jetzt bemerkenswerterweise auch Rußland, wohl unter dem Eindruck von dessen Niederlage im Krimkrieg, nicht ausnimmt, so stellt sich wieder die Frage nach den »jungen Völkern«, die nach dem Kriterium der Glaubensintensität beantwortet werden soll. Zur Verkündung des slavisch-katholischen Messianismus in *Mickiewicz' »Vorlesungen über slavische Literatur«* sagt Lasaulx: »Wenn es nun wahr wäre, was Mickiewicz behauptet, ... dann hätten sie als die jüngsten unseres Erdteiles und die am wenigsten noch entwickelten und verbrauchten, allerdings einen gegründeten Anspruch darauf, daß die Zukunft des europäischen Lebens ihnen mehr als ihren älteren Brudervölkern angehören werde.« (160) Wenn man dies, den Glauben an die »besseren Zustände« und die »Zeit des Heiligen Geistes« zusammennimmt, so bleibt nur noch das »oder« aufzulösen, mit dem er die Alternative der künftigen geographischen Konkretisierung stellt – »hier oder jenseits des atlantischen Ozeans« –, um für Lasaulx die Frage nach der slavischen Zukunft Europas definitiv zu beantworten. Er läßt sie hier im Gegensatz zu den Jahren 1849 bis 1854, in denen ihm die slavisch-russische Zukunft Europas sicher schien, offen.

Daraus können wir entnehmen, daß es weniger die Vorsehung Gottes war, deren Eingreifen in die Geschichte er berücksichtigte – denn mit dieser wußte er sich einig –, als die geschichtlichen Ereignisse, die ihn dazu bewegten, sich hier vorsichtiger auszudrücken.

17 Vgl. Exkurs VI: Das joachitische Geschichtsschema im 19. Jahrhundert.
18 Vgl. Exkurs V. Abschnitt über *Lasaulx* und *Toynbee*.

Er war zu sehr Romantiker, um der ausweglosen biologistischen Depravationstheorie Vollgraffs oder der Geschichtseschatologie Donosos Cortés' zustimmen zu können. Der Dezisionismus des Spaniers wie der Stoizismus seines Würzburger Kollegen lagen ihm fern. Beiden antwortete er mit der Hoffnung auf das Reich des Heiligen Geistes, das aus der Krise endlich erwachsen würde. Die slavische oder russische Vorherrschaft über Europa, die er zuerst als sicher, später als möglich hinstellte, berührt den Kern seiner Geschichtsphilosophie, weil ihre Prognose auf der Intensität des christlichen Glaubens bei diesen Völkern beruht. Die Abnahme des christlichen Glaubens, die er auf allen Lebensgebieten beobachtet, und die politischen Ereignisse während der Revolution werden für den Katholiken und Konservativen Lasaulx zum Anlaß, eine Krise zu diagnostizieren. Dieses Krisenbewußtsein ist der Ausgangspunkt seiner Geschichtsphilosophie, in der er den diagnostizierten Tatbestand in eine allgemeine, auf den ersten Blick biologistisch anmutende Geschichtsphilosophie kleidet, in der dann die primär auf ihn einwirkenden Tatsachen als Anzeichen des notwendig eintretenden Verfalls rationalisiert werden.

Da für Lasaulx die Weltgeschichte nicht zu Ende ist wie für Vollgraff, wird für ihn die Frage einer slavischen oder russischen Vorherrschaft in ganz anderem Maße akut als bei diesem, wo ja nur inmitten eines allgemeinen Verwesungsprozesses um die politische Vorherrschaft gekämpft wird.[19] Die Zukunft, die bei Lasaulx noch als solche erfahren wird, wird sehr wahrscheinlich eine slavische sein. Lasaulx ist der einzige, bei dem wir um die Jahrhundertmitte noch den besonders von der katholisch-romantischen Geschichtsphilosophie – deren letzter Ausläufer er ja ist – vorgebrachten Gedanken von Rußland als dem Retter Europas, wenn auch in abgeschwächter und verdeckter Form, begegnen. Wohl wird Rußland als Bedrohung verstanden, aber diese Bedrohung resultiert letzten Endes aus der Schwäche der christlichen Religion im Abendland und aus ihrer Stärke bei den Russen und Slaven, die er wie selbstverständlich Europa zurechnet. Hinter dem ganzen Aufwand an zeitgenössischen naturwissenschaftlichen und geschichtsphilosophischen Gedanken erscheint die Idee von Rußland oder den Slaven als Kat-echon. Die Frage nach den »neuen Germanen« wird bei Lasaulx aus der als beginnender Untergang

19 Vgl. Exkurs V. Abschnitt über den Unterschied zwischen *Vollgraff* und *Lasaulx*, *Spengler* und *Toynbee*.

empfundenen Situation des Abendlandes in spezifischer Weise beantwortet: Die neuen Germanen, d. h. die Slaven bringen nicht das
Ende des christlichen Zeitalters, sondern sie sichern seine Kontinuität, indem sie mit der politischen auch die religiös-geistige
Führung übernehmen. Nicht von ungefähr beschreibt Lasaulx die
Überwindung der Krise als geistige Aufgabe einem neuen Augusti-
nus angemessen (11).

Kapitel 3
Nationalismus, Fortschrittsglaube
und »Hegelianismus«
gegen die »slavische Zukunft« Europas

Unter dem Einfluß Haxthausens und Fallmerayers stehend, mit
Custine, Urquhart und dem »Pentarchisten« sich auseinanderset-
zend, gelangt *Aurelio Buddeus*[1], nationaldemokratischer preußischer Patriot mit stark antikatholischer Tendenz, zu einer durchaus selbständigen Sicht von Rußlands Geschichte und Zukunft. In
seiner anonymen Schrift »*Rußland und die Gegenwart*«, die 1851
in zwei Bänden erschien, stellt Buddeus vor jedes Kapitel in pole-
mischer Absicht einen Abschnitt aus der »Europäischen Pentarchie« als Motto. Die gängigen Schlagworte vom »Koloß auf
tönernen Füßen« und von der zu erwartenden russischen Weltherrschaft werden von ihm abgelehnt. Dagegen wird die Behauptung aufgegriffen, daß das Hauptprinzip der russischen Außenpolitik die Expansion sei, die notwendig aus Rußlands innerer
Politik hervorgehe. Rußlands Macht in Europa resultiere aus einer
spezifischen Schwäche Europas, nämlich aus der europäischen
Revolution. Deshalb heißt für den Verfasser die Aufgabe der Zukunft, die Revolution zu beenden, denn das »Ende der europäischen Revolution ist... das Ende der europäischen Oberherrschaft des Zaren.« Die Revolution zu beenden, wird aber erst dann
möglich sein, wenn »mit einer rückhaltlosen Nationalpolitik den
Thronen ein granitnes Fundament« gegeben ist, schreibt Buddeus,
und die »Versöhnung zwischen Dynastenrechten und Volksbe-
rechtigung« stattgefunden hat (II, 251 ff.). Zentriert seien aber alle
diese Auseinandersetzungen in und um Deutschland, denn seit
1848 sei Deutschlands Entwicklung »bedingend für Europa« geworden, durch seine »zentrale Konzentration« entstehe erst »ein
wahrhaftes europäisches Gleichgewicht«. »Der Verhärtungspro-
zeß wird allerdings ein europäischer Krieg sein«, denn »es ist die

---

1 *Buddeus* war später Korrespondent der »Augsburger Allgemeinen Zeitung« in
  Petersburg. Zu seiner Tätigkeit siehe Helmut *Neubauer:* Die Bauernreform Alex-
  anders II. als Ausgangspunkt adliger Konstitutionsbestrebungen, in: Jber. f. Gesch.
  Osteuropas N. F. IV. (1956), 105 ff.

neue Großmacht, welche sich wie alle Elemente eines neuen Lebens erst Besitz in der Welt erkämpfen muß« (II, 218, 245 f.). Von diesem Standpunkt aus ist es natürlich nicht zu verwundern, wenn die Fallmerayersche These aus den »Fragmenten«, Deutschland habe den Kampf zwischen Osten und Westen zu entscheiden, übernommen wird. Angesichts des für die Zukunft als sicher angenommenen Entscheidungskampfes, der ein »Vertilgungskrieg« sein werde, »weil er kein bloßer Kampf um materielle Existenzen, sondern um die Prinzipien des Daseins« sei, gewinnt der Aufruf zur Einheit und die Denunziation Rußlands als deren Hauptgegner europäische, ja weltgeschichtliche Dimensionen (I, 63 ff.). In der durch nichts zu vermittelnden Feindschaft – hier wendet er sich ausdrücklich gegen Versuche, im Christentum das zwischen Ost und West versöhnende Element zu sehen – sieht er »ein naturgeschichtliches Moment der Weltgeschichte«, das in der »gegenseitigen Abstoßung des europäischen und asiatischen Elements« bestehe. Diesem Gesetz gehorche auch der Panslavismus und ihm müsse auch die europäische Politik gehorchen, deren »heilige Pflicht und moralisches Recht es nun wird, Kultur und Existenz gegen die Slaven zu verteidigen« (I, 58 ff.).

Buddeus begnügt sich aber nicht mit dieser im wesentlichen von Fallmerayer herrührenden Argumentation, sondern ihm wird es angesichts dieser Bedrohung zum Bedürfnis, sich mit den inneren Verhältnissen Rußlands, natürlich besonders in bezug auf eine mögliche zukünftige Revolution, auseinanderzusetzen. Hierbei ist vor allem Haxthausen der Führer, aber auch die gesamte europäische Rußlandpublizistik, wird von ihm berücksichtigt – übrigens auch ausführlich kritisiert (I, 39 ff.). Schon der russische Absolutismus scheint ihm durch seine Schrankenlosigkeit das Chaos vorzubereiten (I, 118). Noch einmal wird die Naturnotwendigkeit, die in der Geschichte liegt, bemüht, diesmal, um aus der inneren Struktur Rußlands die Unmöglichkeit seines langen Bestehens zu beweisen. Rußland löst die riesigen Widersprüche in seinem Innern, sagt Buddeus, »durch ihre gewaltsamste Spannung, durch das wunderbarste Schwebewerk ... So lange es möglich ist, dasselbe im Zustand absoluter Ruhe zu erhalten, ist der absolute Soldatenstaat Rußland ein Meisterstück. Wie viel Millionen geistiger Leben dabei zermalmt werden, kommt nicht in die Rechnung. Aber über dem Meisterstücke herrscht das Weltgesetz, die Naturnotwendigkeit der Geschichte. Sie heißt nicht Stillstand und Erstarrung, sondern Fortschritt und Umwandlung.« (I, 272) Die Petravševcen-Affäre[2] – sie wird nicht unter diesem Namen angeführt – ist dem Verfasser die Bestätigung dafür, daß sich eine wachsende »sozialkommunistische« Opposition bildet, die das Ergebnis »des Zerfallens der verschiedenen Bevölkerungselemente mit ihren sozialen Verfassungen« sei (I, 279 ff.). Als besonders gefährlich an der russischen Situation erscheine das Zusammentreffen des Sektenwesens mit obiger Opposition (I, 299). Die russische Agrarkommune, die Buddeus Haxthausen folgend für die »einzig selbständige Schöpfung« Rußlands hält, habe, obwohl sie die Autokratie mitbedingte – hier wird wieder die Parallele Mir – moderne sozialistische Theorien aufgestellt (II, 7 ff.) – für Rußland bisher günstige Ergebnisse gezeitigt (I, 311). Ihre Zerstörung, zusammen mit der Bauernbefreiung, werde nicht nur die Bevölkerung in »zwei feindliche Heerlager« spalten und den Adel materiell entscheidend schwächen, sondern auch die Bauern entwurzeln, mit anderen Worten ein Proletariat erzeugen und damit »das mächtigste Vorbereitungsmittel der sozialen Revolution« sein (I, 123). Dem »geistigen Pauperismus«, den die Regierung mittels des Verbotes der höheren geistigen Bildung für die Leibeigenen dekretierte, »kann nichts anderes entspringen als das materielle Proletariat« (I, 312).

Doch auch die Veränderungen in der sozialen Struktur der anderen Klasse, die in Rußland noch existiert – ein Bürgertum wird sich in Rußland aufgrund der Verhältnisse nie bilden können, meint Buddeus (I, 315 f.) –, brächten Rußland an den Rand der Revolution. In wenigen Sätzen entwickelt er hier eine für die damalige Zeit vorzügliche Beschreibung der russischen Intelligencija, die er als »adliges Proletariat« bezeichnet: »Ohne die Möglichkeit ihrer freien Kundgebung, ohne wirkliche Geschäfte... von oben herab verdächtigt als revolutionäre Franzosen, von unten her geschmäht als russenfeindliche Ausländer, müssen die Träger dieser Bildung... notwendig eine Menge von Kräften ausbilden, welche der Mangel eines Wirkungskreises in ewiger Gährung und innerlichem Widerstreit durcheinander bewegt.« (I, 344) Doch begnügt sich Buddeus nicht damit, den Zusammenbruch des russischen Systems zu prognostizieren, die Frage, was danach geschehen würde, bewegt ihn ebenso stark: »Liegt es so fern, daß ein

2 Dazu Scheibert: Von Bakunin zu Lenin. 1956 S. 292 ff.

Gesellschafts- und Staatsaufbau, den nur die gegenseitige Spannung versteinte, plötzlich in sich zusammenstürzt? Ob nachher das Zerbröckeln bis in ungestalte Atome weiterschreitet, oder ob eine stärkere Wahlverwandtschaft die Elemente einer neuen Bildung – und ihr Träger ist der Adel, wenn auch nicht als Adel – unlösbar, weil organisch vereint, das ist das Rätsel der Zukunft... Fallen die Fesseln, so wendet sich weder der russische Kern, noch sein slavisches Zubehör, annähernd gen Europa. Der Adel dagegen bebt vor Asien zurück. Hier entbrennt der unvermeidliche Kampf um die Herrschaft über die soziale und politische Zukunft des Ostens.« (I, 346) Hier ist, für seine Zeit eine Seltenheit, von dem Verfasser deutlich gesehen, daß eine russische Revolution nicht nur über die innenpolitische Zukunft, sondern auch über die weltgeschichtliche Orientierung Rußlands entscheiden wird. Doch Buddeus stellt sich die Frage: Wie hätte es anders kommen können? Seine Antwort ist eindeutig und lautet: zu spät! »Speziell die russische Geschichte durchmusternd, kommt man sogar zu der Überzeugung, daß dort ein feudalistisch organisierter Nationaladel die einzige Wahrscheinlichkeit einer Begrenzung der verheerenden Wirkungen des Absolutismus und in der Verbindung mit der Gemeindeorganisation die leichteste Möglichkeit geboten hätte, um naturgemäßen politischen wie sozialen Gestaltungen die Bahn zu brechen.« (I, 331)

Wir glauben, durch die vorliegenden Zitate herausgearbeitet zu haben, daß man zu Beginn der 50er Jahre aufgrund der damaligen Kenntnisse von Rußland zu durchaus rational begründeten Vorstellungen über die Zustände und die Zukunft Rußlands gelangen und daß man trotz seiner politischen Stellung die wesentlichen Fragen zu Rußlands Vergangenheit und Zukunft stellen konnte. Den Titel »Rußland und die Gegenwart« trägt diese Schrift zu Recht, denn weder glitt der Verfasser in die gängigen Diskriminierungen ab und produzierte ein Pamphlet, noch bewegte er sich in historischen Rückblicken und produzierte unverbindliche Historie. Die Zukunft Europas wird den unausweichlichen Entscheidungskampf, die Zukunft Rußlands die unausweichliche, wenn auch in ihrem Ausbruch noch zeitlich unbestimmte Revolution bringen, so lautet die Prognose. Den »europäischen« Pessimismus seiner Hauptgewährsmänner übernahm er nicht; auch Herzens Mythos hätte ihn nicht erschüttern können, denn sein Nationalismus war stark genug, um es mit jedem Mythos aufnehmen zu können. Wenn Buddens auch den Begriff einer irgendwie·gearteten europäischen Gemeinschaft von der Nationalität her interpretierte, d. h. in unserem Fall eine europäische Aufgabe Preußen-Deutschlands konzipierte, um der Forderung nach Einigung mehr Gewicht zu verschaffen, so bleibt doch die Tatsache bedeutsam, daß er sich überhaupt die Mühe machte, eine solche Aufgabe zu konstruieren. Doch müssen wir feststellen, daß das Bewußtsein einer europäischen Gemeinsamkeit, also überhaupt die Thematik Europa und Rußland, im wesentlichen durch den Gegensatz, durch die als Drohung verstandene Existenz Rußlands konstituiert wurde.

  Gustav Diezel (1817–1858) erhebt in seiner Schrift »*Deutschland und die abendländische Zivilisation*« (1852) wie viele seiner Zeitgenossen die Frage, »ob unser Welttheil dem Tode oder einem neuen Leben entgegengeht« (V). Angesichts solcher Frage muß er sich der Möglichkeit einer russischen Zukunft Europas ebenso stellen, wie der »großen Parallele«. Die erstere verneint er aufgrund nationaler Argumente: »Die Fortentwicklung der Zivilisation auf dem Kontinent hängt von der Konstituierung der deutschen Nation ab.« (391) Doch sollte sich die deutsche Nationaleinheit nicht verwirklichen lassen, so würden auf keinen Fall die Russen die Erben der westlichen Zivilisation sein, denn »wenn auch die abendländische Welt dem Tod näher wäre, so wäre doch die russische Welt nicht geeignet, sie zu beerben, denn jene gesunde naturkräftige Bildungsfähigkeit, welche die Kultur aus den Händen sinkender Völker nimmt und sich in freier Weise aneignet, fehlt den Russen durchaus« (336). Sie seien »ein aller Sittlichkeit entleertes«, »ein halbverwestes Volk« (354 f.). Diese Diffamierung wird durch eine geschichtsphilosophische Konstruktion legitimiert: Germanentum und Russentum seien deshalb die größten Gegensätze, weil hier das »Prinzip der Individualität« gegen »Absorption des Individuums« stehe. Aus diesem Prinzip entwickele sich eine »furchtbare Gesetzmäßigkeit«, die die ganze russische Geschichte durchziehe, nämlich der unentrinnbare Weg vom demokratischen Kommunismus zum schrankenlosen Despotismus (324 ff.). Alle Ansätze zu individuellen Bildungen würden durch den zugrundeliegenden Kommunismus zerstört, der »alles in den allgemeinen Staatsbrei auflöst. Rußland wird mit dem Kommunismus endigen, wie es mit ihm begonnen hat.« (333)

  Diese Prognose konkretisierend kommt er auf die bevorstehende russische Revolution zu sprechen. Peter I. wäre der erste Revolutionär gewesen; wenn die russischen Revolutionäre sich ihn zum Muster nehmen, schreibt Diezel, »so darf die Welt von einer russischen Revolution, die unzweifelhaft kommen wird, noch ganz andere Dinge erwarten, als Paris seiner Zeit gezeigt hat« (334 ff.). Der »vollendete Kommunismus« erscheint am Horizont der Geschichte Rußlands, die damit ihren inneren Kreislauf beendete (341). Im Lichte dieser Gesetzmäßigkeit wird die russische Geschichte zum »erläuternden Kommentar zu den gesellschaftlichen Ereignissen des Westens«. »Es ist das absolute Staatsprinzip, das hier aus einfachen kommunistischen Verhältnissen hervorgehend mit unerbittlicher Notwendigkeit zum kommunistischen Despotismus führt.« (342 ff.) Innerhalb dieses despotischen Staates müsse jede Individualität revolutionär werden, weil sie nur auf diese Weise sich gegen ihre Umwelt geltend machen könne. Jede Form der Zivilisation enthalte aber das Prinzip der Individualität. Indem der Despotismus die Zivilisation »nach Rußland schleppte«, so lautet Diezels Schluß aus diesen Prämissen, führte er auch die Revolution ein. Jede Revolution aber, welche Seite und welches Prinzip sie auch beginnen würde, würde in Rußland schließlich im »absoluten Despotismus« enden. Doch er stellt sofort, wie Buddeus vor ihm, die für Europa entscheidende Frage, die er wie folgt beantwortet: »Ein revolutionäres Rußland wäre möglicherweise der abendländischen Welt weit gefährlicher als ein autokratisches...« (346 ff.) Auch für ein geteiltes Deutschland wäre ein solches Rußland gefährlicher. »Unter allen Umständen ist die Zukunft des russischen Staates von Revolutionen bedroht, die um so furchtbarer sein werden, auf je tieferer Stufe das Volk steht und je mehr der kommunistische Grundcharakter des Volkes dabei an die Oberfläche herausgetrieben werden muß.« Dazu kommen noch die revolutionären Elemente, die durch den industriellen Fortschritt in Rußlands Sozialstruktur immer größeres Gewicht erlangen werden. Aus all dem glaubt Diezel für »eine nicht einmal allzu ferne Zukunft mächtige Bewegungen in der slavischen Welt, ...die uns nahe berühren müssen...«, voraussehen zu können (357 f.).

Unter dem Eindruck des sich immer klarer abzeichnenden englisch-russischen Gegensatzes – »Es ist der Kampf der Freiheit gegen die Sklaverei, der Zivilisation gegen die Barbarei« (81 f.) – wendet sich Diezel in »*Rußland, Deutschland und die östliche*

Frage« (1853) vor allem gegen *Bruno Bauers »Rußland und das Germanentum«.* Im Gegensatz zu Bauer optiert Diezel für England, oder besser: für Deutschland. Es sei im Gegensatz zu Rußland, diesem asiatischen Staat, das Land der Zukunft, »die Heimat des neuen Lebens« (49). »Im Osten hat sich die Bahn geöffnet für die Völkerkämpfe der Zukunft...«, in die ganz Europa jetzt schon hineingezogen werde (53). Rußland könne diesen Kampf nur gewinnen, wenn es Deutschland beherrschen würde, deshalb, so folgert Diezel, eine geschichtliche Mission des außerhalb der Zentren der Weltpolitik sich befindenden Deutschlands konstruierend, liege in Deutschland der Schwerpunkt der Entscheidung! (88 ff.)

Angesichts des Staatsstreiches Napoleons III., in dem Liberale und Demokraten gleichermaßen, wenn auch jeweils mit etwas anderem Akzent, den neu heraufkommenden Despotismus erblickten, sieht sich Diezel gezwungen, dem Prinzip des Individualismus, das aus Frankreich entwichen ist, in Deutschland eine neue Heimat zu schaffen. Dem Liberalismus fällt so der Schritt zum Nationalismus um so leichter, als er ihn gewissermaßen vor sich selber rechtfertigen kann. Doch auch vom Osten her scheint die Freiheit des Individuums gefährdet. Die Despotie des Kommunismus taucht dort in nationaler Gestalt auf, ein Beweis für Diezel, daß Despotie zum Kommunismus und Kommunismus zur Despotie führt.[3] So ist Deutschland zum Hort der Freiheit berufen. Indem der Kommunismus zur Grundlage des russischen Staates und der russischen Geschichte mittels einer auf Haxthausen zurückzuführenden These gemacht wird, verliert er viel von seiner bedrückenden Drohung. Vor allem, weil Rußland Europa nicht zugerechnet wird. Das Wort vom »Kommentar zu den gesellschaftlichen Zuständen des Westens« wird in seiner Tragweite durch Diezels optimistische Grundhaltung weitgehend abgeschwächt.

Die entscheidende Frage, inwieweit Europa zum Untergang verurteilt und von einer russischen Invasion bedroht ist, wird von

---

3 Vgl. die ähnlichen Ausführungen bei *Custine, Montégut, Bauer, Eötvös* (S. 261, Anm. 30), mit anderem Vorzeichen bei *Haxthausen.* Man glaubte, daß der zaristische Absolutismus und die russische Agrarkommune naturnotwendig miteinander verquickt seien, daß sich also Kommunismus und Despotie gegenseitig bedingen. Qualifizierte man Napoleon III. als Despoten, so war der Schluß aus diesen beiden Obersätzen evident.

Diezel, wie auch von Buddeus, auf der Basis des Nationalstaats beantwortet. Der Zerfall der letzten Reste gemeineuropäischer Vorstellungen erhellt daraus, daß die für das Abendland entscheidende Frage zwar gestellt, aber nicht mehr für die in Frage stehende Gesamtheit beantwortet wird. Dies ist aber nur möglich, wenn diese Gesamtheit nur noch durch eine Geschichtskonstruktion vermittelt werden kann. Nur dann kann diese Frage gleichsam im Bereich des Nationalen – d. h. der damals im Vordergrund stehenden Ideologie – hängenbleiben und dazu dienen, das durch die Geschichte erschütterte nationale Selbstbewußtsein durch eine Prognose zu befestigen.

Für *Georg Gottfried Gervinus* (1805–71), den »Seher vom Nekkar«, wie ihn J. E. Jörg spöttisch nannte, gab es noch nicht einmal die Frage nach dem Untergang Europas. Man täusche »sich leicht über das Alter Europas und die angebliche Entartung seiner Zivilisation«, so heißt es in seiner »*Einleitung in die Geschichte des 19. Jahrhunderts*« (1853), die ganz vom Fortschrittspathos getragen ist. Daß der Ost-West-Gegensatz dem von »volksfeindlichen und freien Staatsgrundsätzen« entspricht, der soweit gediehen ist, daß er »eine große bevorstehende Entscheidung« verkündet, paßt ganz in dieses Geschichtsdenken (164). Der Ausgang dieser Entscheidung ist für ihn nicht zweifelhaft, denn der »östliche Siegeszug der Freiheit wird vollendet werden« (175). Die Garantien für diesen Sieg werden durch eine Identifizierung mit dem erlangt, was man als geschichtliche Bewegung erkannt zu haben glaubt: »Daß die Bewegungen dieses Jahrhunderts von dem Instinkte der großen Massen getragen werden, daß ihr Ziel ein gemeinsames ist, daß sie in einem ganz gesetzmäßigen Lauf vor sich gehen, dies sind die drei Eigenschaften, die ihre äußere und innere Stärke ausmachen, ihre Naturgemäßheit beweisen und ihre Unwiderstehlichkeit verbürgen.« (165) An der »slavischen Gefahr« kann jedoch auch Gervinus nicht vorbeisehen: »... in diesen slavischen Stämmen wird das Gefühl eines feindlichen Gegensatzes gegen Europa, ...eines weltgeschichtlichen Berufs, die überbildete Gesellschaft zu verjüngen, durch eine panslavistische Literatur und Politik unterhalten, was den Zusammenstoß zweier verschiedener Staatsprinzipien zugleich zu einem großen Kampf der Volksstämme zu machen droht.« (159) Doch diesem Sendungsbewußtsein wird die um die Jahrhundertmitte bereits zur Seltenheit werdende Behauptung entgegengesetzt, daß Europa »als ganzes den Höhepunkt seiner Entwicklung noch lange nicht erreicht hat« (161). In einem progressiven Geschichtsbild hat eine wirkliche Bedrohung durch Rußland ebensowenig Platz wie die »große Parallele«. Der Begriff des Fortschritts, wie er von Gervinus verstanden wird, ist keine Antwort auf die Krise Europas; sein Fortschrittsdenken verhindert überhaupt die ernsthafte Frage nach Europas Zukunft.

Vom äußersten Osten Deutschlands, da wo man mit den Slaven nicht nur in geistiger Berührung stand, kam sofort die Antwort auf Gervinus. *Paul Volkmuth*, Professor am Erzbischöflichen Seminar in Posen, veröffentlichte noch 1853 seine Schrift *»Gervinus und die Zukunft der Slaven«*, in der er sowohl der Geschichtskonstruktion von Gervinus als auch der von Cieszkowski[4] widersprach (30 ff.) und im Anschluß daran seine eigene Geschichtsphilosophie entwickelte. Die vier Weltalter werden im ausdrücklichen Anschluß an Hegel und gegen Cieszkowski beibehalten – Cieszkowski hatte bekanntlich in Anlehnung an das joachitische Geschichtsschema drei Weltalter angenommen, dessen drittes, an dessen Beginn er stände, das der Slaven sein würde. Er selber, Volkmuth, stehe im dritten Weltalter und könne deshalb »ohne prophetischen Geist... mit Cuvier aus den Bruchstücken der bereits abgelaufenen Weltalter das zum Gesamtorganismus der viergliederigen Geschichte noch fehlende mit apodiktischer Notwendigkeit« ergänzen (53). – Diese Verquickung von aus Hegel sich ableitendem Geschichtsdenken und naturwissenschaftlichem Gesetzesdenken verdient, als für die Jahrhundertmitte typisch festgehalten zu werden. – Der Untergang Roms und das Heraufkommen der Germanen eröffnen das jetzige, das dritte Weltalter, in dem der »prinzipielle Gegensatz von Geist und Natur... nun in dritter Weise zur Entfaltung kommen sollte...«, und zwar in der Weise des Kampfes von weltlicher und geistlicher Macht. Aus diesem Grunde sei auch das Verhältnis der »orientalischen und okzidentalischen Kirche zum Staate« für die Geschichte des Mittelalters und der Neuzeit grundlegend. Der große Gegensatz zwischen den beiden Kirchen »liegt immer noch unversöhnt... da. Und

---

4 Zu *Cieszkowski* siehe nächstes Kapitel und übernächste Anmerkung. *Volkmuth* bezieht sich hier auf folgende Werke des polnischen Philosophen: Prolegomena zur Historiosophie, 1838; Gott und Palingenesie, Ojcze-Nasz (Vater Unser), 1. Bd. 1848.

wenn die Geschichte beim drittenmal nicht resultatlos bleiben soll, so kann die Versöhnung durch eine Wiedervereinigung der beiden Kirchen auch für uns nicht ausbleiben.« (56) Innerhalb jedes einzelnen Weltalters unterscheidet Volkmuth – wie auch Hegel bzw. Aristoteles – einen Viertakt von »Absolutie, Aristokratie, Demokratie, Monarchie« (58). Wir ständen in der demokratischen Periode, an deren Ende »sich die Theologie mit der neueren Philosophie versöhnen« werde (83).

Im Augenblick aber gehe die Demokratie mit dem Hauptübel, »dem religiösen Unglauben der Völker Hand in Hand«. Daran werde die »europäische Geschichte ihren Untergang finden«. Der Vollstrecker dieses Urteils der Geschichte werde »die Slavenwelt unter Rußlands Hegemonie« sein, die das Richteramt »über die mit sich selbst und ihren Fürsten zerfallenen Völker« ausüben werde. »Rußland hat seinen welthistorischen Beruf im Geiste des alten Römertums bereits angetreten und wird sich in der Erfüllung seines Berufs auch nicht aufhalten lassen.« Doch ein Trost bleibt Volkmuth trotz seines Pessimismus: »Gleichzeitig mit der slavischen Universalmonarchie werden wir in der europäischen Geschichte auch die religiöse Wiedervereinigung der Völker erwarten dürfen.« (79 ff.) Die Versöhnung der religiösen Gegensätze werde aus sich die Weltherrschaft der Slaven gebären, weil die »monarchische Regierungsform«, damit schließt Volkmuth seine Schrift, »wo der einzelne sich nun in seiner für sich seienden Individualität als Geist erfaßt hat, und dieser Denkweise entsprechend nach dem Verhältnis des endlichen Geistes zum absoluten Geist im sozialen Leben die Erscheinung der unumschränkten Weltherrschaft ins Dasein ruft«, die letzte Periode »unseres Weltalters ist«, das mit der gleichzeitig »mit der Wiedergeburt des Christentums vollendeten slavischen Universalmonarchie« sein Ende erreicht (94). Den endgültigen Abschluß des dritten Weltalters wird die Katastrophe bringen, »die der Herrschaft des Slaventums ein Ende machen wird«. Die Geschichte des vierten Weltalters, sagt Volkmuth, wird sich in Amerika abspielen, dies wird die Geschichte sein, »mit der der Geist der Menschheit die Reise um die Welt zu vollenden hat« (56 f.).

Hier war der Versuch unternommen worden, der »slavischen Zukunft«, konstruiert auf dem Boden einer sich aus Hegel ableitenden Historiosophie, im wahrsten Sinne des Wortes die Spitze zu nehmen, indem man sie von der Philosophie Hegels her für häre-

tisch erklärte – Triplizität der Kategorien auf die Geschichte angewandt (40 f.) –, der slavischen Providenz zwar zustimmte, aber sie
geschichtsphilosophisch überspielen zu können glaubte. Gerade
aus diesem Versuch, die vier Weltalter gegen die Konstruktion
Cieszkowskis ins Feld zu führen, erhellt die spezifische Schwäche
Volkmuths, denn er bleibt uns den Beweis schuldig, warum die
Geschichte nach der Vereinigung der morgendländischen und
abendländischen Kirchen und nach Errichtung der slavischen
Universalmonarchie noch weitergehen muß. Cieszkowski ist kon-
sequenter, er kann dies aber auch sein, weil er kein Westeuropäer
ist. Volkmuth hat vor dem polnischen Grafen nur das voraus, daß
sein Katholizismus weniger verwässert ist, obwohl der Begriff der
Synthese von westlicher und östlicher Kirche hier auch schon zu
denken gibt.

Volkmuths katholisch-konservativer Standpunkt setzt sich angesichts der Lage Europas in Kritik um. Diese Kritik findet sich in
der Prophetie des slavischen Endes des germanischen Weltalters,
gleichsam als Zuchtrute über das atheistisch und demokratisch
gewordene Abendland. Er wird damit wie Cieszkowski zum Propheten des Unterganges Europas und zu dem einer slavischen
Zukunft. Er optiert also für den Osten angesichts der Krise Europas, aber mit Hilfe eines äußerlich-formalen Geschichtsschemas
will er, weil sein europäisches Selbstbewußtsein noch zu stark ist,
der slavischen Herrschaft ihre Dauer nehmen. Die Slaven sind für
ihn nicht die neuen Germanen, sondern die neuen Römer, die das
in dreifacher Beziehung uneinige Europa wiederherstellen, d. h.
einigen werden. Doch ihre Herrschaft wird mit ihrer Vollendung
selbst zusammenbrechen. Dies scheint der letzte Trost zu sein, den
die Hegelsche Geschichtslogik dem untergehenden Abendland zu
spenden in der Lage ist. Der Hegelianismus, so wie ihn Volkmuth
verstand, erwies sich als ein brauchbares Mittel, den abendländischen Pessimismus zu überwinden, weil mit seiner Hilfe die als
sicher angenommene zukünftige slavische Herrschaft zu einem
Moment der Weltgeschichte gemacht werden konnte und dadurch
einiges von ihrer geschichtlichen Bedeutung verlor.

Kapitel 4
Die Linkshegelianer Arnold Ruge, Moses Hess, Bruno Bauer, Karl Marx, Friedrich Engels und Rußland

In der Mitte des Jahrzehnts, welches auf dasjenige folgte, in dem Hegel seine Geschichtsphilosophie ausarbeitete, hatte, wie wir sahen, Tocqueville seine Prognose aufgestellt. Rund zehn Jahre trennte die Geschichtsphilosophie, in der das europäische Selbstbewußtsein seinen letzten Gipfel erreichte, von der Prognose Tocquevilles, mit der ein neues Selbstverständnis der europäischen Intelligenz notwendig geworden war. Hegel, wenn auch in einem das oben Gesagte weit übersteigenden Sinn, und Tocqueville bewiesen das Epochale ihrer Leistung dadurch, daß sich jede Aussage ihnen, wenn auch unbewußt, stellen, sich mit ihnen auseinandersetzen mußte. Wie ist Philosophie nach Hegel möglich? und: Wie ist europäisches Selbstverständnis nach Tocqueville[1] möglich? lauten die von dorther kommenden Fragen. In ihrer Verbindung wollen wir sie jetzt untersuchen: Wie sieht Philosophie, die sich selber als Geschichtsphilosophie in einem ganz spezifischen Sinn versteht, die Zukunft Europas in bezug auf Rußland und die Slaven?

Drei Jahr nach dem Erscheinen der beiden ersten Bände der »Démocratie en Amérique« hatte der polnische Graf *August Cieszkowski* (1814–1894) seine »*Prolegomena zu einer Historiosophie*« – die erste Umsetzung der Hegelschen Philosophie in »Praxis« – veröffentlicht. Die »*Prolegomena*« und seine Schrift »*Gott und Palingenesie*« von 1842 deuteten an, daß die Slaven die

---

1 *Moses Hess* muß bereits zur Zeit der Abfassung der »Heiligen Geschichte der Menschheit«, also 1836, *Tocquevilles* Amerikabuch gelesen haben, denn er setzt ein Zitat daraus als Motto über die 2. Abteilung seines Buches (229; Philosophische und sozialistische Schriften. 1961 S. 47) und spricht auch vom »sterbenden Europa« (157 [31]). Bruno *Bauer* hat – wir verdanken den Hinweis darauf Herrn Dr. Horst Stuke – spätestens Anfang 1842 das Werk *Tocquevilles* kennengelernt. Er erwähnt nämlich in einem Artikel vom 6. II. 1842 in der Rhein. Ztg. (Nr. 27, Beiblatt) »Tocqueville's Schrift über Nordamerika« als ein Werk, »dem wir kein Gleiches an die Seite zu setzen haben«.

Träger der künftigen Geschichte seien. Einer solchen Usurpation der Providenz mit Ausführungen über die Hegelsche Logik zu begegnen, wie es etwa Volkmuth tat, konnte den Gegner nicht mehr treffen, denn Philosophie war Praxis, d. h. Sinngebung gegenwärtiger und zukünftiger Geschichte, durch Setzen eines wie auch immer bestimmten Endzieles geworden, welches die Geschichte beendete und also für die Zukunft versprach – nämlich die Versöhnung der Entzweiung –, was Hegel für die Gegenwart geleistet hatte.[2] Wenn auch die Linkshegelianer, die auf das Problem Rußland stießen, nicht alle die sich aus Hegel ableitende Prophetie einer slavischen Zukunft Europas kannten, wie sie etwa in »*Ojcze-Nasz*« (Vater Unser) 1848 explizit vorgetragen wurde, so waren ihnen doch der Panslavismus und Herzens Mythos vom russischen Ursozialismus gegenwärtig. Diese Geschichtsprophetien mußten für sie mehr Bedeutung erlangen als für viele ihrer Zeitgenossen, weil sie ja selber die Zukunft durch »Philosophie« bewältigen, d. h. die Entzweiung aufheben wollten, und sich, wie ja auch der polnische Graf es tat, als die wahren Erben Hegels betrachteten. Die Frage: Ist Philosophie nach Hegel möglich? wurde hier eindeutig mit der These beantwortet, daß Philosophie nur noch die Zukunft gestaltete Praxis und die Gegenwart interpretierende Kritik sein konnte. Soziologisch gesprochen wurde sie Sinngebung und Legitimation der intellektuellen Existenz als geschichtlicher, wozu notwendig war, daß das Ziel der Geschichte immanent und dem planenden Entwurf zugänglich war; sie wurde Geschichtsphilosophie in einer ganz bestimmten Hinsicht, nämlich Philosophie der *zukünftigen* Revolution.

Dies ist in wenigen Worten zu erläutern. Das Ferment, mit dem die Junghegelianer die Hegelschen Vermittlungen auflösten, war das Theorie-Praxis-Problem, das sie im Horizont des Verhältnisses von Philosophie und Geschichte auslegten und damit verkürzten, wobei die Linkshegelianer dann letztere mit revolutionärer

2 Zu *Cieszkowski* im allgemeinen Walter *Kühne* in: Hegel bei den Slaven. Hrsg. v. D. Tschiżewskij, [2]1961; ders.: Cieszkowski, ein Schüler Hegels und des deutschen Geistes. 1938; Horst *Stuke:* Philosophie der Tat. Studien zur »Verwirklichung der Philosophie« bei den Junghegelianern und den »wahren« Sozialisten. Stuttgart 1963. Zum Problem von Theorie und Praxis als auflösendem Ferment der Hegelschule K. Löwith: Von Hegel zu Nietzsche. 1958 bes. 96 ff. und vor allem die genannte Arbeit von Stuke.

Bewegung gleichsetzten.[3] Es sei angemerkt, daß in diesem absoluten Zukunftsbezug schon der später von Nietzsche zur Philosophie erhobene »Wille zur Macht« angelegt war – wie bei Bruno
Bauer deutlich werden wird. Mit ihrem Absetzen von Hegel mittels Zuordnung von Theorie und Philosophie einerseits und Praxis
und Geschichte andererseits wurden die Junghegelianer Hegels
Leistung nicht gerecht. Was bedeutet das »Weltlichwerden der Philosophie« und das »Philosophischwerden der Welt« anderes als
die Einheit von Theorie und Praxis! Diese war für Hegel in der
Vollendung der Philosophie am Ende der Geschichte gegeben, wobei sich das theoretische Ende an der praktischen Vollendung
legitimierte, was inhaltlich bedeutete, daß das Freiheitsprinzip der
modernen Philosophie mit seiner geschichtlichen Verwirklichung
in der modernen Revolution zusammengedacht wurde.[4] – Was
letztlich zu der Aufspaltung der Hegelschen Vermittlung von Philosophie und Geschichte führte, war nicht der systematische
Zwang, unter dem seine Nachfolger standen, nachdem in seiner
Philosophie die Philosophie als Philosophie vollendet war, sondern das Vorwärtsdrängen der Geschichte und der Versuch der
Bestimmung und Legitimation des eigenen Standortes in ihr. Dieser soziologische und dieser historische Faktor erwiesen sich als
entscheidender Antrieb für die Umwandlung der Hegelschen Philosophie in die »Philosophie der Tat« – wie Moses Hess sagen
wird – und in die »Algebra der Revolution«, wie Alexander Herzen sie nannte.[5]

   »Philosophie der Tat« heißt Kritik der Gegenwart und Entwurf
der Zukunft, also Geschichtsphilosophie. Diese war der der Aufklärung insofern überlegen, als sie kein »utopisches« Verhältnis
zur Geschichte hatte, sondern – als Erbe Hegels – ein »vermittel-

3 Hier ist die Bemerkung angebracht, daß das Verhältnis von Theorie und Praxis
   spätestens seit Beginn der modernen Philosophie – etwa seit Descartes – bereits
   eine entscheidende Verkürzung oder gar Umstülpung erfahren hatte. Die »theoria«
   war nicht mehr das »Bedürfnis der Bedürfnislosigkeit«, sondern sie wurde immer
   mehr zum Herrschaftswissen, d. h. auf den Willen zur Weltbewältigung hin ausgelegt – eine Entwicklung der abendländischen Metaphysik, die ihre letzte Konsequenz bei Nietzsche entfalten sollte. Dieser Zusammenhang wird besonders deutlich bei Hannah *Arendt:* Vita Activa oder Vom tätigen Leben. Stuttgart 1960, bes.
   S. 281 ff., und bei Manfred *Riedel:* Theorie und Praxis im Denken Hegels. 1964.
4 Vgl. Manfred *Riedel* a. a. O.
5 Sobr. Soč. IX, 23.

tes«: die einzelnen Momente der Geschichte wurden als notwendige begriffen und auf der nächsthöheren Stufe »aufgehoben«. Wird die Dialektik aber zur revolutionären Antithetik weitergetrieben – Bakunin 1842: »Die Lust der Zerstörung ist eine schaffende Lust«[6] –, so wird das geschichtlich Überwundene oder als solches Erkannte zum zu Zerstörenden, persönlich: zum Feind. Da aber das Erbe Hegels zu sehr präsent war, kamen sie alle Zeit ihres Philosophierens nicht um den Widerspruch herum, als »Theoretiker« der Revolution das zu Kritisierende als notwendig zu begreifen, als revolutionäre »Praktiker« jedoch moralisch den Gegner zu diffamieren, womit sie auf die Position der Aufklärung zurückfielen. – Die durch Hegel gleichsam hindurchgegangene Geschichtsphilosophie der Aufklärung hatte sich entscheidend radikalisiert, ihre Träger ebenfalls, sie waren radikaler im Sinne von wurzelloser geworden: Sie waren mit ihrer ganzen Existenz auf die geschichtliche Praxis verwiesen, die für die »Philosophie der Tat« zum Kriterium der Wahrheit wurde. Entzog sich die Faktizität aber der Sinngebung oder scheiterte die Revolution, so blieb nichts anderes übrig als die Geschichte zu verneinen; die Kritik des Bestehenden mußte dieses gleichsam auflösen, sie mußte leisten, was die revolutionäre Praxis nicht leisten konnte, sie wurde nihilistisch – wobei Nihilismus nichts anderes bedeutet als die revolutionäre Antithetik der »letzten Philosophen«, wie Moses Hess 1845 Bruno Bauer und Max Stirner qualifizieren wird: »Ist der konsequente Philosoph, wie er in Bruno Bauer erscheint, nicht der selbstgenügsame Egoist, der Einsame, der in seinem Selbstbewußtsein selig und allmächtig ist? Hat er nicht die ganze Natur und die ganze Gattung verschlungen, verzehrt, aufgelöst und verdaut?«[7] Aber warum »letzte Philosophen«? Weil Bakunins Aufsatz, dessen Schlußsatz wir oben zitierten, 1842 den Radikalismus der Hegelschen Linken als philosophischen beschloß. Auf der Suche nach der »Verwirklichung der Philosophie«, d. h. nach dem Inhalt der dauernd beschworenen Wirklichkeit, verbanden Hess, Engels und Marx das Hegelsche Erbe mit dem Sozialismus. Dies

---

6 Michael *Bakunin* unter dem Pseudonym Jules *Elisard:* Die Reaction in Deutschland, in: Deutsche Jahrbücher f. Wissenschaft u. Kunst. 1842, 985 ff., hier: 1009. – Zu *Bakunin* vgl. die einschlägigen Kapitel bei Scheibert: Von Bakunin zu Lenin. 1956.

7 Die letzten Philosophen, in Moses *Hess:* Philosophische und sozialistische Schriften. 1961 S. 385.

geschah in einer Situation, in der die durch die Erweiterung der Pressefreiheit genährten Hoffnungen der Linkshegelianer auf den preußischen Staat als Instrument der Verwirklichung der Freiheit durch eine Verschärfung der Zensurbestimmungen zunichte gemacht worden waren und auf diesem so vorbereiteten Boden die von Moses Hess und Lorenz Stein bereits in Hegelischer Form vermittelten sozialistischen und kommunistischen Ideen der französischen Sozialphilosophie ihre Wirkung entfalteten. Sie bemächtigten sich der Erkenntnis, die Hess, wie wir unten sehen werden, schon 1841 verkündete, und die Lorenz Stein – im Gegensatz zu Hess kein Anhänger des Kommunismus – 1842 dahingehend formulierte, »daß die Zeit der rein politischen Bewegung... vorbei« sei, und daß die »nächste Revolution schon jetzt nur noch eine sociale sein« kann.[8] Arnold Ruge dagegen wollte die nach 1842 offenbar gewordene reale Inhaltlosigkeit des philosophischen Radikalismus mit dem »demokratischen Humanismus« beschwören, ein Unternehmen, das mit dem Rückzug aus der revolutionären »Praxis« enden sollte.

Ruge und Hess, werden wir sehen, setzten der »slavischen Zukunft« die Prophetie entgegen; bei Bruno Bauer, in dessen Bewußtsein die Krise ihren Höhepunkt erreichte, dessen Kritik aber, im Gegensatz etwa zu Marx, im Bereich der »Kritik« verblieb, verbinden sich gewissermaßen Tocqueville und Hegel mit dem Erlebnis der Revolution von 1848. Das Ergebnis ist die Vollendung der Kritik als philosophischer und theologischer in der »Zeitkritik« im umfassendsten Sinne. Er beantwortete die mit der »großen Parallele« implizierte Frage eindeutig: Ende des christlichen Zeitalters und slavische Zukunft Europas! In diesem Glauben an die jungen Völker, der den Kern der These von der slavischen Zukunft Europas bildet, verbirgt sich der letzte Rest von Utopie. Tocqueville und noch mehr Donoso Cortés (siehe unten) sollte dieser Glaube zu optimistisch erscheinen, denn wo waren, so fragte der Spanier, die jungen Völker, die den Germanen der Völkerwanderung entsprochen hätten?

Angesichts der Orientalischen Krise, die für viele den Anstoß zur Beschäftigung mit Rußland gab, glaubte auch *Arnold Ruge* (1803–1880), zur *»Gegenwart und Zukunft Europas«* – so der

8 Lorenz *Stein:* Der Socialismus und Communismus des heutigen Frankreich. 1842 S. III.

Titel seiner Schrift von 1840 – Stellung nehmen zu müssen. Den unmittelbaren Anlaß bot Goldmanns *»Europäische Pentarchie«* oder vielmehr die Gegenschrift *Menzels*, »dieser ausgedrückten Zitrone des moralisierenden Deutschtums«[9], die wir oben behandelten. Ruge – wir befinden uns im Jahre 1840 und die Intelligenz hatte sich noch nicht vom preußischen Staat emanzipiert – konstruiert die Geschichte nach dem Schema Reformation, Revolution, Preußen – Deutschland. Die Reformation habe die Geistesfreiheit gebracht, die Französische Revolution die politische, die »Zukunft der Menschheit liegt in der Vollendung der historischen Anlage Deutschlands und Preußens, der Nation der europäischen Mitte«. Sie wird die Freiheit, die in Frankreich eine äußerliche geblieben ist, aufgrund ihrer geschichtlichen Voraussetzungen – sie hat die Reformation »in ihrem tiefsten Grunde und in ihren humanen Konsequenzen erschöpft und in sich lebendig gemacht« – »zur gründlichsten Realität« bringen. Eine wesentliche Trennung von Hegel tritt erst da ein, wo Ruge die Selbstgarantie seiner eigenen Position – wenn auch nach Hegel – entwirft. Die Welt werde in ihrem So-Sein, nachdem sie von der Vernunft erkannt ist, »unvernünftig«, d. h. als geschichtliche Epoche erledigt, und die Erkenntnis wende sich der Zukunft zu, die man zwar nicht im einzelnen bestimmen könne, der man aber »im großen und ganzen« als der anderen gewiß sei. Die Erkenntnis »faßt von innen heraus« den Entschluß, die »neue Welt, den neuen Menschen aus sich zu zeugen und sich mächtig und groß zu beweisen«.[10] Man sieht, wie bei Ruge das epochale Bewußtsein konstituierend wirkt und sich selber konstituiert.

Die »freien Staatsformen« des romanisch-germanischen Europa verkörpern nach Ruge die »geschichtliche« Entwicklung. Deutschland stehe mitten zwischen Geschichte und Widerstand gegen die Geschichte, konkret gewendet zwischen Frankreich und Rußland. Doch Preußen neige mehr auf die Seite Frankreichs, denn es stecke »zu tief im Germanismus und in der Bewegung des historischen Geistes … als daß es imstande wäre, sich ihm auf die Dauer entgegenzusetzen«. Auch den englisch-russischen Gegensatz kann Ruge von seiner Geschichtsphilosophie her leicht deuten. England setze der slavischen Ausbreitung die germanische, d. h. die »geschichtlich« gerechtfertigte entgegen, ein Kampf

9 Sämtl. Werke 1847, IV, 341 ff., hier: 343.
10 ebd. 377, 394.

scheint deshalb unausweichlich.[11] Da Ruge die westeuropäische Geschichte mit der »sogenannten Revolution« in eins setzt, kann er auch Rußlands Widerstand gegen die Revolution besser verstehen. Wie kann sich Rußland, so fragt er, mit der Revolution identifizieren, wenn ihm die ganze Voraussetzung dazu, die europäische Geschichte fehlt, wenn die Stellung Rußlands zu den Problemen Europas eine »völlig äußerliche« geblieben ist? Dies exemplifiziert er im politischen Bereich am russischen Absolutismus, der eine weit niedrigere Stufe als der europäische darstellt, an der Vereinigung der »kirchlichen und weltlichen Autorität« – »dieses Verhältnis kümmert sich gar nicht um die wahre Verwirklichung des Absoluten« – und am Fehlen einer »wirklichen, d. h. reformierten Religion, einer wissenschaftlichen und sittlichen Befreiung«. Alle »kriegerisch-merkantilischen und industriellen Erfolge der Russen« dürften Europa nicht darüber hinwegtäuschen, daß russische Expansion und Panslavismus der Notwendigkeit einer »immer weiteren Ausbreitung bis ans Mittelmeer und den Atlantischen Ozean gehorchen«. »Von dem Augenblick an«, so fährt er fort, »wo ein Held der gegen Rußland gerichteten und von Rußland bedrohten europäischen Geschichte diese Gefahr lebhaft gefühlt haben wird, beginnt notwendig ein neuer Konflikt des Westens mit dem Osten, und dies ist, nächst der selbständigen und welthistorischen Stellung des protestantischen Deutschlands... eine zweite, ebenso folgenreiche als unabweisbare Epoche der europäischen Entwicklung. Die orientalische Frage und zugleich die europäische ist nichts anderes als Rußland selbst.«[12] Der Krieg zwischen Ost und West »wird das neue Weltalter sanktionieren«. Sein Ausgang erscheint Ruge nicht zweifelhaft, da »Europa der Macht seiner Geschichte gewiß sein darf«.[13]

Romanisch-germanisches Prinzip gegen slavisches, Freiheit gegen Unfreiheit, Geschichte gegen Stagnation, das sind die Alternativen, mit denen das Problem Rußland und Europa bei Ruge bezeichnet wird. Das romanisch-germanische Prinzip, mit dem bei Hegel die Geschichte endet, beendet sie auch bei Ruge, aber erst in der Zukunft. Damit gewinnt er die Möglichkeit, die geschichtsträchtigen Kräfte Westeuropas gegen die »Nichtgeschichte« Osteuropas, oder besser der Slaven auszuspielen. Der

11 ebd. 355, 371, 376.
12 ebd. 388 ff.
13 ebd. 359, 376.

alte Gegensatz der europäischen Revolution, Despotie gegen Freiheit, der auch schon das Urteil der Geschichte als Fortschritt über den Gegner mitumfaßt, erscheint hier in einer sich aus Hegel ableitenden Geschichtsphilosophie wesentlich vertieft und dem Gegner soweit überlegen, daß man – 1840 noch – auf direkte Diffamierungen verzichten kann, da der Gegner durch die Geschichte, wie man sie konstruiert, schon überspielt ist.

In der Paulskirche befürwortet Ruge in der Diskussion über die außenpolitische Lage eine allgemeine Abrüstung. England, Frankreich und Deutschland, so lautet seine utopische Hoffnung, werden sich sehr wohl dazu verstehen. Rußland, würde es sich isolieren, »so würde es den letzten Krieg, den Krieg gegen das barbarische Militärsystem verlieren...«.[14] Hier hatte sich die Situation entscheidend verschärft. Rußland ist schon der Feind schlechthin, gegen den der »letzte Krieg«, der Krieg gegen den Krieg geführt werden muß. Die Geschichtsphilosophie, in der die Geschichte als Fortschritt, der Gegner aber als Feind des Fortschritts erscheint, enthüllt in der kritischen Situation ihr wahres Gesicht.

Herzens Mythos konnte Ruge nicht gleichgültig lassen. *Herzen* hatte ihm mit einem Begleitbrief *»Rußlands sociale Zustände«* übersandt – eine für die deutsche Zensur bestimmte Umarbeitung der Schrift über die Entwicklung der revolutionären Ideen in Rußland – und Ruge gebeten, sich dazu zu äußern.[15] Was Ruge am tiefsten berührte, war die Tatsache, daß Herzen die »große Parallele«, die Analogie zur Völkerwanderung, gegen Europa ausspielte. Daß »dieses gemeine, selbstlose Gesindel« den »stolzen freien Individuen zu vergleichen sei, welche die alte Welt zerstörten, den alten Germanen«, scheint Ruge eine ungeheure Zumutung. Und dann geht es gegen Herzen: »Wer aber nördlich von unseren Grenzen und östlich geistige Erfolge und die Ehre eines freien Mannes erwarb, der nährte sich von deutschem Geist und deutscher Freiheit.« Die Prophetie gegen den russischen Mythos ausspielend fährt er fort: »Die Russen, Magyraren und Polen, die uns ignorieren und von nun an aus der Geschichte entlassen wollen, irren sich, sie werden nie freie Menschen werden, ohne daß wir es geworden sind.« »Die Rolle der alten barbarischen Germa-

14 Stenographischer Bericht (Ed. Wigard) II, 1011.
15 An Herzen (wahrscheinlich 1854) = A. Ruges Briefwechsel u. Tagebuchblätter aus den Jahren 1825–1880. Hrsg. v. P. Nerrlich. 1866 II, 147 ff.

nen ist ebenfalls den jetzigen Prätendenten der Barbarei, den Slaven unmöglich, sie haben weder die Freiheit, noch den Stolz, noch die Kraft, noch das Bewußtsein.« An der Spitze der welthistorischen Bewegung stehen die Deutschen, die Germanen, »die die Revolution erzeugt und durchgesetzt haben«, und gegen die »demokratische Kraft des deutschen Elements kann weder der Slavismus noch der Panslavismus, noch das Russentum etwas aufbringen«. Nur die Deutschen können die »deutsche Tyrannei unserer Zeit in Petersburg, Wien und Berlin« zerstören. Wenn die Weltstunde der Freiheit schlagen wird, meint Ruge, werden die Slaven nicht auf der Seite der Freiheit stehen. Herzen und seine Landsleute anredend, schreibt er: »Sie sind in einem System erzogen, dessen Folgen ihren Verstand zerrüttet und ihr Herz verdorben hat. Sklavisch bigott, gewalttätig sind die Massen dieser hoffnungsvollen Jünglinge, wie sollen diese plötzlich frei denken und handeln lernen?« Internationalität und Freiheit gegen Herzen ins Feld führend – erstere hatte der Russe nach dem Fehlschlag von 1848 aufgegeben, letztere war ihm nur persönliches Anliegen gewesen – schließt er seinen Brief: » ... la Révolution ne peut être sociale, sans être dénationalisée. – Et le vrai Communisme n'est pas une communauté composée d'esclaves, mais d'individus libres.« Wie sehr Ruge Europäer ist, erhellt aus folgender Stelle: »Wenn man sich vorstellt, daß Sie die ganze Welt mit ihrer Propaganda für Rußland und die russischen Bauernkommunen gewönnen, wären Sie der gefährlichste Gegner des menschlichen Geschlechts. Oder ist es bloß ein Zufall, daß Rußland mit seinen Bauernkommunen und seinen Zaren das geworden ist, was es ist, eine Pestgrube und ein Scheusal?« Aber mit Herzen trifft er sich, ohne es freilich zu wissen, auf einer anderen Ebene: im Protest gegen den heraufziehenden Kommunismus als der neuen Despotie, die das Individuum in sich aufsaugt. Dies konnte Ruge aus Herzens Ausführungen nicht entnehmen, ja er entnahm sogar das Gegenteil daraus, denn, so schrieb er an Herzen: » ... ein Philosoph, der die Dialektik bis zur Sophistik verfeinert, um nicht zu sagen verfälscht hat, kann doch unmöglich aus dem Communismus ohne den Egoismus, aus dem Selbstverlust an die farb- und herzlose Commune, ein Dogma machen.«

Die Sinngebung der Revolution von 1848 trennte beide. Während Herzen unter ihrem Eindruck die Rückwendung zu Rußland vollzog, kam Ruge schon im Juni 1849 darauf, daß die »Zerstörung all der unschätzbaren Güter von 1848 durch das Volk selbst eine viel ärgere Erniedrigung der Menschheit ist, als alte drükkende Verhältnisse, denen wir entwachsen zu sein glauben, und deren Wegfall nur eine Frage der Zeit« ist. Für einen solchen Optimismus ist es wirklich nur eine Frage der Zeit, daß sein Träger sich mit der Wirklichkeit, die er auszog zu verändern, aussöhnt. »Die Dissonanzen in der Weltgeschichte halten solange an, daß viele Menschen die Geduld verlieren, ihre Auflösung in Harmonie abzuwarten.«[16] Ruge hatte die Geduld, weil er sich der Historie zuwandte, der Russe konnte nicht warten, weil er von der Antizipation der slavischen Weltstunde lebte; so wurde das englische Exil für beide etwas grundlegend Verschiedenes. Man darf die »Aussöhnung« Ruges mit der Wirklichkeit, deren Ablösung durch die Geschichte er erhoffte, nicht mit der späteren Haltung von Moses Hess oder Bruno Bauer verwechseln. Während Hess seinen sozialistischen Messianismus im Zionismus konkretisierte, blieb Bruno Bauer trotz seiner späteren Option für das Preußen Bismarcks von tiefem Pessimismus erfüllt, von einem Pessimismus, der sich für eine kurze Zeit unter dem Schlagwort »russische Zukunft« Europas aktualisierte. Allen dreien gemeinsam bleibt das Erlebnis von 1848, das aber jeder auf seine Weise bewältigte. Für Ruge konnte es keine Alternative Rußland oder Europa geben, weil Rußland außerhalb der Geschichte lag.

Moses Hess (1812–1875)[17] – einer der Begründer des Zionismus –, der geniale Autodidakt, hatte bereits in dem ersten deutschen sozialistischen Werk, das 1837 anonym in Stuttgart erschien, nämlich in »*Die Heilige Geschichte der Menschheit. Von einem Jünger Spinozas*« – »Spinoza erhob mein Gottesbewußtsein vollends zu jenem Standpunkt, von wo aus ich, die Bibel in der

---

16 Tagebucheintragung vom 13. VI. 1849, ebd. 106.
17 Bibliographie: The Works of M. H. Hrsg. v. Edmund *Silberner,* Leiden 1958. – Biographie: Theodor *Zlocisti:* M.H. 2. A. 1921. – Für die philosophische Entwicklung des jungen Moses *Hess* bis 1845 sei besonders auf die auf S. 290 A. 2 erwähnte Arbeit von *Stuke* verwiesen; E. *Silberner:* Der junge M.H. im Lichte unerschlossener Quellen. 1812–1835 u. 1835–1840, in: International Review of Social History III (1958), 43 ff., 239 ff. Wegen der Seltenheit der Hessschen Schriften zitieren wir immer dann, wenn wir das Original benutzt haben, auch die von Auguste *Cornu* und Wolfgang *Mönke* herausgegebenen Philosophischen und sozialistischen Schriften, 1837–1850. Berlin 1961, in eckiger Klammer. Im folgenden wird abgekürzt: Phil. u. soz. Schriften.

einen und die Ethik in der anderen Hand, die heilige Geschichte der Menschheit schrieb«[18] – den Sozialismus als *notwendiges* Resultat der gesellschaftlichen Entwicklung verkündet. Es sei noch angemerkt, daß der eben zitierte Ausspruch von Hess nicht wörtlich zu nehmen ist, denn bei der Beschreibung des »neuen heiligen Bundes«, seiner Utopie, wird seine starke Abhängigkeit von Fourier deutlich (313 ff. [66 ff.]). Formal scheint sein Zukunftsstaat nach dem Vorbild des preußischen Staates konzipiert, nicht zuletzt wird dies bezeugt durch die starke Stellung der Beamtenschaft. Es ist nicht übertrieben, von einer Apotheose des Staates zu sprechen, obwohl dieser im »neuen Bund« langsam absterben soll. Doch um dahin zu gelangen, muß erst die »Quelle der Ungleichheit«, die Moses Hess in der »Erblichkeit der Verdienste«, mit anderen Worten im Privateigentum sieht, abgeschafft werden (264 [55]). Die »neuen Erfindungen« enthüllen für Hess in einer Art dialektischer Geschichtskonstruktion ihren Charakter als »Beförderungsmittel der Harmonie, denn sie treiben den Gegensatz des Reichtums und der Armut auf seinen Gipfel, nach dessen Erreichung er sich notwendig ausgleichen muß«, vielleicht sogar »vermittelst einer Revolution« (303 f. [63 f.]). Für den Entwurf der palingenetisch nach dem joachitischen Schema – Reich des Vaters, des Sohnes und des Heiligen Geistes – konstruierten »Heiligen Geschichte« dürfte

18 Aus einem Ms. von *Hess,* Ende der 30er Jahre, zitiert nach *Silberner:* Der junge M. H., a. a. O. 254. Zu seinen Quellen bemerkt Hess 1840 im Vorwort zu seinem Entwurf gebliebenen Buch »Das neue Jerusalem«: »Als ich mein erstes Buch zu schreiben begann, hatte ich von jenen Männern, die seit etwa einem halben Jahrhundert zwar keine ganz gleichen aber doch sehr ähnliche Tendenzen verfochten, noch nichts gehört. Mir war noch kein Swedenborg, kein St. Simon, kein Bentham, kein Lamennais, kein Hegel, kein Heine, kein sogenanntes Junges Deutschland... zu Gesicht gekommen... Um so mehr mußte ich, als die neuesten geistigen Produktionen, die ich nun aufmerksam verfolgte und die mich dann wiederum auf frühere zurückwiesen, in meinen Horizont traten, freudig erstaunt sein, nicht so isoliert dazustehen, als ich früher wähnte.« Zitiert nach Silberner a. a. O. 254 f. Der Akzent ist hier auf »begann« zu legen. Die aufgeführten Namen weisen also auf jene Einflüsse hin, die bereits in der »Heiligen Geschichte« wirksam wurden. (Ein Blick auf die Zitate in dem Buch selber bestätigt dies.) Zur Ergänzung der Kenntnis von *Hess'* Quellen sei auf *Silberner* a. a. O. 53, 59 ff. verwiesen. – Besonders interessiert erscheint hier die Zusammenstellung von *Hegel* und *Swedenborg.* Damit sind – freilich stichwortartig und sehr verkürzt – die geistesgeschichtlichen Traditionen angedeutet, innerhalb deren Horizont das Problem der »Verwirklichung der Philosophie« ausgetragen wurde.

Hegel wichtiger als Spinoza geworden sein, allenfalls könnte man von einem durch Hegel »dynamisierten« Spinoza reden.[19] – Doch uns interessiert hier mehr das Selbstverständnis Hess', im Tiefpunkt einer Krise zu stehen, deren Schärfe er versucht, mittels der »großen Parallele« zu verdeutlichen (7 ff., 157, 167 f. [3 f., 31, 33, 47]), und aus der er die Garantie dafür ableitet, daß sie der »Vorbote des ewigen Friedens« (147 [29]) sei, der das mit der »dritten Hauptperiode der Heiligen Geschichte«, nämlich mit der »Offenbarungsgeschichte von Gott, dem Heiligen Geiste«, die mit Spinoza einsetzte (155 [31]), in die Welt getretene geistige Prinzip realisieren wird. Diese Realisierung begann mit der Französischen Revolution, »die die Reise um die Welt gemacht hat«, und die »die dritte und letzte Entpuppung der Menschheit, deren Prozeß noch nicht vorüber ist« (168 [33]), einleitete. Wie konkretisierte sich nun in den folgenden Jahren diese genuin geschichtsphilosophische Selbstauslegung in bezug auf Rußland?

Seit 1838 plante Hess die Veröffentlichung einer Schrift, die dann endlich 1841 anonym unter dem Titel »*Die europäische Triarchie*« erschien[20] und seine Antwort auf die Orientalische Krise und *Goldmanns* »*Pentarchie*« (1839) darstellte. Die »europäische Triarchie«, das war der Block der fortschrittlichen Mächte, Deutschland, Frankreich und England gegen die Reaktion, d. h. in erster Linie gegen Rußland. Dieses Werk entstand unter dem Einfluß vor allem Hegels und der Junghegelianer – hier besonders Cieszkowskis[21] –, und bildete wohl die erste Synthese zwischen den philosophischen Konstruktionen der Linkshegelianer – denen

---

19 In dem bereits erwähnten Ms. »Das neue Jerusalem« schreibt Hess, daß er z. Zt. der Niederschrift der »Heiligen Geschichte« *Hegel* noch nicht gelesen hatte (Phil. u. soz. Schriften, 462 A. 7). Dies schließt jedoch eine Kenntnis der Hegelschen Philosophie auch bereits zu diesem Zeitpunkt nicht aus.

20 Zuerst sollte sie »Staat« betitelt werden, dann »Staat und Kirche, aus dem spekulativen Gesichtspunkt, von einem Jünger Spinozas« (so *Hess* an Berthold *Auerbach* v. 9. 1. 1839, Moses Hess, Briefwechsel, Hrsg. v. E. Silberner, S-Gravenhage 1959 Nr. 10 S. 54), Frühjahr 1840 spricht er von »einem größeren Werk«, das sein »soziales Thema« behandeln soll (a. a. O. Nr. 14 S. 60), im August soll es »Europäische Wiedergeburt« heißen (a. a. O. Nr. 18 S. 65), Ende 1840 entschließt er sich unter dem Eindruck von *Goldmanns* Buch zu dem endgültigen Titel (a. a. O. Nr. 20 S. 67).

21 Zur Lektüre Hess' Ende der 30er Jahre vgl. *Silberner:* Der junge M. H., a. a. O. 262. *Cieszkowskis* »Prolegomena zur Historiosophie« von 1838 werden auf S. 5 u. 32 [79 u. 93] ausdrücklich genannt.

sich Hess in dieser Zeit auch persönlich nähert, wobei er besonders Engels kommunistische Gedanken vermittelte – und den
sozialistischen und kommunistischen Theorien der französischen
Sozialisten.[22] England erscheint hier als Land der dritten und letzten Revolution: der sozialen. – Gleichzeitig stellt diese Schrift nach
den »*Prolegomena*« Cieszkowskis, den Hess auch als seinen Vorgänger nennt (32 [93]), die nächste junghegelianische Schrift dar,
in welcher der Übergang zur »Philosophie der Tat« (so Hess' Aufsatz von 1843) aus der Philosophie als »Theorie« erfolgt. Nur
hatte sich Hess darin eine private Zensur auferlegt, um der staat-
lichen zu entgehen, so daß die Schrift, wie er 1844 schrieb, »einen

22 *Hess* vermittelt in der »Triarchie« nicht nur zwischen *Hegel* und dem Sozialismus,
   sondern auch zwischen seinem eigenen »unphilosophischen« Sozialismus der
   »Heiligen Geschichte« und seinem späteren »philosophischen« Sozialismus als
   Linkshegelianer. Dies heißt aber, daß bei *Hess* die Beschäftigung mit der Hegelschen Philosophie den Sozialismus etwas in den Hintergrund drängte und Hess
   selber zwischen 1839 und Herbst 1842 – damals entstand die »Philosophie der
   Tat« – nur wenige sozialistische Ansätze zeigte. Doch ist *Hess* im Gegensatz zu
   seinen späteren Gesinnungsgenossen mit sozialistischen Ideen an Hegel herange-
   gangen, so daß er im Herbst 1842 Friedrich *Engels* mit kommunistischen Ideen
   bekanntmachen konnte.
   Davon berichtet *Hess* an *Auerbach* am 19.VI.1843 (Briefwechsel, Nr. 43 S. 103):
   »Ein anderer von den Hegelschen ist jetzt in England und schreibt ein großes
   Werk über diese Angelegenheit. Mit diesem stehe ich in enger Verbindung. Im
   vorigen Jahr nämlich… kam er von Berlin durch Köln; wir sprachen über die
   Zeitfragen und er, ein Anno I Revolutionär, schied von mir als allereifrigster
   Kommunist.« (Diese Begegnung muß ungefähr am 10. Oktober stattgefunden
   haben, denn um diese Zeit reiste *Engels* nach Beendigung seines Militärdienstes
   von Berlin nach Bremen.) *Engels* selber schreibt in einer Korrespondenz für »The
   New Moral World« vom 18. XI. 1843, daß *Hess* »in der Tat der erste Kommunist
   in der Partei…«, d.h. der Junghegelianer, war (Marx-Engels: Werke I, 494). –
   Hess hatte den Schritt zum Kommunismus bereits im Sommer 1842 getan, wovon
   seine Artikel in der »Rheinischen Zeitung« zeugen. (Phil. u. soz. Schriften,
   175 ff.). Zu den Beziehungen zwischen *Hess* und *Engels* vgl. auch Gustav *Mayer:*
   Friedrich Engels. 1934 I, 103 ff., bes. 103, 109, und Th. *Zlocisti:* Moses Hess.
   Kap. IV. – Mit *Marx* war *Hess* bereits im Sommer 1841 bekannt geworden (vgl.
   an Auerbach v. 2. IX. 1841, Briefwechsel Nr. 28 S. 79 f.). – Die Anregungen von
   Hess dürften durch das Mitte September 1842 erschienene Buch des Hegelianers
   Lorenz *Stein:* Der Socialismus und Communismus des heutigen Frankreich, das
   Marx und *Engels* auf den französischen Sozialismus und auf das Problem des
   Proletariats wiederum aufmerksam machte, verstärkt worden sein. Vgl. die *Be-*
   sprechung von *Hess:* Socialismus und Communismus, Phil. u. soz. Schriften,
   197 ff.

Gedanken, den man in der Kürze mit Bestimmtheit nicht ausspre-
chen durfte, in ein weites, faltenreiches und mystisches Gewand
hüllte und so dem Publikum präsentierte: wir meinen den Gedanken des Sozialismus«.[23]

»Die Wahrheit, die nicht verwirklicht wird, ist eine schlechte«,
so lautet das Leitmotiv der Hessschen Hegelrezeption (Vorwort
[77]). Geschichte, so beginnt er seine Ausführungen, ist Geschichte des römisch-germanischen Europa. »Nur der Westen hat
eine Geschichte, der Osten hat keine.« Diese Geschichte Europas
ist für Hess die »heilige Geschichte der Menschheit«. Sie zerfällt in
drei Epochen: jüdisch-prophetische, römisch-germanisch-mysti-
sche und spekulative Weltgeschichte. Letztere ist die der Vergangenheit zugewandte Hegelsche Philosophie, ergänzt durch die
Dimension der Zukunft. Sie wird somit zur Geschichtsphilosophie, nach Moses Hess zu einer Philosophie, die aus Vergangenheit und Gegenwart die Zukunft folgert. Da die Zukunft aber nur
durch die Tat bewältigt werden kann, wird aus der Philosophie der
Geschichte die Philosophie der Tat (17 f., 31 [85, 92]). So die Hess-
sche Formulierung des Übergangs aus der Theorie in die Praxis.
Interessant ist, daß wie in der »Heiligen Geschichte...« und bei
Cieszkowski auch die Dreigliederung der Geschichte nach Vater,
Sohn und Heiligem Geist wieder aufgenommen wird. Nur taucht
sie diesmal in mehr philosophischer Einkleidung auf. Sie belegt bei
beiden äußerlich die stark religiöse Färbung ihrer Geschichtsphilosophie. »Die Reformation und die Französische Revolution sind
die beiden ersten Auferstehungstage Europas, noch ein Tag und
der Sieg Christi in der Weltgeschichte ist vollendet.« Reformation
und Revolution interpretiert er sonst wie Ruge – und Hegel –, nur
identifiziert er seine Sache, d. h. die Synthese der Zukunft, nicht

23 Neue Anecdota (1845) a. a. O. 301. Daß dies keine nachträgliche Interpretation
ist, erhellt besser als aus der »Triarchie« selber aus den gleichzeitigen Briefen von
Hess – das Werk war Ende September fertig und erschien im Januar 1841. So
schreibt er an B. Auerbach am 15. III. 1840 (Briefwechsel, Nr. 14 S. 60): Mein
Buch behandelt »mein soziales Thema, das nun in England... an der Tagesord-
nung ist, so daß vorauszusehen steht, was ich schon in meiner heiligen Geschichte
angedeutet habe, daß unser Jahrhundert eine Revolution vorbereitet, die noch
umfassender, tiefgreifender und folgenreicher sein wird, als die, welche das vorige
zutage gefördert hatte. England scheint der Boden zu sein, wo die soziale Revolution zum Ausbruch kommen wird, wie Frankreich der Boden war, auf dem sie
vermittelt, und Deutschland jener, wo der Grund dazu gelegt worden.«

mit Preußen, sondern mit England. So lautet für ihn die Alternative: England oder Rußland (53 ff. [102 f.]).

Rußland mag sich irgendwann einmal mit dem römisch-germanischen Europa aussöhnen, im Augenblick aber können wir gegen die Russen, »diese westlichen eroberungssüchtigen Chinesen«, nicht genug auf der Hut sein. Doch die Feindschaft Rußland–Europa »gehört noch mehr der Zukunft als der unmittelbaren Gegenwart an«, Rußland, das ist »der natürliche Feind«. Auf die Parallele mit der Völkerwanderung anspielend fährt er fort: »gerade so wie die alten Germanen die natürlichen Feinde Roms waren«. Die Bedeutung dieser Parallele für die damalige Situation untersuchend stellt er fest, daß Rußland nicht zu aktivem Eingreifen berufen, sondern zu »passivem Anschmiegen«, daß die Freiheit auf seiten Europas sei und damit auch die Keime der künftigen Kultur nicht auf seiten Rußlands. Doch damit war es nicht getan, die »große Parallele« beunruhigte ihn, im Gegensatz zu Ruge, stark. »Die Russen haben die Fehler, aber nicht die Tugenden der rohen Naturmenschen.« Rom fehlte das Moment der Innerlichkeit – damit hebt er die Argumentation auf die philosophische Ebene –, deshalb konnte es sich nicht mehr von innen heraus verjüngen und ging unter. »Rußland kann umgekehrt, weil ihm das Element der Äußerlichkeit fehlt, nicht aus seiner Einerleiheit herauskommen, sofern nicht ein anderes Element zum slavischen hinzukommt. Wir aber werden, weil wir die Elemente der Wiedergeburt in uns selber tragen, aus uns selbst heraus verjüngt werden, durch den Kampf zum Sieg, durch den Dualismus zu Einheit und Frieden kommen.« (60 ff. [106 ff.]) Die beunruhigende Krise war damit gedeutet, das epochale Bewußtsein, bei dem stark eschatologisch denkenden Juden besonders ausgeprägt, an der europäischen Zukunft orientiert, die erschreckende Parallele durch Reflexion auf Äußerlichkeiten reduziert. Immer wieder kommt er in seiner Schrift auf die europäische Triarchie, seinen politischen Lieblingsgedanken, der ja auch der Ruges war, zurück. Sie ist nach Hess so aktuell, daß ihre Garantie im »gegenwärtigen Weltgeiste« liege (178 [163]).

Standen für Hess in den nächsten Jahren, als er den Schritt zu einem philosophisch radikalisierten Sozialismus vollendete, andere Probleme im Vordergrund als das russisch-europäische, so stand er doch stets unter dem Eindruck der »großen Parallele«.[24]

24 So etwa in Socialismus und Communismus und Philosophie der Tat, Phil. u. soz.
   Schriften, 202, 215–18, 224.

Aus dem Ende des christlichen Zeitalters entsteht »eine wesentlich neue Geschichte«, die »letzten Philosophen« jedoch gehören noch der alten an.[25] Hat er sich damit von Stirner, Bauer und Feuerbach abgesetzt, so 1845 auch von Ruge, indem er den »Socialismus« von der »vollendeten deutschen Philosophie« scheidet und ersteren der Zukunft, letztere der Vergangenheit zuordnet.[26] Seit 1845 steht er ganz in der Nähe von Marx und Engels – ihr geistiger Austausch hatte ja schon 1842 begonnen. Die Nationalökonomie wird die Mitte und der Gegensatz von Bourgeoisie und Proletariat das revolutionäre Moment seiner Geschichtsphilosophie; Gott und Geld werden beide der verkehrten, alten Welt zugeordnet.[27] Dies alles und auch die Tatsache, daß sich Hess in seinem Artikel von Anfang November 1847 in der »*Deutschen Brüsseler Zeitung*« deutlich von den »politischen Demokraten« distanziert und ihre Angst vor dem »Gespenst des Kommunismus« denunziert hatte, hielt Marx nicht davon ab, ihn im »*Kommunistischen Manifest*« abzukanzeln. Doch erwies er sich Marx letzten Endes darin überlegen, daß er in demselben Artikel das Scheitern der künftigen deutschen Revolution vorhersagte: »Der Gegensatz dieser beiden Klassen, in Deutschland nicht ausgebildet genug, um hier jemals ohne Anstoß von Außen eine *proletarische* Revolution zuwege zu bringen, ist doch schon zu ausgebildet, um hier eine *bürgerliche* in Aussicht zu stellen, die nur da entstehen kann, wo dieser feindliche Gegensatz noch schlummert...«[28] Das Scheitern der Revolution, das er prophezeit hatte, verurteilte Hess zum Schicksal des Emigranten. Die »große Parallele« mußte jetzt größere Verbindlichkeit erlangen, »*Le jugement dernier du vieux monde social*«[29] – so der Titel seiner 1851 in Genf erschienenen Schrift – war unabweisbar geworden. Dieses »jugement dernier« hatte ja auch Herzen nach der Revolution von 1848 über das »alte Europa« gesprochen, und so nimmt es nicht Wunder, daß sich Hess von Herzens Stimme »*Vom anderen Ufer*« – was der Russe

25 Die letzten Philosophen (1845), a. a. O. 381.

26 Über die socialistische Bewegung in Deutschland (1845), a. a. O. 284 ff.

27 Über das Geldwesen (1845), Die Folgen der Revolution des Proletariats (1847), a. a. O. 329 ff., 427 ff.

28 Der Artikel von *Hess* a. a. O. 438 ff., hier: 438 f., 443. – Vgl. Kommunistisches Manifest, Abschnitt III, 1, c: Der deutsche oder der »wahre« Socialismus.

29 Auszüge daraus in deutscher Übersetzung in: Dokumente des Sozialismus. Hrsg. v. E. Bernstein. Bd. I, Berlin 1902, S. 536–552.

als »de l'autre côté du terrain de la révolution«, d.h. von der Schweiz aus, verstanden wissen wollte [30] — am meisten angesprochen fühlte. Denn hier tauchte die beunruhigende Parallele wieder auf, beunruhigend deshalb, weil sie ein Russe gegen den Westen ausspielte. Der Anspruch der Russen auf die künftige Geschichte, die die Vollendung der Menschheit bringen sollte, mußte den sehr messianistisch denkenden Hess besonders intensiv beschäftigen: »ich habe dieses Werk nicht nur gelesen, sondern studiert« — wovon eine Menge Entwürfe und Exzerpte zeugen —, so leitet er seinen ersten Brief vom Februar 1850, den er, zusammen mit anderen, veröffentlichen wollte, an Herzen ein. Wie sich gleich zeigen wird, hatte Herzen in ihm seinen Meister gefunden. Anders als Ruge konnte Hess auch den Kommunismus und die soziale Revolution gegen den Herzenschen »Ursozialismus« anführen. Aber schon im Vorfeld der Auseinandersetzung zeigt er sich dem Russen überlegen. Als Philosoph verfehle dieser die geschichtliche Bewegung, die mit »sozialer Ökonomie« identisch sei, weil er »etwas darüber« stehe und nicht im Mittelpunkt. Hess ist das durchaus erklärlich, da Herzen zu »jenen nordöstlichen Völkern gehört«, die »vermöge ihres kontemplativen Naturells sich mehr zur philosophischen Richtung eignen«. Als Russe verfehle er sie, die ja für Hess wesentlich europäische Geschichte ist, weil er ihr als Fremder gegenüberstehe, sein Standpunkt also ein äußerlicher sei. Er selber, Hess, entscheide sich angesichts der Möglichkeit einer barbarischen Invasion von außen oder von innen, für letztere, für »unsere Proletarier«, welche der europäischen Zivilisation »den Tod, den Untergang und die Auferstehung bringen«. Herzen bestätige mit seinen Ausführungen über den Mir die Meinung Hess' »vom kontemplativen, ungeschichtlichen Charakter dieser Völker«. Die Slaven werden nie Europa befreien, ruft er ihm zu, aber andererseits wird es »kein freies Europa ohne ein freies Rußland« geben können. »Der vollständige Sieg der sozialen Revolution wird nicht das Werk eines Tages, aber auch nicht das Werk einer Nation oder Stammesgenossenschaft sein.« Die Hoffnung auf diesen Sieg ließ sich Hess auch durch den Mißerfolg von 1848 — ganz im Gegensatz zu Herzen — nicht nehmen, dazu stand er noch zu sehr unter dem Einfluß von Marx. Andererseits war ihm die Möglichkeit eines Sieges der Reaktion durchaus geläufig. Dem gleich-

30 *Herzen* an Hess v. 3. III. 1850, Moses Hess, Briefwechsel Nr. 146 S. 248.

zusetzen wäre eine slavische Invasion, die den »Tod der europäischen Zivilisation« bedeuten würde. »Aber ich hoffe«, so schließt er seinen Brief, »daß die Geschichte, die ›sich nicht wiederholt‹, uns mit einer zweiten Auflage der Völkerwanderung verschonen wird.«[31]

Herzen antwortete – »lieber Herr Hess, jetzt erwarten Sie keine Antwort, nur einige subjektive Betrachtungen will ich Ihnen mitteilen« – mit einem Brief vom 3. III. 1850, der zeigt, daß ihn Hess besonders mit dem Abheben auf seine Existenz »außerhalb der Geschichte« getroffen hatte. Aber der Ernst des »Apostels«, als den sich Hess selber bezeichnete, ist dem russischen Grandseigneur fremd. Mit leichter Hand übergeht er die Herausforderung, indem er sich beiläufig wiederholt – »j'ai plus d'indifférence en constatant le cancer terrible qui engloutit l'Europe occidentale… mais nous avons l'avenir pour nous«.[32] Doch faßt Hess dies gar nicht als Erwiderung auf, sondern bezieht sich in seinem Antwortbrief auf die Rede, die Donoso Cortés am 30. 1. 1850 vor der spanischen Deputiertenkammer gehalten hatte (siehe unten), und auf die Tatsache, daß Herzen darauf eine Erwiderung verfaßte.[33] Hess nimmt gegen den Russen und gegen den Spanier zugleich Stellung. Der erste Schritt der Argumentation ist der, beide als Ideologen zu entlarven – »daß Sie es überhaupt der Mühe wert hielten, diese Rede zu widerlegen, liefert mir den Beweis, daß Sie den ideologischen Standpunkt ihres Philosophen ›vom anderen Ufer‹ im Ernste adoptiert haben« –, der nächste, diese Ideologien auf die Wirklichkeit zu beziehen – »vom sozialökonomischen Standpunkt kann ein solches ›Geheul‹… keine Beachtung finden. Nur die progressistische Ideologie kann in der reaktionären einen gefährlichen Feind erblicken… Der katholische Spanier tröstet sich mit seiner katholischen Illusion… Der philosophische Russe… tröstet sich mit seiner slavischen Illusion.« Donoso habe Herzen nur eine Inkonsequenz voraus, nämlich die Annahme, die russischen Barbaren könnten Europa erobern, ohne das Gift der Anarchie, nach Donoso Cortés das letzte Wort Europas, in sich

31 An *Herzen* a.a.O. Nr. 145 S. 239 ff. – Über die Veröffentlichung a.a.O. S. 248 A. 10.

32 a.a.O. Nr. 146 S. 246 ff.

33 Donoso Cortés, Marquis de Valdegamas, et Julien, empereur romain, in: »La Voix du Peuple«, 18. III. 1850, heute im frz. Orig. in Sobranie Sočinenij VI, 351 ff.

aufzunehmen. Gegen einen solchen »Tod ohne Auferstehung«, gegen »einen solchen definitiven Sieg der Barbarei und Brutalität«, den sowohl die Reaktion als auch die slavische Invasion mit sich bringen würden, helfe nur der Sozialismus, dessen »Inhalt kein andrer als der unsrer heutigen Revolution« ist, die, gibt sie »der alten Welt den Todesstoß, in sich selbst schon den Keim einer neuen Welt tragen« muß. »Liegt in unsrer Revolution der Keim der neuen Welt, bergen unsre antagonistischen Produktions- und Eigentumsverhältnisse die Bedingungen zu jenen harmonischen Verhältnissen in ihrem Schoße, welche allen Klassen- und Rassenunterschied aufheben – dann, lieber Freund, werden uns diese Bedingungen nicht von den Slaven, wie Sie meinen, durch ihre Kommunaleinrichtungen zugeführt.« – »Täuschen Sie sich nicht, lieber Freund!« so endet der Brief an Herzen, »Der Lichtpunkt, den Sie hinter den ›Wellen der rächenden Sündflut‹ wahrnehmen, ist nicht das ›Morgenrot‹ eines neuen Tages – es ist das Nordlicht, welches die ewige Nacht beleuchtet!«[34]

Im nächsten Brief geht Hess auf Herzens Aufsatz gegen Donoso, den er inzwischen erhielt, ein. Der Russe wird zunächst auf Marx verwiesen, um den »Unterschied zwischen Ihrer ideologischen und unsrer realistischen… Auffassung der Geschichte« kennenzulernen. Hess hatte seinen Gesprächspartner in zweifacher Hinsicht durchschaut: »Nur aus Verzweiflung an der europäischen Revolution… trösten Sie sich mit Ihrer slavischen Illusion…«, damit hat er das ideologische Geheimnis von Herzens »Rückwendung zu Rußland« enthüllt. Doch genauso durchschaute er die Fronde des Aristokraten gegen die neue verpflichtende Despotie, gegen den Kommunismus, denn, hält er Herzen entgegen, »faßten Sie den Kommunismus nicht als Utopie, sondern… als proletarische Revolution… als Klassenkampf auf – dann würden Sie die bekannten Redensarten von Unterdrückung der ›persönlichen Freiheit‹… zu würdigen wissen…«.[35]

Der Ideologiekritik und der Dialektik, wie sie in Anschluß an Marx hier auf die Ökonomie als Prinzip der geschichtlichen Bewegung angewandt wird, hatte Herzen mit seinem Mythos vom russischen Ursozialismus und vom russischen Bauern als »neuen Menschen« nichts entgegenzustellen. Doch sollte letzterer in den nächsten Jahren seine Lebensfähigkeit unter Beweis stellen, die er

34 An *Herzen*, Briefwechsel Nr. 147 S. 249 ff.
35 An *Herzen* Ende März–Anfang April, a. a. O. Nr. 148 S. 255 ff.

nicht zuletzt der Tatsache verdankte, daß die Revolution im Westen ausblieb. Auch sollte es sich erweisen, daß es mit der Qualifizierung Rußlands als »ungeschichtliches« Anhängsel Europas nicht getan war.

Im Moment galt jedoch, daß Herzen gerade durch seine »ungeschichtliche« Vorwegnahme einer »russischen« Zukunft aus der Geschichte herausgefallen war, die wesentlich europäische war, weil hier, und das macht den Unterschied zu Hess' Meinung von 1841 deutlich, Produktionsmittel und Produktionsverhältnisse am weitesten entwickelt waren und also auch der Umschlag, die Revolution, nur hier erfolgen konnte. Nur in Westeuropa gab es eine Bourgeoisie, deren Nationalökonomie und Industrie man mit der Geschichte identifizierte, weil man, solange man Hegelianer war, wenn man die Bourgeoisie nicht nur bekämpfen, sondern auch vernichten wollte, ihr auf das Gebiet der Nationalökonomie folgen mußte. Denn geschichtlich erledigt sein konnte nur das, was vollständig erkannt war, wie umgekehrt nur vollständig erkannt werden konnte, was geschichtlich erledigt war. An der Spitze dieses Geschichtsprozesses stand der Mann mit der besseren Erkenntnis, dessen Positionsbestimmung sich in diesem Zirkel bewegte. Für die marxistische Geschichtsphilosophie, der Hess damals nahestand, fiel also auch Ruge aus der Geschichte heraus, weil er sie wesentlich als politische und nicht als ökonomische verstand. Er steht nicht nur 1840 dem Hess von 1841 nahe, sondern auch noch 1854, während Moses Hess mit Marx einen wesentlichen Schritt weitergegangen war. Daß beide, Ruge und Hess, Begriffe wie romanisch-germanisches Europa verwenden, heißt nicht, daß kein grundlegender Unterschied ihrer Auffassung der Rolle Rußlands im Verhältnis zu Europa besteht: für Ruge war Rußland außerhalb der Sphäre geblieben, die kraft des germanisch-individualistischen Prinzips die politische Emanzipation durchführen wird, für Hess stand Rußland außerhalb der Geschichte, die mit Ökonomie identisch war. Rußland konnte somit wohl an der sozialen Emanzipation teilhaben, aber nicht sie bei sich selber mittels eines ungeschichtlich gewordenen Prinzips durchführen.

Daß der stark eschatologisch denkende Hess ein besonders ausgeprägtes epochales Bewußtsein besaß, wurde uns schon durch sein intensives Eingehen auf die Parallele mit der Völkerwanderung deutlich, die Herzen in die Debatte geworfen hatte. Die neue

Völkerwanderung als slavische Invasion wäre aber nicht der Anfang eines neuen Äons, sondern – Hess gibt unter dem Eindruck des Scheiterns der Revolution von 1848 die Möglichkeit eines definitiven Sieges der Reaktion durchaus zu – »Tod ohne Auferstehung«, »definitiver Sieg von Barbarei und Brutalität«, die für ihn mit Reaktion identisch sind. »Invasion, Barbarei und Reaktion« seien unzertrennlich, heißt es in dem zweiten Brief an Herzen.[36] Das utopische Element im Denken von Hess hat für die Alternative Rußland–Europa keinen Platz, seine Eschatologie aber, von Anfang an vorhanden und durch das Scheitern von 1848 aktualisiert, läßt ihn die Möglichkeit einer »slavischen Zukunft« Europas durchaus als zukünftige anerkennen, nur wäre dies im Unterschied etwa zu Bruno Bauer, wie wir sogleich sehen werden, keine Zukunft, sondern »ewige Nacht« der Barbarei. Das intensive Bewußtsein, an einer Zeitenwende zu stehen, sein Krisenbewußtsein, läßt die Möglichkeit künftiger geschichtlicher Verwirklichung auf zwei Extreme zulaufen: die »neue Welt« oder die »Nacht ewiger Barbarei«. Die Garantie für die »neue Welt« scheint ihm nach dem Scheitern der Revolution nur noch im französischen Volk, der »avantgarde européenne« zu liegen, denn, so schreibt er im November 1851 an Herzen, »tant que la Nation française existera, il n'y a pas de danger sérieux pour la régénération européenne. Il n'y a rien que le démembrement de la France, qui puisse compromettre l'avenir de l'Europe.«[37] Auch im »*Jugement dernier du vieux monde social*«, einer Schrift aus dem gleichen Jahr, gesteht er zu, daß Frankreich seine historische Mission verfehlen könnte. Dies wäre dann der Rückfall in ungeschichtliche Zustände, in die Rußlands, während der endgültige Sieg der Revolution die Vollendung der Geschichte Europas heraufführen würde. Die Erschütterung seines Selbstverständnisses als Europäer, die sich darin offenbarte, daß er die Möglichkeit einer slavischen Invasion und ihrer Folgen zugab, war von dem Mißerfolg von 1848 bewirkt, der ihn in seiner persönlichen und geistigen Existenz tief getroffen hatte. Wir müssen kurz erwähnen, daß Moses Hess noch in einer anderen Richtung von diesem Ereignis bestimmt wurde, nämlich in dem Versuch, die Geschichte auf Naturgeschichte zu reduzieren – ein Schritt, den auch Herzen in der Verzweiflung an der Revolution getan hatte, und den Hess 1850 noch mit treffenden Argumenten

36 a. a. O. 253.
37 An *Herzen*, a. a. O. Nr. 161 S. 279.

kritisierte.[38] In diesen Zusammenhang gehört sein Brief an Jacob Moleschott aus dem Jahre 1852, in dem es heißt, daß er, »seitdem die Reaktion uns ehemalige sozialistische Schriftsteller in Ruhestand versetzt, oder zur Ruhe gebracht hat...«, beabsichtige, seine »schon früher ausgesprochenen... Ansichten über die Geschichte der Menschheit naturwissenschaftlich zu begründen, indem ich das... *einige* Gesetz nachzuweisen mich bemühe, welches in der Entwicklungsgeschichte *alles* Lebens waltet...«.[39] Dieser Schritt »von der Utopie zum Mythos«, wie er für eine bestimmte Gruppe der europäischen Intelligenz nach 1848 bezeichnend ist und in dem auch Rußland, wie wir sahen und wie wir noch sehen werden, eine große Rolle spielte, wird uns sogleich bei Bruno Bauer wiederbegegnen – selbst Marx und Engels konnten sich diesem Phänomen nicht ganz entziehen, der »Anti-Dühring« zeigt deutliche Spuren davon.

Bleibt Ruge gleichsam im politischen Bereich und in bezug auf Rußland in Hegels Geschichtsphilosophie befangen, so erreicht bei Moses Hess der Dualismus von Reaktion und Revolution, der mit dem von Rußland und Europa zusammenfällt, die Dimensionen einer säkularisierten Eschatologie. Kennt Hess eine Alternative zwischen Fortschritt und Reaktion, zwischen Europa und Rußland, und also auch die Möglichkeit endgültigen Unterganges Europas, wenn es dem Sozialismus nicht gelänge, die »alte Welt« zu verjüngen, so verkündet Bauer das Ende der Geschichte Europas und die Ablösung der »alten Welt« durch Rußland. Der »Verfall« des europäischen Selbstbewußtseins von Ruge über Hess bis hin zu Bauer bedeutete gleichzeitig einen Fortschritt in der Erkenntnis der zukünftigen Lage Europas.

Bruno Bauer[40] (1809–1882) wird die bedrängende Frage nach

---

38 An *Herzen,* a. a. O. Nr. 145 S. 242.

39 An *Moleschott* v. 18. XII. 1852, a. a. O. Nr. 168 S. 290 – Zu diesem Zusammenhang schreibt Hess' Biograph: »Das Ziel, auf das er lossteuert, ist, den Sozialismus in Einklang mit den Naturwissenschaften zu bringen... Die neue naturwissenschaftliche Periode erkennt er durchaus nur als gradlinige Fortsetzung der Revolution wieder, in der sich Europa befindet.« Th. Zlocisti: M.H. 1921 S. 271.

40 Zu Bauer im allgemeinen sind in erster Linie zu nennen: Karl *Löwith:* Von Hegel zu Nietzsche, S. 120 ff., 366 ff. und Horst *Stuke* (S. 290 A. 2), besonders für die Entwicklung Bauers bis 1845; vor allem aber Ernst *Barnikol:* Bruno Bauer. Studien und Materialien, hrsg. v. P. Reimer u. H.-M. Sass, Assen 1972.

der Zukunft Europa, die sich um die Mitte des vorigen Jahrhunderts unter der Form der »großen Parallele« stellte, mit der Antwort lösen: Die Zukunft gehört den Russen. Schon im März 1840 rief er aus: »Die Zeit wird immer furchtbarer und schöner.«[41] Nach seiner Übersiedlung nach Bonn schreibt er im April desselben Jahres an Marx: »Die Katastrophe wird furchtbar und wird eine große werden, und ich möchte fast sagen, sie wird größer und ungeheurer werden, als diejenige war, mit der das Christentum in die Welt getreten ist... Das Kommende ist zu gewiß, als daß man auch nur einen Augenblick unsicher sein dürfte.«[42] Um was es hier geht, hören wir ein Jahr später: »Der Terrorismus der wahren Theorie muß reines Feld machen.«[43] Über die Formen der Politik im »neuen Zeitalter« war sich Bauer – wahrscheinlich nach der Lektüre Tocquevilles – bereits 1842 im klaren, als er schrieb: »Wer an Europas und Deutschlands Zukunft denkt, darf Nordamerika nicht außer Augen, nicht außer dem Spiele lassen, denn der Kampf der europäischen Staaten wird bald einem größeren weichen, dem Kampf der Weltteile.«[44]

Nachdem der Bonner Privatdozent der Theologie seiner radikalen Lehrmeinungen wegen 1842 seine venia legendi verloren hatte, war seine theologische Kritik »*Das entdeckte Christentum*« (1843)[45] zu einem gewissen Abschluß gelangt. Abschluß in dem Sinne, daß seine Kritik aus einer indirekten zu einer direkten geworden war, die das wissenschaftlich explizierte, was er 1840 angedeutet hatte: Das Ende des christlichen Zeitalters. Da dieser

41 An Marx v. 1. III. 1840, Marx-Engels-Gesamtausgabe (MEGA), 1. Abt. I, 2, 237.
42 An Marx v. 5. IV. 1840, a.a.O. 241.
43 An Marx v. 31. III. 1841, a.a.O. 247.
44 Rhein. Ztg. Nr. 158 v. 7. VI. 1842 (Beiblatt). – Zu Bauers Kenntnis von *Tocqueville* siehe oben S. 289 A. 1.
45 Diese Schrift, von der Zensur beschlagnahmt und lange verschollen, wurde von Ernst *Barnikol* 1927 mit einer umfangreichen Einleitung, in der auf die Quellen und die Wirkungsgeschichte Bauers eingegangen wird, wieder veröffentlicht. Auf diese Einleitung sei nachdrücklich hingewiesen. – Über »Das entdeckte Christentum« schreibt *Löwith* a.a.O. 373: »Seine Entdeckung weist durch ihre These vom Hervorgang des Christentums aus dem Zerfall der politischen Freiheit der römischen Welt auf den jungen *Hegel* zurück und voraus auf *Nietzsches* Genealogie der Moral. Er will nicht mehr das ›Wesen‹ des Christentums humanisieren, sondern seine ›Unmenschlichkeit‹ nachweisen, seinen paradoxen Kontrast zu allem, was dem Menschen natürlich ist.«

Begriff des Endes nicht mehr der Hegelsche war und die »Destruktion« des Christentums mit einbezog, war es nur konsequent, daß Bauer wie später Nietzsche mit dem »Tod Gottes« auch den »Übermenschen« postulierte. Da er nicht die Aktion oder besser die Planung künftiger Aktion wählte, sondern die Kritik, unter deren Banner die Linkshegelianer angetreten waren, konsequent zu Ende führte – gewissermaßen als »letzter Philosoph«, der nicht zu emigrieren brauchte, weil er im Raume der »kritischen Kritik« verblieben war –, war es ihm von seiner Position aus ein leichtes, die sich nach 1848 konsolidierende europäische Welt geistig zu bewältigen, indem er sie für erledigt erklärte. Ein Prozeß, den »*Die bürgerliche Revolution in Deutschland*« von 1849 einleitete, und deren erste Etappe die Schrift »*Rußland und das Germanenthum*« von 1853 abschloß.

Der »Sieg des Bürgertums« ist vollendet (153), »die Welt«, die das Königtum beherrscht, ist »eine rein bürgerliche geworden«, konstatiert Bruno Bauer (187) in seiner Abrechnung mit der Revolution von 1848. Als Prinzip des Bürgertums erkennt er die »siegreiche Zaghaftigkeit, denn »kraft seiner und der allgemeinen Haltlosigkeit – siegt der Bürger, feiert er immer neue Triumphe« (88), »denn er ist das Bestehende« schlechthin (200). Dank der Schwäche des Bürgertums »stürzten die absolutistischen Regierungen im März, weil sie die zerfallenden Elemente nicht mehr zusammenhalten konnten und ihr Wille, ihre Absicht zu schwach waren, um die Wirklichkeit zu ersetzen; – wie wird es ihnen also jetzt noch möglich seyn, sich zu halten, nachdem die Auflösung vollendet ist, die alten kirchlichen und politischen Mächte zu einem gespenstischen Rumor im bürgerlichen Gehirn verdünnt sind...« (249). Auch der Versuch, sich auf das Bürgertum zu stützen, wird fehlschlagen, denn »der Versuch wird die Erfahrung vollenden und dazu dienen, daß sich der alte Gnadenstand und das zerfallende Bürgerthum einander vollends aufreiben, – aufreiben, bis das Bürgerthum die passive Masse für eine neue Bildung geworden ist« (295). – Der sich so an die Spitze des weltgeschichtlichen Prozesses setzende Kritiker – denn was als vollendet *erkannt* wird, ist geschichtlich überholt (die Zweisinnigkeit der Hegelschen Vollendung war zur Einsinnigkeit weitergeschritten, nachdem die Zweideutigkeit des Begriffes der Aufhebung eindeutig geworden war) – war nun gezwungen, wollte er nicht Geschichtseschatologe werden, nach neuen Möglichkeiten Ausschau zu halten, d. h. die Völker der neuen Völkerwanderung in Augenschein zu nehmen. Nichts leichter als das angesichts der Tatsache, daß der konservative *Baron von Haxthausen* die ersten Bände seiner »*Studien*...« 1847 herausgegeben hatte, deren letzter Band auch noch in der Zeit erschien, in der Bruno Bauer, der zwischen den beiden obengenannten Schriften nichts veröffentlichte, sich in seine Charlottenburger Studierstube zurückgezogen hatte. Doch es ist mehr als eine chronologische Kongruenz, daß es gerade Haxthausen war, dessen Informationen für sein Rußlandbild ausschlaggebend wurden.[46] Hier war, besonders im dritten Band, ein Bild Rußlands gezeichnet, das man leicht dem Westen entgegenhalten konnte, dem man mit seiner radikalen Kritik – auch im eigenen Bewußtsein – den Boden einer geschichtlichen Zukunft entzogen hatte.

Es ist bei Bruno Bauer nicht die an einer Utopie festgemachte Kritik, die ihr Verdammungsurteil über die bürgerliche Welt spricht, es ist die Kritik, die selbst noch die Utopie einbezieht, also sich nicht zugunsten eines »neuen Europa« vom »alten« absetzt, sondern Europa und seine Kultur und damit auch das Christentum als dem Untergang verfallen erklärt, und für das schlechthin andere, Neue, für die »jungen Völker«[47] optiert, so wie er später aus ähnlichen Motiven für die Macht, wie sie sich ihm im Bismarckschen Reiche darstellte, optierte – die strukturelle Ähnlichkeit zur Position Herzens sei noch angemerkt. So wird die Biographie Bauers paradigmatisch für ein Phänomen der Geistesgeschichte des 19. Jahrhunderts, die in einem ganz speziellen Sinn Geistesgeschichte, nämlich Geschichte der europäischen Intelligenz ist, das man mit dem Schlagwort von der Utopie zum Mythos annähernd beschreiben kann – wobei Utopie hier ganz eng zu verstehen ist als Glaube an die rationale Beherrschbarkeit der Geschichte. Dieser Mythos, wie er uns schon bei Herzen und Moses Hess begegnete, ist das Resultat der Verzweiflung an der Geschichte, wie sie sich nach der gescheiterten Revolution von 1848 bei der revolutionären Intelligenz breitmachte. Es gab deren viele:

---

46 Den Nachweis im einzelnen führt J. *Helfinger:* Bruno Bauer und Rußland. Phil. Diss. Heidelberg 1954 S. 49 ff. – Übrigens wird man den Zusammenhang sofort gewahr, wenn man nach der Lektüre *Haxthausens* Bruno *Bauers* Schriften über Rußland zur Hand nimmt.

47 Als »junge Völker« bezeichnet Bauer Russen und Nordamerikaner. Siehe z. B. Rußland und das Germanenthum. Charlottenburg 1853 S. 7 f.

die »action directe« oder »action spontanée« von Bakunin bis George Sorel, die den Mythos der Gewalt, der Macht und der Masse zum Hintergrund hatte; die Auslieferung der Geschichte an die Naturgesetzlichkeit, die im Zeitalter der sogenannten wissenschaftlichen Materialismus fast durchgängig zu beobachten ist – vielleicht ist letzterer auch ein Mythos –, und von der selbst der historische Materialismus nicht verschont blieb; dann der Mythos des »jungen Volkes«.[48] Er ist, das darf man nicht vergessen, mit all seinen Merkmalen einer rückwärtsgewandten Utopie ein Produkt der Romantik, ein Produkt der vorwiegend ästhetisch orientierten Kritik, das man gegen Demokratisierung und Industrialisierung ausspielen konnte. Und gerade deswegen konnte er von Konservation wie Fortschrittlichen gleicherweise verwendet werden, und zwar, wenn beide die Hoffnung auf die eigene Zukunft aufgegeben hatten und sich der Zukunft der »jungen Völker« zuwandten. Denn Revolutionäre und Konservative waren die Verlierer von 1848, weil der Sieg der »Reaktion«, wie Bauer klar erkannte, nur ein scheinbarer war. Aber dieser Begriff blieb doch trotz aller Krisengebundenheit ein Begriff der Vermittlung, denn »junge Völker« in diesem Sinne bedeuten ja eine »neue Kultur«. Um dies zu erläutern, braucht nur darauf hingewiesen zu werden, daß weder die politische Eschatologie der Gegenrevolution noch Tocqueville auf diesen Begriff verfielen. Unnötig, den Einfluß Haxthausens oder romantische Elemente im Denken Bruno Bauers zu bemühen, um diesen Begriff bei ihm zu erklären. Wenn man erfaßt hatte, was die »große Parallele« bedeutete – Bauer hat dies vielleicht wie keiner seiner Zeitgenossen – und wenn man Hegelianer war, d. h. sie sich durch eine Geschichtskonstruktion vermitteln mußte, so mußte sich der Mythos des »jungen Volkes« als Überwindung und Sinngebung der Krise beinahe zwangsläufig aufdrängen. Besonders für eine Geschichtsphilosophie, die um die Mitte des letzten Jahrhunderts weder utopisch im Sinne der marxistischen Lehre, noch eschatologisch im Sinne von Donoso Cortés war, noch sich mit der Position Tocquevilles identifizieren konnte.

48 Vgl. zu diesem Zusammenhang bei *Nietzsche* unten S. 365 f. Ich hoffe, zu diesem Problemkreis in absehbarer Zeit eine Arbeit vorlegen zu können, die von 1848 ausgehend diese »politische Mythologie« in den westeuropäischen Ländern und in Rußland bis in die 20er Jahre dieses Jahrhunderts hinein untersucht; u. a. auch unter dem Aspekt, den *W. Y. Elliott* zum Thema seines Buches, The Pragmatic Revolt in Politics (New York 1928), gemacht hat.

Im Begriff des »jungen Volkes« im spezifisch Bauerschen Sinn verbirgt sich der Glaube an die Geschichte schlechthin. Diese Reduktion ist der letzte Halt, die letzte Position vor dem Nihilismus, der bei Bruno Bauer als »europäischer«, d. h. sich auf Europa beziehender erscheint, aber immer noch einen Halt an der Geschichte findet und somit nur eine Vorstufe des Nietzscheschen erreichen kann. Nietzsche – das sei hier noch angemerkt – geht den Weg konsequent zu Ende und löst den als Halbheit entlarvten Glauben an die Geschichte in der ewigen Wiederkehr des Gleichen auf. Seine Konsequenz ist aber nur eine scheinbare, die ewige Wiederkehr enthüllt sich als Religionsersatz, der Wille zur Macht, der Wille zur Zukunft, ist mit der Lehre von der ewigen Wiederkehr unvereinbar, womit in diesem doppelten Zwiespalt der innere Widerspruch von Nietzsches Philosophie deutlich in Erscheinung tritt.[49]

Die Frage an die Zukunft, so stellt Bruno Bauer in der ersten seiner Rußlandschriften »*Rußland und das Germanenthum*« (1853)[50] fest, ist »ob die germanische Welt den Untergang der alten Zivilisation (denn nichts ist gewisser als dieser Untergang) überleben oder ob die russische Nation allein die neue Zivilisation bestimmen wird – ob das beginnende Zeitalter das russische heißen oder ob ihm im Verein mit dem Russentum auch das Germanentum seinen Namen beilegen wird«. In diesem Satz ist das Motiv seiner Beschäftigung mit Rußland klar ausgesprochen. Man darf durch die vor allem im Verlauf des Krimkrieges auftretenden Abweichungen diese Ausgangsposition nicht aus den Augen verlieren. Er entwirft im folgenden ein wesentlich an Haxthausen orientiertes Bild Rußlands und seiner Bewohner. Rußland könne man seinen Möglichkeiten nach nur mit Nordamerika vergleichen. Er zählt die Vergleichspunkte auf, wobei wir das »beide gleich jung« besonders festhalten müssen. Aber Rußland habe doch vor Amerika eines, vielleicht das wesentlichste voraus, nämlich das »geistige Kapital, welches es in dem ursprünglichen Nationalstamm seiner Bevölkerung besitzt. Eine ähnliche riesenhafte

---

49 Zu diesem Widerspruch in *Nietzsches* Philosophie vgl. Karl *Löwith:* Nietzsche, nach sechzig Jahren, in: Ges. Abhandlungen, 1959 S. 127 ff., bes. 138 ff.
Die ewige Wiederkehr als Religionsersatz: *Löwith,* Von Hegel zu Nietzsche, 398.

50 Der größte Teil dieser Broschüre war in einzelnen Aufsätzen bereits 1852 in der »New York Daily Tribune« erschienen.

Grundlage für seine zukünftige Herrschaft hat noch kein Volk besessen.« (7 f.) Seiner »kritischen« Haltung treu bleibt er auch bei
der Schilderung des russischen Volkscharakters, in der der Russe
als Prototyp des unbürgerlichen Menschen erscheint (12). Die angesichts des als endgültig erkannten Zerfalls des Westens entscheidende Frage für Bruno Bauer lautete: »Wenn Rußlands Gläubige
mit der Auflösung des Westens in Berührung kommen, wird sich
dann seine Ungebrochenheit noch behaupten können? Wird sein
Sieg nicht auch sein Fatum werden?« (21) – Sicher hatte er die
Rede Donoso Cortés', in der diese Frage eindeutig beantwortet
wird, gelesen. – Demokratisierung, religiöse Nivellierung, Ausein-
anderfallen von Gesellschaft und Staat, von Individuum und Gemeinschaft, das sind für ihn einige der Anzeichen der Zerrüttung
des Westens, aber – hier kommt Hegel zum Vorschein – die Gewißheit der Auflösung gebe allein Kraft zu neuen Unternehmungen
(115). Diese Gewißheit und damit auch die Kraft könne aber von
nirgendwoher kommen als – die Legitimation der eigenen Existenz ist evident – von der »wahren Wissenschaft«, die »die wirkliche Erforschung von Natur und Geschichte« in »Privatarbeit«
übernehme, da die Krisis von 1848 die strikte Trennung von »Wissenschaft« und Regierung mit sich brachte (54 f.). Den Mythos des
Neuen schlechthin, der auch die Revolution als Revolution gegen
das »Alte« und damit dem »Alten« verhaftet begreift, bringt er auf
folgende Formel: Das Germanentum, Vollender der bisherigen
Geschichte, kann sie nicht endgültig abschließen, weil es im Absetzen von der bisherigen Geschichte immer noch in Revolutionen
mit ihr verwickelt ist, das Russentum dagegen setzt einen neuen
Anfang, »die Äußerung der eigensten Kraft, die Tat der Eroberung...« (118).

Daß Geschichte für Bruno Bauer wesentlich Geschichte des individuellen Selbstbewußtseins ist, erfahren wir aus dem Schlußabschnitt seiner Schrift: »Beruhte der Orient auf der priesterlichen
Disziplin, Griechenland und Rom auf der aristokratischen Vereinigung der kriegerlichen und priesterlichen Macht, das Germanentum auf der adeligen Eigenmacht, so wird das letztere in seiner
vollendeten Entwicklung und mit dem Russentume vereint, den
einzelnen erst zum Souverän seiner Welt machen.« In einer die
Utopie Nietzsches vom Übermenschen vorwegnehmenden Argumentation fährt er fort: »Waren es die drei großen Wendepunkte
der Geschichte, als Sokrates der Theokratie gegenüber sich seines

Nichtwissens rühmte, als das Christentum gegen das Kaisertum die eigene Seele über alles stellte, als Cartesius an allem zu zweifeln gebot – waren diese Heroentaten des Nichts die Schöpfungen neuer Welten, so wird der letzte, schwierigste Vorsatz, der noch übrig bleibt, der Vorsatz Nichts zu wollen, Nichts vom Alten zu wollen, dem Menschen erst die volle Herrschaft und Meisterschaft über die Welt geben.« (121) Die Möglichkeit, Nichts vom Alten zu wollen, die soll das Russentum dem seiner alten Geschichte verhafteten Abendland vermitteln. Aus dieser Vermittlung soll die »volle Herrschaft über die Welt« durch die Souveränität des Individuums, mit anderen Worten der »Übermensch«[51] entspringen. Dies ist wohl die Stelle, an der sich Hegel und Nietzsche am nächsten kommen. Aber Hegel in einer vermittelten Form, nämlich durch Bruno Bauer und seine Aufhebung der Hegelschen Vermittlung von Objekt und Subjekt, von Gesellschaft und Individuum, die dadurch erzwungen wurde, daß die Philosophie als weltgestaltende »Praxis« in einem vorher nie gekannten Ausmaße Einflüssen der Praxis, d. h. soziologischen Bedingungen unterworfen war. Angemerkt sei, daß der Hegelianer Bruno Bauer den Übermenschen historisch konstruiert, nachdem die radikale Kritik des Christentums seine Notwendigkeit auf ethischem Gebiet erwiesen hatte, während Nietzsche in seiner das Christentum, wie er meinte, vernichtenden Kritik auch die Geschichte als Geschichte des christlichen Abendlandes einbezog und die »volle Meisterschaft über die Welt« nur dem zugestehen wollte, der in diesem spezifischen Sinn die Geschichte in der »ewigen Wiederkehr des Gleichen« überwand. Somit konnte der Übermensch nur noch von der Ethik her – auslösend wirkte das Problem der Werthierarchie – begriffen und konstruiert werden.

In der zweiten Abteilung der vorerwähnten Schrift, die er »*Die deutsche und die orientalische Frage*« betitelt und die noch im selben Jahre (1853) erschien, gesteht Bruno Bauer England zu, daß es sich in der Gegenwart noch mit Rußland messen könne, für die Zukunft aber nichts mehr zu erwarten habe, »... wenn das Großbürgertum durch die Erweiterung des Wahlrechts seinen Verfall und seine Ratlosigkeit eingestanden hat und dem kleinen Bürgertum ebenso unsicher wie ihm in diesem Augenblick die Aristokratie gegenübersteht, werden Rußland und Nordamerika

51 Zum Begriff des Übermenschen bei Bauer vgl. *D. Tschižewskij:* Hegel et Nietzsche, in: Revue d'Histoire de la Philosophie III (1929), 321 ff.

bereits die beiden Weltmächte sein.« (72, 75) Aber der tiefdringende Blick des Kritikers bewährt sich noch an weiteren Diagnosen, die sofort in Prognosen umspringen: Die letzten Erschütterungen haben die Tatsache offenbar werden lassen, meint Bruno Bauer, daß mehrere Glieder des Großmächtesystems zu schwach seien, um die künftige Politik, die Weltpolitik sein wird, zu bewältigen. Die künftige Weltpolitik werde nur von Weltmächten gemacht werden. »An die Stelle der Pentarchie tritt die Diktatur.« Wer kann sie aber ausüben, so können wir interpretierend fortfahren, als Rußland und Nordamerika. Aber nicht nur weltpolitische, sondern auch innenpolitische Bedingungen erfordern nach Bruno Bauer die Diktatur – man denke an Donoso Cortés! –, denn Individualismus und Individualisierung, »Atomisierung« wie er auch sagt, als Ergebnis der »letzten sechzig Revolutionsjahre« lassen als einzigen Ausweg nur noch die Diktatur offen, weil nur sie es vermag, die Individuen zusammenzubinden (75 ff.). Hier wird die geschichtliche Erfahrung Napoleons zur geschichtlichen Einsicht überhöht und damit bewältigt. Keine theoretischen Schwierigkeiten wird es von nun an mehr bilden, für die Macht zu optieren. Und weiter geht es: Revolution und Parlamentarismus lebten von Grundsätzen, die ihren letzten Rest von Gehalt »dem alten militärisch-theologischen System verdanken«. Auf die Frage, Was sonst?, die negativ gewendet einer ideologischen Bankrotterklärung des Parlamentarismus gleichkommt, positiv aber seine zunehmende Neutralisierung anzeigt, kann Bruno Bauer nur mit dem Mythos, der Bankrotterklärung des Rationalismus, antworten: »Das Neue wird, es entwickelt sich, es kämpft noch für sein Seyn, – es ist noch nicht Dogma.« – Demokratie heißt für den Individualisten Bauer Gehässigkeit gegen die innere Ursprünglichkeit, die sich jeder Messung entziehe (79 ff.).

Inmitten des Nichtmehr des Alten und des Nochnicht des Neuen bestimmt Bruno Bauer seine Position: »Im Krieg aller gegen alle führe ich wie bisher meinen deutschen Krieg auf eigene Hand, indem ich ... dazu mitwirke, daß der Zusammenhang der deutschen Theorie mit der Zukunft aufrechterhalten bleibe.«[52] Dieser Satz stammt aus einer Schrift, die im November 1854 erschien. Angesichts des weiteren Verlaufs des Krimkrieges wird

---

52 Deutschland und das Russenthum. Charlottenburg 1854 S. 28 – Bauers hier nicht erwähnte Schriften über Rußland sind: Die jetzige Stellung Rußlands – Rußland und England, beide Charlottenburg 1854.

Bruno Bauers Einschätzung Rußlands zum Negativen hin modifiziert, womit sich auch sein Selbstverständnis immer mehr in der oben angedeuteten Richtung verändert. Angesichts der alles erfassenden Krisis, der als Bewußtseinsprozeß, nach Bauer, die Kritik entspricht, schwankt das Selbstverständnis der intellektuellen Existenz als geschichtlicher – dem eine veränderte Seinserfahrung, nämlich die Erfahrung der Welt als Geschichte zugrunde liegt – zwischen einer solchen als prophetischer und einer solchen als Kat-echon.

In seiner letzten Rußlandschrift, »*Die russische Kirche*« (1855), wird dies besonders deutlich. »Dieses Volk mit dem Antlitz des Menschen und mit dem Leib des Löwen ist die Sphinx, die vor dem jetzigen Europa steht und ihm die Aufgabe gestellt hat, das Rätsel der Zukunft zu deuten. Die Augen des Ungetüms sind unverwandt und lauernd auf Europa gerichtet, seine Löwentatze ist erhoben und zum Schlage bereit; Europa beantworte die Frage und es ist gerettet; – es höre auf an der Frage zu arbeiten, es lasse die Antwort auf sich beruhen oder gebe sie dem Zufall anheim und es wird die Beute der Sphinx, die es mit eiserner Gewalt niederhalten wird.« (4) Wer wird aber die Rätsel der Zukunft deuten? Derselbe, der den »Abschluß des christlich-germanischen Zeitalters« (12) herbeiführen wird: »... als Deutscher bin ich auf die bescheidene Aufgabe beschränkt, Rußland zu deuten und sein Verhältnis zu Europa zu erklären, und ich werde mich in Zukunft dieser Aufgabe unterziehen, wenn man auch meine Gegnerschaft gegen Rußland, wie man es im Genuß des künftigen Provisoriums nennen wird, gleich Allem, was ich bisher geleistet habe, unzeitgemäß finden sollte.« (9) Welche Deutung erfährt nun der Krimkrieg, und welches ist seine Bedeutung für das Verhältnis Europas und Rußlands? Er mag, schreibt Bruno Bauer, »im Provisorium enden«, so ist doch der »Gegensatz gegen den Osten für immer entzündet«. Innerhalb dieses offenbar gewordenen permanenten Gegensatzes werden »Einzelne... das Germanenthum... bis zu seinen äußersten theoretischen Konsequenzen fortführen und das Ergebnis ihrer isolierten Unternehmungen über die versinkenden Massen hinweg der Zukunft darreichen, die es im großen Entscheidungskampf praktisch anwenden wird. Auch das Slaventhum wird sich indessen steigern, um seinen entscheidenden Überfall über Europa auszuführen; Anfangs Sieger, wird es dann im Germanenthum seine letzte Ergänzung, aber auch seinen Herrn finden.« Diese künftige Vermittlung zwischen Ost und West wird um so leichter sein, als der »Verfall des Gegensatzes seiner Vollendung nahe« sei. Auf politischem Gebiet stehe Diktatur gegen Diktatur, ein Gedanke, der in der Schrift »*De la Dictature occidentale*« (1854) ausgeführt wird. Die westliche Diktatur, das ist Napoleon III., dem die östliche, die russische gegenübergestellt wird. Auf die Frage nach dem Unterschied beider, antwortet Bauer: »Les nations européennes subissent les mêmes dispositions morales qui exercent en Russie un empire non disputé, sans avoir perdu le souvenir des principes auxquels elles obéirent jusqu'ici ... Mais les puissances européennes marchent encore vers la centralisation et le mécanisme politique, établis en Russie depuis l'invasion des Mongols, sans avoir atteint leur but.« In diesem Noch-Nicht sieht er den letzten Rest von Gegensatz, dessen Verfall jedoch auch nur eine Frage der Zeit ist. »L'antagonisme de l'Occident et de l'Orient étant tombé, leur lutte décisive pourrait donc commencer seulement quant les mêmes principes qui règnent en Russie, auraient prévalu aussi dans l'Occident et que la question serait réduite au simple dilemne, qui de l'Occident ou de l'Orient soit plus propre, plus fort et plus habile pour présider au développement ultérieur de ces principes et pour le diriger d'une main impérieuse.« (36) Daß Demokratie zur Zentralisation führt und damit zur Diktatur (36), war für die Zeitgenossen Napoleons III., wie wir sahen und wie wir noch sehen werden, ein Topos. Hatte doch auch Montégut die »dispositions morales« des Westens mit denen Rußlands verglichen, und Custine dazu schon 1843 Ansätze gezeigt – von Tocqueville ganz abgesehen, für den ja die Tendenz zur Demokratisierung sowieso das Kernstück seiner Prognose darstellte. Nach 1848 war dies eine geläufige Einsicht geworden, die nicht mehr auf eine bestimmte politische Richtung beschränkt blieb. Aber auch der Vergleich Demokratie hier – Demokratie dort, oder sogar russischer Kommunismus – der Agrarkommune – und westlicher Kommunismus, konnte für die verschiedensten politischen Zwecke benutzt werden. Doch bei Bruno Bauer reicht dieser Vergleich in die tiefste Schicht seines Denkens und wird somit auch für sein Selbstverständnis als Europäer relevant. Er besagt nämlich für das Verhältnis Europas zu Rußland nichts anderes, als die Prognose Tocquevilles für das von Europa und Nordamerika: In Rußland erkennt das westliche Europa sein künftiges Geschick! Aus der Verzweiflung an der europäischen Geschichte und ihrer

Revolution geboren, ermöglicht ihm diese Erkenntnis andererseits auch, sich von Europa abzusetzen. Denn der Verfall der Gegensätze wird die künftige Aufgabe des Philosophen – seine eigene – als Mittler zwischen Germanen- und Slaventum erleichtern.

Aber auch auf religiösem Gebiet, so heißt es in »*Die russische Kirche*« (1855) sei der »Verfall des Gegensatzes« nahe, denn das Slaventum werde, »wenn es sich dem Westen öffnet, einer religiösen Auflösung entgegengehen, der es keine Waffen entgegenzusetzen hat« (20). Ist hier auf die 1853 gestellte Frage, ob sich Rußland dem zersetzenden Einfluß des Westens entziehen könne, eine endgültige – verneinende – Antwort gegeben, so wird auch die andere, ob das kommende Zeitalter das russische oder aber das russischgermanische heißen wird, am Ende dieser Schrift beantwortet: »Die Gedankenlosigkeit des Russen ist mächtig genug, um sich gegen die zerspaltene Gedankenwelt des Abendlandes zu richten… aber die Gegensätze zusammenzufassen und in einer neuen Geburt zu vernichten, das wird er dem Germanen überlassen müssen, der zweimal schon den Kampf gegen das Römertum bestanden hat und seine Kraft gegen Lateiner und Griechen zugleich bewähren wird.« (34)

Mit dem Ende des Krimkrieges verliert auch Rußland an Interesse für Bruno Bauer. Zwar kommt er in seinen späteren Schriften bis in die 80er Jahre immer wieder auf Rußland zu sprechen[53], doch ist die russische Zukunft Europas nicht mehr der Zentralpunkt, um den sein Denken, wie in der von uns behandelten Zeit, kreist. Angesichts des Scheiterns der Revolution und der Diktatur Napoleons lag es für den radikalen Kritiker nahe, sich nach dem Volk umzusehen, das dem germanisch-christlichen Weltalter den Todesstoß versetzen und sich selbst als Träger eines neuen einsetzen würde. An der Veränderung der Rolle, die dem Slaven- oder Russentum im neuen Weltalter zugewiesen wird, kann man sehr genau ablesen, wie die politischen Ereignisse auf ihn wirkten. War es vor Ausbruch des Krimkrieges, im Hinblick auf die Uneinigkeit des Westens und die scheinbare Stärke der Position Rußlands die Frage, inwieweit das »Germanentum« im kommenden Äon überhaupt noch eine Rolle spielen wird, so wurde es ihm angesichts der russischen Niederlage und aufgrund eingehender Beschäftigung mit russischen Problemen immer wahrscheinlicher, daß das Rus-

53 So etwa in seiner letzten Schrift: Disraelis romantischer und Bismarcks socialistischer Imperialismus, Chemnitz 1882. S. 23–25, 138–149.

sentum zwar ein notwendiger Bestandteil des kommenden Weltalters, aber nur im Verein mit und unter Führung von dem »Germanentum« – unter dessen höchster »theoretischer« Ausformung er sich selber verstand – quasi als Büttel des Weltgeistes das neue Äon heraufführen werde. Der Mythos vom »jungen Volk« hatte sich unter dem Druck der geschichtlichen Realität, wenn auch nicht entscheidend, gewandelt. An der Spitze der geschichtlichen Bewegung zu stehen, die Vorhut des Weltgeistes zu bilden, das konnte der Europäer und Hegelianer Bruno Bauer doch nicht den wesentlich praktisch-politisch wirksamen Russen – so sah er sie jedenfalls – überlassen. Option für den Osten, notwendig geworden, weil man das Ende des christlichen Zeitalters als Kritiker vollzogen hatte – mit der ganzen Konsequenz, die das Bewußtwerden des Endes für einen Junghegelianer bedeutete –, heißt also nicht Selbstaufgabe, sondern heißt die höchste Stufe des Selbstverständnisses intellektueller Existenz erreichen, nämlich Bewahrer des Alten und Verkünder des Neuen zugleich zu sein, d. h. für Bauer, das christlich-germanische Weltalter zu beenden und damit das neue slavisch-germanische zu ermöglichen.

Im Denken von *Karl Marx* und *Friedrich Engels* gewann das Problem Rußland weniger Bedeutung für ihr Selbstverständnis als Europäer denn für die Entwicklung ihrer Lehre. Deshalb können wir uns hier mit einigen Bemerkungen, die auf die Zeit bis in die Mitte der 50er Jahre beschränkt bleiben sollen, begnügen. Die bisherige Literatur zu diesem Thema[54] ist an der wichtigsten Frage einfach vorbeigegangen und hat das Verhältnis von Marx und Engels zu Rußland mehr aus Kuriosität – weil ja die »Verwirklichung« ihrer Lehre angeblich zu deren Prinzipien in Widerspruch steht – behandelt. Diese Frage, die positiv zu beantworten wäre, lautet: Bildete Rußland einen der Faktoren, die das Auseinanderbrechen der geschichtsphilosophischen Totalkonzeption von Marx bewirkten? Dieser Bruch zeigt sich u. a. auch darin, daß das »Kapital«, d. h. der Versuch, die Entfremdungserscheinungen der Bourgeoisie theoretisch zu bewältigen, um sie dann praktisch aufzuheben, nie abgeschlossen wurde. Ein anderer dieser Faktoren war auch die Tatsache, daß – sehr verkürzt gesprochen – Marx

---

54 Als neueste Arbeit wären hier zu nennen: Helmut *Krause:* Marx und Engels und das zeitgenössische Rußland. (Marburger Abhandlungen zur Geschichte und Kultur Osteuropas I) Gießen 1958.

Zeit seines Lebens ein geschlagener »Achtundvierziger« war. Unmittelbare revolutionäre Evidenz hatte sein Denken nur bis zum Kommunistischen Manifest. Wir brauchen in diesem Zusammenhang nur auf die späteren Äußerungen von Marx und Engels hinzuweisen, mit denen sie die optimistischen Hoffnungen ihrer Jugendjahre bedachten. – Unter dem Aspekt der Weltrevolution, unter dem die beiden nach 1848/49 mehr und mehr die Revolution, die die Befreiung des Proletariats heraufführen sollte, betrachteten, war es ihnen in erster Linie darum zu tun, Elemente der künftigen Revolution in den wichtigsten Ländern zu entdecken. Und so steht nach dem Abflauen ihres Russenhasses aus den Tagen der deutschen Märzrevolution, von dessen Intensität die dauernd wiederholte Forderung eines Krieges gegen Rußland zeugt[55], und nach ihrem Abstandgewinnen vom Kontinent und damit auch von den revolutionären Ereignissen, wenn sie sich mit Rußland beschäftigen, die Frage im Vordergrund, wann und in welcher Form dort die Revolution ausbrechen wird. Unter dieser Fragestellung betrachten sie das Zarenreich seit Beginn der 50er Jahre.[56]

Die Hoffnungen, daß der Krimkrieg eine entscheidende Niederlage Rußlands und damit auch der »Reaktion« herbeiführen würde, erfüllte sich nicht. Marx und Engels führten in der »New York Daily Tribune«[57] und in anderen Zeitungen einen erbitterten Federkrieg gegen Rußland und auch gegen Palmerston, den sie von den Russen für bestochen hielten. Marx erhärtete diese von David Urquhart übernommene Behauptung durch historische Belege. Seine Abschweifungen auf das Gebiet der diplomatischen Geschichte, die er in den Archiven des British Museum unter-

55 Vgl. z. B. die S. 237 A. 7 angeführten Aufsätze.
56 Wohl die frühesten Stellungnahmen zu diesem Problem: *Engels* an *Marx* v. 23. V. 1851, Werke XXVII, 266 f.; *Engels'* Leitartikel in der »New York Daily Tribune« v. 21. IV. 1852. Ges. Schriften v. Karl Marx und Friedrich Engels 1852–1862, Hrsg. v. N. Rjazanov. 1917 I, 167; *Marx* an *Engels* v. 2. VI. 1853, Werke XXVIII, 254. Ab 1858 wird die zukünftige russische Revolution eines der wichtigsten Objekte ihrer weltpolitischen Spekulationen.
57 *Marx* und *Engels* waren von 1851 bis 1862 Mitarbeiter der NYDT. Die Marxschen Artikel mit Fundorten aufgeführt bei Maximilian *Rubel:* Bibliographie des œuvres de Karl Marx. 1956 S. 92 ff. (Beachte die Ergänzungen im Supplément à la biographie... 1960.) 1. Beitrag Marxens vom 21. VIII. 1852, 1. Beitrag Engels' vom 25. X. 1851 (ebd. 236). Die Artikel während des Krimkrieges bei Rubel a. a. O. aufgeführt und jetzt fast vollständig in deutscher Übersetzung in Marx-Engels, Werke, IX–XI, abgedruckt.

nahm, ließen ihn die »Entdeckung« machen, daß die Zusammen-
arbeit, bzw. Beeinflussung der englischen Politik durch Rußland
aus der Zeit Peters des Großen datiere.[58]

Was aber das Eingehen auf Marx und Engels im Zusammenhang der vorliegenden Untersuchung rechtfertigt, ist die Tatsache,
daß sie von der als »Streit der Geschichtsphilosophien« charakterisierten Auseinandersetzung um die Zukunft Europas und Rußlands, in der die »große Parallele« eine wichtige Rolle spielte,
nicht unberührt blieben. Der äußere Anlaß für die von Engels in
diesem Zusammenhang entworfene Schrift, deren Titel »*Germa-
nen- und Slawentum*« oder »*Deutschland und das Slawentum*«
lauten sollte und an der er seit 1854 arbeitete, war nicht nur seine
damalige intensive Beschäftigung mit diesen Fragen, sondern vor
allem die Tätigkeit des Grafen *Adam Gurowski* an der NYDT, der
ihnen im Sinne eines russisch-zaristischen Panslavismus entgegenarbeitete.[59] Engels ging es vor allem darum, die Theorien »furcht-
samer europäischer Reaktionäre« – hierunter fällt auch Bruno
Bauer – zu widerlegen und Herzens Mythos auszuschalten. Von
seiner Position aus kann er zunächst einmal alle Panslavisten als
Reaktionäre klassifizieren, weil »sie die ökonomischen Probleme

---

58 Zu diesem Thema eingehend mit Archivmaterial M. *Rubel:* Les Cahiers d'Etude
de Karl Marx, II: 1853–56, in: International Review of Social History V (1960),
39 ff., bes. 59–74; ferner Karl *Marx:* Enthüllungen zur Geschichte der Diplomatie im 18. Jahrhundert, hrsg. u. eingel. v. K. A. Wittfogel, Frankfurt 1980; N. *Rjazanov:* Karl Marx über die Vorherrschaft Rußlands in Europa. Ergänzungsheft
Nr. 5 zur Neuen Zeit (1909). – Zu *Urquhart* siehe oben S. 195 ff.
Interessant ist, daß *Marx* und *Engels* wirklich glaubten, was sie über *Palmerston*
schrieben, denn in der umfangreichen Korrespondenz über diese Frage findet sich
kein einziger Hinweis, daß sie ihre Behauptungen nicht ernst nahmen. Es dürfte
zwei Gründe für diese Haltung geben. Der eine, psychologischer Natur, resultiert
aus ihrem Russenhaß und ist eng mit dem zweiten verknüpft, der darin besteht,
daß sie nicht verstehen konnten, was Politik im alten Sinne bedeutet. *Palmerston*
mußte deswegen als Verräter erscheinen, weil er keinen Krieg mit vollem Einsatz,
keinen totalen Krieg führte und nicht zur Vernichtung des Erzfeindes der Revolution beitrug. *Marx* und *Engels* glaubten, daß eine solche Haltung nur durch
persönliche Interessen motiviert sein könne.
59 Zur Entstehung der Schrift Gustav *Mayer:* Friedrich Engels, 1934 II, 54. Erster
Hinweis in der Korrespondenz: *Marx* an *Engels* v. 8. XII. 1854, Werke XXVIII,
419; weitere Hinweise: Marx an Engels, 16. 5. 55, ebd. 446; *Engels* an *Marx* v. 7.
II. 56; *Marx* an *Engels* v. 13. II. 56, 29. II. 56, 5. III. 56, Werke XXIX, 8, 18, 19 ff.
Zu *Gurowski* vgl. oben S. 227 und *Mayer* a. a. O. 53 f. Im folgenden wird zitiert

vernachlässigten« und damit aus der Geschichte herausfielen. Herzen, so heißt es weiter, dieser »zum Revolutionär aufgebauschte panslawistische Belletrist«, habe seine These nur Haxthausen gestohlen. Die Russen betrieben stets alles nur als Dilettanten, denn sie wollten nur Europa imponieren und sonst nichts. Dahinter aber verberge sich »das böse Gewissen der inneren Barbarei«.

Auf die Lehre vom Altern der Völker und besonders auf die Parallele mit dem Untergang Roms und der Heraufkunft des Christentums eingehend, erklärt Engels, daß mit dem Aufkommen der Industrie in Europa dieses vor einem Untergang endgültig bewahrt sei. Die antiken Völker seien an ihren Produktionsbedingungen zugrunde gegangen, die sich allmählich erschöpften; die modernen Produktionsbedingungen enthielten jedoch das Prinzip ihrer eigenen Entwicklung in sich. Rußlands Prinzip sei bewußtlose Stabilität, während Europa aufgrund seiner materiellen Grundlagen und seines gemeinsamen Bewußtseins ein Ganzes darstelle, das sich durch Leben und Fortschritt auszeichne. Daher kann Engels auch sagen: »Je größer und universeller die Krise, desto häufiger die Ansätze.« Gegenüber der russischen Bauernkommune, die er in enger Verbindung mit dem zarischen Despotismus sieht, sei das private Grundeigentum bereits ein Fortschritt, der aber im ganzen Orient, nicht nur in Rußland fehle. Damit war Herzen endgültig ausgeschaltet. Doch auch Bruno Bauer, der auf die Jugend, Einheit, Stärke und Gläubigkeit der Russen als auszeichnendes Charakteristikum gegenüber dem Westen solchen Wert lege, wird durch die Behauptung widerlegt, daß die richtige Analyse dieser Phänomene zu dem Ergebnis führe: nichts anderes als Bewegungslosigkeit, d. h. Mangel an Geschichte, steckt dahinter.

Aus diesen wenigen Andeutungen ergibt sich bereits, daß Engels hier genauso wirksam wie Moses Hess gegen Herzen marxistische Kategorien ins Feld führt und daß nur diese es erlauben, die »große Parallele« als für Europa nicht beunruhigend und als eine Erfindung der Panslavisten, die Europa rebarbarisieren wollen, abzuweisen. Um dies zu verdeutlichen, sei auf eine Rede von Marx aus dem Jahre 1856, also aus der gleichen Zeit, hingewiesen. Darin heißt es: »Es gibt eine große Tatsache, die für das 19. Jahr-

nach *Mayer* a. a. O. 54–60, da das Engelsche Ms. bisher nirgends veröffentlicht wurde.

hundert charakteristisch ist und die keine Partei ableugnen kann. Auf der einen Seite sind industrielle und wissenschaftliche Kräfte zum Leben erwacht, wie sie keine frühere Geschichtsperiode je ahnen konnte. Auf der anderen Seite machen sich Anzeichen eines Verfalls bemerkbar, der die vielgenannten Schrecken aus den letzten Zeiten des römischen Reiches in Schatten stellt. In unseren Zeiten scheint jedes Ding schwanger mit seinem Gegenteil... Wir für unseren Teil mißkennen den schlauen Geist nicht, der rüstig fortfährt, alle diese Gegensätze herauszuarbeiten. Wir wissen, daß die neuen Kräfte der Gesellschaft, um gutes Werk zu verrichten, nur neue *Menschen* brauchen – *und dies sind die Arbeiter*... Die Geschichte selbst sitzt zu Gericht – der das Urteil vollstreckt, ist das Proletariat.«[60] Da das Proletariat das Urteil über das bourgeoise Europa vollstrecken wird, was gleichzeitig die Befreiung der Menschheit bedeutet, könnte eine »slavische Invasion« den Fortschritt der Menschheit nur aufhalten, wenn nicht gar verhindern. Rußland wurde also von Marx und Engels nicht deswegen als besonders gefährlich angesehen, weil Europa vom Untergang bedroht war, sondern weil Europa im Gegenteil als »Wiege der bürgerlichen Gesellschaft«[61] die Elemente des Fortschritts und der Befreiung in seinem Schoße trug und diese durch die Macht Rußlands bedroht waren.[62] – Wenn beide später von der künftigen russischen Revolution sprachen, bezogen sie diese immer auf die westeuropäischen Verhältnisse. Eine Alternative gab es ihrer Meinung nach nur in einer Beziehung: Entweder wird die Revolution in Rußland das Signal zu einer europäischen geben, da Rußland die Vormacht des Konservativismus ist und dieser dadurch in Europa entscheidend geschwächt würde, oder die Revolution in

60 Rede bei der Feier des vierjährigen Bestehens von »The People's Paper« am 14. IV. 1856, Marx-Engels, Werke XII, 3 f.

61 *Marx* sprach 1867 in einer Londoner Versammlung von der Bedeutung Polens als »Damm, welcher die Wiege der bürgerlichen Gesellschaft« gegen Rußland schützen müsse. Vgl. Der Vorbote, hg. v. J. Ph. Becker, II (1867), 29 ff.

62 Dies ist eine Argumentation, die sich später die deutsche Sozialdemokratie zu eigen machte. Die SPD rechtfertigte ihre Stimmabgabe für die Kriegskredite am 4. August 1914 mit der Tatsache, daß sich das Deutsche Reich von Rußland angegriffen sehe und daß die Sozialdemokraten das deutsche Volk nicht wehrlos dem »verhaßten Knutenregiment des Zaren« ausliefern könnten. Zur Bedeutung dieser Argumentation und über die deutsche Sozialdemokratie bei Kriegsbeginn im allgemeinen vgl. das 7. Kapitel meines Buches: Negative Integration und revolutionärer Attentismus, Berlin 1973.

Westeuropa würde den Anstoß für eine russische geben, wobei sie dann die russische Revolution für den Sieg der westeuropäischen als unabdingbare Voraussetzung ansahen. Die Verbindung von Slaventum und Sozialismus vorherzusagen, sollte, wie wir sehen werden, anderen vorbehalten bleiben.

Die Dialektik, die die radikale Kritik an Westeuropa, d. h. an der Bourgeoisie, und die Prognose ihres Unterganges einerseits und ein ungebrochenes Selbstverständnis als Europäer – nämlich Europa hier als Mitte der Welt und als Hort des Fortschritts verstanden – andererseits vereinen kann, ist nur auf dem Boden der Marxschen Geschichtsphilosophie möglich, die in den Produktionsverhältnissen Westeuropas und in seinem Proletariat die notwendigen Elemente der künftigen klassenlosen Gesellschaft erblickt. Doch die russischen Marxisten sollten die dialektische Struktur der Kritik, welche die Begründer des Marxismus gegen Westeuropa richteten, auflösen und, nachdem die »Revolution in einem Land« vollendete Tatsache war, die marxistische Kritik gegen Europa schlechthin und später gegen den Westen wenden.

Kapitel 5
Drei Antworten auf die Revolution von 1848
Europa versinkt in Anarchie: Donoso Cortés
Europa als Kat-echon: Joseph Edmund Jörg
Europa als dritte Kraft: Julius Fröbel

Wie sich die Revolution auf ihrem Wege von 1789 bis 1848 – anders gesagt: von Babeuf bis Marx – in steigendem Maße radikalisierte, so auch die Gegenrevolution auf ihrem Weg von de Maistre bis Donoso. Alle Einflüsse, die wir bei *Donoso Cortés*, Marques de Valdegamas (1809–1853), feststellen können, sei es die Parallele von Metaphysik und Staatstheorie, die er von Bonald, sei es der dezisionistische Legitimitätsbegriff, den er von de Maistre übernahm, erfahren aufgrund des Erlebnisses der Revolution von 1848 eine außerordentliche Intensivierung. So wird die Bonaldsche Parallele zu einer sich in der Zeit notwendig vollziehenden Ablaufkette, zu einem geschichtsphilosophischen Gesetz[1], so wird der de Maistresche Legitimitätsbegriff – schon bei dem Savoyarden durch den extremen Traditionalismus gefährdet –, angesichts der Wahl zwischen der »dictadura que viene de abajo, y la dictadura que viene de arriba«[2], durch die Diktatur vollkommen gesprengt, wobei besonders die seine Staatslehre bestimmende These von der absoluten Sündhaftigkeit des Menschen eine große Rolle spielt.[3] Hierbei ist jedoch – wie sonst auch – die polemische Stellung des Spaniers zu beachten, denn er wandte sich gegen den atheistischen Anarchismus und dessen These von der Güte des Menschen.[4] Auch die Maistresche Eschatologie erfährt eine Steigerung, denn nur Gott allein kann nach Donoso den Sieg des

1 Entwickelt in seiner berühmten Rede v. 30. I. 1850 über die allgemeine Lage Europas, Obras II, 172 ff. (Im folgenden wird nach dieser Ausgabe von 1903/04 nach Band und Seite zitiert.) Die hier zitierten Texte sind zum größten Teil in dem Textband »Europa und Rußland« in Übersetzung enthalten (239 ff.).

2 Rede vor dem Kongreß v. 4. I. 1849, II, 131.

3 Z. B. Denkschrift an Kardinal *Fornari* aus Paris v. 19. IV. 52, II, 388 f.

4 Als Hauptgegner hatte er *Proudhon* im Auge. So heißt es in der oben angeführten Rede, daß allen Revolutionen »la formula de la primera rebelión del primer hombre contra Dios« zugrunde liege. »Desde Adán, el primer rebelde, hasta Proudhón,

Bösen, der Revolution und Anarchie noch abwenden. So läßt seine Eschatologie auch die Utopie hinter sich, an die sie, wie jede Geschichtseschatologie, ursprünglich festgemacht sein muß.[5] Die Radikalität der Entscheidung bringt radikale Antithesen hervor, auf die sich die Entscheidung zuspitzt. So bekommt er seinen Gegner immer bei dessen Theologie zu fassen, was für den katholischen Spanier bedeutet, daß jeder Gegner zum Antichristen wird. Angesichts der Alternative Christentum oder Atheismus, Ordnung oder Anarchie gibt es keine Diskussion mehr. So wird es auch verständlich, daß Donoso Cortés seine liberale Einstellung schon unter dem Eindruck des spanischen Bürgerkrieges Anfang der 40er Jahre aufgibt und von seiner neuen Position aus, wie auch die französischen Traditionalisten, den diskutierenden Liberalismus verachtet.[6] Donoso gibt aus seinem Dezisionismus heraus die Antwort: Katholizismus und Diktatur gegen das »obscurisimo y sangrientisimo caos«; aus dem der »Dios universal«, in dem er den »Dios á Luzbel, Dios del orgullo« erkennt, aufsteigen wird.[7]

Wenn wir die Haltung Donosos gegenüber Rußland betrachten, müssen wir uns stets seiner unmittelbaren Erfahrung des europäischen Bürgerkrieges und seiner Interpretation des Ausbruches von 1848 erinnern. Die Prognose Tocquevilles von 1835 war ihm sicher ebenso stets gegenwärtig wie die »große Parallele«.[8] Doch

el ultimo impio esa es la fórmula de todas revoluciones« (II, 117). Vom heutigen Standpunkt aus erscheint der Gegner des Spaniers eher als sein Bundesgenosse. Mit seiner beinahe alttestamentlichen Moralität steht er ganz in der lateinischen Tradition und eben von dieser Position aus übte er auch seine Kritik am Liberalismus.

5 Die Utopie besteht, oder besser bestand bei Donoso *Cortés* bis 1849 darin, daß die hierarchische Staatsverfassung mit absolutem Charakter ausgestattet wurde. In einem diplomatischen Bericht aus Berlin heißt es in bezug auf den Aufstand in Ungarn: »Si la revólucion gana una batalla más, el mundo no tendrá ya abonde volver los ojos.« Doch die Ausweglosigkeit erhellt aus dem abschließenden Satz: »La civilización divina, la civilización católica, hubiero dado á la Europa, en vez esta muerte vergonzosa y precoz, una juventud eterna« (v. 23. V. 1849, II, 271). Hier nimmt die Geschichtseschatologie Abschied von der Utopie! Zu seiner Eschatologie vgl. die oben erwähnte Denkschrift an Kardinal *Fornari*, II, 399 ff.

6 »Todos los esfuerzos, encaminados á reformar la sociedad por medio de Asambleas y de Gobernios, serán perpetuamente inútiles« (an Gaume v. 24. VIII. 1849, II, 732).

7 An Fornari, II, 400.

8 Zur Bekanntschaft *Donosos* mit der »Démocratie en Amérique« vgl. Carl *Schmitt*: Donosos Cortés in gesamteuropäischer Interpetation, 1950 S. 91. Es sei her-

können wir aus seiner innereuropäischen Diagnose schon die europäische Prognose ableiten, sie muß notwendig die Tocquevillesche radikalisieren und die »große Parallele« so tief erfassen, daß sie sie wieder aufhebt, denn es gibt keine jungen Völker mehr. Es gibt nur noch die aus einem Meer von Schrecken – den Schrecken der Revolutionen, der Bürgerkriege und der Anarchie – auftauchende Despotie globalen Ausmaßes, ausgestattet mit physischer und geistiger Totalität.[9]

Des Spaniers erste Äußerung über Rußland fällt noch in die Zeit, in der er dem Liberalismus nahestand. Anläßlich der Orientalischen Krise veröffentlichte er in der Zeitschrift *»El Piloto«* im Laufe des Jahres 1839 eine Reihe von Artikeln. Den russisch-türkischen Gegensatz spannte er sofort in welthistorische Perspektiven ein: »Nosotros asistimos al término de la lucha entre el Oriente y el Occidente… que tiene por objeto providencial resolver la cuestión de si el hombre ha de levantar altares al espíritu ó á la materia, á la libertad ó al destino.«[10] Die Vertreter des Ostens und Westens in dem gegenwärtigen Kampf seien die Türkei und Rußland. Sein Rußlandbild ist stark von Bonald abhängig, den er einmal ohne Quellenangabe zustimmend – »dos grandes profecías, y el tiempo de su realización ha llgado« – zitiert: »Ese pueblo semibárbao, dirigido por una política sabia, está destinado á obrar grandes cosas en el mundo.« Rußland sei unangreifbar und bedrohe alle Länder mit seiner »fuerza irresistible de expansión«. Das bisher unumstößliche historische Gesetz, daß alle großen Reiche nach einer bestimmten Zeit zusammenstürzen, scheine für Rußland nicht zu gelten, seine Expansion, trotz schlechter Regierung und Revolution, scheine »obra de la Providencia« und nicht Menschenwerk zu sein. Die Vorstellung von Rußland und Amerika als den zukünftigen Weltmächten, taucht auch bei Donoso

vorgehoben, daß die vorliegende Darstellung dem Buch Carl Schmitts viel verdankt.

9 Für *Donoso Cortés* gibt es deswegen keine jungen Völker mehr, weil er angesichts der Technisierung und der immer mehr sich vervollkommnenden Rationalisierung der Welt ihre Einheit unter einer unmenschlichen Despotie vorhersagte. Unmenschlich deshalb, weil sie im Namen des Menschen ausgeübt werden wird. *Donoso* war einer der ersten, der den Zusammenhang durchschaute, der sich am besten mit dem Titel einer Schrift *de Lubacs:* Le Drame de l'humanisme athée« (1945) bezeichnen läßt. – Vgl. seine Rede v. 4. 1. 1849, II, 123.

10 III, 619, 634.

Cortés auf: »Y como si le viniera estrecho tan gigantesco Princi-
pado, coloso de Europa, tiende su brazo por el Océano glacial
para unir su mano á la mano de otro coloso: la América.«[11]

Nach der Revolution von 1848 mußte Donosos Anliegen gegenüber Rußland das jedes Konservativen seit der Französischen
Revolution sein: Die Frage zu stellen und zu beantworten, ob Rußland das Bollwerk des Konservativismus sei! Doch bei ihm hat sich
diese Frage, wie vorher schon bei de Maistre, derart radikalisiert,
daß er die spezifische Schwäche Rußlands und seine Unfähigkeit,
die ihm zugeschriebene Mission zu erfüllen, erkannte. Seine diplo-
matische Tätigkeit in Berlin war es, die hier die Wendung brachte.
Noch im Mai 1849 schrieb er anläßlich des Aufstandes in Ungarn
und des Eingreifens der russischen Truppen: »El ejército ruso era la
única reserva del orden en el mundo...«[12] Doch schon seine *Rede
vom 30. 1. 1850 über die allgemeine Lage Europas* – anläßlich der
Debatte über die Beibehaltung des stehenden Heeres in der spanischen Kammer –, die in ganz Europa, auch in den Kreisen seiner
Gegner[13], großen Widerhall fand, brachte einen vollständigen Umschwung in der Bewertung Rußlands. Aus dem Zerfall der Autorität – »la verdadera causa del mal hondo y profundo que aqueja á la
Europa, está en que ha desaparecido la idea de la autoridad divina y
de la autoridad humana« – prophezeit hier Donoso Cortés den
nahenden Untergang Europas: »...todo anuncia un cataclismo
como no le han visto los hombres... en Europa todos los caminos,
hasta los más opuestos, conducen á la perdición.«[14] Die Prognose
des Untergangs schließt für den Spanier die Frage nach den »neuen
Germanen« mit ein. Diese wiederum wird ausgelöst durch die »pe-
ligro que corre la Europa por parte de la Rusia«. Rein militärisch
habe Europa im Moment von Rußland nichts zu befürchten. Aber
wenn folgende drei Ereignisse eingetreten sein werden, die »son
non sólo posibles, sino también probables«, »sonará en el reloj de
los tiempos la hora de la Rusia; ...la Rusia podrá pasearse tran-
quila, arma al brazo, por nuestra patria«. Diese drei Ereignisse
sind: die Auflösung der stehenden Heere durch die Revolution,
nachdem diese die Gesellschaft aufgelöst hat; die Vernichtung des
Patriotismus durch den Sozialismus, »porque un propetario depo-

11 III, 657 ff.
12 Dipl. Bericht v. 23. V. 1849, II, 271.
13 *Herzen* und *Hess,* vgl. die auf S. 306 f. zitierten Stellungnahmen.
14 II, 169 f.

jado no es patriota ...«; die Konföderation der slavischen Völker unter russischer Führung. Doch die Eschatologie des Spaniers umfaßt auch noch die Träger der neuen Völkerwanderung, denn »las razas esclavonas no son á los pueblos de Occidente lo que eran las razas alemanas al pueblo romano«, weil sie »razas semicivilizadas« sind, weil ihre Administration und ihr Adel verderbt sind wie nur irgendeiner in Europa. Wenn Rußland inmitten Europas stände, »elle misma absorberá por todas sus venas la civilizacion que ha bebido y que la mata. La Rusia no tardará en caer en putrefacción...«[15] England, so legt er seinen Zuhörern nahe, sei der letzte Halt Europas, aber um seiner historischen Mission nachkommen zu können, müsse es katholisch werden![16] Doch muß bezweifelt werden, ob Donoso die Verwirklichung dieser Voraussetzung – Katholisierung Englands – für möglich hielt.

Das apokalytische Bild des in Anarchie versinkenden Europa, dessen Gift auch noch die »neuen Germanen« zersetzen wird, ist mehr Geschichtsphilosophie als es auf den ersten Blick erscheint. Die Zeitgenossen merkten dies sehr genau. Nicht umsonst wandte sich Herzen gegen die apokalyptische Vision des Spaniers, die seinen Mythos durch die Radikalität der Kritik Europas matt zu setzen drohte. Und Moses Hess spielte, wie wir sahen, Donoso Cortés geschickt gegen Herzens Usurpation der Zukunft aus. Es ging dem spanischen Konservativen genau wie seinen Gegnern um die Sinngebung der Geschichte des 19. Jahrhunderts, speziell der Ereignisse von 1848. Der Streit um das Monopol der Sinngebung, der Streit der Geschichtsphilosophien, war politisch gewendet, der Streit um die Rechtfertigung der Gewaltanwendung, in der Bürgerkriegssituation um die Rechtfertigung der Diktatur. Diese konnte seit der Mitte des 18. Jahrhunderts nur noch durch Geschichtsphilosophie legitimert werden.

Untergang des Abendlandes gleich Ende des christlichen Zeitalters, Überflutung Europas durch die Slaven unter Führung Rußlands, Zugrundegehen der Slaven am europäischen Gift, am Gift der Anarchie, so lauten Diagnose, Prognose und Antwort auf die Frage nach der »großen Parallele« bei Donoso Cortés. Doch muß man sich vor Augen halten, daß der Spanier Staatsmann und Staatstheoretiker ist, daß seine Geschichtskonstruktionen die eines geschichtlich Handelnden sind, daß er im Bannkreis des tradi-

15 II, 174 ff.
16 II, 177 ff.

tionalistischen Denkens steht, eines Denkens, das gewohnt ist, den Gegner bei seiner »Theologie« zu fassen, d. h. die idellen Motive des Gegners bis zu den äußersten Konsequenzen zu Ende zu denken und das so Erfahrene als das in der Zukunft sich Ereignende auf rationale Weise zu prophezeien. Das Grundmotiv dieser Haltung ist die existentielle Erfahrung der Revolution, der Situation des Verlierers – als Aristokrat glaubt er sich in Zukunft vom Sozialismus, als katholischer Christ vom Atheismus besiegt –, die die Prognose des Unterganges Europas aus sich hervortreibt.

Joseph Edmund Jörg (1819–1901) ist nicht nur Landsmann E. v. Lasaulx', sondern auch wie dieser von der katholischen Romantik, vor allem von Görres, aber auch von den anderen Münchnern wie Franz von Baader beeinflußt.[17] Dazu kommt noch seine geistige Bekanntschaft mit den französischen Traditionalisten, vor allem de Maistre, und dann mit der französischen Sozialphilosophie. Ursprünglich Theologe, sattelte er zur Geschichte um und wurde Schüler Döllingers. 1852 übernahm er nach dem Tod von Guido Görres die Redaktion der »Historisch-Politischen Blätter«, die er bis zu seinem Tode innehatte. Im gleichen Jahr wurde er Archivar im bayerischen Staatsdienst. Mit Lasaulx trifft er sich auch in seinen innenpolitischen Vorstellungen, die man als katholisch-großdeutsch bezeichnen kann, womit auch gleichzeitig die Führerrolle Österreichs impliziert ist und die These, daß die Zukunft Deutschlands im Südosten liege (XXX, 624 f.).[18]

Zu seinem Rußlandbild muß man bemerken, daß er nicht etwa bei den Vorstellungen der katholisch-romantischen Geschichtsphilosophie stehenblieb, sondern in seltener Aufgeschlossenheit alle diesbezügliche Literatur verarbeitete. So hat er nicht nur Haxthausen intensiv studiert, so kennt er nicht nur Fallmerayer, sondern auch Urquhart, Bruno Bauer und andere. Der Herzensche Mythos mußte Jörg wie kaum jemanden treffen. Seine Stärke und seine Schwäche war seine Impulsivität, die ihm auf sehr schmaler Tatsachenbasis oft erstaunliche Einsichten vermittelte, während er andererseits oft stark danebengriff.

17 Zu weiteren biographischen Angaben vgl. H. *Gollwitzer:* J. E. Jörg, in: Zschr. f. Bayer. Landesgesch. XV (1949), 125 ff. Hingewiesen sei für Jörg auf Heinz *Gollwitzer:* Europabild und Europagedanke. 1951.
18 »Historisch-Politische Blätter für das katholische Deutschland« München. – Im folgenden nach Band und Seite zitiert.

Englandfeindlich wie *Constantin Frantz,* dem er in mancher Beziehung ähnelt, sieht er Mitteleuropa aufgrund der politischen Lage zu Anfang des Jahres 1853 zwischen England und Rußland, das heißt für ihn zwischen Revolution und Barbarei, eingeklemmt (XXXI, 495). Revolution ist für Jörg permanenter sozialer Krieg (XXXI, 41) gegen den »endgültig nur das Wort des Heilandes in seiner Kirche« helfe, der aber konkret »mit Feuer und Schwert gebannt sein will« (XXXI, 487). Aufgrund dieser Identifizierung der politischen Fronten mit ideologischen Positionen wäre die Vernichtung Mitteleuropas – hier kommt die Orientierung am Begriff des Abendlandes zum Vorschein – nicht nur politischer Untergang, sondern auch Untergang der Kirche »unter dem wütenden Haß der englischen Sekten einerseits und der brutalen Gewalttätigkeit des schismatischen Cäsaropapismus andererseits. Dann wäre in der Tat für ganz Europa keine Rettung mehr vor völliger Versumpfung; England und Rußland tragen selbst, jenes in den Massen, dieses in den verdorbenen höheren Klassen, die Elemente der roten Revolution zahlreich genug in ihrem Schoße, wenn nicht früher, so wäre dann deren Zeit angebrochen, sobald der Walliser und der Kosake sich über den Rhein als Nachbarn begrüßen.« (XXXI, 495 f.)

Doch Jörg bleibt nicht wie Fallmerayer bei europäisch-abendländischen Perspektiven stehen. Der Allgäuer, der kaum über die Grenzen des Staates, dem er als Beamter diente, hinausgekommen ist, erweitert den Ost-West-Gegensatz in Europa sofort zu einem Weltgegensatz. Europa sei, angesichts der »unübersehbaren Erfolge des Dampfes gegen die alten Regulatoren der Weltlage... Zeit und Raum«, das politische Szepter bereits entfallen, es mag allenfalls im »Reiche des Geistes« noch gebieten. Die Mächte der Zukunft, so stellt Jörg fest, sind »das schismatisch-kosakische Asien und das protestantisch-republikanische Amerika« (XXXII, 293). Beide seien allerdings zu dem »großen Zusammenstoß über Europa« noch nicht gerüstet, aber das »neue System der Antagonie«, das drei Erdteile umfasse, finde man im englisch-russischen Gegensatz schon vorgebildet. Für Europa gibt es nach Jörg folgende Möglichkeiten: Die Revolution überflutet den ganzen Kontinent und kann nur mit Hilfe Rußlands zurückgedrängt werden. Das wäre die Verwirklichung der neuen Völkerwanderung, das »finis Romanorum et Germanorum«. Die zweite Möglichkeit wäre, daß sich Frankreich mit den mitteleuropäischen Mächten gegen die »politischen und religiösen Exzesse« des Westens und

Ostens zusammenschließt. England würde dann »in der vereinigten Macht Amerikas und der Revolution« untergehen und Rußland sein Erbe in Asien werden. In diesem Falle würde auf das »moralische Gewicht« Europas, »der Mitte zwischen den feindlichen Weltmächten... alles ankommen«. Inmitten der von ihm erkannten Veränderung der Weltlage verändern sich auch die politischen Begriffe: konservativ wird dann nicht mehr »erhalten, sondern retten« heißen müssen, die Revolution »wird eine ganz andere und ungleich gewaltigere Stellung einnehmen« (XXXII, 294 ff.). Die Ideologisierung faßt der entschiedene Katholik Jörg in folgende Formel: »Alle große Polemik der Zukunft wird Religionssache werden, und alle Religion, mit Ausnahme einer einzigen, Politik.« Jetzt wird auch das Wort von dem »moralischen Kern« Europas verständlich, denn »je mehr in der Weltstellung der Zukunft das politische Übergewicht Europas zurück und sein moralisches hervortritt, desto mehr wird seine Mission eine religiöse und katholische sein«.

Wir bemerken sofort, wie hier Anschauungen de Maistres fruchtbar werden. Fruchtbarer als bei ihrem Urheber selber, weil dort die Eschatologie ihre geschichtsphilosophische Reichweite abschnitt. Schisma und Reformation – Jörg hatte in der mit *Döllinger* zusammen verfaßten Schrift *»Die Reformation«* die traditionalistische These Reformation – Aufklärung – Revolution vertreten – finden ihre Vollendung in dem künftigen Weltgegensatz Rußland–USA, in denen die beiden Konfessionen und ihre Abkömmlinge politisch geworden sind. Mit dieser religiösen Interpretation der Tocquevilleschen Prognose, die Jörg kannte, gewinnt er für die Zukunft Europas festeren Boden als der Franzose, nämlich die Idee des Kat-echon – »es wird ein neues, vielleicht das letzte welthistorische Zeugnis ergeben für den Felsen, auf den Christus seine Kirche gebaut hat...« (XXXII, 297) – ohne die, wir sahen es bei Tocqueville, Europa verloren ist. Die Identifikation Catholica – Europa ist bei Jörg kein Rückfall in abendländisch-mittelalterliche Vorstellungen, sondern die Konkretisierung seiner Erkenntnis, daß konservativ sein hinfort nicht mehr erhalten, sondern retten heißen wird. Rettung kann aber für Europa, und letztlich auch für die Welt, für Jörg nur aus Rom kommen. Es fehlte ihm die existentielle Erfahrung der Revolution, um zu einer Eschatologie im Sinne de Maistres, und es fehlte ihm die Resignation des Europäers Tocqueville – »c'est un vaincu qui accepte sa défaite« –, um Europa als geschichtlich überspielt anzuerkennen. Jörg zieht sich, angesichts der künftigen materiellen Unterlegenheit Europas, die er wie wenige um diese Zeit erkannte, wie viele nach ihm auf die moralische und geistige Überlegenheit Europas zurück. Dies ist jedoch nur so lange möglich, solange man diese als Kat-echon verstehen kann.

Auf diesem geschichtsphilosophischen Hintergrund ist auch seine Forderung eines preußisch-österreichischen Bündnisses zu verstehen. Dieses würde Deutschlands große »politische Weltstellung der Zukunft« begründen, die er als Zünglein an der Waage zwischen Revolution und Rußland sieht (XXXII, 309). Durch die Stärke der deutschen Position würde dann Rußland – hier steht Jörg in einer alten Tradition – auf seine Mission in Asien hingewiesen, diese »milde Gottesführung der christlichen Weltzivilisation«. Für die Engländer bedeute dies »freilich Todesurteil«, für Europa aber ein Glück, so schreibt er angesichts des Ausbruches des Krimkrieges (XXXIII, 15 ff., 528).

Anhand der damaligen Literatur konkretisiert Jörg unter dem Eindruck des Krimkrieges seine Anschauungen über Rußland, wobei in der Aneignung aber stets seine Ausgangsposition zum Durchbruch kommt. *Bauers »Rußland und das Germanenthum«* setzt er die Ideologiekritik aus christlicher Position – vielleicht die einzig mögliche, wenn diese nicht in Unverbindlichkeit oder in einem Pamphlet enden soll – entgegen: »Der Glaube an das blinde Fatum allein ist dem Meister der Kritik als rettender Strohhalm – denn der Mensch kann ja nicht anders, etwas glauben muß er! – …geblieben.« (1 f.)[19] Seine Hauptquelle für das Studium Rußlands bildet Haxthausen, »dessen Wert für unsere Auseinandersetzungen ein unschätzbarer ist« (609) –, seitenlang referiert er ihn. Er übernimmt auch dessen Werturteile, wenn es sich um spezielle Probleme handelt. Er steht jedoch auf einem grundsätzlich anderen Standpunkt, an dem ihn auch Haxthausen nicht irre machen kann: Rußland ist eine Gefahr für Europa und strebt danach, es zu beherrschen. Angesichts der Frage, die die »große Parallele« heraufbeschwört, nämlich der, ob Europa oder Rußland und den Slaven die Zukunft gehört, und die man durch Geschichtsphilosophie, durch Usurpation der Zukunft lösen will, muß Jörg natürlich auch Stellung beziehen. Für Jörg fallen russische »Propheten«

19 Die Seitenzahlen beziehen sich auf Bd. XXXIII.

vom Schlage des »roten Russen« Herzen (778) und der offizielle
Panslavismus, getragen von der orthodoxen Kirche, zusammen
(617), weil sie grundsätzlich dasselbe Ziel haben, nämlich das slavische Weltalter heraufzuführen. Von Fallmerayer übernimmt er
die für einen Katholiken so einleuchtende Byzanz-Moskau-These,
während er die Weltherrschaftsprätentionen »Jungrußlands« –
hierunter fallen politisch radikale »Panslavisten« wie Herzen und
Bakunin – mit dem ideologiekritischen Argument erklärt, »die
Jakobiner haben ihrer Zeit denselben Glauben für sich gehegt«
(625). Doch ist Jörg viel zu sehr an diesen Fragen beteiligt, als daß
er sich mit Polemik begnügen könnte. Er fährt deshalb fort: »Nun
sind wir aber der Meinung, daß nur moralisch höherstehende Völker abgelebtere unterjochen und auf deren Trümmern neue Welt-
Kulturepochen eröffnen können.« (626) Da aber Jörg von den
»schismatischen« Russen eine moralische Überlegenheit nicht annehmen kann, ist die Frage nach dem Ende des christlichen Zeitalters für ihn – wir sahen die Motivation schon weiter oben –
beantwortet.

An dieser Stelle wird wieder deutlich, wieviel aktueller doch die
Prognose Tocquevilles von 1835 ist, weil sie auf moralische Wer-
tungen, die geschichtsphilosophisch aktiviert werden können, verzichtet. Tocqueville kann darauf verzichten, weil es für ihn gar
nicht mehr um die Frage einer neuen »Weltkultur« geht. Diese
Frage ist für den Aristokraten angesichts des prognostizierten demokratischen Zeitalters bereits irrelevant geworden. – Doch unter einer Bedingung hält auch Jörg eine »slavische Zukunft« für
möglich – sein Lehrer Lasaulx scheint sich hier in einer durch die
Traditionalisten veränderten Form vernehmbar zu machen. Wenn
Rom sich die slavische Kirche wieder einverleibt habe, »dann mag
allerdings, wenn es Gottes Wille ist, die Krone vom germanischen
Blute zu nehmen, die ›größere Kraft des Glaubens‹ (dies ist eine
Anspielung auf Bruno Bauer) auf slavischer Seite sein, und slavische Nationalität die Kulturepoche der römischen Kaiser
deutscher Nation in höherer Potenz wieder aufnehmen...« (639).
Hieraus kann man entnehmen, daß Jörg in letzter Instanz auf
religiösem Boden argumentiert. Wenn er Ficquelmonts[20] schon

20 Der Österreicher C. L. Graf *Ficquelmont* nahm in seiner 1854 in Wien erschienenen Schrift »Die religiöse Seite der orientalischen Frage« dieselbe Reduktion auf
das Religiöse wie die Traditionalisten unter dem Eindruck des Krimkrieges vor.
Indem er von der These ausgeht, daß Slaven und Germanen ursprünglich gleiche

von den Traditionalisten vertretene These akzeptiert, daß die mangelnde Zivilisation Rußlands nur auf die byzantinische Kirche zurückzuführen sei (624), wird dies noch deutlicher.

Wie Verrat muß ihm von seiner Position aus Bruno Bauers Option für Rußland erscheinen. Höhnend wendet er sich gegen ihn: Die »philosophische Vernunft... tappt forschend am blinden Fatum herum, seitdem ihr die schwere Hand des Slaventums die Kreidestriche ihrer Regeln und Kategorientafeln ausgewischt hat... In Deutschland ist es freilich erst sehr kurze Zeit her, daß die apriorische Intelligenz das umgekehrte Menetekel wahrgenommen, eigentlich hat sie sich von dem Schrecken über die rohe Faust inmitten ihrer sublimen Dekorationen noch nicht erholt.« Gegen *Gervinus* gewendet fährt er fort: »Wie konnte auch die westliche Intelligenz an ein neues und gar slavisches Zeitalter denken, nachdem Hegel die Geschichte der Menschheit mit der germanischen Welt abgeschlossen hatte!... Dieser teuren Überlieferung blieb der Seher am Neckar noch treu, als er 1852 seine ›Einleitung in die Geschichte des 19. Jahrhunderts‹ schrieb...« (696 f.) *Cieszkowskis* Konstruktion einer slavischen Zukunft, die er durch *Volkmuth* kennenlernte, muß den Katholiken Jörg besonders berühren. Dieser neue Religionsbegriff, so beginnt er seine Polemik, die »Offenbarung der Offenbarung... bei der das Christentum nur die zweite oder Vorstufe bilde«, sei »gewiß sehr tröstlich für die verrottete slavische Nationalkirche und für alle orthodoxen Zukunftsgeschichtsphilosophen aus sehr begreiflichen Gründen der einzige Hoffnungsstern neuen Lebens im Geiste... Allerdings werden zuletzt wir Katholiken allein stehen, mit dem Glauben, daß Gott das Erlösungswerk für die Menschheit bereits zu Ende getan hat, und es nun Sache dieser sei, auch das Ihrige zu tun. Darum haben wir gerade soviel voraus vor den auf den rechten Messias, den parakletischen oder demokratischen, erst noch harrenden Christen-Juden im Slaven- und Germanen-

Anlagen besessen hätten, kann er die Wirkung des griechischen und lateinischen Christentums noch unterstreichen. Den Beweis für die Sterilität der Ostkirche führt er historisch, indem er die Frage: Wie kommt es, daß das morgenländische Kaiserreich und das russische Reich, zwei voneinander so verschiedene Länder, beide nicht fähig waren, eine neue Kultur ins Leben zu rufen? folgendermaßen beantwortet: Nur die beiden Staaten gleichartigen Elemente, die geistliche Gewalt und ihre Unterwerfung unter die weltliche, erklären diese Tatsache! (bes. 47, 51 f.).

lande.« (700 f.) Hier hat er alle sich aus Hegel ableitenden Geschichtsphilosophen getroffen, scheint aber besonders *Bruno Bauer, Ciezkowski* und *Moses Hess* im Auge zu haben. Wie sehr er aus der Kritik die Bestätigung seiner eigenen Position zieht, wird hier wieder deutlich. Aber auch gleichzeitig dies, daß damals nur von einem Jörg nahestehenden Standpunkt aus Ideologiekritik sinnvoll betrieben werden konnte, da sie sonst nur in der Form einer ideologischen Antiideologie auftreten würde, oder als Soziologie diesen Charakter mehr oder weniger geschickt verhüllt.

Für Jörg, der die Welt der Zukunft zwischen Rußland und Amerika, zwischen Barbarei und Revolution aufgespalten sieht, muß die Frage, die auch viele seiner Zeitgenossen bewegte, nämlich die nach der Möglichkeit einer russischen Revolution, besondere Bedeutung gewinnen. Wir sahen bereits, daß er die Elemente einer künftigen Revolution dort in den höheren Klassen zu finden meint. Haxthausens Ausführungen über die russische Agrarkommune und über das »adlige Proletariat« verdankt er sehr viel, aber im Gegensatz zu dem westfälischen Baron zieht er daraus viel pessimistischere Schlüsse für die Zukunft. »Wer weiß«, so schließt er seine Schilderung der Gefahren einer Revolution in Rußland, »ob das rechte Heerlager der Kommunisten nicht einst Rußland heißen wird?« (783) Der »eine russische Sozialismus«, der der Ackerbaugemeinde, scheint für Jörg »über die westliche Entwicklung bereits hinaus und am Ende seiner Geschichte« zu sein, während der andere, der aus dem Westen importierte, »aber erst am Anfang derselben steht. Vielleicht noch wir selbst, jedenfalls unsere Kinder, werden einem erstaunlichen Drama im Osten zusehen... Und gleichzeitig mit diesem Drama im Osten, wird den Gegensatz das im Westen spielen. Rußland von dem Urstand des instinktiven Sozialismus, Nordamerika von dem vollendeten Atomismus des egoistischen Individualismus – beide müssen nach der rechten Mitte hinstreben, oder sie überschlagen in das eine Gegenteil beider.« (800) Das eine Gegenteil beider ist für Jörg der anarchisch-despotische Kommunismus. Angesichts dieser weltgeschichtlichen Zukunftsperspektiven, die sich auch in dem sein epochales Bewußtsein unter Beweis stellenden Satz finden, »daß wir heute oder morgen an der Schwelle einer so grandiosen Katastrophe stehen, wie sie selbst im Sturze des alten Römerreiches nur annähernd da war« (801), wird er gezwungen, das Problem Rußland und die Revolution noch einmal zu durchdenken.

Vielleicht ist Rußland »bloß die östliche Seite der westlichen Revolution?« fragt sich Jörg und ihm fällt auf, daß Rußland seit Peter dem Großen in einer ständigen Revolution begriffen ist (1023). Aufgrund dieser Tatsache gewinnt auch die Position des katholischen Europa eine andere Bedeutung. Zwischen die »voll entfaltete westliche Revolution« und »die halb entknospte östliche Revolution« schiebt sich der »wahre Konservativismus der Mitte im Ringen um Sein oder Nichtsein« (1024). Als Spezifikum der russischen Revolution erkennt Jörg den Radikalismus. Dessen Ursachen seien erstens, daß man in der Revolutionspropaganda »nicht einen langen Stufengang vom faden Liberalismus bis zum ausgeprägten Sozialismus« kenne, sondern daß sich eine »momentane Solidarität... der revolutionären Interessen« des Adels, der Sekten und der Leibeignen ergebe, und zweitens der Umstand, daß man die Revolutionstheorien immer schon fertig vom Westen übernahm. »Sobald nämlich die russische Revolution ihr Auge auf die Bauernschaft warf, blieb ihr nur noch eine Form übrig, die soziale, ...« fährt er fort (1026 f.). Im Anschluß an Herzen und de Maistre gibt er eine Biographie des russischen Revolutionslebens, das er in drei Perioden – Freimaurerpropaganda, aristokratisch-republikanische und sozialistische Periode – einteilt. Die Behauptung, daß kein Land dem Sozialismus näher als Rußland stünde, stützt er mit folgender Argumentation, mit der er auch die Frage nach dem Wann der Revolution zu beantworten sucht: Die drei Elemente einer spezifisch russischen Revolution seien bereits vorhanden. Es sind »der bis zur sozialistischen Doktrin fortgeschrittene, d. h. nationalistische Europäismus in der Propaganda der Zivilisierten, oder Jungrußland; die praktische Macht der spezifisch russisch-sozialen Frage, oder der ganze Sklavenstand gegen den Herrenstand; die um sich greifende Wucht der spezifisch russisch-kirchlichen Frage, oder die orthodoxen Schismatiker und religiösen Sektierer, wieder mit entschieden sozialistischer Tendenz ihrer nationalpolitischen Anschauung«. Was dem letzteren Element seine Wichtigkeit verleihe, sei, daß es das bisher fehlende Zwischenglied zwischen dem ersten und zweiten Element abgeben könne. »In dem Augenblick, wo sie als solches Mittelglied aufträte, wäre die Krisis unvermeidlich...« (XXXIV, 179)

Doch für Jörg handelt es sich im Grunde um die Frage, wie ein Sieg der Revolution in Rußland auf die Stellung Rußlands zu Europa zurückwirkt. Mitte des Jahres 1856 schreibt er: »Wir glau-

ben selbst, daß ein ›neues Rußland‹ bevorsteht innerhalb seiner
Grenzen; würde aber hier auch alles vom Untersten zum Obersten
gekehrt, so wäre es doch immer noch das ›alte Rußland‹ für seine
Nachbarn.« (XXXVIII, 100) Wie aber steht Rußland zu dem anderen Anwärter auf die Weltherrschaft, zu den USA? Rußland und
Nordamerika hätten nicht nur manche Ähnlichkeiten, sondern
auch gemeinsame Interessen. »Rußland kann mit aller Konsequenz sein Streben nach der Weltherrschaft verfolgen, ohne die
Wege der gleichfalls nach Weltherrschaft strebenden Union kreu-
zen zu müssen, und schließlich könnten die beiden es auf eine
brüderliche Teilung ankommen lassen.« (XXXV, 833) So lautet
seine Vorhersage aus dem Jahre 1855. Hier hatte sich die Ausgangsposition Jörgs unter dem Eindruck der selbst erarbeiteten
These von der unvermeidlichen Revolution in Rußland in Richtung auf Tocquevilles Prognose hin verändert. Wenn Amerika
nicht mehr allein die Vormacht der Revolution ist und der Weltgegensatz nicht mehr Revolution–Rußland lautet, wenn sich also
beide auf dem gleichen Wege befinden, so ergibt sich ein Weltgegensatz nicht mit Notwendigkeit. Dies gilt vor allem in einer Zeit,
in der die »politischen Probleme... zu den überwundenen Stand-
punkten zählen« angesichts der »ungleich kolossaleren sozialen
Frage« (XXXVIII, 1190 f.), vor die sich die USA und Rußland in
gleicher Weise gestellt sehen werden. Schon ein halbes Jahr früher,
im Juni 1856 hatte er festgestellt, daß die »große politische Revolution von 1848... übereilt abgebrochen« wurde, »denn zu einer
solchen Revolution ist das Zeug nicht mehr in der europäischen
Menschheit. Der große politische Krieg ward 1856 übereilt abgebrochen, denn sogar den Russen war schon das Zeug dazu ausgegangen. Also, noch einmal Krieg wird der Krieg der sozialen
Revolution sein.« (XXXVII, 1240) Die Geschichte der Zukunft
wird nicht nur die Herrschaft der »beiden aufstrebenden Weltmächte«, die im Augenblick »noch an der Sklavenfrage als an dem
unheilbar um sich fressenden Übel ihrer Riesenleiber gleichmäßig
siechen« (XXXVIII, 101), mit sich bringen, sondern auch »Mas-
senhaftigkeit« und »entchristlichten Industrialismus«, der die
»Natur auf den Altar gesetzt hat« (XXXV, 919). Der ganze Zünd-
stoff, den Jörg sich hier anhäufen sieht, führt eine geschichtliche
Situation herauf, die gefährlicher ist als je, denn »die Welt ist nur
eine einzige Stadt... wo die Massen also nahe aufeinanderrücken,
da kann es an gewaltigen und fortgesetzten Friktionen nicht

fehlen«. Innerhalb dieser Entwicklung bekommt auch der Krim-krieg seinen Ort zugewiesen: »der orientalische Krieg hatte nur die Bedeutung einer Ouvertüre des langen Dramas«. Wenn aber Politik Weltpolitik wird und politische Fragen zu sozialen, so ist die Periode des Liberalismus vorbei, konstatiert Jörg, denn dieser starb an den Forderungen der Weltpolitik und der sozialen Frage (XXXIX, 2 f.).

In einem Zeitalter, in dem die Entscheidungen auf allen Gebie-ten immer totaler werden – aus diesem Grund hat ja auch der Liberalismus ausgespielt –, in dem das »materielle Moment... eine alles überwältigende Entwicklung« nimmt, kommt es we-sentlich auf Europa, d. h. für Jörg auf das Christentum an. »Rom liegt nicht mehr an der Grenze der Weltbühne, es rückt wieder ins Zentrum.« (XXXVII, 671 f.) Aber nicht nur ins geistige, sondern auch ins materielle Zentrum Europas, denn »die Eroberung des osmanischen Raubes für die christliche Entwicklung steht bevor« und damit auch der Kampf mit der »falschen Theologie des Ostens« (XXXV, 1004).

Wir sehen bei Jörg das uns heute geläufige und bei Tocqueville zum erstenmal entstehende Bild eines von der geschichtlichen Ent-wicklung überholten Europa zwischen den zwei Weltmächten Amerika und Rußland wieder einmal auftauchen. Im Gegensatz zu Tocqueville ist aber eine Neuverortung des europäischen Selbstverständnisses nicht notwendig, da Jörgs Europabegriff sich mit dem mittelalterlichen des Corpus Christianum und dem neu-zeitlichen des Katholizismus deckt und er als überzeugter Katho-lik wohl den politisch-materiellen, nicht aber den geistigen »Un-tergang des Abendlandes« zugeben kann. Europa, d. h. das Christentum katholischer Prägung ist nicht nur der Drehpunkt zwischen den zwei politisch gewordenen Kirchen in Ost und West, zwischen Asien und Amerika, es ist inmitten der zerbrechenden alten Ordnung, inmitten des Zeitalters der Revolutionen, des be-ginnenden Materialismus und Industrialismus Aufhalter in einem umgreifenden, alle Lebensgebiete erfassenden Sinne, letzter Halt einer in Materialismus versinkenden Welt. Für ein als aufhaltende Macht verstandenes Europa kann die aus der »großen Parallele« sich ergebende Frage abgewiesen werden.

Julius Fröbel (1805–1893) hat mit Tocqueville, Heine, Bauer und Jörg gemein, daß er Rußland und Amerika als die künftigen Weltmächte bestimmt. Mit Jörg verbindet ihn darüber hinaus noch die Konzeption eines Europa als »dritter Kraft«, freilich in einem ganz anderen Sinn als bei diesem. Über alle Genannten hinaus geht er mit der Prognose des zukünftigen russisch-amerikanischen Weltgegensatzes, die er deshalb aufstellen kann, weil er bei aller Gemeinsamkeit der beiden Länderkontinente aufgrund seiner politischen Position ihren Unterschied in der politischen Struktur nicht zu gering veranschlagte. Im Gegensatz zu Bauer oder Jörg etwa kannte er Nordamerika aus eigener Anschauung, im Gegensatz zu Tocqueville wird er als »Mann aus dem anderen Lager« nicht nur von dem Phänomen der Demokratisierung fasziniert.

Der geborene Thüringer war seit 1836 Professor für Mineralogie in Zürich, wo er sich schon früh dem Verlagsgeschäft – »Literarisches Comptoir in Zürich« – zuwandte und nachdrücklich die Literatur der deutschen Radikalen förderte. Nach einem kurzen Zwischenspiel als Redakteur des liberalen »Schweizerischen Republikaner« 1842/43 kehrt er 1846 nach Deutschland zurück[21], um dort sofort aktiv in die Politik einzugreifen. Das Jahr 1848 sieht ihn in der Paulskirche und als Präsident eines demokratischen Kongresses, der vom 14.–17. VI. in Frankfurt stattfand, und als Barrikadenkämpfer in Wien, wo er zum Tode verurteilt, aber sofort begnadigt wird.[22] Im Jahr seiner Rückkehr nach Deutschland (1846) ließ er seine »Neue Politik von C. Junius« erscheinen, die bereits 1847 unter dem Titel »System der socialen Politik« neu aufgelegt wurde. Darin nehmen die Forderung des Rechtes auf Besitz der Mittel des individuellen Lebens und die nach einer föderalen Demokratie auf Weltebene eine ausgezeichnete Stellung ein. Als Ziel der Geschichte sieht Fröbel eine alle Menschen umfassende »Rechtsgemeinschaft«, die den symbolischen Gedanken der allgemeinen Kirche politisch verwirklicht. An die Stelle der religiösen werde dann eine »politische Sittlichkeit« treten. Dieselben Forderungen nach einer föderalen Organisation wiederholt Fröbel in »Wien, Deutschland und Europa« (1848). Er beruft sich jetzt auf die Vereinigten Staaten und auf Bolivar, dessen Utopie ja die Weltrepublik zum Inhalt hatte – »una sola nación cubriendo al Universo, la Federal«. Wien solle der Mittelpunkt einer Staatenföderation werden, welche »vom Rhein bis an die Mündung der Donau reicht«. Dies wäre ein Schritt auf dem Wege der 1789 be-

---

21 J. *Fröbel*: Ein Lebenslauf. 1890 I, 71 ff. bes. 139 ff.
22 Zu *Fröbel* vor, in und nach der deutschen Revolution vgl. ebd. 151 ff.

gonnenen Umwälzung. Auf Rußland fällt sein Blick, weil es an der Zerstörung des österreichischen Staates arbeite. »Hätte die deutsche Demokratie zwischen Rußland und einer Wiederherstellung des alten Österreich zu wählen, so weiß ich nicht, ob ich nicht für Rußland sein würde, da ich in dem russischen Volke, wie in allen slavischen Völkern, eine große demokratische Zukunft sehe.« (12 f.)

Wie für viele andere wird der Fehlschlag der Revolution und die Emigration – er hielt sich von 1849 bis 1857 in den Vereinigten Staaten auf – auch für ihn zu einem Wendepunkt. Darauf Bezug nehmend schreibt er 1861: »Ich... sah... mich getrieben, eine immer strengere Kritik gegen mich selbst und meine Theorien auszuüben, bis sich mir die innere Versöhnung der Realpolitik und Idealpolitik als das Ergebnis der politischen Theorie darstellte.«[23] – Wie schon bei Tocqueville wird der Aufenthalt in Nordamerika auch für die Sicht Rußlands entscheidend. In einem Zeitungsaufsatz von 1852 *Die Zukunft Europas vom Standpunkt eines Flüchtlings* « spiegeln sich die Enttäuschungen der Revolution – die Revolution setzt nur Kräfte frei, sie kann nichts Neues schaffen! – und die Erweiterung seines geschichtsphilosophischen Blickfeldes. Geschichte ist jetzt für ihn Entwicklung eines gegebenen Prinzips, das sich bei aller Analogie zum Leben des Individuums nicht mit Notwendigkeit erschöpfen muß, sondern durch ein »neues steigendes Prinzip« abgelöst werden kann.[24] Mitte des Jahres 1855 nimmt der Amerikafahrer in einem Aufsatz »*Die europäischen Ereignisse und die Weltpolitik*« zum Krimkrieg Stellung, den er als erstes geschichtliches Ereignis wertet, »in welchem sich die Tatsache praktisch darstellt, daß an die Stelle eines politischen Gleichgewichts von Europa ein politisches Gleichgewicht der Welt zu treten beginnt«.[25] Der Angelpunkt dieser neuen Balance sei das westliche Europa, ihre zwei Gegensätze Amerika und Rußland. »So ist es räumlich, so ist es dem Prinzip nach.« Sein geschichtsphilosophisches Prinzip, die Annahme dreier Grundbedingungen historischer Entwicklung, geographischer Lage, Naturell der Rasse, sittliches Prinzip, erlaubt es ihm, den Gegensatz Rußland–Nordamerika als notwendigen zu fassen

23 Theorie der Politik. I, 1861 S. IX.
24 J. *Fröbel:* Kleine politische Schriften. 1866 I, 4 f., 9.
25 Zum Begriff Weltgleichgewicht und seiner Entstehung vgl. oben S. 164 f. und die dazugehörigen Anmerkungen.

und Europa als »Schauplatz des Widerstreites und der Wechselwirkung beider politischer Organisationsformen«, d. h. des
»Monarchismus und des Republikanismus« zu bestimmen. Aus
dieser Wechselwirkung konstruiert er die zukünftige Aufgabe Europas, denn aus ihr »müssen mit Notwendigkeit soziale Gestaltungen hervorgehen, welche einen neuen Charakter entwickeln
und einen eigentümlichen Fortschritt des Menschengeschlechts
bezeichnen«. Angesichts der Weltlage wäre es falsch, dem prinzipiellen Gegensatz zu große Bedeutung beizumessen, materielle
Interessen würden in der Zukunft den Ausschlag bei politischen
Entscheidungen geben.[26] Deshalb werde auch der Kampf Rußland–USA in nächster Zeit noch nicht ausbrechen, denn es bestehe zwischen ihnen wohl »ein Widerstreit der Prinzipien«, aber
noch keiner der Interessen. »Ihr Konflikt ist daher bis jetzt kein
unmittelbarer, sondern liegt nur in dem entgegengesetzten Ein-
flusse, welche sie auf die Welt... ausüben und immer mehr ausüben werden. Die Zeit des unmittelbaren Konflikts wird auch
kommen, aber erst viel später.« Im Moment sei Mitteleuropa »der
Kampfplatz der Extreme«. Das Zentrum Europas – im Augenblick Frankreich – müsse mehr nach Osten gerückt werden. Zwischen diesem Zentrum und Rußland müßten »Mächte geschaffen
werden, die dem russischen Einfluß widerstehen können«.
Deutschland werde das künftige Zentrum Europas und damit der
Welt bilden![27]

Eine Ausarbeitung dieser Thesen, sowohl in Richtung auf die
politische Realität, als auch in Richtung auf die Geschichtsphilosophie, bringt seine im Sommer 1858 geschriebene und im nächsten Jahr erschienene Schrift »Amerika, Europa und die politischen Gesichtspunkte der Gegenwart«. Sich dem Problem der
Prognose grundsätzlich stellend und seine Intention aufdeckend
führt er aus: »Was in der Politik als nahe bevorstehend erkannt
wird, das hat gewissermaßen auch schon eine gegenwärtige Existenz, da die deutlich erkannte Zukunft schon die Kräfte der
Gegenwart bestimmen hilft...« (12) So originell ihre Anwendung,
so wenig originell sind die Prinzipien seiner Geschichtsphilosophie. Geschichte ist für ihn ein »seinen inneren Gesetzen folgender
Entwicklungsprozeß des Geistes«, in dessen Verlauf »die einzelnen Kulturmomente der Reihe nach in der Vordergrund der Ge-

26 Fröbel a. a. O. 50 ff.
27 ebd. 54 ff.

schichte treten... wie die Völker, an deren Leben sie geknüpft sind, der Reihe nach in den Vordergrund der politischen Bühne« (80, 76). Seine höchste Ausprägung finde der »kulturhistorische Gedanke« in der »Form eines Staates«. Der oft mißverstandene Hegelsche Satz von der vernünftigen Wirklichkeit taucht bei Fröbel auch wieder auf, nicht nur in der Behauptung, daß »die einzige vernünftige Kritik an der Geschichte in dem Bemühen besteht, sie zu begreifen« (81), sondern auch in der Versicherung, daß »in jeder zur historischen Geltung gelangten Erscheinung... der rechte Gedanke unter den rechten Verhältnissen ins Leben getreten...« sei (86). Der sich darin ausdrückende Verzicht auf jede ideologische Diffamierung, die wir auch praktisch bei Fröbel bestätigt finden, ist das geschichtsphilosophische Pendant zu seiner Tendenz zur Realpolitik. Die letzte Basis einer Geschichtsperiode – er kennt deren drei – ist für ihn ein »religiöses System«, »der Mittelpunkt, aus welchem alle Erscheinungen der Kultur hervorgehen«, das Verhältnis Ideal–Wirklichkeit (87 ff.).

Die entscheidende geschichtsphilosophische Frage: Wo stehen wir? beantwortet Fröbel mit einer dialektischen Dreiphasenkonstruktion, wobei er seine Zeit als die des Übergangs, von der zweiten in die dritte, in die der Synthesis begreift. Die erste, die des griechischen Geistes, suchte ihr Ideal »in der natürlichen Schönheit der wirklichen Welt...«, die zweite, das mittelalterliche Christentum, fand die »wahre Wirklichkeit« in einer »anderen Welt«. Als Reaktion dagegen entstand der Glaube der Neuzeit, das Reich Gottes auf Erden aus eigener Kraft realisieren zu können (90 ff.). Die Krise der Gegenwart ist für ihn der Übergang von der zweiten in die dritte Geschichtsperiode (98), wobei er als negativstes Anzeichen der Krise den Regreß des Individuums ins Private wertet, der »jedes innere Band der Gesellschaft absterben zu lassen droht«, wodurch man schließlich genötigt sei, »sich dem äußeren Zwange einer politischen Uniform« zu fügen (100).

Geschichte und heutige Gestalt Rußlands muß nun, Fröbels Voraussetzungen gemäß, Ausdruck seines Wesens sein. »Das Zarentum steht von Anfang an auf rein realem Boden.« Ein »idealer Gehalt« fehlte ihm wie auch der griechischen Kirche – sie war ja schon von der weltlichen Gewalt absorbiert worden – und so konnte sie ihm auch nicht »die Bedingung zu einer Entwicklung aus sich selbst« geben. Es blieb also in Rußland nichts anderes übrig, als daß die »brutale Realität« sich selbst zum Ideal erklärte.

Diese Tatsache ist für Fröbel »von entscheidender kulturhistorischer Wichtigkeit und bestimmt den Entwicklungsgang der slavischen Welt und die Zukunft ihrer inneren Stellung im politischen Weltsysteme…«. Innenpolitisch wird dies auf folgende Weise wirksam: »Mit dem eigenen idealen Gehalte fehlt aber dieser Welt die Bedingung ideeller Entwicklung, da nur durch die Idealität besonderer Zwecke das Individuum Geltung und Anspruch auf Freiheit erwirkt. Der Realismus des Zarentums kann also nicht die Form des Individualismus annehmen, welcher in der amerikanischen Welt zu seiner vollen Entwicklung gelangt; er schlägt vielmehr die umgekehrte, die gouvernementale Richtung ein… welche zum Gegenteil des Individualismus, zum offiziellen Kommunismus führt.« Diesen Trend zum Kommunismus sieht er noch durch andere Faktoren verstärkt, durch die Emanzipation der Leibeigenen, die dazu führen wird, daß die Emanzipierten von der Regierung reglementiert werden müssen, und dann durch die Wahrscheinlichkeit einer Revolution, die »zu keinem anderen Resultate führen könnte, als zu welchem der Weg der gouvernementalen Reform führen muß«, d. h. zum Kommunismus (121 ff.).

Inmitten des »Monarchismus« Rußlands und des »Republikanismus« Nordamerikas gilt es nach Fröbel für die »europäische Staatengruppe… die ihr gemäße politische Form« zu suchen (125). Ein Versuch, die eine oder die andere nachzuahmen, wäre falsch, da die Formen Amerikas und Rußlands »vollständig der Ausdruck ihres Wesens« seien (128 f.). Für das Abendland, »die Mitte des politischen Systems unserer Zeit, also der modernen sittlichen Welt überhaupt« ist es die entscheidende Frage, schreibt Fröbel, ob es »zu einem Gesamtbewußtsein dieser neuen kulturhistorischen Stellung« – »zwischen der slavisch-tatarischen-levantinischen Welt auf der einen und der amerikanischen auf der anderen Seite« – »und zu einer diesem Gesamtbewußtsein entsprechenden Form gelangen wird oder nicht« (62). Bisher fehlte der abendländischen Welt diese Form deshalb, weil sie die zivilisierte Welt schlechthin war, und keinen Grund hatte, »sich noch besonders als solche zu konstituieren«. Doch »dies ist anders geworden«, angesichts der Machtentfaltung Rußlands und der USA (65), die Europa vor die Existenzfrage stelle. (13) Der Vergleich des russischen und des amerikanischen Selbstbewußtseins – »welches Volk hat nicht in unserer Zeit sein ›manifest destiny‹?« (54) – führt ihn dazu, die Ähnlichkeit der geschichtlichen Situation Rußlands und der Vereinigten Staaten zu untersuchen, was im wesentlichen zu dem uns schon von Tocqueville her bekannten Resultat führt: »Rußland und die Vereinigten Staaten entwickeln sich auf ähnlichen Bahnen, aber in entgegengesetzten Formen.« Die Vergleichsmomente sind: »gleiche Jugend«, »das Bewußtsein einer bedeutungsvollen Zukunft... berechtigt... bei den Völkern, die noch keine bedeutungsvolle Vergangenheit hinter sich haben...« (54); »ähnliche Naturverhältnisse in einem weit ausgedehnten, zum größten Teil noch wilden Territorium, welches durch einen ähnlichen Prozeß fortschreitender Entdeckungen, der Kolonisation und der Reduktion roher Völkerschaften in Besitz genommen wurde, – die gleiche Nachbarschaft schwächerer und in Verfall begriffener Staaten, die gleiche Rivalität mit dem europäischen Abendlande...« Bei beiden findet er: »einen realistischen Sinn, einen gleich unruhigen Wandertrieb, eine gleiche Tendenz zur politischen Ausbreitung, eine gleiche historische Positivität« – »Die Idee des Neuen wirkt in Europa als negative und zerstörende, in Amerika als positive und schaffende Kraft« (89) –, »ein gleiches Bewußtsein des aus der Macht hervorgehenden Rechts der Herrschaft über andere...« Als wichtigsten Unterschied, der auch gleichzeitig den extremen politischen Gegensatz der beiden Mächte konstituiert, hält er wie Tocqueville vor ihm fest, daß in Rußland »das ganze Leben sich in einem einzigen Willen konzentriert«, während es in den USA »in der ganzen Masse des Volks mit individueller Autonomie aller einzelnen selbständig wirkt« (57 f.).

Noch einen Schritt weiter von seinen Prinzipien aus dem Vormärz weg und zur »Realpolitik« hin geht Fröbel in seiner *Theorie der Politik«,* die in zwei Bänden 1861/64 erschien. Sein Pessimismus und damit auch ein Bruch in seiner Konzeption wird offenbar, wenn er einerseits die Stellen, die das Verhältnis Europas zu Nordamerika und Rußland behandeln, fast wörtlich seiner Schrift von 1859 entnimmt, andererseits aber seine Zeitgenossen davor warnt, die negativen Wirkungen des amerikanischen Bürgerkriegs für die USA zu überschätzen – »Durch diesen Krieg erst erhält Amerika seine wahre Macht und Stellung im politischen Weltsysteme...« –, und in diesem Zusammenhang die Parallele mit dem Untergange Roms auf die Stellung Europas zu Nordamerika anwendet (II, 184 f.). Die »große Parallele« für das Verhältnis Europa–Rußland heranzuziehen, davor bewahrte ihn sein Glaube an den Fortschritt, auf den er auch sein Selbstbewußtsein als Europäer gründen konnte. In dem Vehikel des Fortschrittsglaubens war europäisches Selbstbewußtsein noch möglich, ob man nun Europa als den Kontinent, der unermeßliche Produktivkräfte und damit die Bedingung für die Befreiung der Menschheit in seinem Schoß trüge, verstand, oder als »dritte Kraft«, die die Fähigkeit zu neuen sozialen Gestaltungen bewahrte. Die andere Möglichkeit war die, Europa als Aufhalter der Anarchie und des Nihilismus zu begreifen. Fröbel fand einen letzten Halt im Fortschrittsglauben, obwohl manche seiner Einzelanalysen diesen hinter sich lassen.[28] Seine mit diesem Glauben in Zusammenhang stehende Weltanschauung war auch die Vorbedingung seiner genialen Prognose des künftigen russisch-amerikanischen Weltgegensatzes, dessen Linien er mitten durch Europa hindurchgehen sah. Tocqueville, dem Fröbel sehr viel verdankt, war diese Möglichkeit fremd, da er als besiegter Aristokrat mehr das gemeinsame der beiden künftigen Weltmächte, das Gesetz, unter dem sie standen, gegen das er sich zwar nicht auflehnte, das er aber im Innersten ablehnte, ins Zentrum seines Denkens rückte. Fröbel dagegen begegnete Nordamerika, das ihm als geschlagenen Achtundvierziger zur persönlichen Zuflucht geworden war, mit großen Sympathien, während er Rußland als Feind Europas, eben des Europas von 1789 betrachtete. Dieses Erbe von 1789 war für seine Prognose bestimmend.

Die Lage Europas war so prekär geworden, daß durch alle politischen Fronten hindurch die Frage nach der Zukunft Europas angesichts der zukünftigen Weltmächte dringend wurde. Jeder, der den Anruf überhaupt vernahm, bemühte sich um eine Antwort im Rahmen seiner politischen und damit auch geschichtsphilosophischen Position: Tocqueville resigniert und überhöht diese persönliche Haltung zu einer geschichtlichen Einsicht von »europäischer« Evidenz. Wobei zu beachten ist, daß die Resignation weniger subjektiv ist, wie sie erscheint, da sie bereits schon durch Objektives, durch die geschichtliche Situation, vermittelt ist. Der katholisch-konservative Jörg sieht die in der Zukunft drohende Überflügelung Europas und will es durch einen Rückgriff, durch die Bestimmung Europas als haltende Macht retten. Der ehema-

28 Als extremes Beispiel sei *Fröbels* Pessimismus in bezug auf Europas Stellung gegenüber Rußland aus dem Jahre 1878 genannt. Vgl. Lebenslauf I, 277 f.

lige demokratische Revolutionär Fröbel will die Position Europas und damit das europäische Selbstbewußtsein durch einen Vorgriff auf die Zukunft, durch etwas Neues, durch eine europäische Konföderation retten, die über ihre politische Form hinaus auch neuen sozialen Prinzipien zum Dasein verhelfen soll, und, von schrankenlosem Despotismus auf der einen, schrankenlosem Individualismus auf der anderen Seite bedrängt, zur Heimstatt des Fortschritts werden soll. Gerade weil Amerika und Rußland als extreme Ausformungen geschichtlicher Prinzipien nichts mehr hervorbringen können, fällt die Aufgabe, neue und bessere Grundlagen menschlichen Zusammenlebens zu schaffen, wieder auf Westeuropa zurück. Wie sehr Fröbel Europäer ist, erhellt daraus, daß er »im panslavistischen Revolutionär... den geschworenen Feind der abendländischen Zivilisation...« erblickt.[29] Diese Einsicht war ihm und seinen Gesinnungsgenossen aufgrund ihrer persönlichen Erfahrungen leichter zugänglich als etwa Donoso Cortés, der noch in Proudhon den Antichristen, das heißt für ihn auch den Antiabendländer und seinen wahren Widersacher sah. – Fröbel und Jörg bestimmen formal die Stellung Europas auf gleiche Weise, nämlich als »dritte Kraft«. Nur welchen Inhalt sie dieser gaben, beweist, daß hier auf dieselbe Situation von zwei völlig verschiedenen Positionen aus geantwortet wurde. Für diese waren nicht außereuropäische, sondern innereuropäische Vorgänge, nämlich die europäische Revolution konstitutiv.

---

29 Amerika, Europa und die politischen Gesichtspunkte, S. 53. *Fröbels* Bericht über eine Begegnung mit Michael *Bakunin* 1848 in Wien sei hier wiedergegeben: »Der edle Russe, den man vielleicht nicht mit Unrecht als einen der ersten nihilistischen Kirchenväter bezeichnen darf, bat mich eines Tages, ich möge einen notablen Polen, welcher sich damals in Berlin aufhielt, besuchen, um mich mit ihm politisch zu verständigen. ›Ich weiß sehr wohl‹, fügte Bakunin hinzu, ›daß N. N. ebensowohl dich besuchen könnte. Aber der Pole würde das nicht übers Herz bringen und du bist ein vorurteilsfreier Mann. – Wir Slaven im allgemeinen hassen euch Deutsche.‹ – ›Das ist eine schätzenswerte Offenheit‹, entgegnete ich. ›Aber weshalb haßt ihr uns?‹ – Der Russe wußte nicht, was er antworten sollte. ›Wir Slawen wollen uns nicht so viel waschen wie ihr!‹ – platzte er endlich mit einer Art von Ingrimm heraus.« (Lebenslauf I, 192 f.).

Teil VI
Untergang Europas
oder
Europa als dritte Kraft

Kapitel 1
Drei mögliche Formen europäischen
Selbstverständnisses nach Tocqueville:
Jörg, Fröbel und Bauer

Wie wir sahen, wurde die Krise Europas mit der Diagnose der Gegenwart beantwortet. Die Diagnose mußte jedoch zur Prognose werden, wenn sie als Diagnose genügen wollte, wenn sie adäquate Bewältigung der Welt, die als Geschichte erfahren wurde, kurz Geschichtsphilosophie sein wollte. »Le siècle actuel sera principalement caractérisé par l'irrévocable prépondérance de l'histoire, en philosophie, en politique, et même en poésie«, schreibt Auguste Comte 1851.[1] Da Europa aber im 19. Jahrhundert unter den Augen der Russen lebte, mußte Rußland notwendig Objekt der Geschichtsphilosophie werden, gerade wenn diese die europäische Krise zu ihrem ersten Gegenstand hatte. – Die Fortsetzung unserer Untersuchung steht unter der Voraussetzung, daß neue Antworten auf die »Herausforderung« durch Rußland im Rahmen der Selbstauslegung der Intelligenz als europäischer nicht gefunden wurden. Um dies wenigstens durch einige kurze Beispiele zu belegen, ergibt sich die Notwendigkeit einer formalen Typologie der Bestimmungen der Lage Europas gegenüber Rußland und Nordamerika seit Tocqueville.

Der Schritt von Hegel zu Tocqueville war wohl der entscheidende: von der kraft Reflexion zustande gebrachten Versöhnung von Vergangenheit und Zukunft, von Tradition und Revolution, die die Weltgeschichte als europäische beschloß, zu dem die Zukunft vorwegnehmenden Urteil über Europa, das im wesentlichen beinhaltete, daß die Weltgeschichte der Zukunft nicht mehr allein Weltgeschichte Europas war. Mit dem Zuendegehen der Geschichte als europäischer ist die Frage nach den »neuen Germanen«, die im Zeichen der »großen Parallele« gestellt wird, verbunden. Tocqueville hatte eigentlich mit seinem Verzicht, auf allgemeine Gesetze der Geschichte zu rekurrieren, auch schon die Analogie mit dem Untergang Roms hinter sich gelassen. Dies ergibt sich deutlich

---

1 Système de politique positive (Ed. Librairie positiviste, 1912) I, 1.

aus seiner Antwort auf die Frage »Où allons-nous donc«, die er angesichts der von ihm als notwendig prognostizierten Demokratisierung stellt: »Nul ne saurait le dire; car déjà les termes de comparaisons nous manquent ... je n'aperçois rien que ressemble à ce qui est sous mes yeux.«

Welche Formen nehmen die Antworten auf die künftige Situation Europas an, die angesichts der Tocquevilleschen Prognose, gewissermaßen unter den Augen Rußlands und Nordamerikas, entstehen? Wir haben soeben zwei kennengelernt, die von Fröbel und Jörg vorgebracht wurden: Europa wird die »dritte Kraft« sein, nachdem sich die innereuropäische Spaltung von Revolution und Gegenrevolution in den zwei Länderkontinenten Rußland und Nordamerika in ihren äußersten Extremen ausgebildet haben wird – Anklänge hieran finden sich schon 1841 bei Moses Hess[2] –, oder nachdem beide von der Revolution erobert sein werden. Für den einen wird Europa neue soziale Formen aus sich heraus entwickeln, also Träger des Fortschritts sein, nachdem die extreme Ausformung der ursprünglich von ihm ausgegangenen Prinzipien sich für neue Gestaltungen steril erwiesen hat; für den anderen wird Europa, das katholische Europa, das geistige Zentrum einer Welt werden, in der die beiden abgefallenen Kirchen politisch geworden sind und die aus ihr entstandenen politischen Gebilde sich dem aufsteigenden Materialismus verschrieben haben. Wie schon bei Tocqueville wird hier das künftige weltgeschichtliche Ereignis prognostiziert, daß die Welt, d. h. insbesondere der transuralische und transatlantische Entlastungsraum, nicht mehr das Tätigkeits- und Einflußgebiet Europas sein wird, sondern daß im Gegenteil außereuropäische Mächte in Europa und über Europa hinweg zusammentreffen werden. Die geschichtliche Neuverortung Europas als »dritter Kraft« läßt äußerlich Europa in der Stellung, in der es sich seinem Selbstverständnis nach bis zu dessen Erschütterung befunden hat, nämlich in der »Mitte« der Welt. Doch liegt in dieser scheinbaren und formalen Gleichheit schon wieder ein Novum gegenüber den Geschichtsphilosophien von »Revolution« und »Reaktion«, die entweder Rußland als Retter Europas oder Nordamerika als Retter der Freiheit auffaßten, Europa also aus seiner »Mittelstellung« rückten. Die letztgenannten Auffassungen von der Rolle Europas finden dann gleichsam eine Synthese in Tocque-

---

2 Vgl. Die europäische Triarchie, 53, 176 f.

ville, auf dessen Boden dann erst die Konzeption einer »dritten Kraft« möglich wird.

Diese beiden Positionen, oder wenn man will, diese Position der Bestimmung Europas als »dritte Kraft« wurde von Bruno Bauer »überholt«. Und zwar in dem Sinne, daß er den Weg von der Utopie zum Mythos nach der Enttäuschung von 1848 ging, was ihm ermöglichte, die Kategorie des »jungen Volkes« in seine Geschichtskonzeption aufzunehmen. Dadurch gelang es ihm, auf einer anderen Ebene eine Synthese aus den zwei möglichen Ausformungen der Idee von Europa als »dritter Kraft« zu bilden, indem er Europa auf sich selbst reduzierte – wobei der verendlichte Weltgeist bei ihm, um mit Lukács zu sprechen, die in Hegel angelegte Personalunion von Philosoph und absolutem Wissen zustande brachte[3] – und sein philosophisches Selbstbewußtsein so als Bewahrer des richtigen Erbes »über die Zeiten« hinweg und damit gleichzeitig als Garant künftigen Fortschritts zum »neuen Menschen« erscheinen konnte. – Hier ist noch anzumerken, daß Bruno Bauer analog zur Hegelschen Vermittlung von Subjekt und Objekt, die er zugunsten des Subjekts zugunsten des Kritikers auflöst, auch die von Philosoph und Europa, zugunsten des ersteren auflöst. – Der radikale Kritiker bemerkt zwar die Parallele Rußland–Nordamerika, aber angesichts der künftigen Synthese zwischen Ost und West, in welcher der Osten mehr oder weniger als Geburtshelfer dessen auftritt, was das müde Europa zwar in sich trägt, aber aus eigener Kraft nicht zu verwirklichen vermag, kann sie nicht beunruhigen. In der Bauerschen Position fallen Untergang des Abendlandes, Untergang des Christentums und damit Ende des christlichen Zeitalters zusammen; er geht darauf aus, das Christentum und das »alte« Europa nicht im Hegelschen Sinne aufzuheben, sondern das erstere als Fiktion zu entlarven und das letztere begrifflich zu »bewältigen«. Aus dieser an der Hegelschen Philosophie orientierten Untergangsprognose, die gleichzeitig die Hegelsche Dialektik entscheidend modifizierte, entspringt auch das Doppelgesichtige von Bruno Bauers Selbstverständnis, der sich als philosophierendes Subjekt von Europa absetzt, nicht ohne vorher die Philosophie in Kritik aufgelöst zu haben und diese mit sich selbst zu identifizieren. –

So können wir die nach Tocqueville bezogenen Positionen auf

3 Der junge Hegel. Berlin 1948 S. 706.

zwei reduzieren, die sich mit »Europa als dritte Kraft« und »Untergang Europas« umschreiben lassen. Wobei anzumerken ist, daß im Grunde Tocqueville dasselbe sagt wie Bruno Bauer, nur daß letzterer in bestimmter Weise die Prognose des Franzosen radikalisiert. Aber vielleicht ist Tocqueville in einem anderen Sinn noch radikaler, weil wirklichkeitsnäher als der »Einsiedler von Rixdorf«[4], denn er hatte es nicht nötig, seinen eigenen Standort inmitten der Geschichte philosophisch zu konstruieren und konnte somit auch auf die Illusion der »jungen Völker« verzichten. So war es ihm auch möglich zu begreifen, daß die Geschichte zur Weltgeschichte sich zu erweitern begann und daß die Sozialstrukturen damit anfingen globale zu werden. Dies schloß den Glauben an eine neue Kultur oder an ein neues Volk aus.

Gehen wir bis auf Tocqueville zurück, so fällt noch eine andere Tatsache auf. Wenige waren in der Lage, seine geschichtliche Einsicht nachzuvollziehen, ohne in eine Geschichtsphilosophie zu verfallen, d.h. eine Anschauung von Geschichte, die für bestimmte Epochen gültige Einsichten zu immer Seiendem und geschichtlichen Gesetzen hypostasiert, das Erleben und Erleiden von Geschichte zu Kategorien einer historischen Anthropologie verfälscht, in eine Geschichtsphilosophie, die zwar von der Frage nach dem, was konkret im geschichtlichen Raum begegnet, ausgeht, ohne aber die Reflexion auf ihre eigene Befindlichkeit zu leisten. Im 19. Jahrhundert bedeutete dies, daß man die aus der eigenen Zeit gewonnenen Einsichten auf dem Wege des Historisierens auf die ganze Vergangenheit und Zukunft ausdehnte, einer Anschauung, der alle monokausalen Geschichtskonzeptionen ihren Ursprung verdanken – wir brauchen hier nur an Marx und Comte zu erinnern. Zwar soll diese Kritik nicht die Größe der einzelnen Bemühung herabmindern, wohl aber die Frage nach dem Wahrheitsgehalt stellen, die der Anfang des Weges aus dem historischen Relativismus ist, der sich als ein »geschichtsphilosophischer« darstellt, indem sie die Frage nach dem, was Geschichte »an sich« ist, was Geschichte »an sich« verursacht, treibt, macht etc., als ungeschichtliche klassifiziert, ohne sich jedoch der Prüfung ihrer Relevanz für eine bestimmte Zeit oder ein bestimmtes Phänomen zu entziehen. Der als »geschichtsphilosophisch« be-

---

4 In Rixdorf bei Berlin hatte sich *Bauer* in seinen letzten Jahren aus einem alten Stall eine Unterkunft gebaut, in der er lebte und seine Bücher schrieb.

zeichnete Charakter des historischen Relativismus meint hier die Tatsache, daß sich die geschichtlichen Ereignisse, hat man sie erst einmal zu Funktionen eines sich hinter ihnen vollziehenden Prozesses degradiert und depraviert, beinahe jeder beliebigen Konstruktion einfügen, bzw. sich durch diese erklären lassen. Wobei der all diesen Geschichtsphilosophen seit der Mitte des 18. Jahrhunderts, d. h. seit ihrer Entstehung eignende formale Grundzug, eben das Verständnis der Geschichte als Prozeß, wieder auf seine Gültigkeit für die Zeit untersucht werden muß, in der Geschichtsphilosophie entstand.

Kapitel 2
Der Ausgang des 19. Jahrhunderts –
Friedrich Nietzsche

Die Zeit vom Ende des Krimkrieges bis zur russischen Oktoberrevolution läßt sich als *ein* historischer Abschnitt in dem Verhältnis Rußland und Europa betrachten. Ein zeitliches Zusammentreffen zweier für die Stellung zu Rußland so entscheidender Ereignisse, wie sie der Krimkrieg und die Revolution von 1848 darstellten, fehlt für diese Periode. Wohl gab der polnische Aufstand von 1863 Gelegenheit, wieder einmal nachdrücklich auf die russische Gefahr hinzuweisen, und auch weiterhin gab die politische Lage noch des öfteren zu Befürchtungen gegenüber Rußland Anlaß. Im ganzen gesehen brachten diese Ereignisse nur Aktualisierungen der vorher schon ausgearbeiteten und diskutierten Fragestellungen und Antworten. So wie sich der Elan der revolutionären Kräfte in der zweiten Hälfte des 19. Jahrhunderts noch aus den Revolutionen der ersten Hälfte speiste, so waren auch für die Konservativen die Erlebnisse aus den Revolutionsjahren der ersten Hälfte des Jahrhunderts bestimmend. So darf es auch nicht wundernehmen, daß wir keinen neuen Thesen über das russisch-europäische Verhältnis begegnen, noch neuen Antworten auf die von Tocqueville aufgeworfenen Fragen. In dem Moment, in dem die unmittelbare Bedrohung durch die Revolution aufgehoben war und aus dem Bewußtsein verschwand, verlor Rußland als »Retter Europas« an Interesse. Andererseits war die Hoffnung auf eine politische Revolution nach 1848 soweit geschwunden – weite Kreise der fortschrittlichen Intelligenz waren nach 1848 den Weg von der Utopie zum Mythos gegangen oder hatten kurzerhand für die Macht optiert –, daß eine über die Tagesereignisse hinausgehende Beschäftigung mit Rußland, als Bedroher der »Freiheit« verstanden, nur auf dem Boden einer radikalen Geschichtsphilosophie möglich war, wie sie im wesentlichen von der »Zwei-Mann-Partei« (Marx-Engels) vertreten wurde. Zu diesen Faktoren, die das Problem Europa – Rußland aus seiner um die Mitte des Jahrhunderts eingenommenen Stellung rückten, kam natürlich noch die den europäischen Zwiespalt für einige Zeit mehr und mehr unter die Oberfläche drängende nationale Bewegung und die mit Riesenschritten fortschreitende Industrialisierung, die die von der Französischen Revolution und ihren Folgen freigesetzten ideologischen und materiellen Energien in ihren Bannkreis zogen. In der ersten Hälfte des Jahrhunderts entstandene oder größere Verbreitung erlebende zwischen- und übernationale Strömungen ergossen sich in das Bett aller möglicher Nationalismen. Der Nationalismus in konkreter, politische Gestalt annehmender Form sollte sich als Aufhalter dessen erweisen, was durch andere historische Kräfte zur Verwirklichung drängte. Selbst die Revolutionen wurden, oft gegen den Willen ihrer Urheber, zu nationalen Ereignissen. Ihre Folgen jedoch sprengten bald den nationalen Rahmen und bestätigten so die Wirksamkeit der untergründigen Tendenzen des Demokratismus und Industrialismus.

War der Nationalismus im wesentlichen vom Bürgertum getragen, so trafen sich in Industrialisierung und Technisierung und den ihnen korrespondierenden Ideologien die Bestrebungen des Bürgertums und derer, die es geschichtlich »überholen« wollten. Nationalismus, Demokratismus und Industrialismus – wie wir die auf Naturbeherrschung im weitesten Sinne ausgehenden Erscheinungen und Ausprägungen der modernen Technik kurz nennen wollen – stellten so viele Aufgaben, absorbierten so viele geistige Kräfte, daß es bei dem fehlenden äußeren Anlaß nicht wundernehmen kann, daß die Frage nach dem Selbstverständnis Europas verdrängt wurde, oder besser, daß es der kritischen Fragestellung so erging, weil die Selbstauslegung Europas als Hort des Fortschritts durch Industrialisierung und Technisierung zunehmende Evidenz erlangte und das nationale Selbstbewußtsein die Frage nach dem europäischen gar nicht aufkommen ließ.

Einer der wenigen, die tiefer sahen, war *Constantin Frantz* (1817–1891), dessen publizistischer Kampf gegen Bismarck im Zeichen einer großdeutschen Lösung stand. Frantz wollte ein gewaltiges Machtgebilde in Mitteleuropa unter deutscher Führung – sozusagen als Abart deutschen nationalen Strebens unter Berücksichtigung der erweiterten Weltverhältnisse – als die dritte Kraft zwischen Rußland und den USA – Rußland sei neben Nordamerika »die einzige Weltmacht im vollen Sinn des Wortes« – schaffen. Die Prinzipien, auf denen diese beiden Weltmächte beruhten, seien Individualismus und Freiheit einerseits, Autorität und Autokratie andererseits[1], unter einem anderen Aspekt Traditionslosigkeit und Erstarrung. Europa beruhe demgegenüber auf der Tradition: »das abendländische Europa hat die ausdrückliche Bestimmung für die ganze neuere Menschheit der Träger traditioneller Entwicklung zu sein. Und eben dadurch ist es die Stätte aller höheren Bildung. Denn worin liegt zuletzt der Adel des Menschengeschlechts als darin, daß es sich als ein ganzes fühlt, dessen Erinnerung durch die Kette der Generationen bis auf den ersten Ursprung zurückreicht, wie andererseits der ahnungsvolle Blick sich auf die Zukunft ungeborener Generationen richtet.«[2] Die Aufgabe Europas als dritter Kraft wird also mit dem ihm eigenen Prinzip der Tradition begründet, welches speziell den Menschen auszeichnet, denn »thierisches Leben hat weder Vergangenheit noch Zukunft, es geht in der Gegenwart auf«.[3] Wenn aber Europa allein der Hort der Tradition ist, und wenn diese die Menschlichkeit des Menschen konstituiert, dann ist Europa haltende Macht im geschichtlichen Bereich, den Frantz scharf vom »göttlich-übersinnlichen« trennt.[4]

Weit oberflächlicher beurteilt der französische Historiker *Henri Martin* (1810–1883) die Lage Europas in seinem Buch »*La Russie et l'Europe*«, das 1866 erschien. Mit Fröbel, Jörg und Frantz trifft er sich in der Forderung nach einem europäischen Staatenbund. Ohne ihn müsse Europa in dem Kampf gegen Rußland zugrundegehen, den er als den in der Weltgeschichte von Anbeginn angelegten Kampf zwischen Iran und Turan interpretiert. Auf die »große Parallele« eingehend, versichert er, daß die Russen nicht die »neuen Germanen« seien, schon deshalb nicht, da sie, wie Martin behauptet, mongolischer Abstammung seien. Die Rettung Europas gegenüber der russischen Gefahr liege im geistig-moralischen Prinzip des Nationalismus, das Henri Martin nicht als trennende, sondern als einigende Kraft begreift. – Von Tocqueville her gesehen bleibt Martin im Vorfeld der Diskussion.

Nicht so *Friedrich Nietzsche,* den wir etwas ausführlicher be-

1 Untersuchung über das europäische Gleichgewicht. 1859 S. 86.
2 Die Naturlehre des Staates als Grundlage aller Staatswissenschaft. 1870 S. 449 ff. – Hier findet sich auch ein direkter Bezug auf *Fröbel,* mit dem *Frantz* befreundet war.
3 ebd. S. 452.
4 *Frantz*' Geschichtsbegriff läßt sich am besten aus seinem Werk »Schellings positive Philosophie« 1879, herauspräparieren. Vgl. bes. I. Bd., S. XI, 230 f.

handeln wollen. Unsere erste Frage wird die sein, ob seine Stellung gegenüber Rußland derjenigen Bauers ähnlich ist, mit dem Nietzsche, wie wir schon sahen, vieles gemein hat. Der Tod Gottes als höchstes Symbol für das Ende des Christentums, den sie beide verkündeten, zwingt sie zur Überschreitung der vorfindlichen Welt und des vorfindlichen Menschen zum »höheren Menschen« hin. Dies ist anders gewendet nur die Konsequenz ihrer radikalen Kritik, die sie an Europa und damit am Christentum üben. Mag ihr Denken noch so unterschiedlich sein, das Gebiet der Geschichtsphilosophie verlassen sie beide nicht. Denn auch da, wo Nietzsche zur Kritik am abendländischen Geschichtsbegriff ansetzt, ist er Geschichtsphilosoph in dem hier gemeinten Sinn. Man verharrte im Formalen, wollte man die Dialektik von Kritik und intendiertem Objekt in diesem Zusammenhang gegen Nietzsche ausspielen und darauf hinweisen, daß seine Theorie des geschichtlichen Verfalls von Vollgraff und anderen Geschichtsphilosophen beeinflußt ist. Es geht hier jedoch darum zu erkennen, daß der Zwiespalt seiner Lehre den radikalen Kritiker im Horizont der Zukunft doch die Geschichte erfahren läßt, von der er sich gerade absetzen will. Dieser Zwiespalt gründet darin, daß sein Mythos des Übermenschen, der die ewige Wiederkehr »will« und damit Unvergänglichkeit durch die Transzendierung des Menschen auf die Natur hin, in zwei disparate Teile zerfällt: Denn Unvergänglichkeit des Menschen und Willensphilosophie – das christliche Erbe seines Philosophierens – und die Ewigkeit der Welt – die Wiedergewinnung der Antike – sind unvereinbar.[5]

»Wo sind die Barbaren des zwanzigsten Jahrhunderts?«, mit dieser Frage übernimmt Nietzsche die »große Parallele«, die ja für ihn, der sich selber als Ende des Christentums weiß, besondere Bedeutung erhält. Dieses Ende, das mit dem Untergang Europas in eins zu setzen ist, soll mittels der »Philosophie mit dem Hammer«, mittels eines »ekstatischen Nihilismus« beschleunigt werden, »um für eine neue Ordnung des Lebens Bahn zu machen«.[6] Ein

---

5 Diesen Widerspruch in *Nietzsches* Denken stellt Karl *Löwith* in den Mittelpunkt seiner Nietzsche-Interpretation, von der ich hier Gebrauch gemacht habe: Nietzsches Philosophie der ewigen Wiederkehr des Gleichen. 1956, und: Nietzsche, nach sechzig Jahren, in: Gesammelte Abhandlungen. 1960 S. 127 ff. Siehe aber auch die kritische Bemerkung von Hans-Georg *Gadamer*, Wahrheit und Methode, Tübingen 1960 S. 472.

6 XVI, 288, 293 ff. – Zitiert wird nach den Werken in der Großoktavausgabe.

paar Jahre früher, in den Jahren 1880/81 – das eben Zitierte stammt aus dem sogenannten »Willen zur Macht« – notiert er als eines der »Zeichen des nächsten Jahrhunderts: ...das Eintreten der Russen in die Kultur. Ein grandioses Ziel, Nähe der Barbarei, Erwachen der Künste, Großherzigkeit der Jugend und phantastischer Wahnsinn und wirkliche Willenskraft.«[7] Diese angebliche Willenskraft ist es, die ihn an Rußland fasziniert, denn so lesen wir in »*Jenseits von Gut und Böse*« (1885): »Die Kraft zu wollen, und zwar einen Willen lang zu wollen ist... am allerstärksten und erstaunlichsten in jenem ungeheuren Zwischenreiche, wo Europa gleichsam nach Asien zurückfließt, in Rußland. Da ist die Kraft zu wollen seit langem zurückgelegt und aufgespeichert, da wartet der Wille – ungewiß ob als Wille der Verneinung oder der Bejahung – in bedrohlicher Weise darauf, ausgelöst zu werden...« Nietzsche selber wünscht »eine solche Zunahme der Bedrohlichkeit, daß Europa sich entschließen müßte, gleichermaßen bedrohlich zu werden, nämlich *Einen Willen zu bekommen,* durch das Mittel einer neuen über Europa herrschenden Kaste, einen langen furchtbaren eignen Willen, der sich über Jahrtausende hin Ziele setzen könnte...«.[8] In der »*Götzendämmerung*« (1888) ist es dasselbe Phänomen, das ihm an Rußland auffällt, nämlich »der Wille zur Tradition, zur Autorität, zur Verantwortlichkeit auf Jahrtausende hinaus... ist dieser Wille da, so gründet sich etwas wie das Imperium Romanum: oder wie Rußland, die einzige Macht, die heute Dauer im Leibe hat, die warten kann, die etwas noch versprechen kann, – Rußland, der Gegensatzbegriff zur erbärmlichen europäischen Kleinstaaterei und Nervosität... Der ganze Westen hat jene Instinkte nicht mehr, aus denen Institutionen wachsen, aus denen Zukunft wächst...«[9] Dieser Wille zur Dauer, zu Institutionen, zur Macht ist nach Nietzsche um so unentbehrlicher, da »schon das nächste Jahrhundert«, wie er in »*Jenseits von Gut und Böse*« schreibt, »den Kampf um die Erd-Herrschaft, – den Zwang zur großen Politik« bringt. Daß dieses Thema nicht so fern liegt, wie seine Stellung im Gesamtwerk vermuten läßt, erhellt aus der Stelle, die gleichzeitig das seit Bruno Bauers Auflösung der Hegelschen Dialektik von Subjekt und Objekt immer gleiche Selbstverständnis des Kritikers inmitten der »europäischen« Krise deutlich

7 XI, 375.
8 VII, 155 f.
9 VIII, 151.

macht: »Ein Denker, der die Zukunft Europas auf seinem Gewissen hat, wird bei allen Entwürfen, welche er bei sich über diese Zukunft macht, mit den Juden rechnen wie mit den Russen, also den zunächst sichersten und wahrscheinlichsten Faktoren im großen Spiel und Kampf der Kräfte.«[10]

Die Frage, ob es vielleicht neben der untergehenden Welt Europas noch eine »neue Welt« jenseits des Ozeans gäbe, wird von Nietzsche in einer kurzen Notiz aus den achtziger Jahren verneint. In Übereinstimmung mit Vollgraff schreibt er: »Die Amerikaner zu schnell verbraucht – vielleicht nur anscheinend eine künftige Weltmacht.« Die Möglichkeit, dem »notwendigen« totalen Untergang zu entgehen, muß nun konsequenterweise in einer europäisch-slavischen Synthese gesucht werden, im »Ineinanderwachsen der deutschen und slavischen Rasse«. »... wir brauchen ein unbedingtes Zusammengehen mit Rußland, und mit einem neuen gemeinsamen Programm, welches in Rußland keine englischen Schemata zur Herrschaft kommen läßt. Keine amerikanische Zukunft«, fährt Nietzsche fort. Sollte diese Synthese gelingen, so wird »ein deutsch-slavisches Erdregiment nicht zu dem Unwahrscheinlichsten gehören.« Welche Stellung wird dann aber Europa einnehmen? Wenn »Rußland Herr Europas und Asiens werden muß«, wird »Europa also das Griechenland unter der Herrschaft Roms sein. Europa also zu fassen als ein Kultur-Zentrum.« Seine Ausführungen zum Problem der Zukunft Rußlands und Europas schließt er mit einem Exkurs in die griechische Mythologie: »Europa ist zuletzt ein Weib: und die Fabel lehrt, daß so ein Weib sich unter Umständen von gewissen Tieren fortschleppen läßt. Ehemals, zur Zeit der Griechen wars ein Stier. Heute – der Himmel behüte mich, das Tier zu nennen.«[11]

So wird inmitten der europäischen Krisis – »eine Krisis, wie es keine auf Erden gab« – die Frage nach den künftigen »Herren der Erde«, die eine eminent geschichtsphilosophische ist, für Nietzsche akut. Der Höhepunkt der Krise ist die von ihm vorgenommene »Umwertung aller Werte«, diese »Formel für einen Akt höchster Selbstbesinnung der Menschheit, er in mir Fleisch und Genie geworden ist«. Diese Krise, die also in seinem Bewußtsein ihre höchste Ausprägung gefunden hat, scheidet die Geschichte der Menschheit in zwei, genauer noch in drei Teile. Er selber

10 VII, 156, 219.
11 XIII, 352–60.

glaubt sich am Ende der zweiten Epoche, der der Lüge, die er nicht nur beenden, sondern mittels eines Rückgriffs, »mit einer Stimme über Jahrtausende hinweg«, durch eine neue ablösen und damit das Sein als Zeit und die Welt als Geschichte mittels der »Wiederholung der Antike auf der äußersten Spitze der Modernität« (Löwith) überwinden will. Aber er fährt an derselben Stelle mit einer treffenden Prognose fort, die den ersten Teil des eben Geschriebenen bestätigt und den zweiten widerlegt und somit wieder einmal den Widerspruch in Nietzsches Philosophie deutlich macht: »...erst von mir an gibt es wieder Hoffnungen... Der Begriff der Politik ist dann gänzlich in einen Geisterkrieg aufgegangen, alle Machtgebilde der alten Gesellschaft sind in die Luft gesprengt – sie ruhen allesamt auf der Lüge: es wird Kriege geben, wie es noch keine auf Erden gegeben hat. Erst von mir an gibt es auf Erden große Politik.«[12]

Als Beweis dafür, daß all diese Prognosen mit dem Anspruch auftreten, die künftige Geschichte adäquat zu beschreiben, kann der bekannte zweite Aphorismus aus der Vorrede des *Willens zur Macht*« dienen, wenn dieser sich auch auf die Heraufkunft des Nihilismus bezieht; denn der Nihilismus umfaßt ja sowohl als negativer, wie er von Europa, als auch als positiver, wie er von Nietzsche verkörpert wird, die Geschichte der Zukunft. »Was ich erzähle, ist die Geschichte der nächsten zwei Jahrhunderte. Ich beschreibe, was kommt, und nicht mehr anders kommen kann: die Heraufkunft des Nihilismus... die Notwendigkeit selbst ist hier am Werke.« Diese Notwendigkeit ist aber nichts anderes als das von Nietzsche Vorhergesagte, und die Formel, mit der diese Verbindung, die in ihrer Struktur echt geschichtsphilosophisch ist, zur allgemeinen Frage, nämlich zu der des Verhältnisses von Notwendigkeit und Freiheit erweitert wird, ist die des »amor fati«.

Wie Bruno Bauer, der nach dem treffenden Wort von Marx aus der »Heiligen Familie«[13] »die Kritik für den absoluten Geist und sich selbst für die Kritik« erklärte, tritt Nietzsche dem seiner Meinung nach zum Untergang verurteilten Europa als einzelner, als Subjekt bar aller Legitimation am Objektiven gegenüber. Indem er sich selber als philosophierendes Subjekt mit der Wahrheit identifiziert, und zwar mit einer zukunftsträchtigen, fällt es ihm leicht,

12 XV, 3, 116f.
13 *Marx-Engels:* Werke II, 90.

Europa aufzugeben. Die Geschichte einer neuen Menschheit, so scheint es Nietzsche wenigstens für einen Augenblick, wird aus der Synthese Europa–Rußland, Germanen- und Slaventum enstehen. Nicht nur eine formale Ähnlichkeit mit Bruno Bauer ist hier vorhanden, sondern der Mythos des »jungen Volkes« ist auch für Nietzsche bestimmend. Er geht mit dem des Willens zur Macht eine Synthese ein, insofern der Wille, der »lange Wille« und die dadurch garantierte »Dauer« zum Kriterium der »Jugend« von Völkern und Kulturen und so zur Garantie eines neuen, das christliche ablösenden Weltalters wird.

Nun soll hier durchaus nicht das Problem Europa und Rußland in seiner Bedeutung für Nietzsches Denken überbetont werden. Festzuhalten bleibt jedoch, daß er in dem Moment, in dem ihn dieses Problem beschäftigte, dieselbe Lösung wie Bruno Bauer fand. Die radikalsten Kritiker des 19. Jahrhunderts, als die uns Bruno Bauer und Nietzsche nicht zuletzt deswegen erscheinen, weil sie den Schritt in das parteinehmende Philosophieren, von der »Theorie in die Praxis« nicht konsequent taten, werden durch die Radikalität ihrer Kritik auf sich selber als philosophierende Subjekte in einem Maß zurückgeworfen, das es ihnen nicht mehr gestattet, sich mit objektiven Gegebenheiten, in unserem Fall also mit Europa zu identifizieren. Die Lösung, die Überwindung der Krise scheint nur noch von den »neuen Germanen« kommen zu können, nachdem der Untergang Europas und das Ende des christlichen Äons postuliert worden waren. Auch diese Tatsache wirft ein Licht auf die Affinität der Stellung Bruno Bauers und Nietzsches, anders gesprochen auf die posthegelsche Position Nietzsches.

Bei Bruno Bauer war der Punkt erreicht, wo die Utopie in den Mythos umschlug, was sich im Schema der Geschichtskonzeption als Ersetzung des Fortschrittsbegriffs durch den Begriff des »jungen Volkes« oder der neuen Kultur bemerkbar machte. Das Selbstverständnis Europas läuft bei ihm wie bei Nietzsche auf einen einzigen Punkt zu, auf den des eigenen Philosophierens. Diese genuin geschichtsphilosophische Selbstinterpretation, in der man sich selber als Durchgangsstelle, als Krisis weiß, und »Alles«, d. h. das Neue, vom Selbstbewußtsein des Subjekts oder von seinem »Willen zum Willen« erhofft, zeugt auf einer anderen Ebene von der Ohnmacht des »Geistes« gegenüber der Geschichte. Von einer solchen Position aus muß die Geschichte – hier die Geschichte des christlichen Abendlandes – als Abfall von einem wahren Prinzip oder als beendet erscheinen, damit sich das isolierte Individuum von ihr absetzen kann. Nietzsche war den von Bauer eingeschlagenen Weg, der in der Konsequenz des »Verfaulungsprozesses des absoluten Geistes« (Marx)[14] selber lag, zu Ende gegangen. Die Wirklichkeit, besser die Geschichte, die dem als praktische Anweisung uminterpretierten Diktum Hegels, vernünftig zu sein, nicht gehorchte, mußte, weil sie die einzige Möglichkeit der Legitimation intellektueller Existenz bot, wenn auch nicht mehr auf dem Wege gradlinigen Fortschritts, so doch auf dem Wege einer radikalen Erneuerung durch einen Mythos in sich selber transzendiert werden. Dies wird negativ durch die Tatsache bestätigt, daß Geschichtsphilosophen, denen der Fortschrittsbegriff inhärent war, zwar Kritik an Europa, z. B. am bürgerlichen, übten, aber nicht eine Neuverortung des europäischen Selbstbewußtseins oder gar dessen Aufhebung in dem eines ortlosen Subjekts nötig machten.

Wir sahen, daß sich zwei verschiedene Motivketten in Nietzsche trafen. Einmal die, die aus den Erschütterungen des 19. Jahrhunderts stammte und auf konservativer Seite sich in pessimistische Geschichtsphilosophien oder Verfallstheorien umsetzte – die zeitkritischen Elemente in Nietzsches Denken, die aus dem konservativen Arsenal stammen, sind ja weit bekannt. Zum anderen die, die der Verzweiflung an der Revolution ihren Ursprung verdankte, also genau von der entgegengesetzten Seite kam, und die wir kurz als Übergang von der Utopie zum Mythos charakterisierten. In ihrem Verhältnis zu Europa laufen beide letztlich auf das gleiche Ergebnis hinaus: Untergang des Abendlandes. Noch glaubte man zu sehr an die Zukunft, als daß man sich mit der Rolle des Propheten des Unterganges begnügt hätte; noch fühlte man sich zu sehr als Prophet der Krise, die doch auch und wohl in erster Linie das Neue ankündigt, um mit dem Neuen den Maßstab zu gewinnen, das Verdammungsurteil über das Heute zu sprechen. Wenn man nicht als Vehikel des Neuen das wirklich weltgeschichtliche Neue und Einmalige, das in der industriellen Revolution sich zum ersten Male zeigte, begreifen konnte, dann hatte sich tatsächlich die Krise des europäischen Selbstverständnisses dramatisch radikalisiert. In diesem Radikalisierungsprozeß erweist sich

14 *Marx-Engels*, Werke III, 17.

Nietzsches Position als konsequente Fortentwicklung der Bauerschen, nachdem die Verbindung zur Hegelschen Philosophie abge-
rissen war.

Kapitel 3
Zwei Weltkriege und ihre Folgen für das Selbstbewußtsein Europas

Kurz vor dem Ausbruch des Ersten Weltkrieges sah der schwedische Professor *Rudolf Kjellén* bereits die »Schatten der Gegner... über unserem Erdteil in der amerikanischen, der russischen und der gelben Gefahr«. »Wenn wir dabei recht gesehen haben«, fuhr er fort, »daß der Großmachtsrang der Zukunft die qualitative Bedeutung der Autarkie nebst der quantitativen der großen Maßverhältnisse fordern wird, dann wird sich eines Tages herausstellen, daß nur die Vereinigten Staaten und Rußland ebenso klare Erwerbsurkunden besitzen wie das uralte ›Reich der Mitte‹«.[1] Doch sieht er noch zwei Auswege aus der über Europa hängenden Gefahr: Der erste wäre ein Zusammenschluß Europas unter dem »Druck..., der möglicherweise einmal stark genug sein wird, die mächtigen Tatsachen und Traditionen, welche es noch in rein souveräne Teilchen zersplittern, zu überwinden«.[2] Der andere wäre China. Wenn er auch von Rußland sagt, daß es »als Großmacht... zu starke Wurzeln in der Natur und in der Geschichte« besitzt, als daß es »mit einem politischen System sterben könnte«, und die »russische Gefahr in diesem Augenblick wieder am Himmel« stehen sieht, so bestreitet er doch die Richtigkeit der Prognosen, die in Rußland eine ernsthafte Bedrohung von Europas Zukunft sehen. Diese litten alle »an einem gemeinsamen Fehler, nämlich dem, seine Zukunft nur in Verbindung mit Europa zu betrachten. Seine pazifische Politik hat diese Voraussetzung ein für allemal zu einer veralteten gemacht, indem sie Rußland zwei Fronten, die in Asien neben der in Europa gegeben hat.«[3] An dieser zweiten Front steht China, »das große X bei allen Zukunftsbetrachtungen für den großen Orient«, das »alle Voraussetzungen für die Großmachtstellung außer der einen notwendigen, dem Willen zur

1 Die Großmächte der Gegenwart, Leipzig-Berlin 1914 S. 204. Ähnlich wie bei *Everett, List* und *Frantz,* die wir bereits oben kennenlernten (157 ff., 230 ff., 359 ff.), wird auch von *Kjellén* England »der Großmachtsrang der Zukunft« abgesprochen (ebd. 123–26, 201).

2 ebd. 204 f.

3 ebd. 180 f.

Macht« besitzt. »Es kann nur eine Frage der Zeit sein, wann es erwachen wird.«[4] Wir sehen deutlich, wie sich hier die Chinesische Revolution von 1911 in den weltpolitischen Spekulationen niederschlägt und eine Veränderung der Sicht Rußlands herbeiführt, die von heute aus gesehen erstaunliche Relevanz besitzt.

Nicht ganz so weit wie Kjellén sah man in Deutschland. Dort hatten sich die um die Jahrhundertwende auflebenden Diskussionen um die »drei Weltreiche«[5] und die Mitteleuropaideen[6] unter dem Druck der Angst vor der Einkreisung durch die Entente cordiale und dann durch den Ausbruch des Weltkrieges bei manchen zu der Einsicht verhärtet, daß der Kampf zwischen Germanen- und Slaventum unausweichlich sei, und daß, wie sich der Staatssekretär des Auswärtigen, *Kühlmann,* ausdrückte, »Rassenhaß der Grund unserer Gegnerschaft zu Rußland ist«.[7] Oder man verfocht die These, daß, wie *Walther Rathenau* im September 1914 meinte, »das Endziel der Zustand wäre, der allein ein künftiges Gleichgewicht Europas bringen kann: Mitteleuropa geeint unter deutscher Führung, gegen England und Amerika einerseits, gegen Rußland andererseits politisch gefestigt«.[8] Der Gedanke, der beiden Gruppen gemeinsam ist, ist vielleicht von dem Historiker *Otto Hintze* in einem Aufsatz aus dem Jahr 1916 »Der Sinn des Krieges« am besten ausgedrückt worden: »...wir kämpfen nicht bloß für un-

---

4 ebd. 197, 204.
5 Vgl. oben S. 164 f. zu den Vorläufern.
6 Vgl. Henry *Cord Meyer,* Mitteleuropa in German Thought and Action 1815–1945, Den Haag 1955 S. 25: Albert *Schäffles* Plan aus den 60er Jahren einer mitteleuropäischen Zollunion gegen die potentiell ökonomische Macht Rußlands und Amerikas. Weitere bekannte Vertreter eines Mitteleuropas mit stark antirussischem Akzent waren etwa Paul *Rohrbach,* Friedrich *Naumann* und Hermann *Ullmann.* (ebd. 138, 144, 176, 188.)
7 Äußerung vom 7. X. 1917, zitiert nach Fritz *Fischer,* Griff nach der Weltmacht, Düsseldorf 1961 S. 564. Weitere Belege bei *Fischer,* daß der Kampf zwischen Germanen- und Slaventum in gewissen Kreisen der deutschen Reichsleitung und des Reichstags kurz vor und im Weltkrieg als unausweichlich angesehen wurde: 46, 66, 185, 188 f., 205, 222, 242 f., 248 f., 304 ff., 374, 775 f. Doch möchten wir nicht versäumen darauf hinzuweisen, daß die Tendenz des Fischerschen Buches dazu führt, den Bedeutungsgehalt dieser Äußerungen stark überzubewerten. Zu dieser Tendenz sei auf die in deutschen historischen Zeitschriften in den Jahren 1961 bis 1963 geführten z. T. heftigen Diskussionen verwiesen.
8 An *Bethmann-Hollweg,* 7. IX. 1914, Walther Rathenau, Ein preußischer Europäer. Briefe, hg. v. M. v. Eynern, Berlin 1955 S. 120.

sere eigene Macht und Selbständigkeit... sondern für die Freiheit aller Völker. Das Antlitz unserer Erde soll weder angelsächsische noch moskowitische Züge tragen. Wir wollen keine öde Weltherrschaft eines Volkes, sondern ein lebensvolles Nebeneinander freier Völker und Staaten... Die Kultur der neueren Völker würde in den Polypenarmen eines weltbeherrschenden England oder Rußland ersticken... Vor unseren Augen steht als Ideal der Zukunft ein System von Weltmächten, die sich untereinander in ihrer Selbständigkeit und Gleichberechtigung anerkennen und respektieren, wie früher die Großmächte in dem europäischen Staatensystem... Wir wollen ein neues Gleichgewicht der Macht im Weltstaatensystem begründen.«[9] Doch der Erste Weltkrieg erweist sich im Rückblick als der erste Schritt weg von einem Gleichgewicht mehrerer Großmächte zu dem heute herrschenden Dualismus der Weltmächte. Dabei zeigte es sich, daß alle Spekulationen über die Projizierung eines europäischen Gleichgewichts, dessen Unangemessenheit man inzwischen erkannt hatte, auf ein Weltgleichgewicht verfehlt waren. Sie gaben eine alte Antwort auf eine neue geschichtliche Situation und waren als solche von den großen weltpolitischen Prognosen des 19. Jahrhunderts, die wir kennengelernt haben, bereits überholt.

Der Ausgang des Ersten Weltkrieges aktualisierte die pessimistischen und eschatologischen Strömungen der europäischen Geschichtsphilosophie. Wir brauchen nur an *Paul Valérys* Essai über die Krise Europas von 1920 – »Nous autres civilisations, nous savons maintenant que nous sommes mortelles...« – oder an die Schrift *»Le Declin de l'Europe«* zu erinnern, die der französische Geograph *Albert Demangeon* 1920 veröffentlichte, um zu sehen, daß nicht nur das unterlegene Deutschland von Krisen- und Untergangsstimmungen heimgesucht wurde, wovon *Spenglers* Werk der beredteste Ausdruck ist. *Moeller van den Bruck* mag die damalige Stimmung gut zum Ausdruck gebracht haben, als er von Spenglers Werk als dem »Schicksalsbuch unseres ganzen Zeitalters« sprach. Im Ersten Weltkrieg, dessen Hauptergebnis wohl die Niederlage Europas war, die der zweite vollendete, ließen zwei Ereignisse blitzartig die globale Perspektive, d. h. die Lage Europas zwischen den bisherigen Flügelmächten des politischen Systems, aufleuchten: der Kriegseintritt der Vereinigten Staaten von

9 Deutschland und der Weltkrieg, 2. Aufl. Leipzig-Berlin 1916 2. Bd. S. 829–31.

Nordamerika und der Ausbruch der russischen Revolution im Jahre 1917. Beide Ereignisse waren mitentscheidend für den Ausgang des Krieges und deuteten so an, was sich nach dem Zweiten Weltkrieg realisieren sollte, nämlich die Verlagerung der Entscheidungszentren auf die »weitere Bühne«.[10] Doch während das Eingreifen Nordamerikas in den Krieg nur ein Symptom eines »welt«geschichtlichen Vorganges war, und von den Zeitgenossen auch als solcher verstanden wurde[11], ermöglichte erst die Revolution Rußland, das zu werden, als was es in der Prognose Tocquevilles erschien: die Macht, die Europa von Osten her überflügelte. Das Mittel dazu sollte die Verbindung von Russentum und Sozialismus und die damit verbundene Industrialisierung eines ganzen Länderkontinents sein.

Doch neben diesen faktischen hatte die russische Oktoberrevolution noch ideologische Konsequenzen, die genauso auf Europa zurückwirkten. War der ideologische Kampf gegen Rußland das ganze 19. Jahrhundert hindurch unter der Devise Freiheit gegen Despotie, Fortschritt gegen Stagnation, Kultur gegen Barbarei geführt worden, unter einer Parole, die das ganze Verhältnis der demokratischen, sozialistischen und liberalen Kräfte zu Rußland bestimmte, so trat plötzlich der Osten dem Westen mit dem Anspruch entgegen, die Verkörperung des Fortschritts, wenn nicht sogar Utopia zu sein. So war es von jetzt ab den an Europa verzweifelnden radikalen europäischen Intellektuellen möglich, ihre Hoffnung auf Rußland zu setzen, ohne politisch ein schlechtes Gewissen zu bekommen – das schlechte Gewissen als Europäer nahm man dafür gerne in Kauf. Die Konservativen dagegen konnten sich, da sich ihr politisches Gegenbild im bolschewistischen Rußland konkretisiert hatte, nun mit gutem Gewissen zu Verteidigern des Abendlandes stilisieren.

Aber die Sowjetunion, die in ihrer Selbstauslegung mit dem Jahr 1917 den »bürgerlichen Westen« ideologisch überrundet hatte,

---

10 Dieser Ausdruck stammt von Ludwig *Dehio*, Gleichgewicht oder Hegemonie, 1948 S. 230.

11 So schrieb Gerhart *von Schulze-Gaevernitz* im Jahre 1925: »...was wird als das wichtigste Ergebnis des Weltkrieges angesehen werden?... Die Verlegung des Schwerpunktes der Welt von Europa... nach Amerika, das während des Weltkrieges... die leitende Weltmacht geworden ist.« (Amerikas Überimperialismus, in: Die Wirtschaftswissenschaft nach dem Kriege. Festgabe für Lujo Brentano, 1925 1. Bd. S. 109.)

sollte sich nicht nur als »fortschrittlich« erweisen, sondern ebensosehr als »aufhaltende« Macht mit Außenwirkung. Das scheinbar Paradoxe dieser Formulierung löst sich auf, wenn man bedenkt, daß mit dem Sieg des »Marxismus« in Rußland dem europäischen Sozialismus gleichsam seine Geschichte und der europäische Linken ihre Heimat abhanden gekommen war; als Folge ergab sich, daß der Marxismus und alle radikalen linken Strömungen im Westen geistig und materiell zunehmend an Gewicht verloren und es so dem Liberalismus und dem Bürgertum ermöglichten, sich bis zu dem Augenblick zu konsolidieren, in welchem die soziale Frage dank der technischen und industriellen Entwicklung in Mitteleuropa ihre Relevanz verlor. Wie klar man bereits im Jahre 1923 diesen Tatbestand und auch die von ihm geförderte Gefahr des Faschismus sah, durch den ja dann endgültig die Prognose Tocquevilles verfiziert werden sollte, geht aus einem Brief hervor, den *C. J. Burckhardt* an Hugo von Hofmannsthal richtete: »Aber das Entscheidende: endlich, jetzt im 20. Jahrhundert, gibt es wieder ein Dogma. Das scheint mit die allerwichtigste Tatsache zu sein. Auf unsere, seit dem 16. Saeculum flüssig gewordene, analytische, alles interessant findende Welt, wirkt dieses Dogma wie ein stählerner Keil. Die Angst ist jetzt auf unserer Seite... Schon entsteht, da keine wirklichen Abwehrkräfte vorhanden sind, eine Art ungesunder Verhärtung, ein Widerstand mit denselben, dem russischen Vorgang entliehenen Methoden, aber ein Widerstand ohne positive Überzeugung, ohne die zwingende Regel einer einzigen Philosophie, ein Widerstand, der wird zusammenbrechen müssen, weil zwar die entliehenen Methoden ihn zum Verbrechen führen werden, ohne daß die Überzeugung da wäre, die selbst das Verbrechen tragfähig macht. Positionen mit negativen Vorzeichen, mit Überresten, Nationalismus ... Kulturkampf, eine sozialistische Fassade, Imperialismus mit ungenügenden Mitteln, Ersatztyrannen an der Spitze. In Italien zeichnet sich derartiges schon deutlich ab. Man darf nicht daran denken, was aus einer ähnlichen Entwicklung in Deutschland würde, bei dem deutschen Hang zum Personenkult, dem Hang zu Übertreibung, der verzweifelten blinden Tüchtigkeit... und dem Unverständnis der westlichen Völker allen deutschen Reaktionen gegenüber... Das wäre dann das Ende der Weltstellung unseres alten Kontinents.«[12]

---

12 Hugo *von Hofmannsthal* – Carl Jakob *Burckhardt:* Briefwechsel. 1956 S. 137 f., Brief vom 5. X. 1923.

Wir können aus dem angeführten Brief ein doppeltes ersehen: Einmal, wie klar man damals die in der »Antwort« des Westens liegenden Gefahren für diesen selber erkennen konnte und wie sehr der Liberalismus und das Bürgertum – denn Burckhardts Position ist liberalistisch – zu der Verhärtung selber beitrug, indem es für eine Quasireligion und für Philosophie ansah, was Ideologie, und zwar Ideologie als Waffe und Machtverschleierungsmittel darstellte. Leider waren nur allzu viele geneigt, auf die Linie der »Ersatztyrannen« einzuschwenken und ihnen eine Macht zu übertragen, die diese ebensogut auszunutzen wußten wie ihre östlichen Vorbilder. »Positionen ... mit Überresten« das sind die neuen Mythen, die man sehr schön mit der »Bedrohung aus Osten« schmackhaft zu machen wußte, so sehr, daß die im Innern drohende Gefahr nur wenigen sichtbar wurde.

Oswald Spenglers Wiederaufnahme der »großen Parallele« stand von vornherein unter dem Einfluß dessen, was hier mit Rückfall in den Mythos bezeichnet wird. Seine Bedeutung im Rahmen unserer Untersuchung besteht vor allem darin, im richtigen Moment und in der richtigen Form auszusprechen, was viele andere vor ihm schon gesagt und erkannt hatten. Wir haben oben bereits die Einflüsse kennengelernt, die ihm durch Nietzsche vermittelt wurden. Doch nicht diese Einflüsse sind für sein Denken wichtig, sondern die seit Tocqueville immer gleiche Fragestellung. Bei Spengler begegnet uns nun eine Radikalisierung der Untergangsthese im Vergleich zu Bruno Bauer oder Nietzsche. Persönlich wird dies an der Tatsache deutlich, daß er sich nicht mehr als Vermittler »über die Zeiten hinweg« verstand, sondern nur als Prophet des Unterganges, sachlich, daß es bei ihm wohl noch die Möglichkeit einer neuen »Kultur«, aber keine Vermittlung zwischen der absterbenden und der neuen gibt.

Für Spengler haben weder Europa noch die Vereinigten Staaten eine Zukunft im geschichtsphilosophischen Sinn, diese hat für ihn nur Rußland. Europa konnte von einem solchen Standpunkt aus weder als »dritte Kraft« noch als eine Elite oder man selber als Mittler einer neuen Kultur in Verbindung mit dem Slaventum gesehen werden. Europa war überspielt. Diese Erkenntnis wurde in eine biologische Geschichtskonstruktion übersetzt, die die Ausweglosigkeit der Situation gut zur Anschauung brachte. Für die Europäer konnte es sich, so wie es Spengler sah, nur darum handeln, das Fatum, also die Niederlage zu akzeptieren. Abgesehen von dem bürgerlichen Pathos, das sich in Geschichtsphilosophie umsetzt, noch einmal Tocqueville, könnte man sagen. Aber da sind noch die »neuen Germanen«, da ist noch der Mythos des schlechthin »Neuen«, des »Lebens«, der »Macht«, dem man Tribut zollen muß, was damit korrespondiert, daß das geschichtliche Phänomen der Technik sich lebensphilosophisch nicht bewältigen ließ. Hier ist die Stelle, an der Spengler recht verstanden vor Tocqueville zurückfällt. Diesem genügten die Phänomene der Demokratisierung und Zentralisierung, um eine rationalere Prognose zu geben als Spengler. Doch noch in einer anderen Beziehung ist der Europäer und Aristokrat Tocqueville, der seine Niederlage akzeptiert, dem Europäer und Bürger Spengler, der dasselbe tut, überlegen. Diese Überlegenheit resultiert aus Tocquevilles Ethos, das ihn einerseits seine Niederlage nicht in ein Gesetz der Weltgeschichte hypostasieren ließ, andererseits davor bewahrte, so wie es Spengler tat, das Faktische auch noch geschichtsphilosophisch zu »überbieten«, indem er für die Macht optierte, in welcher Form sie sich auch darstellt, und die Fülle seiner Verachtung auf die Opfer der Macht und der »Geschichte« ausschüttete, um konkret zu werden: den »Fellachen« auch noch den Fluch seiner Geschichtsmetaphysik nachsandte. Der sich als »Aristokrat« des Geistes und der »Seele« gebärdende Bürgerliche, der sich angesichts des Endes seines Zeitalters selbstzerstörerisch gegen das untergehende Bürgertum richtet, das ja mit dem »Abendland« untergehen wird, um für das »Leben«, für das »In-Form-Sein« sich zu entscheiden, steht konsequent am Ende jener Entwicklung, an deren Beginn der Geist für den Mythos optierte und an deren Ende er sich selber im Mythos des Lebens, in »Seele« und Biologie zu verflüchtigen scheint. Das Zweideutige an diesem Denken, das daraus resultiert, daß es gern »mit der Geschichte marschieren« würde, aber sich des selbständigen Denkens noch nicht entschlagen kann, erhellt aus dem folgenden Satz Spenglers, mit welchem er die Geister, die er mithalf zu rufen, beschwörend abwehren will: »Rasse ist man nicht, Rasse hat man. Das eine ist Biologie, das andere Ethos.«[13]

13 Für die Problematik Europa – Rußland und Europa – Amerika vgl. Untergang des Abendlandes. II. Bd. 1922 S. 231–36.
     Das Doppelantlitz Rußlands und die deutschen Ostprobleme (1920), in: Politische Schriften, 1933 S. 109–25.
     Jahre der Entscheidung. 1933 S. 22 f., 43 ff., 151 ff.

Arnold J. Toynbee übernahm aus, oder fand, wie er sagt, in Spenglers Geschichtsphilosophie zwei seiner Anschauungen wieder,
nämlich daß die kleinste Forschungseinheit für den Historiker
»Civilizations« sein müßten und daß diese sich in paralleler Weise
entwickeln und auch so verfallen. Doch der Engländer Toynbee
spürt, daß Spengler trotz seines Kults der Tatsachen und der
Macht aus der »Innerlichkeit« nicht herauskommt. Das führt bei
Spengler dazu, daß die »Kultur« als Ausdruck eines angelegten
»Seelentums« und als dessen Entwicklung erscheint. Sie muß also
mitsamt ihren Erzeugnissen mit der sie tragenden »Rasse«, mit
dem sie hervorbringenden Menschen zugrunde gehen. Diese Konstruktion ruht auf einer morphologisch-biologisch eingekleideten
und zu einer geschichtlichen Einheit – Kultur – erweiterten »Objektivationsidee«, d. h. der Überzeugung, daß »der Mensch« der
Schöpfer der jeweiligen Kultur ist und diese nichts weiter als eine
Objektivation seines Innern. Daß die Auseinandersetzung mit der
Natur als geschichtlichem Phänomen bei Spengler nur sehr sporadisch und auch recht spät – »Der Mensch und die Technik« 1931 –
auftaucht und dann auch sofort wieder in einen anderen Zusammenhang – der Untertitel lautet: Beitrag zu einer Philosophie des
Lebens – eingeholt wird, ist auch ein Zeichen dafür, daß er die der
Geschichte immanente Dialektik von Subjekt und objektiven Gegebenheiten nicht sieht.

Toynbee, der als Engländer der lebensphilosophischen Tradition mit mehr Abstand gegenübersteht, fand die Ansatzstelle seiner Kritik in der Frage nach der Entstehung der Kulturen, die
Spengler nicht beantwortet hatte und auch von seinem Standpunkt aus nicht beantworten konnte. Sein »Challenge-Response«-Prinzip, das er hier einführte – auf das grundsätzlich und
seiner logischen Struktur nach einzugehen, hier nicht der Ort ist –,
hatte aber noch weitere Konsequenzen. Einmal konnte man damit
dem als sicher verkündeten Untergang des Abendlandes entgehen:
»There seems to be no reason why a succession of stimulating
challenges should not be met by a succession of victorious responses *ad infinitum*.«[14] Zum anderen konnte man die Autonomie der
einzelnen »Kulturkreise« Spenglerscher Provenienz sprengen. Im
letzteren Bereich taucht dieses Prinzip als Theorie der »spiritual
waves« auf.[15] Diese drei Wirkungen des Toynbeeschen Prinzips,

14 Civilization on Trial. 1948 S. 12.
15 ebd. 53 f.

die das Spenglersche morphologisch-deterministische Schema durchbrechen, sind letztlich nur rationale Ausformungen eines Geschichtsverständnisses, das auf die Einheit der Weltgeschichte nicht verzichtet. Diese von Toynbee durch Spengler hindurch wieder rekonstruierte Einheit scheint durch seine Religiosität motiviert zu sein, denn die »Religion« ist für ihn Zweck der Weltgeschichte: »If religion is a chariot, it looks as if the wheels on which it mounts towards Heaven may be the periodic downfall of civilizations on Earth. It looks as if the movement of religion may be on a single continous upward line. The continuous upward movement of religion may be served and promoted by the cyclic movement of civilizations round the cycle of birth, death, birth.«[16]

Aufgrund seiner liberalen Ausgangsposition kann Toynbee viel besser als Spengler die Technik und Industrialisierung als geschichtsmächtige Kräfte werten. Sein religiös gefärbter Liberalismus ist es auch, der ihn dazu treibt, über Spengler hinauszugehen, und zwar geschieht dies rational mittels seines »Challenge-Response«-Prinzips. Aber in einem wesentlichen Punkt fällt er hinter Spengler zurück. Er glaubt zwar nicht an eine »neue« Kultur, aber er glaubt noch an Kultur überhaupt und zwar aufgrund seiner optimistischen Haltung, die aber immer mehr abgeschwächt wird. Dies gründet darin, daß er als Liberaler zwar die Technik und Industrialisierung besser in den Blick bekommt, aber nicht die Gefahr einer, wenn auch nicht neuen, so doch universalen und durch die neuen Mechanismen gefährlicheren Barbarei, die Spengler sah. Sein Fortschrittsglaube kommt auch in seiner Haltung gegenüber der Religion zum Ausdruck, und zwar auch hier wieder verbunden mit einer falschen Einschätzung der Technik und vor allem der Aufklärung im weitesten Sinne. Denn diese werden als Durchgangsstadien gesehen und die von »technology« satte Menschheit, so stellt es sich etwas verkürzt dar, wird sich dann wieder der »Religion« zuwenden. Ansätze dafür im ideologischen Kampf des Ostens mit dem Westen zu sehen, wie es Toynbee tut, enthüllt eine spezifische Schwäche der liberalen Position, die gerade immer dann offenbar wird, wenn man sich über den Ost-West-Konflikt »erheben« will, um ihn irgendwie in das Geschichtsschema, in den »Gang der Weltgeschichte«, hinter der man doch noch so etwas wie eine Vorsehung vermutet, einzugliedern.

16 ebd. 235.

Angesichts der durch zwei Weltkriege entscheidend gewandelten politischen Lage, in der das Politisch-Werden neuer Kräfte deutlich wird, und unter dem Eindruck der Ost-West-Spaltung verschiebt sich die Perspektive zu der von »World and West«, wobei Rußland als Hauptrepräsentant der »Welt« gilt, die den Westen auf allen Gebieten zu überbieten sich aufmacht und mit ihm um die »unbekehrten« Seelen der Neutralen kämpft. Europa als Mitte der Welt auch kulturell aufzugeben – nach Toynbee nimmt es diese Position nur noch als Schlachtfeld heißer und kalter Kriege ein – mag dem Engländer leichter fallen als einem Kontinentaleuropäer, aber den »Untergang des Abendlandes« zu verkünden einem Liberalen schwerer als einem Konservativen. Die eschatologische Perspektive gibt es für Toynbee nur noch im Weltmaßstab, nicht mehr allein für Europa. Deshalb wird auch die »große Parallele« für ihn nicht relevant. Die »Einheit der Weltgeschichte«, das Erbe der Geschichtstheologie, das der Liberalismus durch die Vermittlung des Deismus am längsten bewahrte, kennt nur den Aspekt des Weltunterganges und erweist sich angesichts der durch die Technik geschaffenen Einheit der Welt als adäquates geschichtsphilosophisches Prinzip. Doch die Frage, ob nichtwestliche Völker die westliche Technik übernehmen können, ohne die westliche Kultur übernehmen zu müssen, zieht sich als prinzipielle durch Toynbees Ausführungen zur gegenwärtigen geschichtlichen Lage und verweist mehr als alles andere auf das Erbe Spenglers.

Gab dieser die Antwort: Untergang des Abendlandes! und radikalisierte so die Tocquevillesche Prognose, so haben wir es bei Toynbee mit einer optimistischen Fortsetzung der Tocquevilleschen Prognose zu tun. Er bestimmt zwar Demokratismus und Industrialismus als die Tendenzen, die die Welt heute beherrschen und die gerade Europa aus seiner ursprünglichen Stellung verdrängten, und zwar nicht nur, weil zwei Weltmächte Europa gegenübertraten, die mit diesen Tendenzen groß geworden waren, sondern auch weil diese, in die alten Flaschen der europäischen Nationalstaaten gefüllt, »have burst the bottles beyond repair«.[17] Trotzdem glaubt Toynbee an eine künftige »Weltkultur« und »Weltreligion«. Dies ist die optimistische Komponente, die bei Tocqueville fehlt, weil er die Möglichkeit einer neuen Kultur nicht zugeben konnte und damit auch nüchterner dachte. Die pessimi-

17 ebd. 114.

stische Komponente besteht für Toynbee in der Gefahr eines allgemeinen Vernichtungskrieges und in der der drohenden Übervölkerung der Erde.[18]

So erweitert sich das Problem des Selbstbewußtseins der europäischen Intelligenz im 20. Jahrhundert um zwei entscheidende Dimensionen. Die erste ist die der modernen technischen Zivilisation, die Spengler aufgrund seines Ansatzes nicht bewältigen konnte, die bei Toynbee jedoch eine große Rolle spielt und bei *Hans Freyer* in der »*Theorie des gegenwärtigen Zeitalters*« (1955) im Mittelpunkt des Interesses steht. Der Begriff des »sekundären Systems« soll hier den Schlüssel für die Frage nach der Übertragbarkeit der industriellen und zivilisatorischen Strukturen auf andere nichtwestliche Gebiete lösen. Die andere Erweiterung begegnete uns bei Toynbee. Stand im Mittelpunkt des Denkens des Kontinentaleuropäers der Untergang des Abendlandes, so steht im Mittelpunkt des Denkens des Engländers der Gegensatz von europäisch-amerikanischer Welt, die er als Westen bezeichnet, und von russisch-farbiger Welt, die bei ihm als Welt schlechthin erscheint.

Der europäisch-russische Gegensatz des 19. Jahrhunderts, der heute der Vergangenheit angehört, hat sich zum West-Ost-Gegensatz erweitert. Im Zeichen dieses geschichtlichen Gegensatzes des 20. Jahrhunderts ist Europa zu einem Kontinent geworden, auf dem die ideologischen und materiellen Energien der ehemaligen transuralischen und transatlantischen Entlastungsräume zusammenstoßen. Der Ost-West-Gegensatz beginnt als europäisch-russischer ideologisch 1789 und läßt sich als solcher globalen Ausmaßes bis in die Zeit der Monroedoktrin in seinen ersten Ansätzen zurückverfolgen. Er war als Gegensatz von Land und Meer schon angelegt, als gleichzeitig mit der europäischen Landnahme in Übersee in einem weltgeschichtlichen Vorgang paralleler Bedeutung die Russen in die weiten Räume Nordasiens vorstießen, er wurde entscheidend verschärft, als sich seit 1917 die europäische Revolution zur Weltrevolution erweiterte.

Wir sagten, daß der europäisch-russische Gegensatz als weltgeschichtlicher der Geschichte angehört und daß heute ein anderer

---

18 *Toynbee* diskutiert die uns hier interessierenden Probleme in folgenden Schriften außer der schon genannten:

A Study of History. Abridgement: I, 203 ff.; II, 152 f., 216.

The World and the West. 1953.

Gegensatz bestimmend ist. Diese Tatsache haben die großen Unzeitgemäßen des 19. Jahrhunderts schon vorweggenommen, und
damit auch die Zukunft, die zur Zeit Spenglers Gegenwart wurde
und heute schon eine vergangene Zukunft ist. Diesen Prozeß vom
Unzeitgemäßen zum Zeitgemäßen anzudeuten, war die Aufgabe
des letzten Abschnittes, der im wesentlichen die Behauptung bestätigte, daß sämtliche Möglichkeiten der Selbstauslegung des
geschichtlichen Verhältnisses Europas zu Rußland und Amerika
zwischen 1835 und 1860 schon vewirklicht waren. Es folgte die
Wiederholung – in einem doppelten Sinne – geschichtlicher Wahrheiten, die in ihrer ersten Formulierung für uns heute wohl die
stärkste Eindringlichkeit besitzen.

Anhang

Exkurs I
Das »Testament Peters des Großen«

Zweifel an der Echtheit dieses »Dokuments« wurden zum erstenmal in größerem Umfang 1854 laut, und zwar bei J.E. Jörg
(»Historisch-Politische Blätter« XXXIV, 393) und in der Schrift
»Deutsche Antwort auf die orientalische Frage« (S. 25). G. Berk-
holz ließ die Frage nach der Echtheit bereits 1859 nicht mehr im
Bereich des Zweifels, sondern behauptete, daß das Testament ge-
fälscht sei (Baltische Monatsschrift H. 1). In bezug auf den Urheber ließ er in seiner 1863 veröffentlichten Schrift: Napoléon I,
auteur du Testament du P. le Gr., ebenfalls keinen Zweifel (auch in
der »Russischen Revue« X [1877]). Diese These wurde von dem
Verf. der Schrift »Les auteurs du Testament du P. le Gr.« 1872
übernommen. (Zum Nachweis, daß die Schrift Lesurs von Napoleon inspiriert war, vgl. D.V. Lehovitch: The Testament of Peter
the Great. in: American Slav. a. East Europ. Rev. VII (1948),
111 ff., hier: 114.) Harry Breßlau fand als erster die Vorlage, die
Lesur benutzt hatte, nämlich die Denkschrift »Aperçu sur la Russie« des polnischen Generals Michel Sokolnicki von 1797.

Verbreitung in weitesten Kreisen fand das angebliche Testament
erst 1836 durch F. Gaillardet: Mémoires de Chevalier d'Eon.
Darin veröffentlichte er (I, 173 f.) ein Dokument, das er als wört-
liche Übersetzung des Testaments bezeichnete. D'Eon hätte dieses
im Archiv von Peterhof gefunden. Es ist festzuhalten, daß Gaillar-
dets Buch keinerlei politische Zwecke verfolgte. Die Veröffentlichung wurde sofort von polnischen Emigranten in Paris zur
Stützung ihrer antirussischen Propaganda ausgenutzt, so erschien
das »Dokument« in der Schrift von Chodzko: Histoire de la Pologne. 1839. – Breßlau stellte nun durch Stilvergleich etc. fest, daß
Lesur Sokolnicki, und daß Gaillardet Lesur als Vorlage benutzt
hat (vgl. HZ 41 [1879] S. 385 ff., dort sind auch die entsprechenden Texte abgedruckt).

Sokolnicki (vgl. zur Entstehungsgeschichte seiner Denkschrift
M. Sokolnicki: Le Testament du P. le Gr. in: Rev. des Sciences Pol.
1927, 88 ff.), einer der Polen, die nach 1795 nach Frankreich gekommen waren, in der Hoffnung von dort aus ihr Vaterland
zurückerobern zu können, überreichte sein »Aperçu sur la Russie« dem Directoire am 19. X. 1797. Frankreich, so heißt es darin,

sei die einzige Macht, die Europa vor der russischen Gefahr retten könne. Deshalb sei es für seine Staatsmänner wichtig, den Plan zu kennen, den Rußland verfolge, um Europa zu versklaven. Seine Freunde hätten, als die Polen im April 1794 die russischen Archive in Warschau erbeuteten, einen kurzen Blick in den »plan unique tracé par Pierre I d'asservir l'Europe« tun können. Er wolle diesen wiedergeben, so gut sein Gedächtnis die Berichte seiner Freunde noch bewahrt habe. – Das »Aperçu« diente also nur den Interessen der polnischen Emigration, ihnen verdankt die Geschichtslegende ihre Entstehung.

1811, zur Zeit der Vorbereitung des Krieges gegen Rußland, wurde Sokolnicki nach Paris berufen, um aktiv daran teilzunehmen. Dort unterbreitete er Napoleon seine Denkschrift mit dem Erfolg, daß die Inhaltsangabe des angeblichen Testaments, vermehrt um einen Paragraphen, in *Lesurs* Schrift wenig verändert erschien. Dieser eine Paragraph ist der § 8 Lesurs, der sich auf die russischen Invasionspläne Britisch-Indiens bezieht, die ja in der Zwischenzeit ein Topos antirussischer Schriften geworden waren.

Daß die Authentizität auch an inneren Kriterien scheitert, hat Lockhart überzeugend nachgewiesen (P. Lockhart: The »Political Testament of Peter the Great«, in: Slavonic a. East Europ. Rev. XIV (1935/36), 438 ff., hier: 441). Als authentische Wiedergabe eines historischen Dokuments erscheint das »Testament« erstmalig bei *Gaillardet,* vorher ist nur immer von anderen, die es gesehen haben, oder von Gerüchten, daß ein solches Schriftstück existiere, die Rede. Gaillardet hat die Legende erst in eine regelrechte Fälschung umgewandelt. Vor ihm wird außer bei Lesur das »Testament« nur ein einziges Mal erwähnt und abgedruckt, nämlich in einer 1824 erschienenen Schrift *»Des Kaisers Napoleons politisches Testament... Mit dem politischen Testament Peters des Großen...«* Leipzig. – Ein interessanter Hinweis findet sich bei Sokolnicki (a. a. O. 88 Anm. 1), daß in einer Depesche Cobenzls von 1796, die sich im Wiener Staatsarchiv befände, von einem »Testament de Pierre le Grand« die Rede sei. Dies scheint die früheste Erwähnung eines solchen zu sein. Wie kam Cobenzl zu diesem Terminus?

Die nächste Veröffentlichung nach der Schrift Chodzkos erfolgte in den USA. Dort brachte *»Nile's Weekly Register«* (Jg. 1843) den Text in englischer Übersetzung. Doch wurden hier zum erstenmal, Zweifel an seiner Echtheit laut. In der deutschen Publizistik wird das »Testament« um 1845 mehrfach erwähnt, anläßlich der russischen Intervention in Ungarn 1848 erscheint es wieder. Kurz vor und während des Krimkrieges wird es in Frankreich, Deutschland und England wieder mehrfach abgedruckt und von fast allen Publizisten, die sich mit Rußland beschäftigen, erwähnt, so auch von Marx und Engels in der New York Daily Tribune 1853. In Marx' Manuskripten befindet sich eine Version des »Testaments«, die von ihm offenbar als authentisch betrachtet wurde (vgl. M. Rubel: Les Cahiers de Lecture de Karl Marx, in: International Review of Social History V [1960], 61). Napoleon III. ließ sich seine Verbreitung besonders angelegen sein. Ein weiterer Höhepunkt in der Zahl der Publikationen läßt sich zu Beginn der 60er Jahre feststellen, während des russisch-türkischen Krieges von 1877/78 findet es besonders in England Verbreitung. 1882 finden wir es bei Constantin *Frantz* (Die Weltpolitik unter besonderer Bezugnahme auf Deutschland, I, 105) erwähnt. Im 1. Weltkrieg war es in Deutschland auch in den Kreisen der Parteiführung der Sozialdemokratie bekannt, wie die Tagebucheinträge Richard *Molkenbuhrs* vom 21. III. 1915 und 13. I. 1917 beweisen (SPD-Archiv, Bonn, NL Molkenbuhr). In dem oben erwähnten Aufsatz stellt Lehovitch fest, daß es 1948 in den USA wieder diskutiert wurde.

Abschließend läßt sich sagen, daß die außerordentliche Wirkung dieses »Dokuments« darauf beruht, daß man, seine Echtheit einmal zugestanden, die gesamte russische Politik seit Peter bis zum Beginn des 19. Jahrhunderts als einem einzigen Plan folgend und seine Ziele auch erreichend begreifen konnte. Dadurch, daß der eigentliche Verfasser die ganze Geschichte des 18. Jahrhunderts hinein arbeiten konnte, die Entstehung aber auf 1709 datiert wurde, gewann das Ganze eine ungeheure historische Evidenz. Diese historische Evidenz zu einer konkret-politischen zu machen fiel um so leichter, als das weitere in sehr allgemeinen Ausdrücken beschrieben war, die man, besonders unter dem Eindruck einer unmittelbaren Bedrohung durch Rußland, mit beinahe jedem konkreten Inhalt füllen konnte. Die Ausführung der vermeintlichen Anweisungen Peters mußte natürlich die Wirkung ungeheuer verstärken, da das Vorgehen nach einem Plan, dem Erfolg beschieden ist, diesen Erfolg auch für die Zukunft erwarten läßt.

Als Ursache für Verbreitung und Wirkung des »Testaments« kann man den Glauben angeben, daß »Geschichte« nach einem rationalen Plan machbar, mit anderen Worten, daß Wille und Erfolg der Handelnden sich decken würden. Die Wirkung des »Testaments« Peters, der Glaube, daß die Freimaurer die Revolution »gemacht« hätten und der, daß die Jesuiten den »Fortschritt« hintertreiben würden, sind nur verschiedene konkrete Ausformungen des Glaubens an Verschwörungen (vgl. Groh, Die verschwörungstheoretische Versuchung, in: Merkur 41 [1987], 859–878).

Exkurs II
Zur Geschichtsphilosophie und politischen Theorie der Traditionalisten

Bonald sagt: »la réalité est dans l'histoire«, und *Auguste Comte* wird in seiner *»Philosophie positive«* feststellen, daß *de Maistre* wider Willen die Notwendigkeit der positivistischen Epoche dadurch bestätigte, daß er die Suprematie des Papstes geschichtlich und politisch begründet, statt sie theologisch abzuleiten.

Die Tatsache, daß in der Erfahrung der Welt als *Geschichte* Revolution und Gegenrevolution sich trafen, darf nicht darüber hinwegtäuschen, daß ein wesentlicher Unterschied gerade auf dieser Ebene beide trennt. Für die eine Seite war die Geschichte planbar und machbar und hatte deshalb in erster Linie Zukunftsaspekt, für die andere, die der Verlierer, hatte sie Vergangenheitsaspekt und wurde erlitten, nicht zuletzt deshalb, weil man den Menschen als sündhaften begriff. Die wesentliche Differenz, die den ideologischen und soziologischen Bereich übersteigt, lag im Religiösen, im Unterschied von transzendenter und immanenter Geschichtsauffassung. Von ihrem geschichtstheologischen Ansatz her, der es ihnen erlaubte, die Revolution als Gericht Gottes zu interpretieren, war es den Traditionalisten möglich, den Prozeßcharakter der modernen Geschichte, d. h. den Prozeßcharakter der Revolution und ihrer Folgen, besser zu durchschauen als ihre Gegner. Hier ist auch zu bemerken, daß – wie in jeder christlichen Geschichtsphilosophie oder besser Geschichtstheologie – bei de Maistre die Vorstellung eines Kat-echon das Bindeglied zwischen Eschatologie und Geschichte bildete. Da aber dieser Aufhalter das christliche Europa war, was seiner Auffassung nach aber zunehmend dem Atheismus verfiel, wurde er konsequenterweise Eschatologe. Muß man sich aber in der Geschichte zwischen Gut und Böse im theologischen Sinne entscheiden, so wird die politische Entscheidung notwendig dezisionistisch radikalisiert. Die »Revolution« radikalisierte die politische Entscheidung gerade umgekehrt durch die Verneinung des religiösen Dualismus. Sie versuchte, die Geschichte durch die aus der reinen Immanenz herausspringende Utopie innerhalb ihrer selbst zu transzendieren. Der Feind wurde dadurch zum Feind der Menschheit, der bevorstehende Kampf zum letzten Krieg und die folgende geschichtsphilosophisch prognostizierte Revolution zu der »qui sera la dernière« (Babeuf).

Es erhebt sich die Frage, inwieweit auch im Denken der Gegen-revolution utopische Denkstrukturen zu finden sind. Ihre Anthro-pologie ist auf keinen Fall utopisch, denn die Sündhaftigkeit und absolute Verworfenheit des Menschen wird so sehr betont, daß es oft – bei de Maistre – dogmatisch unhaltbar wird. Das Utopische besteht dagegen in dem rational begründeten Gültigkeits- und Dauercharakter, der der alten hierarchischen Gesellschaftsverfas-sung zugeschrieben wird. Dies ist die Utopie, an der die Ge-schichtseschatologie de Maistres festgemacht ist. Es ist – wie bei jeder Geschichtseschatologie – eine rückwärtsgewandte Utopie. Wenn man sagt, die Eschatologie sei daran festgemacht, so bedeu-tet dies bereits, daß sie keine echte Utopie ist, weil sie sich von der Zukunft nichts mehr erhofft. Die Zukunft hätte nur dann utopi-sche Dimensionen, wenn de Maistres Anthropologie utopisch wäre. So bleibt das Utopische gleichsam an der Peripherie der traditionalistischen Argumentation hängen.

Gab einerseits die Geschichtsphilosophie und die mit ihrer Hilfe konstruierte Utopie die Legitimation und Anweisung für die revo-lutionäre Aktion, so entsprang aus dem Denken der Traditionali-sten die ihnen adäquate politische Theorie, die *politische Theolo-gie*. Wird deren Position systematisiert und historisiert, so entsteht die »Soziologie des Souveränitätsbegriffes« (Carl Schmitt), d. h. die Zuordnung von religiöser und politischer Ordnung. Bonald – (Zu Bonald jetzt Robert Spaemann: Die Geburt der Soziologie aus dem Geist der Restauration 1959) – entwickelte sie als erster, indem er bei Bossuet vorhandene Ansätze übernahm. (Zu Bossuet vgl. S. 74 A. 6 – Zu seinem Einfluß auf Bonald vgl. P. R. Rodhen: Zur Soziologie des politischen Katholiszismus in Frankreich, in:

Archiv für Sozialwissenschaft und Sozialpolitik, 62 [1929], 468 ff.)
Bei Bossuet findet sich z. B. ein Vergleich von König und Gott: der
eine halte den Staat, der andere das Weltall zusammen. – (»Politique tirée de l'Ecriture Sainte«, V, 4, 1.)

Bonald geht in seinem Aufsatz »*De la philosophie morale et
politique du XVIIIe siècle* (Œuvres X, 104 ff.), der 1805 verfaßt
wurde, von dem grundlegenden Gegensatz Theismus–Atheismus
aus, die sich, da der eine das positive, der andere das negative
Prinzip darstelle, gegenseitig ausschlössen. In diesem Kampf zwischen »l'être et le néant« gäbe es aber noch ein drittes Prinzip, den
Deismus, über den er von seinem dezisionistischen Standpunkt
aus die ätzende Lauge seiner Kritik gießt, denn Unparteilichkeit
werde in dem Entscheidungskampf zwischen Christentum und
Atheismus zur »partialité la plus coupable«. Aber nicht nur durch
diese Unentschiedenheit ist ihm der Deismus verhaßt, sondern
auch dadurch, daß er – hier wird Bossuet zitiert – »un athéisme
désguisé« sei und daß er notwendig, auch bei den besten Absichten seiner Bekenner, zum Atheismus führe. Da nun nach Ansicht
der Traditionalisten alle politischen Änderungen auf religiöse sich
zurückführen lassen, Politik und Religion also untrennbar verknüpft sind, ist der systematische Ansatzpunkt vorhanden, den
Theismus der Monarchie, den Deismus der konstitutionellen
Monarchie und den Atheismus der Demokratie zuzuordnen. Dieser Versuch einer ideologischen Stützung der Monarchie, wie ihn
diese Zuordnung darstellt, wurde von de Maistre z. T. selbständig
konzipiert, z. T. von Bonald übernommen. Donoso Cortés entwickelte diese Soziologie der Herrschaftsformen weiter zu einer
expliziten Geschichtsphilosophie, indem er aus ihr ein notwendiges Gesetz machte. Bonald hatte dagegen seinen Aufsatz noch mit
einem optimistischen Blick auf die Zukunft beschlossen. – Die
Form der politischen Theologie, die Bonald im Gegenstoß gegen
die Revolution entwickelte, enthüllte ihren Charakter als ideologische Waffe angesichts der Tatsache, daß man sie auch »umdrehen« konnte. Man konnte sowohl die Hauptprämisse, daß die
politischen und sozialen Veränderungen auf religiöse und weltan-
schauliche zurückzuführen seien, umkehren – St. Simon hat Ansätze dazu gemacht und Marx hat diesen Zusammenhang ins
Ökonomische transponiert und systematisiert –, als auch im politischen Bereich verbleiben und die religiösen Vorstellungen als aus
politischen hervorgehend verstehen. Daraus resultierte, daß der

Kampf gegen die bestehende politische Ordnung sich ideologisch mehr und mehr gegen das Christentum richtete, das als Ideologie des herrschenden Systems verstanden wurde.

Nach diesen kurzen Bemerkungen zu Bonalds politischer Theorie müssen wir noch etwas bei der *de Maistres* verweilen, wie er sie in »*Du Pape*« (1819) entwirft. Er betont darin angesichts des Angriffs der Revolution und der Aufklärung auf die überlieferte Autorität die äußere, d. h. politische Seite der päpstlichen Autorität so stark, daß dieser Autoritätsbegriff von seiner theologischen Grundlage abgelöst, formalisiert und mit anderen Inhalten versehen werden konnte. Wir können in diesem Zusammenhang auf die bekannte Tatsache des Einflusses de Maistres und selbst Bossuets auf *Auguste Comte* hinweisen (vgl. dazu Henri de Lubac: Le drame de l'humanisme athée. [4]1950 S. 199 ff. und Karl Löwith: Weltgeschichte und Heilsgeschehen. [2]1953 S. 74 ff.), die dies historisch erhärtet. Postulierte die andere Seite die »droits naturels de l'homme«, so behauptete de Maistre, daß der Katholizismus die »natürlichste« geistige und soziale Form sei, daß seine politisch konstituierenden Merkmale als »phénomènes de vie« zu gelten haben. Der Versuch, inmitten der beginnenden Ideologisierung einen festen Punkt durch Rückgriff auf eine irgendwie bestimmte Autorität zu gewinnen, mußte fehlschlagen, weil er im geistigen Raum einer Revolution vorgenommen wurde, die begann, eine totale zu werden. Aber dieser Versuch war mehr als ein Fehlschlag, denn der Prozeß der Ideologisierung bewies seine Unausweichlichkeit gerade dadurch, daß jeder Versuch, ihn durch einen Rückgriff auf »letzte Werte« zu hintergehen, gerade diese auch noch in den alles erfassenden Strom hineinzog. So besteht der Zwang zur Ideologisierung nicht nur darin, daß man ideologisieren muß, um Massen hinter sich zu bringen, deren Zahl ja seit dem 19. Jahrhundert den letzten Rechtfertigungsgrund für geschichtliches Handeln bildet, sondern auch – wie wir soeben sahen – darin, daß eine politische Frontstellung den Inhalt jeder beliebigen Argumentation in Ideologie verwandelt. An diesem Tatbestand wird deutlich, daß wir es seit 1789 mit einer neuen Art von Politik zu tun haben, der es darum geht, die Revolution zu beenden und die doch nur davon lebt, daß sie noch nicht zu Ende ist; mit einer Politik, die in ihrem Bemühen, die Revolution zu beenden, sie immer totaler werden läßt und damit indirekt den Beweis dafür liefert, daß der einmal in Gang gesetzte Prozeß eigenen Gesetzen unterliegt.

Die erwähnte und am Beispiel Comtes historisch belegte Brauchbarkeit der de Maistreschen Konzeption für den utopischen Entwurf einer als Kirche ohne Gott organisierten Menschheit verrät nur allzu deutlich, daß sich hinter der ultrakonservativen Konzeption des savoyardischen Grafen der Übergang zur modernen politischen Ideokratie verbirgt – und bestätigt so das Wort Marxens von 1848 aus der »Neuen Rheinischen Zeitung«: »Auch der Konterrevolutionär ist revolutionär.« – Ohne sich dessen bewußt zu sein, funktionalisiert de Maistre in seiner Staatslehre die Religion zu einer Stütze der Souveränität. Diese wird zwar auch religiös begründet, weil sie durch ihren unmittelbaren (Papst) oder mittelbaren (Monarch) Ausgang von Gott die Menschen überhaupt erst in die Lage bringe, von der »providence« geführt zu werden, andererseits kann aber die Sklaverei innerhalb des Funktionszusammenhanges von Autorität und Individuum – wie wir bei de Maistre am Beispiel Rußlands sahen – die Stelle der Religion einnehmen und erhält dadurch in diesem Zusammenhang den gleichen Rang wie die Religion. – Mit der Formel – die als polemische Steigerung gedacht war und gerade um so eher der Neutralisierung verfiel – »sans ordre spirituel aucun ordre temporel« gab de Maistre nicht nur eine exakte Beschreibung der politischen Bedeutung geistiger Ordnungsvorstellungen, sondern auch gleichzeitig eine Prognose, deren Verifizierung wir aus historischer Erfahrung bestätigen können. Nur muß man dabei berücksichtigen, daß der Immanenz-Transzendenz-Dualismus, den sie voraussetzt, in der Folge sich immer mehr in einen Dualismus innerhalb der Immanenz verwandelte. Löst man mit Hilfe dieser Überlegung die Formel aus ihrem bei de Maistre gemeinten Zusammenhang, so gewinnt sie unmittelbare Evidenz.

Exkurs III
Tjutčev und die europäische Revolution

Von seiner Position aus völlig konsequent war es, wenn Tjutčev unter dem Eindruck der Revolution von 1848 in einem im April desselben Jahres entstandenen Aufsatz »*La Russie et la Révolution*« (Sobranie sočinenij, 344 ff.; in deutscher Übersetzung: Europa und Rußland, 225 ff.) die traditionalistische Alternative Christentum oder Atheismus auf das Verhältnis Rußlands zum

Westen, was er mit Christentum gegen Revolution übersetzte, anwandte. Katholizismus, Protestantismus, Aufklärung und Revolution erschienen ihm nur als Ausgeburten ein und desselben Geistes, der sich in der Ersetzung der Fähigkeit zum Opfer und zur Hingabe durch die Apotheose des Menschen und seiner Bedürfnisse manifestiere. Der Glaube, daß die »Revolution«, also Dreiviertel des »ungläubigen« Westens gegen den »Orient Chrétien«, den »Orient Slave-Orthodoxe«, einen Vernichtungskrieg vorbereiteten, befeuert seinen Glauben an die russische Mission ungeheuer. Angesichts der Tatsache, daß »sur toutes ces ruines amoncelées par elle, la civilisation se suicidant de ses propres mains«, wird ihm die Mission seines Landes nur noch gewissser: »Et lorsque au-dessus de cette immense naufrage nous voyons comme une Arche Sainte surnager cet Empire plus immense encore, qui donc pourrait douter de sa mission, et serait-ce à nous, ses enfants, à nous montrer sceptiques et pusillanimes?« (351)

Auf beiden Seiten, in West und Ost, glaubte man sich also im Besitz des wahren Christentums. Interessant ist hier, daß Tjutčev, dessen dezisionistische Zuspitzung manchmal an Donoso Cortés erinnert, an die Mission Rußlands und damit die des Christentums glaubt, während seine westeuropäischen – wenn man den Ausdruck hier nicht falsch versteht – Gegenspieler schon seit den 90er Jahren eine Geschichtseschatologie entwickelten. Das russische Selbstbewußtsein war dem des Westens weit überlegen. In ihm fanden sich Revolutionäre und Konservative. Letzteres, d.h. die Diskrepanz zwischen russischem und westeuropäischem Selbstbewußtsein wird noch evidenter, wenn man bedenkt, daß Tjutčevs Jugendentwicklung weitgehend unter dem Einfluß de Maistres stand (vgl. Scheibert, Von Bakunin zu Lenin, 287 A. 32). – Man vergleiche die extremen Gegensätze der Positionen Čaadaevs und Tjutčevs, die beide wesentlich von den Traditionalisten beeinflußt sind. Der eine fällt von dieser Basis aus ein vernichtendes Urteil über Europa, der andere über Rußland.

Der Aufsatz Tjutčevs, der als private Meinungsäußerung und nicht für die Öffentlichkeit bestimmt war, drang sehr schnell nach außen und wurde als »offizielle Denkschrift aus dem Petersburger Kabinett«, als »Kriegserklärung gegen ganz Westeuropa« aufgefaßt. So in einem anonymen Artikel: Rußlands Heer und Heerwesen (in: Die Gegenwart III, 1849, 400). Zuerst wurde sie veröffentlicht in einem in Paris als Manuskript verbreiteten Werk: Politique et moyens d'action de la Russie, von P. de B. Aus ihr entnahm der eben erwähnte anonyme Autor eineinhalb Seiten Auszüge (ebd. 398 ff.). 1851 nennt sie Aurelio *Buddeus* gleich zweimal, und zwar in dem zweiten Band seines Buches: Rußland und die Gegenwart (S. 230) und in dem Aufsatz: Das russische Staatsleben (in: Die Gegenwart VI, 1851, 46).

Sehr viel selbstkritischer zeigt sich Tjutčev in einem (1957 zum erstenmal [in russischer Übers.] veröffentlichten) Brief vom Sept. 1857 (F. I. Tjutčev: Stichotvorenija-Pis'ma. Moskau 1957 S. 433 ff.) an die Gräfin Bludova. Hier stellt er im Hinblick auf die geplanten Agrarreformen fest, daß der russische Staat Partei innerhalb des Verhältnisses von Bauern und Adel sei, wenn er sich nicht durch ein höheres Prinzip als das der materiellen Macht legitimieren könne. Rußland, bisher für Tjutčev wie auch für viele europäische Konservative der Hort der Legitimität, beruht also in seiner Staatlichkeit nur noch auf dem Prinzip der Legalität. Aus diesem Grunde werden die geplanten Reformen zu einer »schrecklichen Krise« führen, die aber in sich »notwendig« sei. Es könne deshalb sein, so schreibt Tjutčev, »daß das Wort Ihrer Bauern: ›Wir wollen nicht der Krone gehören!‹ der letzte Schrei der gesamten russischen Geschichte ist.« – Bismarck bestätigt gleichsam die Ansicht Tjutčevs, wenn er in einem Bericht aus Petersburg vom 10. X. 1861 schreibt: »In dem Maße, wie der gemeine Russe den Glauben an die unumschränkte Gewalt des Kaisers verlöre, würde dem Lande die Gefahr eines mörderischen Bauernkrieges näherrükken.« (Die politischen Berichte des Fürsten Bismarck aus Petersburg und Paris 1859–1862. Berlin 1920) –

Dieser Brief ist aber mehr als ein Dokument für die Skepsis eines Konservativen. Er ist eines der ersten Zeugnisse dafür, daß auch die russischen Konservativen spürten, daß mit Nikolaj I. eine Epoche der russischen Geschichte, nämlich die der Selbstherrschaft, zu Ende gegangen war. Das Prinzip der Selbstherrschaft bildete in seiner Verbindung mit der Religion das Legitimationsprinzip der russischen Staatlichkeit. Der Ausgang des Krimkrieges, der ungefähr mit dem Tod Nikolaj I. zusammenfiel, war der Beginn der Krise, die zum Oktober 1917 führte. Die damaligen Reformen bewiesen, nicht allein dadurch, daß sie überhaupt durchgeführt wurden, sondern in der Art ihrer Ausführung, daß Rußland in eine Krise eingetreten war und daß der Staat Partei war, wie Tjutčev voraussah. Seine Anspielung auf das Ancien Régime – »die sechzehnten Ludwige müssen immer für die vierzehnten und fünfzehnten bezahlen« – sollte sich als richtige historische Einsicht erweisen. Denn genau wie die »philosophes« im Ancien Régime aus der Krise die Kritik und damit die Geschichtsphilosophie hervortrieben, so verhängte auch die russische Intelligencija mittels Geschichtsphilosophie den Richterspruch über das russische Zarentum, brachte so die Krise zum Bewußtsein und verschärfte sie damit gleichzeitig.

In dem Moment, das erkennt Tjutčev klar, in dem der Staat mittels Reformen in das Gefüge der Gesellschaft eingreift, gerät sie in Bewegung. Die haltenden Elemente werden meist, wenigstens moralisch – was zu diesem Zeitpunkt sehr wichtig ist – soweit geschwächt, daß die konsequente Folge der schließliche Umsturz ist. Von einer anderen Seite könnte man sagen, daß alle Reformen nur Flickwerk sind und die Revolution deshalb nicht aufhalten können, weil der Eingriff mittels Reform beweist, daß die Gesellschaft im Ganzen nicht mehr elastisch genug ist, sich neuen Entwicklungen und neuen Formen anzupassen.

Bedeutsam für die weitere Verschärfung der russischen Krise sollte auch werden, daß nach dem Scheitern der Revolution von 1848 die russische Intelligencija eine »Rückwendung« zu Rußland aus Enttäuschung am Westen vollzog, daß also die revolutionären Energien mit stärkerer Intensität Rußland sich zuwandten, das nun zum providentiellen Träger der Revolution und des Fortschritts werden sollte, nachdem der »verfaulende Westen« die Hoffnungen einer nur von der Vorwegnahme der Zukunft lebenden und sich nur an ihr legitimierenden Schicht betrogen hatte.

Exkurs IV
Die Analogie zwischen biologischen Organismen und der Geschichte von Isaak Iselin bis Heinrich Rückert

Vollgraff nimmt ausdrücklich auf Isaak Iselin Bezug, der unseres Wissens zum ersten Male die Analogie zwischen Organismen und der Geschichte der Menschheit systematisch angewandt hat. *Isaak Iselin* (1728–82) hatte in seinen *»Philosophische Muthmaßungen über die Geschichte der Menschheit...«*, die 1764 in zwei Bänden anonym in Frankfurt und Leipzig erschienen – eines der Werke, gegen die sich Herders Bückeburger Geschichtsphilosphie von 1774 wendete, von dem er aber dessen ungeachtet beeinflußt ist (hierzu vgl. Alois Regli: Isaak Iselins »Geschichte der Menschheit«. Phil. Diss. München 1919), – die altbekannte Analogie zwischen den Lebensaltern des Menschen und der Gesamtgeschichte der Menschheit im Sinne einer aufklärerisch-fortschrittsgläubigen Geschichtsphilosophie verwendet. Interessant ist hier zweierlei: erstens, daß eine »biologistische« Geschichtsbetrachtung nicht notwendig zu einer Depravationstheorie führen und daß sie nicht notwendig die geschichtliche Entwicklung in »Kulturkreise« auflösen muß. Das aufklärerische Fortschrittspathos ist hier noch so stark, daß man die für uns naheliegende Frage: Was weiter, wenn die Menschheit ihre Mannesreife erreicht hat? gar nicht sah, sondern die biologische Betrachtungsweise einführte, um die Fortschrittsthese sinnfälliger zu machen.

Noch *Michael Alexander Lips* hatte sich in seiner Schrift »Der allgemeine Friede oder wie heißt die Basis, über welche allein ein dauerhafter Weltfriede gegründet werden kann?« (Erlangen 1814) an dieser Analogie zwischen der Geschichte der Menschheit und des einzelnen Menschen im Sinne Iselins orientiert (bes. 8 f.).

Erst *Vollgraff* erweiterte 1828 die Analogie auch auf das Greisenalter, machte aus ihr ein allgemeingültiges Gesetz geschichtlichen Werdens und spaltete die Geschichte der Menschheit – das Erbe, das der Deismus aus der Geschichtstheologie bewahrt hatte – in die von »Kulturen« auf (er gebraucht diesen Begriff nicht, der Sache nach ist er vorhanden), die nach diesem Gesetz notwendig und völlig unabhängig voneinander entstehen und vergehen.

Lasaulx übernahm diesen biologischen Ansatz von Vollgraff und versuchte, ihn durch Aufnahme des bei Geschichtsphilosophen der Romantik häufiger anzutreffenden spiritualistisch-joachitischen Geschichtsschemas (siehe Exkurs VI) zu entschärfen. Letzteres wird oft, weil es in der Einkleidung der »Drei Weltalter«, z. B. bei Schelling, auftritt, mit biologistischen Geschichtstheorien durcheinandergeworfen und unter dem Oberbegriff »Kulturzyklentheorie« vereint, wobei dann Vico regelmäßig als der Vorläufer beschworen wird. In Wirklichkeit beruht doch diese Inanspruchnahme Vicos nur darauf, daß man das Selbstverständnis derer, die eine biologische Geschichtstheorie konzipiert haben, nicht hinterfragt. Das Vicosche Gesetz des Corso-Ricorso hat mit diesen Theorien nichts gemein, höchstens dies, daß es notwendig für alle Zeiten gelten soll.

Welch verschiedene Ausgestaltungen die »biologistische Geschichtsphilosophie« erfahren konnte, sieht man z. B. in *Heinrich Rückerts* (1823–75) »*Lehrbuch der Weltgeschichte in organischer Darstellung*« (2 Bde. Leipzig 1857), in dem der Begriff »*Kulturkreis*« wohl zum ersten Male geprägt wurde. Diesen definiert er als selbständiges Gebilde mit ausgeprägter geschichtlicher Individualität (II, 841 f.). Hier treffen sich Krisenbewußtsein, biologisch bestimmte Kulturkreislehre und eine Mischung aus aufklärerischem Fortschrittsdenken und Christentum. Auf Rückert fußt weitgehend der Versuch N. J. *Danilevskijs* (1822–1885), die slavophile Ideologie mit zeitgenössischen, d. h. biologistischen geschichtsphilosophischen Argumenten zu stützen – »*Rußland und Europa*« (1869). Dieses Buch wird zu Unrecht immer noch als »geniale« Vorwegnahme Spenglerscher Ideen bezeichnet, obwohl doch schon Vladimir Solov'ev auf die Abhängigkeit Danilevskijs von Rückert hingewiesen hatte; und zwar in seinem Aufsatz »Das deutsche Original und die russische Kopie«, der 1890 im 10. Band des Enciklopedičeskij Slovar' von Brokgauz-Efron erschien. (In deutscher Übersetzung in: Europa und Rußland, 464 ff.)

Als wesentlich bleibt festzuhalten, daß biologistische Geschichtskonzeptionen erst dann den Charakter von Verfallstheorien annahmen, als mit der Französischen Revolution und ihren Folgen die »große Parallele« (siehe bei Tocqueville) für bestimmte Gruppen, eben die »Verlierer« und die, die sich ideologisch mit ihnen identifizierten, zunehmende Evidenz erlangte. Im Laufe des 19. Jahrhunderts erfaßte das europäische Krisenbewußtsein immer weitere Kreise. Das Bewußtsein, geschichtlich überspielt zu sein, das sich in dem Titel »Untergang des Abendlandes« ausdrückte, konnte – indem mit Hilfe dieser Theorien die geschichtlich einmalige Situation in eine Vielzahl von Situationen, in eine Vielzahl von Parallelen aufgelöst wurde – sich bei dem Gedanken beruhigen, daß der sinnlos anmutende Untergang als gesetzmäßig und naturnotwendig zu begreifen ist. Wir sehen also, daß die Vervielfachung der Parallelen und ihre biologische Einkleidung ein sekundärer Vorgang war, der bestimmt wurde durch die zunehmende ideologische Bedeutung der Naturwissenschaften und durch die Erweiterung des historischen Wissens.

Exkurs V
Vollgraff und Lasaulx als Vorläufer Spenglers und Toynbees

Vollgraff nahm in seinem »*Die Systeme*...« 1828/29 viele Begriffe *Spenglers* vorweg, so z. B. den Spenglerschen Kulturkreisbegriff in seinem diesem sachlich gleichzusetzenden Volksbegriff. Diese »Völker« bilden geschlossene Organismen, von denen jeder eine spezifische einmalige Ausprägung erfährt, wächst und schließlich verfällt und vernichtet wird (Systeme... I, 16 ff.). Im Gegensatz zu Spengler nimmt er aber an – hier wird seine Nähe zum 18. Jahrhundert deutlich –, daß die »Vernunft« allen Völkern in gleicher Weise gegeben ist (I, 26). Innerhalb des jeweiligen geschichtlichen Organismus unterscheidet Vollgraff wie Spengler Kultur und Zivilisation, die er genauso wie Spengler bewertet. Was bei Spengler Zivilisation heißt, nennt Vollgraff »Kultur« (I, 23 f., 26 ff.). Das geschichtliche Leben aller »Völker« verläuft analog in vier Stufen, die in einem Zeitraum von 700–800 Jahren durchmessen werden (I, 94). Auf den beiden letzten Stufen, der des Verfalls und der des Verfaulens, stellen sich Despotie und Tyrannei ein, damit der »verwesende Körper« nicht gleich auseinanderfällt (I, 96 f.). Die Analogie zu Spenglers »Cäsarismus« ist frappierend. Der wesentliche Unterschied in dieser Beziehung ist mehr einer der persönlichen Haltung, denn Spengler optierte für den »Cäsarismus« – Ducunt fata volentem, nolentem trahunt! –, während Vollgraff ihm ablehnend gegenüberstand. Im Sinne seiner Analogienlehre setzt Vollgraff als Höhepunkte der beschriebenen Kulturen: Perserkriege, zweiter punischer Krieg, Kreuzzüge; als »letztes Aufflackern«: Alexander, Cäsar, Ende des 15. Jahrhunderts (III, 393 ff.).

In *Lasaulx'* Werk von 1856 »*Neuer Versuch*...« ist die Parallele zu *Toynbee* besonders greifbar. Letzterer will ja auch dem Determinismus und der Kulturlehre Spenglers – Kulturen als in sich geschlossene, »seelisch« bestimmte Organismen – dadurch entgehen, daß er die »Religion« als Element betrachtet, das die verschiedenen zeitlich aufeinanderfolgenden Kulturen zu einer gewissen Einheit verbindet. Lasaulx stellt nicht nur wie Toynbee eine »weltgeschichtliche Stufenfolge« der Religionen auf, sondern er bestimmt auch das Entstehen und die Funktion der Religionen in ähnlicher Weise. Im Gegensatz jedoch zu Lasaulx entspringt die Stufenfolge der Religionen bei Toynbee einer Klassifikation der

Kulturen; Lasaulx kennt eine solche nicht und entwickelt die Klassifikation der Religionen unabhängig von den Kulturen. Religionen, so schreibt Lasaulx im »Neuen Versuch…«, »scheinen immer da zu entstehen, wo eine Kulturperiode untergeht und auf ihren Trümmern eine andere sich erhebt… So sind auch die Religionen der Völker ein heiliges Erbe, welches aus dem Schiffbruch der Zeit gerettet, das Beste der untergegangenen Generationen den nachkommenden überliefert.« (97 ff.)

Wie sehr Lasaulx noch an der Einheit der Weltgeschichte festhält, beweist auch seine Vorwegnahme von Alfred Webers »synchronistischem Weltzeitalter«, das Jaspers unter dem Namen »Achsenzeit« übernommen hat: »Denn es kann unmöglich ein Zufall sein, daß ungefähr gleichzeitig, 600 Jahre vor Christus, in Persien Zarathustra, in Indien Gautama-Buddha, in China Konfutse, unter den Juden die Propheten, in Rom der König Numa, in Hellas die ersten Philosophen, Jonier, Dorier, Eleaten, als die Reformatoren der Volksreligion auftraten: es kann dieses merkwürdige Zusammentreffen nur in der inneren und substanziellen Einheit des menschlichen Lebens und Völkerlebens, nur in einer gemeinsamen alle Völker bewegenden Schwingung des menschheitlichen Gesamtlebens seinen Grund haben, nicht in der besonderen Efferescenz eines Volksgeistes.« (115)

Der wesentliche *Unterschied* zwischen *Vollgraff* und *Lasaulx* ist gleichzeitig auch der zwischen *Spengler* und *Toynbee*. Während Vollgraff und Spengler bereit sind, die sich aus ihrer biologisch-deterministischen Geschichtsphilosophie ergebenden Konsequenzen zu ziehen, fangen Lasaulx und Toynbee den naturwissenschaftlichen Determinismus mithilfe der christlichen Religion ab. Dies wird zustandegebracht durch eine Verbindung von biologisch-deterministischer Geschichtsauffassung mit einer christlich-teleologischen, wobei die Tatsache interessant ist, daß romantischer Katholizismus und liberaler Protestantismus zu sehr ähnlichen Ergebnissen führen. Glaubt Toynbee an die Weltkultur und Weltreligion der Zukunft, so Lasaulx an »das ewige Evangelium der Weltkirche der Zukunft«. Bedenkt man die historische Situation beider, so dürften die optimistischen Aspekte ihrer Prognosen den gleichen Stellenwert besitzen.

Das joachitische Geschichtsschema wird von Lasaulx irrtümlich dem »Franziskanergeneral Johannes a Parma« zugeschrieben. Als seinen Vorläufer in unserer Zeit nennt er Schelling. Gemeint ist sicher dessen Lehre von den »Drei Weltaltern« in der »Philosophie der Offenbarung«. Wahrscheinlich hat Lasaulx das joachitische Geschichtsschema, ohne sich dessen bewußt zu sein, aus der Schlegelschen Geschichtsphilosophie, die er häufig zitiert, übernommen.

Die von *Joachim,* dem Franziskanerabt von Fiore (1131–1202), und etwas früher in Deutschland von einer theologischen Richtung, die man *Symbolismus* nennt, entwickelte Lehre von der Analogisierung der Geschichte mit der Trinität, die bei Joachim mit der Lehre von der fortschreitenden Offenbarung verbunden wird, kann man wohl als *die* geistesgeschichtliche Voraussetzung abendländischer Geschichtsphilosophie bezeichnen. Sowohl Joachim als auch Otto von Freising und Anselm von Havelberg (beide 1158 gestorben), die beide dem sogenannten Symbolismus nahestehen, ist gemeinsam, daß sie das Zeitalter des Heiligen Geistes als Zeitalter der Ecclesia spiritualis, die in den Mönchsorden verkörpert ist, bestimmen. (Zu Joachim vgl. den kritischen Forschungsbericht von Herbert Grundmann: Neuere Forschungen über J.v. Fiore. Marburg 1950; Ernst Benz: Ecclesia spiritualis. 1934; Karl Löwith: Weltgeschichte und Heilsgeschehen. [2]1952 S. 136 ff.; zum Symbolismus vgl. Otto Brunner: Abendländisches Geschichtsdenken, in: Neue Wege der Sozialgeschichte. 1956 S. 181 ff.) Den historischen Hintergrund all dieser Lehren bildete die Erschütterung durch den im Investiturstreit manifest gewordenen Konflikt zwischen geistlicher und weltlicher Gewalt.

Der Grundgedanke der Lehre Joachims ist wohl der, daß das Wahre, das Sein etc. sich in der Zeit realisieren kann, bildlich gesprochen, die Drehung aus der Dieseits-Jenseits- in die Gegenwart-Zukunft-Perspektive. Dies konkretisierte Joachim, indem er bestimmte Geschichtsepochen dem Alten Testament oder Gott Vater, andere dem Neuen Testament oder Gott Sohn, die Zukunft aber dem Heiligen Geist zuordnete, der Zeit des »Evangelium Aeternum«. Joachim glaubte sich kurz vor Anbruch der Zeit des Heiligen Geistes, eine Art des Selbstverständnisses, die in abgewandelter Form auch noch seine säkularisiertesten Nachfolger

übernahmen und die den Zusammenhang von Krise und Geschichtsphilosophie deutlich werden läßt. Der theologische Kern
seiner Lehre liegt wohl im Begriff der fortschreitenden Offenbarung, der geeignet ist, das Christusereignis aus seiner zentralen
Stellung zu rücken.

In der ersten Hälfte des 19. Jahrhunderts taucht nun das joachitische Geschichtsschema meist in säkularisierter Form in verstärktem Maße auf – eine joachitische Tradition hatte es die ganze Zeit
über gegeben. Nur einige wenige Beispiele: Wir erwähnten bereits
Lasaulx, Friedrich Schlegel (s. dort) und *Schelling. Constantin
Frantz*, Schellings positive Philosophie, 1. Bd., Cöthen 1879, gehört auch in diesen Zusammenhang. Richtig verstanden steht
auch *Hegel* in der Tradition Joachims. Bei den Hegelianern wird
der polnische Graf *August Cieszkowski* die Dreigliederung benutzen, um die Hegelsche Philosophie in die Zukunft – gleich slavische Zukunft – zu verlängern (explizit in Ojcze-Nasz [Vater
Unser], das 1848 in Paris erschien). *Moses Hess* (s. dort) verwendet es bereits 1837 in seiner »Heiligen Geschichte...« und dann
1841 in der »Europäischen Triarchie«, um das utopische Reich der
sozialen Freiheit mit seinem religiösen Messianismus zu verbinden. Auch *de Maistre* müssen wir hier erwähnen, der im »11-e
entretien« der »Soireés de St. Pétersbourg« (1821) von der »troisième explosion de la puissance divine en faveur du genre humain« spricht, die die Illuministen erwarten.

Exkurs VII
Rußland als Weltmacht
Eine begriffsgeschichtliche Studie

»Aber auch der bescheidene Forscher wird in der hier darge-
stellten Vergangenheit neben der Auflösung des Bestehenden
vielleicht auch zugleich die Aussicht zu einer größeren und herr-
licheren Zukunft entdecken, wenn er statt des beschränkten
europäischen Staatensystems der verflossenen Jahrhunderte...
die Elemente zu einem freien und größeren, auch bereits mit
Macht sich erhebenden Weltstaatensystem erblickt; der Stoff
für den Geschichtsschreiber kommender Geschlechter.«[1]

1 A. H. L. *Heeren*, Handbuch der Geschichte des europäischen Staatensystems, Göttingen 1809, Vorrede.

Diese Sätze können wir bereits im Jahre 1809 bei *Heeren* lesen. Rund hundert Jahre später, nämlich 1907, spricht *Otto Hintze* eine Erkenntnis aus, die – wie wir sehen werden – seit der Mitte des 19. Jahrhunderts einigen wenigen geläufig war, und die sich kurz vor dem ersten Weltkrieg zu einer Art politischem Programm zu verfestigen schien:

> »Die imperialistische Bewegung erscheint uns als die Einleitung zu einer neuen Epoche des politischen Gleichgewichts. An die Stelle des alten europäischen Staatensystems will ein neues Weltstaatensystem treten... Nicht *ein* Weltreich ist das Ziel des modernen Imperialismus, sondern eine Anzahl von Weltreichen nebeneinander, in gleicher Unabhängigkeit und in einem ähnlichen Gleichgewicht der Macht wie die Großmächte im alten europäischen Staatensystem... Der Sinn der deutschen Weltpolitik ist jedenfalls nicht Streben nach Weltherrschaft, sondern Streben nach Aufrechterhaltung des Gleichgewichts der Macht in dem Weltstaatensystem der Zukunft.«[2]

Wir haben mit diesen Zitaten Anfang und Endpunkt einer Entwicklung markiert, in deren Verlauf die Veränderungen des europäischen Staatensystems reflektiert, neue Begriffe geprägt und alte in ihrem Gehalt verändert wurden. Wir wollen nun danach fragen, wie sich in dieser Zeit der Aufstieg Rußlands zur Weltmacht in den Quellen begrifflich niederschlug. Daß Rußland das europäische Gleichgewicht gefährdete und die Universalmonarchie anstrebte, bildete einen Topos der rußlandfeindlichen Publizistik, der sich bis an die Schwelle des 20. Jahrhunderts hielt.[3] Das europäische Gleichgewicht und das ihm zugrundeliegende System der Großmächte, wie es nach seinem ersten Zusammenbruch im Zeitalter der napoleonischen Kriege 1818 auf dem Kongreß von Aachen als Pentarchie aus der Taufe gehoben worden war, beherrschte weitgehend das außenpolitische Räsonnement der Politiker und Publizisten. Erst der Weltkrieg 1914–18, besonders aber das Jahr 1917, das die russische Revolution und den Kriegseintritt der Vereinigten Staaten sah, bildet den entscheidenden Wendepunkt. Von nun an war es möglich, den prognostischen Gehalt der im 19. Jahrhundert entwickelten neuen Begriffe an dem Prüfstein der sich lang-

2 Imperialismus und Weltpolitik, in: Staat und Verfassung. Ges. Abh., 1. Bd., 2. Aufl., 1962, S. 457 ff., Zitat: 469.

3 Vgl. das Register, mit dessen Hilfe die entsprechenden Stellen leicht aufzufinden sind.

sam herausbildenden politischen Wirklichkeit zu messen. Daß Nordamerika eine der entscheidenden Weltmächte wenn nicht »die leitende Weltmacht geworden« war, wurde von vielen Zeitgenossen sofort registriert[4], die russische Revolution dagegen hatte zunächst nur die Folge, daß dem europäischen Sozialismus gleichsam seine Geschichte und der europäischen Linken ihre Heimat abhanden kamen. Die weltpolitischen Ergebnisse der Verbindung von Russentum und moderner Revolution lagen noch unter dem dichten Schleier der Zukunft, die für Rußland keinen neuen Tag zu bergen schien. Der erste Weltkrieg deutete nur schwach und für wenige sichtbar an, was oberflächlichen Beobachtern erst als Resultat des zweiten Weltkrieges erscheinen mochte: die Verlagerung der Entscheidungszentren auf die »weitere Bühne«.[5]

Alle Begriffe, mit denen wir uns hier beschäftigen, entstanden bereits um die Wende vom 18. zum 19. Jahrhundert, setzten sich aber erst rund hundert Jahre später allgemein durch. Sie weisen also, was ihre Wirkung betrifft, einen großen Verzögerungskoeffizienten und eine geringe soziale Reichweite auf. Zwar spiegeln Begriffe wie Weltgleichgewicht, Weltmacht, Weltstaatensystem, Weltpolitik etc. die Erschütterung des europäischen Staatensystems im Zeitalter Napoleons und der europazentrischen Raumordnung im allgemeinen wider, doch verfügen beide Systeme über so starke materielle und geistige Wurzeln, daß sie noch rund ein Jahrhundert weiterexistieren. Ihre – vom Beginn des 19. Jahrhunderts aus gesehen – späte endgültige Auflösung hängt mit der Entfaltung der industriellen und politischen Revolution zusammen. Daß diese beiden Seiten der europäischen Revolution sich zu einer Weltrevolution erweitern und dort zwei Aspekte, nämlich die Revolution der Gesellschaft und die Revolution der Mächte, entwickeln würden, konnte man in der ersten Hälfte des 19. Jahrhunderts klarer erkennen als in der zweiten. Denn damals schien der wirtschaftliche und industrielle Fortschritt alle düsteren Zunkunftsahnungen weit in den Hintergrund zu drängen und die Vitalität des »alten Europa« ungebrochen zu sein. Doch dieser Prozeß enthüllte nachträglich seine dialektische Struktur, da er

---

4 Zitat von Gerhard *von Schulze-Gaevernitz*, Amerikas Überimperialismus, in: Festgabe f. Lujo Brentano, 1925, I, S. 109. Vgl. auch Max Weber, 24. XI. 18, Ges. Pol. Schr., München 1921, S. 483 f.

5 Dieser Ausdruck von Ludwig *Dehio*, Gleichgewicht oder Hegemonie, 1948, S. 230.

Europas Geschick endgültig besiegelte, nachdem sich in den außereuropäischen Länderkontinenten Rußland und Nordamerika die industrielle Revolution und mit ihr die europäische Zivilisation voll entfaltet hatten. Die Tragik der Situation im 20. Jahrhundert liegt darin, daß Europa, weil es mit dem bisherigen politischen System seine ausgezeichnete Stellung erworben hatte, gerade deswegen den Anruf der neuen geschichtlichen Stunde nicht verstanden hat, ja vielleicht gar nicht verstehen konnte.[6]

Wir wissen heute, daß die europäische Expansion seit Beginn der Neuzeit und die technischen Möglichkeiten, die seit der Mitte des 18. Jahrhunderts geschaffen wurden, die Ursache dafür sind, daß, wie *Joseph Edmund Jörg* bereits 1853 meinte, »die europäischen Fragen... Weltfragen« werden. »Die unübersehbaren Erfolge des Dampfes gegen die alten Regulatoren der Weltlage zwischen Völkern und Staaten... Zeit und Raum... haben der Halbinsel Europa arg mitgespielt«, fuhr er fort.[7] Und fünf Jahre vorher hatte *Karl Marlo (Winkelblech)* eine Erscheinung, die wir heute allgemeine Interdependenz nennen, exakt beschrieben:

»Seitdem alle Teile der zivilisierten Welt durch Eisenbahnen oder Wasserstraßen mit einander in Verbindung getreten, seitdem es dem Handel gelungen ist, sein Netz über den Erdkreis auszubreiten und alle Völker in dasselbe zu verstricken, beschränken sich die Wirkungen und Gegenwirkungen... nicht wie früher auf Bewohner von Städten und Provinzen, sondern verbreiten sich über ganze Länder und Weltteile.«[8]

Friedrich Ratzel hat dann zu Beginn unseres Jahrhunderts darauf hingewiesen, daß es »von dem gegebenen Raum jedes Zeitalters abhing, wie weit Staaten wachsen mußten, um ›Weltmächte‹ zu sein, d. h. die bekannte Erde politisch zu umspannen und zu beeinflussen.« Auf eine einfache Formel gebracht: »Die politischen Raumansprüche wuchsen mit dem bekannten Raum.« Alle früheren Bezeichnungen für politische Machtzusammenballungen, die sich auf ›Welt‹ bezogen, gelten »vor der wirklichen Größe wahrer Weltmächte der Gegenwart nur noch [als] ornamental«.[9] Die Frage, ob die globalen Verflechtungen nicht nur qualitative Verän-

---

6 Vgl. auch Raymond *Aron*, Les guerres en chaîne, 1951, S. 83, und Ludwig *Dehio*, Deutschland und die Weltpolitik, 1955, S. 128.

7 Hist.-polit. Blätter für das katholische Deutschland XXXII, S. 293.

8 Untersuchungen über die Organisation der Arbeit, 1848, S. 244.

9 Politische Geographie, 2. Aufl., 1903, S. 356 f.

derungen im Geschehenszusammenhang, sondern auch ein qualitativ verändertes Verständnis von ›Welt‹ im Geschichtsbewußtsein hervorzubringen vermögen[10], soll hier nur angedeutet werden. Bei ihrer Untersuchung wäre zu beachten, daß die Einheit der Welt als revolutionäres Postulat spätestens in den Ideen von 1789 angelegt ist[11], und daß diese »utopische Einheit der Welt ihre eigenen Spaltung reproduziert«.[12] Läßt sich da die Vermutung so leicht beiseiteschieben, daß die Expansion so etwas wie eine aufhaltende Macht darstellt? Kristallisierte sich die Imperialismustheorie zu Beginn dieses Jahrhunderts nicht um die These von der den Zusammenbruch des Kapitalismus aufhaltenden kolonialen Expansion? Wobei dann der Imperialismus als Kat-echon im – doppelt – weltlichen Sinne erscheint.[13]

Weiter oben wurden *Jörg* und *Marlo* zitiert. Dabei darf man jedoch nicht übersehen, daß noch um dieselbe Zeit von durchaus weitsichtigen politischen Publizisten alte Begriffe verwendet werden. So schreibt etwa *August Freiherr von Haxthausen* 1852, daß der

> »traurigste Ausgang für die lateinische Kirche« der wäre, wenn »das Papsttum selbst zum slavischen Volksstamm hinüberzuflüchten gezwungen wäre, wo dann freilich der Traum der Panslavisten wahr werden könnte, daß die Slaven nach Untergang der Germanen der Mittelpunkt der Kultur und der Weltgeschichte würden«.[14]

Hier war die Emanzipation der Weltgeschichte aus ihrem europäischen Ursprungsbereich noch nicht begrifflich bewältigt. Ihr Begriff bewahrt noch die alten Zusammenhänge mit Weltherrschaft und Weltreich, also mit Traditionsbegriffen der politischen Philosophie im Gewande moderner Begrifflichkeit. 1798 zeigt *Joseph Görres* – damals noch Anhänger der Ideen von 1789 – die für eine

10 Dies wird z. B. von Oskar *Köhler* – Was ist »Welt« in der Geschichte? in: Saeculum VI (1955), S. 2 – ausdrücklich verneint.
11 Vgl. etwa Roman *Schnur*, Weltfriedensidee und Weltbürgerkrieg 1791/92, in: Der Staat II (1963), S. 297 ff.; über den universalistischen Aspekt revolutionärer Ideologien im allgemeinen: Wilhelm E. *Mühlmann*, Chiliasmus und Nativismus, 1961, S. 81 ff., 398 f.
12 Reinhart *Koselleck*, Kritik und Krise (1959), Frankfurt 1973, S. 2.
13 Am reinsten ausgeprägt bei Rosa *Luxemburg*, Die Akkumulation des Kapitals, 1913.
14 Studien über die inneren Zustände … Rußlands, 3. Bd. 1852, S. 207.

Übergangszeit charakteristische Unsicherheit der Begriffe, die positiv als Offenheit für neue Möglichkeiten zu bezeichnen wäre:

> »Wohl war jene Universalmonarchie... ihrem Untergange nahe; aber dafür gingen zwei andere aus dem Schoße der Zeit hervor... die Englisch-merkantilische, und: die Russisch-politische Weltdespotie.«[15]

Der alte Begriff Universalmonarchie, der sich auf das europäische Staatensystem bezieht, deckt sich nicht mehr mit der neuen Wirklichkeit. Sowohl England als auch Rußland verdanken ihren Einfluß im europäischen System Kräften, deren Quellen außerhalb von diesem liegen. Diesen Tatbestand soll der Bestandteil ›Welt‹ hier zum Ausdruck bringen.

Nach den Napoleonischen Kriegen erschien den Zeitgenossen Rußland

> als »die erste Macht des europäischen Festlandes« und als das »größte Weltreich, das die Geschichte kennt«.[16] »Rußland ist nicht bloß eine europäische Großmacht, es ist schon jetzt ein Weltreich. Insofern steht ihm unter allen Mächten das britische Reich allein gegenüber. Es zeigt sich jedoch unter mehreren wichtigen Gegensätzen... vorzüglich folgender Unterschied in der beiderseitigen Macht und Schwäche, wodurch die Politik und das Schicksal beider Reiche auf eine ganz verschiedene Weise bestimmt und gelenkt wird. Rußland ist eine Kontinentalmacht, England ist eine Seemacht.«[17]

Für alle diejenigen, welche hinter England noch nicht Amerika gewahrten, bot sich der Vergleich zwischen England und Rußland geradezu von selbst an. Den Namen ›Weltreich‹ hatte man dem britischen Reich schon vor längerer Zeit gegeben; wurde er auch auf Rußland angewandt, so fiel dabei noch der Vergleich zwischen Land und Meer ab, der seit den 90er Jahren des 18. Jahrhunderts, seit der Zeit der französischen gegen England und Rußland gerichteten Publizistik, üblich war.

Der anonyme Verfasser des eben zitierten Artikels über Rußland ging aber noch einen Schritt weiter, indem er Rußlands Stärke an der Schwäche Englands deutlich machte. England, so meinte er,

15 Ges. Schr., 1. Bd. 1928, S. 131.
16 Conversations-Lexicon (Brockhaus) XII, 1, 1825, S. 709.
17 Conversationslexicon der neuesten Zeit und Literatur (Brockhaus) III, 1833, S. 816.

»kann nicht von den Küsten aus, die es sperrt, in das Land eindringen und Gesetze vorschreiben... Die Politik des Kabinetts
von St. James muß alles umspannen, was in den Bereich seiner
Macht gehört... Dadurch wird Englands Macht zersplittert.«[18]
Dagegen Rußland:
> »In dieser ununterbrochenen Ausdehnung einer Ländermasse,
> die vom höchsten Norden bis tief in die gemäßigte Zone hinein-
> ragend, mehr als den neunten Teil der ganzen Erdfeste enthält,
> und größtenteils unantastbare Grenzen oder auf den verwund-
> baren Seiten nur machtlose oder befreundete Nachbarn hat,
> kann Rußland alle Kraft der Gewerbetätigkeit und Kultur ent-
> falten, ohne von der Politik des Auslandes hemmende Maßre-
> geln befürchten zu dürfen. Es ist gewissermaßen für sich selbst
> eine Welt.«[19]

Die Einheit der ›Welt‹, der die Begriffe Weltherrschaft und Weltreich
zugeordnet waren, scheint sich zusammen mit der europazentrischen Raumordnung aufzulösen. Es ist die Rede von mehreren
Weltreichen, von einer Welt, die ein Land, besser ein Länderkontinent, für sich bildet. Wo diese europazentrische Weltansicht erhalten bleibt, wie etwa bei *Moses Hess, Fallmerayer* und *Haxthausen*,
finden wir noch die alten Begriffe. So spricht *Moses Hess* 1841 von
Rußlands Absicht, »auf den Trümmern des römisch-germanischen
Europa ein slavisch-europäisches Weltreich zu gründen«[20], und
Haxthausen nimmt seit 1847 immer wieder gegen die Ansicht Stellung, »daß Rußland zu einer Weltherrschaft berufen, eine Weltmonarchie begründen könne«. Die Rede von einem »großen slavischen Weltreiche« sei bloße Schwärmerei des »jungen Rußland«.[21]
Auch *Jakob Philipp Fallmerayer*, der seine Geschichtsphilosophie
ebensowenig wie *Haxthausen* – der freilich politisch auf der »anderen Seite« stand – aus dem europäisch-mediterranen Bereich
lösen konnte, und dem deshalb zeitlebens das Moment der Ozeanität fremd blieb, spricht 1850 vom russischen »Weltreich«, für den
Fall, daß »die Russen erst Konstantinopel erobert« haben.[22] *Blunt-
schli* erläutert dann in seinem *Deutschen Staats-Wörterbuch* 1870
ausführlich den Unterschied von Weltreich und Weltmacht:

18 ebd.
19 ebd., S. 817.
20 Die europäische Triarchie, 1841, S. 178.
21 *Haxthausen* a. a. O., 2. Bd. 1847, S. 332, 334; 3. Bd. 1852, S. 217.
22 Ges. Werke, 1861, II, S. 94.

»Solche Mächte, welche den Begriff des Landes zu dem der Welt bzw. eines Weltteils ausweiten, nennen wir Weltmächte.« Ihre Politik »muß Weltpolitik sein«. Darunter fallen Rußland, England und Nordamerika. »Von andrer Art ist die Idee des Weltreichs. Die Weltmächte bewegen sich in der Welt, das Weltreich will die Organisation der Welt als der Einen Menschheit darstellen.« (XI, 183)

Der Begriff des Weltreichs kann damit endgültig in den Bereich des ideologischen Postulats und der Propaganda verwiesen werden. Doch wir wollen diese aussterbenden Bedeutungsgehalte nicht mehr weiterverfolgen und uns der Begriffsentwicklung zuwenden, die vom Brockhaus-Lexikon zu Beginn der 30er Jahre in das 20. Jahrhundert führt. In der Zeit zwischen 1840 und dem Krimkrieg wurde das ›weltpolitische Begriffsarsenal‹ in heute noch gültiger Weise geprägt; es ist die Zeit des endgültigen begrifflichen Durchbruchs von einer europäisch bestimmten Weltgeschichte zu einer globalen, ein geistesgeschichtlicher Prozeß, der sich mit dem Vorgang der Projektion des Verhältnisses Europas zu Rußland auf die Weltebene parallelisieren läßt.

Die in der Rede von ›Weltpolitik‹ und ›Weltmächten‹ implizierte Prognose, daß die territoriale Basis künftig entscheidend sein wird, wurde schon 1833 angedeutet. Doch bevor diese Begriffe geformt wurden, sprach *Bruno Bauer* nach der Lektüre *Tocquevilles* bereits 1842 davon, daß »der Kampf der europäischen Staaten ... bald einem größeren weichen [wird], dem Kampf der Weltteile«.[23] Und doch war es nicht Bruno Bauer sondern *Friedrich List*, der 1846 wohl zum ersten Mal den Begriff Weltmacht für Rußland verwendete:

»In unseren Tagen haben nur große, auf dem höchsten Grad der Kultur stehende und in jeder Beziehung wohl organisierte Nationalkörper ihre ganze Zukunft in ihrer Gewalt ... Das ist ganz besonders wahr in der gegenwärtigen Zeit, in welcher sich in allen Weltangelegenheiten ein Umschwung der Dinge vorbereitet, der im Verhältnis zu dem, was wir in den verflossenen drei Jahrhunderten gesehen haben, nur ein kleines und schwaches Vorspiel gewesen ist ... ein ökonomischer Umschwung, der mit Naturnotwendigkeit alle politischen und politisch-ökonomischen Verhältnisse aller Nationen ... im Laufe des gegenwärti-

23 Rhein. Ztg. Nr. 158, 7. VI. 1842, Beiblatt.

gen und des nächsten Jahrhunderts von Grund aus verändern wird.« Dieser »Politik der Zukunft« – so der Titel seines Aufsatzes – werden nur »Weltmächte« gewachsen sein. »Rußland, so mächtig es in der Gegenwart sein mag, stellen wir darum nur bedingungsweise in die erste Klasse, weil seine Existenz als eine der ersten Weltmächte zur Zeit noch nicht garantiert ist durch seine inneren Kultur-, Verfassungs-, Gesetztes- und Verwaltungszustände... weil also Rußlands Fortexistenz als Weltmacht von äußeren und inneren Zufälligkeiten abhängig ist.« Aus dieser Diagnose entwickelt er konsequent seine Prognose: »In der Mitte des nächsten Jahrhunderts ... wird es also nur zwei Riesenmächte ... geben«, die USA und Großbritannien.[24] Hinter der neuen Begrifflichkeit erscheint bei *List* der ihre Anwendung notwendig machende historische Prozeß als revolutionärer Umbruch der Ökonomie. Aber gerade in diesem Bezug aufs Ökonomische, der die Erkenntnis der historischen Relevanz der industriellen Revolution erleichtert, liegt auch gleichzeitig die Schwäche der Position von *Friedrich List*, wenn man auf ihre prognostische Tragweite achtet. Sie stellt sozusagen das liberale Gegenstück zu der Überbewertung des Ökonomischen, bzw. der sozialen Frage durch *Marx* dar.

Wiewenig selbst ein radikaler Linkshegelianer wie *Bruno Bauer* von jenem geschichtsphilosophischen Pathos, das sich sofort durch spezifische Begriffe verrät, frei war, zeigt die erste Abteilung seiner Schrift *Rußland und das Germanenthum* vom Februar 1853.[25] Schon sein theologisches Forschungsgebiet und seine Geschichtsphilosophie, in deren Mittelpunkt die große geschichtliche Parallele mit dem Untergang Roms und dem Aufgang des Christentums steht, müssen den Begriff der Weltherrschaft nahelegen:

»Eine ähnliche riesenhafte Grundlage für seine zukünftige Herrschaft hat noch kein historisches Volk besessen.« Es »bildet eine Nation, die durch Sprache, Sitten und Gewohnheiten, Religion und politischen Enthusiasmus auf das engste verbunden ist ... Nur die Rassenmischung kann jene intellektuelle und moralische Elastizität, jenen weit reichenden Blick und Unterneh-

24 Schriften, 7. Bd. 1931, S. 482 f., 486, 501.
25 Die Chronologie ist freilich nur relativ, da der größte Teil dieser und der weiter unten genannten Broschüre bereits im Laufe des Jahres 1852 in Form von einzelnen Aufsätzen in der ›New York Daily Tribune‹ erschienen war.

mensgeist erzeugen, die einem Volk die Kraft zur Weltherrschaft
geben.« (8)

Dieses Volk ist Rußland. *Bruno Bauer* hat aber schon einige Monate später den Begriff Weltmacht in seiner neuen Bedeutung auf
Rußland angewendet. In der eben angeführten Schrift hatte er
noch von Rußland als der »kontinentalen Universalmacht, die die
Zukunft aller politischen Existenzen« ungewiß mache (120), gesprochen und das »Judentum ... als die gegenwärtige Weltmacht«
(103) bezeichnet.[26] Doch im Mai 1853 finden wir in der zweiten
Abteilung von *Rußland und das Germanenthum* keine Zusam-
mensetzungen wie Universalmacht, Universalmonarchie mehr
und bemerken, daß anstatt von der »Universalmacht« von der
»Weltmacht Rußland« die Rede ist. Damit tritt für *Bruno Bauer*
an die Stelle der europäischen Perspektive die globale. Wenn England des Verfalls seiner Großmachtstellung innewird, »werden
Rußland und Nordamerika bereits die beiden Weltmächte sein«,
schreibt er und fährt fort:

> »Weltmächte werden in der nächsten Zukunft an der Spitze der
> geschichtlichen Gesamtarbeit der Menschheit stehen. Eine der
> bedeutendsten Folgen der letzten Erschütterungen ist die Fest-
> stellung der Tatsache, daß das bisherige System der Groß-
> mächte keinen Halt mehr besitzt und mehrere Glieder desselben
> zu schwach sind, um an der obersten Entscheidung der Weltfra-
> gen, die zu gleicher Zeit immer höher getrieben werden und
> einen immer größeren Umkreis umfassen, Teil zu nehmen. An
> die Stelle der Pentarchie tritt die Diktatur.« (75)

An die Stelle der Pentarchie der Großmächte tritt der Dualismus
der Weltmächte, können wir heute sagen. Weltmacht ist für *Bruno
Bauer* die einer Großmacht angemessene Form und Stärke, die es
ihr erlaubt, ›Weltpolitik‹ zu treiben. Weltmacht bedeutet also
nicht: Weltherrschaft – Weltmonarchie, Universalmonarchie –, sie
bedeutet auch nicht Weltreich, worunter man ein politisches Ge-

---

26 Dieser gleichsam abstrakte und unpolitische Gebrauch von ›Weltmacht‹ ist der
   älteren und war damals ziemlich weit verbreitet. So schreibt Marx z. B. 1843 in
   »Zur Judenfrage« (Werke I, S. 373): »Der Jude hat sich auf jüdische Weise emanzipiert, nicht nur, indem er sich die Geldmacht angeeignet, sondern indem durch
   ihn und ohne ihn *das Geld* zur Weltmacht und der praktische Judengeist zum
   praktischen Geist der christlichen Völker geworden ist.« Schopenhauer schreibt
   1851, daß es ›drei Weltmächte« gäbe, »Klugheit, Stärke und Glück« (Sämtl.
   Werke, Grisebach, IV, S. 522).

bilde verstand, das die jeweils bekannte Welt beherrschte. Die politische ›Welt‹ hatte sich zum Globus erweitert. »Der Mensch erkannte«, um mit *Hegel* zu sprechen, »daß die Erde rund, also ein für ihn abgeschlossenes sei«.[27] Diese Erkenntnis legte es nahe, den Vergleich von Rußland und England zugunsten dessen von Rußland und Nordamerika aufzugeben. Rußland und Nordamerika hießen von jetzt ab die Weltmächte, und ob Großbritannien als dritte dazugehörte, war eine Frage, welche im 19. Jahrhundert zu geschichtsphilosophischen Spekulationen Anlaß gab und erst in der Mitte des 20. Jahrhunderts von der Wirklichkeit mit Nein beantwortet wurde.

Auch *J. E. Jörg* gesteht Rußland 1853 den Titel einer Weltmacht zu, wenn er von der Lage Europas »in der Mitte zwischen den feindlichen Weltmächten« der Zukunft: Rußland und Amerika, spricht. »Die europäischen Fragen werden Weltfragen«, nicht zuletzt deshalb, weil »das neue politische Weltsystem in der gegenwärtigen europäischen Konstellation bereits vorgebildet ist.«[28] »Der Lauf der Weltgeschichte«, so schreibt er vier Jahre später, »hat selber Eisenbahngeschwindigkeit angenommen.«[29] Ein gutes Gleichnis für die qualitative Veränderung der Geschichte, die erst durch Weltpolitik eigentlich zur Weltgeschichte wurde. Wie sehr sich durch den prognostizierten Dualismus von Rußland und Amerika die Begriffe zu wandeln beginnen, zeigt *Jörgs* Gebrauch des Wortes ›Weltherrschaft‹:

> »Rußland kann mit aller Konsequenz sein Streben nach der Weltherrschaft verfolgen, ohne die Wege der gleichfalls nach Weltherrschaft strebenden Union kreuzen zu müssen, und schließlich könnten die beiden es auf eine brüderliche Teilung ankommen lassen.«[30]

Die zweigeteilte Welt deutet sich hier bereits begrifflich an, da Weltherrschaft, die von mehr als einer politischen Macht ausgeübt wird, eine Teilung der Erde in verschiedene politisch und ideologisch geschiedene ›Welten‹ voraussetzt. Weltherrschaft in diesem Sinne kann aber künftig nur von Weltmächten ausgeübt werden, so können wir *Jörg* interpretieren.

27 Vorlesungen über die Philosophie der Weltgeschichte, hg. v. *Lasson*, 1944, IV, S. 871.
28 Histor.-polit. Blätter für das katholische Deutschland XXXII (1853), S. 293–95.
29 a. a. O. XXXIX (1857), S. 1.
30 a. a. O. XXXV (1855), S. 834.

Spricht aber *Jörg* noch von »europäischen Fragen … die Welt-fragen« werden, so meint *Julius Fröbel* 1855, daß Europa »in kleinerem Maßstabe die Positionen der Weltpolitik« wiederhole. Diese Weltpolitik werde von Rußland und Amerika getragen, die die »beiden Pole der politischen Welt geworden sind« und an de-nen sich ablesen läßt, »daß an die Stelle eines politischen Gleich-gewichts von Europa ein politisches Gleichgewicht der Welt zu treten beginnt«.[31] Diesem Weltgleichgewicht entspricht ein »poli-tisches Weltsystem«, in dem Rußland und Amerika ihre »wahre Macht und Stellung« einnehmen.[32] Die Globalität der künftigen Entwicklung wird in einem Satz aus dem Jahre 1864 angedeutet, in dem sich die einschlägigen Begriffe geradezu häufen:

»Weltpolitik erzwungen durch die Notwendigkeit des freien Welthandels und freier Welthandel erzwungen durch die Rivali-tät der großen Weltmächte – das ist das Ziel, auf welches unaufhaltsam die moderne Zivilisation zutreibt.«[33]

Die Summe aus all diesen Bemühungen, die weltgeschichtlichen Umwälzungen des 19. Jahrhunderts auf den Begriff zu bringen, zog *Constantin Frantz* in seinen Untersuchungen, die seit 1859 erschienen und die stark von der Vorarbeit *Tocquevilles*, *J. E. Jörgs* und *J. Fröbels* abhängig sind. Und doch ist er der erste, der die neuen Begriffe in den Mittelpunkt einer politischen Theorie stellt und systematisch anwendet. In seinen *Untersuchungen über das europäische Gleichgewicht* (1859) stößt er auf eine Erschei-nung, der er das grundlegende Kapitel »Erste Anfänge eines neuen politischen Systems« widmet. Er geht davon aus, daß in Zukunft ein »Weltgleichgewicht« (4) das europäische Gleichgewicht ablö-sen wird:

»Sollten nämlich die fünf Großmächte in der Tat sich gegensei-tig im Gleichgewicht halten können, so müßte auch ihre ganze Aktion von einer gemeinsamen Sphäre umschlossen sein, damit jede Wirkung die erforderliche Gegenwirkung finden könnte. Dies ist aber nur zum Teil der Fall, und geschieht jetzt weit weniger als noch vor einem Menschenalter, da namentlich Eng-land und Rußland immer mehr aus Europa herauswachsen.

---

31 Die europäischen Ereignisse und die Weltpolitik. Kl. Polit. Schr. 1866, I, S. 50 f.

32 Amerika, Europa und die politischen Gesichtspunkte der Gegenwart, 1859, S. 121; Theorie der Politik, 1864, II, S. 184 f.

33 a. a. O., S. 339.

Beide sind aus europäischen Mächten zu Weltmächten geworden, welche sich als solche nach Bedingungen bewegen, die oft
ganz außerhalb Europas liegen, und Wirkungen auszuüben vermögen, welche in Europa keine entsprechenden Gegenwirkungen finden können.« (73)
Die Emanzipation der ehemaligen europäischen Kolonien, Industrialisierung und Technisierung sorgten dafür, daß »in unseren
Tagen ... die Geschichte im eigentlichen Sinne des Wortes zur
Weltgeschichte« (74) wird. Diese Weltgeschichte im globalen
Sinne erfordert aber auch

> »eine neue Politik ... die man als Weltpolitik bezeichnen kann,
> weil sie mit ihren Kombinationen den ganzen Erdball um-
> spannt, den man gemeinhin die Welt zu nennen pflegt. Diejeni-
> gen Staaten, welche vorzugsweise berufen und befähigt erschei-
> enn, sich an dieser Politik zu beteiligen, werden um deswillen als
> Weltmächte bezeichnet werden können.« Der Begriff der Groß-
> mächte hat »durch die Auflösung der Pentarchie seine frühere
> formelle Bestimmtheit und durch die gegenwärtige Lage der
> Dinge alle reale Bedeutung verloren« (83). Rußland und Nord-
> amerika sind »Weltmächte im vollsten Sinne des Wortes, sowohl
> nach den physischen wie nach den geistigen Bedingungen ...
> Das erstere springt in die Augen, in letzterer Beziehung aber
> werden wir sagen, daß Nordamerika das Prinzip des Individua-
> lismus repräsentiert, Rußland repräsentiert das Gegenteil, näm-
> lich die vollständige Absorption aller individuellen Autonomie
> in eine autokratische Spitze ... Herrscht also dort das Prinzip
> der Freiheit, so herrscht hier das Prinzip der Autorität, und zwar
> dieses wie jenes in seinen äußersten Extremen, aber beide sind
> Weltprinzipe. England ist eine Weltmacht ... aber ohne Frage
> nur eine künstliche.« (86)

Eine weitere Konkretisierung seiner Ansichten finden wir in seinem dreibändigen Werk aus dem Jahre 1882 *Die Weltpolitik unter
besonderer Bezugnahme auf Deutschland*. Die »Bezugnahme«
scheint uns heute in folgendem Satz zu liegen:

> »Denn es handelt sich ja eben um einen Umschwung des politi-
> schen Denkens, welchen die Weltpolitik nicht nur fordert, son-
> dern andererseits zu ihrem Verständnis voraussetzt.« (I, VIII)

Beides fehlte in Deutschland, und so nimmt es auch nicht wunder,
daß *Constantin Frantz* weithin unbeachtet blieb. Seine Wertung
Rußlands und Nordamerikas als »Weltmächte ... im eigentlichen

Sinne des Wortes« (I, 102), als »natürliche Weltmächte« und auch Englands als »künstliche Weltmacht, weil die territoriale Basis« zu schmal ist (I, 107), wird beibehalten. Frappierend ist nicht nur die Vorwegnahme der Thesen *Ludwig Dehios*, sondern auch seine Prognose, die im Zusammenhang mit dieser Vorwegnahme steht: Weltpolitik wird notwendig zum Dualismus der Weltmächte führen.[34] Er ist weit davon entfernt, Vorstellungen des europäischen Gleichgewichts auf die Erde zu übertragen, wie es etwa vor und während des ersten Weltkrieges ein Gruppe deutscher Professoren tat, als deren wichtigste Vertreter wohl *Hans Delbrück* und *Otto Hintze* gelten können. Daß Rußland und auch Amerika Weltmächte geworden waren, hatte man sehr wohl begriffen, man glaubte aber ihren politischen Einfluß und ihr Gewicht in einem dem europäischen Gleichgewicht analogen Weltgleichgewicht ausbalancieren zu können.

Die der neuen und sogar der zukünftigen Situation angemessenen ›welt‹politischen Begriffe waren schon sehr früh entwickelt worden; warum sie und der ihr zugrundeliegende Erkenntnisgehalt nicht aufgegriffen wurde, ist ein Problem der deutschen Geschichte, das wir hier auch nicht nur andeutungsweise aufwerfen können. *Walther Rathenau* mag etwas von diesem Problem geahnt haben, als er in einem Brief an *Bethmann Hollweg* vom 7. September 1914 schrieb, die Annahme, »daß der Krieg kurz sein werde ... beruht darauf, daß man bei uns lieber die Landkarte als den Globus betrachtet«.[35]

Rußland war eine der Weltmächte, durch deren Eintritt in die politische Arena sich diese zur weltpolitischen erweiterte; wobei sich zeigte, daß sämtliche Analogien aus der europäischen Geschichte versagten. Daß man an diesen Analogien trotzdem festhielt, trug mit dazu bei, daß der u. a. von *Jörg, Fröbel* und *Frantz* prognostizierte weltpolitische Dualismus Wirklichkeit wurde, denn der qualitative Sprung von der Großmacht zur Weltmacht, dessen begriffliche Erfassung wir am Beispiel Rußlands darzustellen versuchten, mußte nicht mit Notwendigkeit von der Pentarchie zum Dualismus führen. Schuld daran war nicht zuletzt, daß man auf eine Herausforderung durch eine neue geschichtliche Konstellation eine bewährte, aber nichtsdestoweniger unange-

---

34 bes. I, S. 107 ff. Vgl. Ludwig *Dehio*, Gleichgewicht oder Hegemonie, 1948, und: Deutschland und die Weltpolitik, 1955.

35 Walther *Rathenau*. Ein preußischer Europäer. Briefe, 1955, S. 118 f.

messene Antwort zu geben versuchte; unangemessen deshalb, weil das Funktionieren des europäischen Staatensystems die Existenz von nicht unmittelbar in das System einbezogenen Entlastungsräumen voraussetzte.

Quellenverzeichnis

Vorbemerkung
Das Auffinden der Quellen verdankt der Verfasser zum Teil den Arbeiten anderer. Allen voran sei genannt das Buch von Heinz Gollwitzer, Europabild und Europagedanke, München 1951. Weiter waren nützlich:

Fr. v. Adelung Kritisch-literarische Übersicht der Reisenden in Rußland bis 1700. 2 Bde. SPbg.-Lpz. 1846. Neudruck: Amsterdam 1960.

B. v. Bilbassoff Katharina II. im Urteil der Weltliteratur. 2 Bde. Bln. 1897.

J. H. Gleason The Genesis of Russophobia in Great Britain. Cambridge (Mass.) 1950.

Th. Mac Nally Das Rußlandbild der französischen Publizistik zwischen 1814–1843. Phil. Diss. FU Berlin 1956.

R. Minzloff Pierre le Grand dans la littérature étrangère. SPbg. 1872.

Lore Müller Das Rußlandbild der deutschen politischen Flugschriften, Reisewerke, Nachschlagewerke und einiger führender Zeitschriften und Zeitungen... 1832–1853. Phil. Diss. Mainz 1953.

K. H. Ruffmann Das Rußlandbild im England Shakespeares. Göttingen 1952.

Das Verzeichnis erfaßt sämtliche im Text, aber nicht sämtliche in den Anmerkungen zitierten Schriften. Französisch- oder englischsprachige Bücher sind, wenn der Erscheinungsort nicht erwähnt wird, in Paris oder London erschienen. Für die Sekundärliteratur sei auf das Namensverzeichnis verwiesen.

Acxtelmeier, St. R. Das Muscowittische Prognosticon... Augsburg 1698.

(Ambaylard) De la Russie et de la France. 1842.

(Andrian-Werburg, V. Freiherr v.) Österreich im Jahre 1843. Hamburg 1843.

Deutsche Antwort auf die Orientalische Frage. Heidelberg 1854.

Argenson, R. L. Marquis d' Considérations sur le gouvernement ancien et présent de la France. Amsterdam 1765.

Arndt, Ernst Moritz Ein kurzes Wort über Rußland und sein Verhältnis und Verhalten gegen das übrige Europa vor und seit Peter dem Großen. Neu hrsg. v. A. Dühr, Darmstadt 1960.

Versuch in vergleichender Völkergeschichte. Leipzig 1843.

Aubernon, Joseph Considérations historiques et politiques sur la Russie, l'Autriche et la Prusse. 1827.

Baader. Fr. v. Sämtliche Werke. Hrsg. v. F. Hoffmann, 16 Bde., Leipzig 1851 ff.

Lettres inédites de Fr. v. Baader. Ed. E. Susini. 3 Bde. 1942, 1951.

(Baczko, L. v.) Rußland und Frankreich. Eine historische Vergleichung, auf merkwürdige Tatsachen gegründet. (Halle) 1814.

Barère de Vieuzac, Bertrand   La Liberté des Mers (1798). Hrsg. v. Jean Marchand. 1942.

(Bassermann, F. D.)   Deutschland und Rußland. Mannheim 1839.

Bauer, Bruno   Das entdeckte Christentum (1843). Hrsg. v. Ernst Barnikol. Jena 1927.
    Die bürgerliche Revolution in Deutschland. Berlin 1849.
    Rußland und das Germanenthum. Charlottenburg 1853.
    Rußland und das Germanenthum. 2. Abt.: Die deutsche und die orientalische Frage. Charl. 1853.
    Deutschland und das Russenthum. Charl. 1854.
    Die jetzige Stellung Rußlands. Charl. 1854.
    Rußland und England. Charl. 1854.
    De la dictature occidentale. Charl. 1854.
    Die russische Kirche. Charl. 1855.

Bengel, J. A.   Erklärte Offenbarung Johannis oder vielmehr Jesu Christi. Stuttgart 1834 (1. Ausg. 1740).

Bignon, Ed. Baron de   Exposé comparatif de l'état financier, militaire, politique et moral de la France et des principales puissances de l'Europe. 1814.

Bismarck, R. W. Graf. v.   Die Kaiserlich-russische Kriegsmacht im Jahre 1835… Karlsruhe 1836.

Bodenstedt, F.   Die Völker des Kaukasus und ihre Freiheitskämpfe gegen die Russen. Frankfurt 1848.

Bodin, Jean   Œuvres philosophiques de J. B. Ed. P. Mesnard Bd. 1. 1951.

Bonald, Louis de   Œuvres de M. de B. I–XI 1817.
    Œuvres complètes. Ed. P. Migne Bd. 1 1859.

Botero, Giovanni   Aller Kayser, Könige und fürnemsten Fürsten der gantzen Welt Macht. Lübeck 1604.

(Buddeus, Aurelio)   Rußland und die Gegenwart. 2 Bde. Leipzig 1851.

Bülau, Fr. v.   Die Geschichte des europäischen Staatensystems. Bd. 1. Leipzig 1837.

Bülow-Cummerow, E. v.   Die europäischen Staaten nach ihren inneren und äußeren Verhältnissen. Altona 1845.

Burke, Edmund   Annual Register. 1772, 1773.

(Butte, Wilhelm)   Ideen über das politische Gleichgewicht von Europa… Leipzig 1814.
    Die unerläßlichen Bedingungen des Friedens mit Frankreich. Wiesbaden 1815.

Čaadaev, Pjotr Ja.   Sočinenija i Pisma. Hrsg. v. M. Geršenzon. Bd. 1. Moskau 1913.

Campanella, T.   De Monarchia Hispanica. Frankfurt 1686.

Chomjakov, Aleksej S.   Polnoe sobranie sočinenij. 2. A. Moskau 1878.

Cobden, Richard   The Political Writings of R. Cobden. 2 Bde. 1867.

Condillac, E. B. de Œuvres complètes. XXI 1798.

Custine, Marquis A. de La Russie en 1839. Bruxelles 1844. 4 Bde.

Geschichtliche Darstellung über das höchste gefährliche Wachstum Rußlands für die übrigen Staaten Europas. Altenburg 1832.

Diderot, D. Œuvres complètes III 1875.

Dictionnaire Encyclopédique 3. A. XXIX 1778/79.

(Diezel, Gustav) Deutschland und die abendländische Zivilisation. Stuttgart 1852.

Rußland, Deutschland und die östliche Frage. Stuttgart 1853.

Donoso Cortés, D. J. Obras de D. J. Donoso Cortés. Hrsg. v. Orti y Lara 4 Bde. Madrid 1903/04.

Eichendorff, Joseph. v. Ahnung und Gegenwart. 1815.

Sämtliche Werke XII Regensburg 1910.

Eschasseriaux Tableau politique de l'Europe au commencement du XIXe siècle... 1802.

Europa und Rußland. Texte zum Problem des europäischen und russischen Selbstverständnisses. Hrsg. v. Dmitrij Tschiževskij u. Dieter Groh. Darmstadt 1959.

Evans, George de Lacy Des projets de la Russie. 1828.

(Everett, Alexander H.) Europa oder Übersicht der europäischen Hauptmächte im Jahre 1821. 2 Bde. Bamberg 1823.

America, or a General Survey of the Political Situation of the Several Powers of the Western Continent, with Conjectures of their Future Prospects. Philadelphia 1827.

Fallmerayer, Jakob Philipp Gesammelte Werke. Hrsg. v. G. M. Thomas. 3 Bde. München 1861.

Fragmente aus dem Orient. Stuttgart 1845.

Fletcher, Giles Russia at the close of the 16th century... (Works issued by the Hakluyt Society, 20) 1856.

Ficquelmont, C. L. Graf Die religiöse Seite der orientalischen Frage. Wien 1854.

Fournier, Marc Russie, Allemagne et France. 1844.

Frantz, Constantin Quid facimus nos? Berlin 1858.

Untersuchungen über das europäische Gleichgewicht. Berlin 1859.

Die Wiederherstellung Deutschlands. Berlin 1865.

Die Naturlehre des Staates als Grundlage aller Staatswissenschaft. Leipzig-Heidelberg 1870.

Deutsche Antwort auf die orientalische Frage. Leipzig 1877.

Schellings positive Philosophie. Cöthen. 1879/80.

Die Weltpolitik unter Bezugnahme auf Deutschland. 1. Abt. Chemnitz 1882.

Freiligrath, Ferd. Sämtl. Werke in 10 Bden. Leipzig o. J.

Preußens Friede mit Frankreich. Basel 1795.

Friedrich der Große Œuvres de Fr. le Gr. Berlin 1846 ff.

Die politischen Testamente Fr. d. Gr., Ergänzungsband zur Polit. Corresp. Fr. d. Gr. 1920. (Politische Corresp. Fr. d. Gr. XXVIII 1903).

Fröbel, Julius   System der socialen Politik. 2 Bde. Mannheim 1847 (2. A. der Schrift: Neue Politik, von C. Junius. 1846).

Wien, Deutschland und Europa. Wien 1848.

Amerika, Europa und die politische Gesichtspunkte der Gegenwart. Berlin 1859.

Theorie der Politik. 2 Bde. Wien 1861/64.

Kleine politische Schriften. Stuttgart 1866.

Ein Lebenslauf. 2 Bde. Stuttgart 1890.

Gamba, J. F.   Voyage dans la Russie méridionale,... 2 Bde. 1824.

Gentz, Friedrich von   Briefe von und an F. v. Gentz. Hrsg. v. F. C. Wittichen u. E. Salzer. 3 Bde. München-Berlin 1909–13.

Gervinus, G. G.   Einleitung in die Geschichte des 19. Jahrhunderts. Leipzig 1853.

Görres, Joseph   Gesammelte Schriften (Ausg. der Görresges.) Köln 1928 ff.

(v. Goldmann)   Die europäische Pentarchie. Leipzig 1839.

Grün, Albert   Das Frankfurter Vorparlament und seine Wurzeln in Frankreich und Deutschland. Leipzig 1849.

Gurowski, Comte A.   La Civilisation et la Russie. 1840.

Hagen, Karl   Fragen der Zeit vom historischen Standpunkte betrachtet. 1. Bd. Stuttgart 1843.

Die östliche Frage, mit besonderer Rücksicht auf Deutschland. Frankfurt 1854.

Das Nationalfest der Deutschen zu Hambach. Hrsg. v. J. G. A. Wirth, Neustadt 1832.

Haxthausen, August Freiherr von   Studien über die inneren Zustände... Rußlands. I, II Hannover 1847, III Berlin 1852.

Hegel, G. W. F.   Sämtliche Werke. Hrsg. v. Glockner.

Sämtliche Werke. Neue Kritische Gesamtausgabe. Hrsg. v. Hoffmeister. Soweit erschienen.

Vorlesungen über die Philosophie der Weltgeschichte. Hrsg. v. Lasson Bd. II–IV.

Heine, Heinrich   Sämmtliche Werke. 7 Bde. Philadelphia 1867.

Heller, Adolph (Übers.)   Das enthüllte Rußland oder Kaiser Nikolaus und sein Reich. Nach dem englischen Originalwerk »Revelations of Russia«. Grimma 1845.

Herberstain S. v.   Rerum Moscoviticarum Commentarii oder Moscovia. In: Der Weltkreis. Bd. I, Erlangen 1926.

Herder, J. G.   Sämtl. Werke. Hrsg. v. B. Suphan I–XXXIII Berlin 1877–1913.

J. G. v. Herders Lebensbild. Hrsg. v. E. G. v. Herder. II. Bd. 1. Abt. Erlangen 1846.

Herders Briefwechsel mit Caroline Flachsland. Hrsg. v. H. Schauer. I. Bd. Weimar 1926.

Herzen, Alexander (= Gercen, Aleksandr)   Polnoe sobranie sočinenij v tridcatich tomach. Moskau 1954 ff. (soweit erschienen).

Vom anderen Ufer. Hamburg 1850.

Hess, Moses   Die Heilige Geschichte der Menschheit. Von einem Jünger Spinozas. Stuttgart 1837.

Die europäische Triarchie. Leipzig 1841.

Sozialistische Aufsätze. Hrsg. v. Th. Zlocisti. Berlin 1921.

Briefwechsel. Hrsg. v. E. Silberner. 'S-Gravenhage 1959.

Philosophische und sozialistische Schriften, 1837–1850. Hrsg. u. eingel. v. Auguste Cornu und Wolfgang Mönke. Berlin 1961.

Hofmannsthal, Hugo von   Carl Jakob Burckhardt, Briefwechsel. 1956.

Horsey, Jerome   Siehe Fletcher, Giles.

Hugo, Victor   Lettres à un ami III, 1860.

Jörg, Joseph. Edm.   Diverse Aufsätze und Kommentare in: Historisch-Politische Blätter für das katholische Deutschland. München Bd. XXX (1852)–XXXVIII (1856).

Jung-Stilling, Joh. Heinr.   Joh. Heinrich Jungs, genannt Stilling, sämmtliche Werke. 8 Bde. Stuttgart 1841.

King, J. G.   Bemerkungen über Rußland und die Krim. Aus dem Englischen. Leipzig 1788.

Kireevskij, Ivan   Polnoe sobranie sočinenij v dvuch tomach. Hrsg. v. M. Geršenson. Moskau 1911.

Kleist, H. v.   H. v. Kleists Werke. Hrsg. v. E. Schmidt 2. A. Leipzig (1936).

(Kolbe, Eduard)   Rußlands inneres Leben, 3 Bde. Braunschweig 1846.

Rußland und Deutschland. Leipzig 1847.

Lacroix, F.   Les mystères de la Russie. 1845.

Lasaulx, E. v.   Ausgewählte Werke 1841–1860. Hrsg. v. Lauer. (= Verschüttetes deutsches Schrifttum) Stuttgart 1925.

Studien des classischen Altertums. Regensburg 1854.

Neuer Versuch einer alten, auf die Wahrheit der Tatsachen gegründeten Philosophie der Geschichte. München 1856.

Über die theologische Grundlage aller philosophischen Systeme. München 1856.

Laube, Heinrich   Das neue Jahrhundert. I. Bd.: Polen, Fürth 1833.

Leibniz, G. W.   Sämtliche Schriften und Briefe. (Akademieausg.) 4. Reihe: Polit. Schriften. I. Bd. Darmstadt 1931.

G. G. Leibnitii Opera Omnia. Ed. Dutens IV Genf 1768.

Die philosophischen Schriften. Bd. VI. Hrsg. v. C. J. Gerhardt. Berlin 1885.

Leibniz in seinen Beziehungen zu Rußland und Peter dem Großen. Teil

II: Briefe und Denkschriften. Hrsg. v. Wl. Guerrier, St. Petersburg-Leipzig 1873.

Neue Abhandlungen... (PhB 69). Leipzig 1926.

Lesur, M. Des progrès de la puissance russe depuis son origine jusqu'au commencement du XIXe siècle. 1812.

Letters on the subject of the concert of Princes... 1793 dte. Übers.: Briefe über das Fürsten-Bündniß zur Theilung von Pohlen und Frankreich. Köln 1794.

Lettres Moscovites. 1736.

List, Friedrich Schriften, Reden, Briefe. I–X. Berlin 1927–1936.

Luther, Martin Werke (Weimarer Ausgabe) VI 1888.

Maistre, Joseph de Œuvres complètes de J. de M. I–VIII, Brüssel 1844 ff.

Œuvres complètes. Nouv. Ed. I–XVI, Lyon 1884 ff.

Lettres et opuscules inédits de Cte. J. de M. Ed. R. de Maistre. 2 Bde. Bruxelles 1851.

Mémoires politiques et correspondance diplomatique de... Ed. A. Blanc 1858.

Correspondance diplomatique de... Ed. A. Blanc. 2 Bde. 1860.

Considérations sur la France. Œuvres choisis, IV. o. J.

Maltitz, G. A. Freiherr v. Pefferkörner. 2. Heft 1832.

Martin, Henri Rußland und Europa. Hannover 1869.

Marx, K. – Engels, F. Historisch-Kritische Gesamtausgabe. 1. und 3. Abteilung, Bd. 1–6 und Bd. 1–4.

Werke. Berlin 1958 ff.

Ges. Schriften von K. Marx und F. Engels. 1852–1862. Hrsg. v. N. Rjasanoff, 2 Bde. Stuttgart 1917.

Marx, Karl La Russie et l'Europe. Ed. B. Hepner. 1954.

Menzel, Wolfgang Europa im Jahre 1840. Stuttgart 1839.

Die Aufgabe Preußens 1854. Stuttgart 1854.

Mérimée, Henri Une année en Russie, 1847.

Michelet, Jules Pologne et Russie. 1852.

Miles, W. A. Correspondence of W. A. Miles on the French Revolution. 1. Bd. 1890.

Montégut, Emile De la monarchie universelle, in: Revue des Deux Mondes. 2. Serie, VII, Juli 1854.

Montesquieu Œuvres complètes. Ed. R. Caillois (Bibl. de la Pléiade) 2 Bde. 1956/58.

Montgaillard Seconde Guerre en Pologne, ou considérations sur la paix publique du continent, et sur l'indépendance maritime de l'Europe. 1812.

Morgue De la France, relativement à l'Angleterre et à la maison d'Autriche. 1797.

Napoléon I. · Le Mémorial de St. Hélène par le Comte de Las Cases. Bd. II, IV o. J.

Récits de la captivité de l'Empereur Napoléon à St. Hélène. Par Montholon Bd. II 1847.

(McNeill, John)   The Progress and Present Position of Russia in the East. 1836.

Niéllon-Gilbert   La Russie. 1828.

Nietzsche, Friedr.   Nietzsches Werke (I. u. II. Abt.) I–XVI (Naumann-Kröner) Leipzig.

Olearius, Adam   Viel vermehrte Moscowitische und Persianische Reisebeschreibung. Hamburg 1696.

Oranski, Xavier   L'Avenir de la Russie. 1838.

Paul, Jean   Sämtliche Werke. Hist.-kritische Ausg. 1. Abt. Bd. XIV. Weimar 1939.

Du Péril de la Balance Politique de l'Europe. London 1789. (Verf. höchstwahrscheinlich Gustav III. von Schweden).

(Perry, J. – v. Wartis)   Das glückselige Rußland unter der Regierung der großen Kayserin Anna... 2 Teile. Danzig 1736.

Rußlands Politik und Heer in den letzten Jahren. Berlin 1852.

De la politique et des progrès de la puissance russe. 1807.

Posselt, E. L.   Europäische Annalen. 1795 Bd. 1, 1796.

Pradt, Abbé D. de   L'Europe après le Congrès d'Aix-la-Chapelle. 1819.
    Parallèle de la puissance anglaise et russe relativement à l'Europe... 1823, dte. Übers.: Vergleichung der englischen und russischen Macht in Beziehung auf Europa. Schmalkalden 1824.
    Europa und Amerika im Jahre 1821. I. Teil Ellwangen-Gmünd 1822.
    L'Europe et l'Amérique en 1822 et 1823. 1824.
    Du système permanent de l'Europe à l'égard de la Russie. 1828.

Rebmann, A. G. F.   Der politische Thierkreis oder die Zeichen unserer Zeit. Straßburg (1796).
    Das neueste graue Ungeheuer. (Straßb. ca. 1796.)

Robert, Cyprian   Les deux Panslavismes. 1847.

Rotteck, Carl. v.   Allgemeine Geschichte von Anfang der historischen Kenntnis bis auf unsere Zeit. Bd. IX Freiburg 1818.

Rousseau, J. J.   Emile. (Garnier) 1904.
    Du Contrat Social... suivi de Considérations sur le Gouvernement de la Pologne... etc. (Garnier) 1867.

Ruge, Arnold   A. Ruges sämmtliche Werke. 2. A. 1847, Bd. IV.
    A. Ruges Briefwechsel und Tagebuchblätter... 1825–1880. Hrsg. v. P. Nerrlich 2 Bde. Berlin 1866.

Rußland und die Civilisation. Merseburg-Halle 2. A. 1834.

Schlegel, Friedrich   F. v. Schlegels sämmtl. Werke. Wien 1846.
    Concordia. Wien 1823.

(Schlözer, A. L. v.)   Neuverändertes Rußland oder Leben Catharinae der Zweyten... von I. I. Haigold. 2 Bde. Riga-Mitau 1769.
    Proben russischer Annalen. Bremen-Göttingen 1768.

Historische Untersuchung über Rußlands Reichsgrundgesetz. Gotha 1777.

Handbuch der Geschichte des Kaiserthums Rußland. Göttingen 1802.

Schubart, Chr. F. D. Teutsche Chronik. Ulm, II (1775)–IV (1777).

Schupp, Joh. B. Schriften J. B. Schuppius. 1663

(Schuselka, Franz) Die orientalische, das ist russische Frage. Hamburg 1843.

Deutschland, Polen und Rußland. Hamburg 1846.

Das türkische Verhängnis und die Großmächte. Leipzig 1853.

Rußlands glorreiche Selbstaufopferung zur Rettung der Menschheit. Leipzig 1815.

Seeley, Robert The Expansion of England. London 1884.

Slade, Adolphus Records of Travels in Turkey, Greece, etc. ... 1854.

Slawen, Russen, Germanen. Leipzig 1843.

Spengler, Oswald Der Untergang des Abendlandes. München 1930.

Der Mensch und die Technik. München 1931.

Jahre der Entscheidung. I. Teil, München 1933.

Politische Schriften. München 1933.

Spittler, L. Th. Entwurf der Geschichte der europäischen Staaten. 2. Teil, Berlin 1794.

Staden, Heinrich von Aufzeichnung über den Moskauer Staat. Hrsg. v. Fritz Epstein. Hamburg 1930.

Stein, Freiherr vom Briefwechsel, Denkschriften und Aufzeichnungen. Hrsg. v. E. Botzenhardt, I–VII, Berlin 1931–37.

Tjutčev, F. I. Polnoe sobranie sočinenij. 1913.

Tocqueville, A. de Œuvres complètes. Ed. J. P. Mayer 1951 ff. Soweit erschienen.

Souvenirs. 1893.

Œuvres et correspondances inédites. Ed. G. Beaumont. 1861.

Œuvres complètes éd. Lévy, V, VII, 1866.

Correspondence and Conversations of A. de T. with Nassau William Senior. Bd. I 1872.

Toynbee, Arnold A Study of History. Abridgement of Vls I–VI, 1947.

Abridgement of Vls VII–X, 1957.

Civilization on Trial. 1948.

The World and the West. 1953.

Tschižewskij, Dmitrij – Groh, Dieter, Hrsg., siehe: Europa und Rußland.

Urquhart, David England, France, Russia and Turkey. 1834.

Progress of Russia in the West, North and South. 1853.

Recent Events in the East. 1854.

Versuch eines Beweises, daß die Kaiserin von Rußland den Westfälischen Frieden weder garantieren könne noch dürfe. (Lübeck) 1794.

Vogt, Niklas Über die europäische Republik. Bd. V, Frankfurt 1792.

Volkmuth, Paul Gervinus und die Zukunft der Slaven. Halle 1853.

Vollgraff, Karl Die Systeme der praktischen Politik im Abendlande. 4 Bde. Gießen 1828/29.

Erster Versuch einer wissenschaftlichen Begründung sowohl der allgemeinen Ethnologie durch die Anthropologie wie auch der Staats- und Rechtsphilosophie durch die Ethnologie oder Nationalität der Völker in 3 Teilen. 1851–55.

Volney, C. F. de Œuvres complètes. VII 1825.

Voltaire Œuvres complètes. Nouv. Ed., I–LII, 1878 ff.

Weber, Chr. F. Das veränderte Rußland... 3 Teile. Hannover-Leipzig 1739–1744.

Widemann Les Océanocrates et leurs partisans, ou la guerre avec la Russie en 1812. 1812.

Wilson, Robert Tableau de la puissance militaire et politique de la Russie en 1817. 1817.

Wolke, Chr. H. Alexander I. – dem Guten... Dresden 1814.

Zimmermann. E A. W. v. Frankreich und Amerika. 2. Teil. Braunschweig 1799.

Zschokke, Heinrich H. Zschokkes ausgewählte Historische Schriften. 4. Teil. Aarau 1830.

Personenregister

Das Personenregister erfaßt die gesamte Sekundärliteratur. Ist ein Verfasser mehrmals genannt, so bezeichnet die *kursiv* gesetzte Seitenangabe die wichtigste Stelle.

Sachregister

Absolutismus,
  Absolutistisches System (in
  Europa und Rußland) s. a.
  Despotie 34, 61, 164, 189,
  203, 206, 213, 237, 279,
  281, 284, 287, 295, 312, 329
Agrarkommune, russische, s.
  Mir
Ägypten, s. a. Suezkanal 99 f.
Akademiegründung in
  Rußland, Plan einer 43, 45,
  49, 127, 142 f.
Amerika, allgemein 19, 27,
  72, 113, 151–153, 156 f.,
  162, 175, 178 f., 192, 196,
  263, 269, 329, 339,
  343–345, 347 f., 354, 363,
  368, 400
Amerika, Europa zw.
  Asien/Rußland und Amerika,
  Parallelisierung Rußland –
  Amerika 38, 73, 98, 100,
  145, 151–154, 158, 159,
  161, 163 f., 166, 180 f.,
  183–185, 199, 201–206,
  210–215, 228, 230 f., 239,
  244, 247, 265, 275, 287,
  313, 315, 317 f., 320, 322,
  330 f., 334 f., 339, 341 f.,
  344 f., 347–349, 353, 355,
  359, 368–370, 374, 379,
  401 f., 406–412
Anarchie, Anarchisten 157,
  209, 213, 241–243, 247,
  252–254, 265, 306,
  328–330, 332, 339, 349
Ancien Régime, Krise des 59,
  66, 392 f.
Antichrist(liches Prinzip),
  Antichristentum, Anarchie,

s. a. Atheismus 27, 130, 133,
  137 f., 147, 252 f., 329, 350
Asien, Beziehungen Rußlands
  zu; Rußland als asiatisches
  Land 23, 29, 31, 75, 77,
  88 f., 91, 103, 144, 162,
  170 f., 179, 193, 198, 215,
  220, 224, 250–252, 263,
  268, 284, 334–336, 342,
  362 f., 368, 378
Atheismus, s. a.
  Linkshegelianer,
  Junghegelianer 122, 129,
  137, 143, 146, 175, 252,
  288, 328 f., 333, 386,
  388–390
Aufklärung 41, 50, 52,
  58–71, 77, 81, 88, 92, 103,
  117, 125, 128, 173, 218,
  292, 376, 389, 391, 394
Austerlitz 135

Barbarei,
  russisch/asiatisch 30, 34,
  36 f., 41–43, (45), 48, 53,
  58, 61, 65, 66, 74, 76–78,
  87 f., 100, 105–107, 109–
  113, 118, 124, 158, 161,
  170, 174, 185, 192, 204,
  210, 219 f., 223, 227–229,
  231, 238, 249 f., 259, 262,
  283, 296, 305–307, 309,
  325, 334, 339, 362, 371,
  376
Barriere, s. Vormauer
Basler Friede 102
Bauernfrage s. Leibeigenschaft
Bolschewismus 261
Bürgerkönigtum in
  Frankreich 189, 219, 222 f.

suhrkamp taschenbücher
Eine Auswahl